权威·前沿·原创

皮书系列为
"十二五""十三五"国家重点图书出版规划项目

北京律师发展报告
No.3

ANNUAL REPORT OF BEIJING LAWYERS No.3

主　编／庞正忠
执行主编／冉井富

社会科学文献出版社
SOCIAL SCIENCES ACADEMIC PRESS (CHINA)

图书在版编目(CIP)数据

北京律师发展报告. No. 3 / 庞正忠主编. -- 北京：社会科学文献出版社，2017.12
（北京律师蓝皮书）
ISBN 978 - 7 - 5201 - 1224 - 6

Ⅰ.①北… Ⅱ.①庞… Ⅲ.①律师业务 - 研究报告 - 北京 - 2013 - 2015　Ⅳ.①D927.15

中国版本图书馆 CIP 数据核字（2017）第 197686 号

北京律师蓝皮书
北京律师发展报告 No.3

| 主　　编 / 庞正忠
| 执行主编 / 冉井富

出 版 人 / 谢寿光
项目统筹 / 刘骁军
责任编辑 / 关晶焱　王蓓遥

| 出　　版 / 社会科学文献出版社（010）59367161
|　　　　　 地址：北京市北三环中路甲 29 号院华龙大厦　邮编：100029
|　　　　　 网址：www.ssap.com.cn
| 发　　行 / 市场营销中心（010）59367081　59367018
| 印　　装 / 北京季蜂印刷有限公司

| 规　　格 / 开　本：787mm×1092mm　1/16
|　　　　　 印　张：24　字　数：360 千字
| 版　　次 / 2017 年 12 月第 1 版　2017 年 12 月第 1 次印刷
| 书　　号 / ISBN 978 - 7 - 5201 - 1224 - 6
| 定　　价 / 98.00 元

皮书序列号 / B - 2011 - 190

本书如有印装质量问题，请与读者服务中心（010 - 59367028）联系

▲ 版权所有 翻印必究

北京律师蓝皮书编委会

主任委员 庞正忠

副主任委员 高 鹏

委　　员 杨 光　王笑娟　刘 军　任丽颖　李学辉
　　　　　　 焦 洁　马 建　贾金勇　张卫东

撰稿人/执笔人简介

冉井富 中国社会科学院法学研究所副研究员,法学博士。
陈　宜 中国政法大学律师研究中心副教授。
孟　涛 中国人民大学法学院副教授。
张锦贵 中国社会科学院法学研究所科研处副处长。
朱乾乾 中国政法大学博士研究生。

前　言

　　改革开放以来，我国律师制度日渐完善，律师队伍日渐壮大，律师业务日渐宽广。迄今，一支专业精干的律师队伍，已然活跃在社会生活的各个领域，成为推动国家经济社会发展和法治进步的重要力量。然而，对于这样一支队伍，对于这样一个行业，人们还缺乏全面客观的了解。人们心目中的律师形象，人们所想象的律师工作，与律师的实际活动相比，与律师在社会生活中发挥的实际作用相比，还有一定的出入。这种出入，对于不同的人来说，可能是陌生，可能是误会，可能是以偏概全，可能是资讯陈旧，也可能是评价标准不符合法治要义，等等。这种出入，从社会的角度说，不利于培育正确的社会主义法治理念，不利于符合中国国情的律师制度的改革和完善；从社会组织和个人的角度说，不利于积累关于法律服务的知识，不利于恰当地聘用律师维护权利和实现利益，不利于有效地借助法律服务成就各自的事业；从行业的角度说，不利于律师个人形成正确的职业定位，不利于律师机构制定合理的发展规划，不利于律师管理部门正确制定和实施有关的制度、政策和措施。有鉴于此，我们决定以行业发展蓝皮书的形式，推出这套系列的《北京律师发展报告》，以期增进社会各界对律师行业发展状况的了解，提高对律师社会功能及职业使命的认知，从而促进先进的法治理念的培育，促进律师法律服务作用的发挥。

　　《北京律师发展报告》重点介绍北京律师的发展情况，是一本地区性的律师行业发展报告。尽管重点介绍北京律师行业，但是本书有时也涉及对全国律师状况的考察。这是因为，一方面，我国是单一制国家，基本的律师制度是全国统一的，律师制度建立和改革的进程也是全国一盘棋，在这种情况下，有时需要考察全国的情况，才能更好地说明北京的律师发展状况；另一

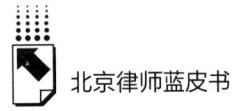

方面，虽然基本制度是全国统一的，但是北京作为首都，政治、经济、文化的发展，法治理念的进步和市场资讯的聚集，在全国都处于领先地位，这导致北京律师的发展，包括规模和业务方面，都处于领先地位，在这种情况下，为了说明和论证北京律师发展的突出成就，需要对比考察全国律师发展的平均水平和其他地区的发展水平。此外，为了说明北京律师在某些方面的发展成就或阶段特征，本书还会适当提到或介绍国外律师发展的某些制度设置或指标数据，以资佐证。尽管如此，展示北京律师的发展状况仍是本书的中心任务，介绍和考察其他地区、其他国家的律师状况，目的仍在于更充分有效地说明北京律师的发展状况。

律师行业发展反映在许多方面，经验素材无比丰富，《北京律师发展报告》采取点、线、面相结合的原则确定考察的范围和叙述的特色。具体言之，本书各卷在内容上包括三个部分：总报告、分报告和大事记，三个部分分别代表了北京律师行业发展的面、线、点，分别提供特殊的知识和信息，从多种角度，以多种方式增进人们对律师行业的了解。

总报告部分旨在全面地、概观地介绍和分析北京律师行业年度发展的基本情况，其特点如下。（1）概观性。本部分所展示的，是北京律师整体的、宏观的发展状况，为了实现这一目标，本部分对大量的经验材料进行整理和浓缩，力图以指标、图表、标志性事例，展示北京律师发展的宏观图景。（2）直观性。本部分尽量利用指标技术和图表技术，将北京律师发展的成就、问题、趋势，直观地展示出来，一目了然，方便读者阅读和了解。（3）定量为主，定性为辅。本部分尽可能通过量化的指标数据，展示北京律师的发展状况，与此同时，也有一定比例的制度分析或事件说明。定性分析的必要性在于，有时统计指标的内涵和意义需要借助定性分析揭示，有时考察对象本身更适合定性描述，比如重点事件分析。（4）客观性。本部分立足于经验材料，尽可能客观地展示北京律师的发展状况，尽可能让统计数据、现实事例自己"说话"。当然，客观是相对而言的，指标的设置、结构的安排、事件的取舍等，在一定程度上都体现了我们对律师制度的理解和认识，因而具有一定的理论性和主观性。（5）连续性。除了所涉年份不同外，本书各卷的总报告具有基本相同的结构和内容，保持基本稳定的风格和特色，因此，各卷总报告对北京律师行业发展基本情况的考察前后相续，形成一个系列，连续反映北京律师行业的发展历程。

本书分报告具体内容为北京律师行业发展某个方面的深入研究，以专题分析、深度考察为特色。各分报告的题目按照一定的理论框架进行选择，并兼顾现实针对性。在理论框架上，分报告的题目分属律师队伍、律师机构、律师业务、律师收入、律师执业活动、律师公益活动、律师行业管理等七个领域。这七个领域涵盖了律师行业发展的基本内容，分报告的题目从这些领域中确定，并尽可能均衡分布，以保证分报告中的各条"线"能够均衡地分布在北京律师行业发展的各个方面，保证本书各分报告在体系和结构上的统一性。与此同时，在各个领域中如何确定具体的题目，又考虑了现实针对性，以确保每个题目都是当下北京律师行业发展中的重大问题或焦点问题。比如，律师行业管理领域，在撰写本书 2011 卷时，行政管理和行业自律"两结合"的制度和实践是焦点问题；在当前，区县律协行业自律的重大制度和实践受到各界关注；而在将来，这一领域则会有其他重大的制度和实践探索凸显出来。正是根据这两个原则，本书各卷选择确定了既有共同的框架又体现各个时期行业发展特殊关切的分报告。根据上述原则，结合 2013～2015 年的北京律师行业发展实际情况，本书 2016 卷的分报告确定了 4 个题目，分别是《北京律师事务所内部管理形态的新发展》、《北京律师行业税制改革实施情况》、《互联网法律服务发展报告》和《北京律师行业国际化发展报告》，分别就北京律师行业发展中的律师管理形态新发展、税制改革实施情况、互联网法律服务发展状况和律师服务国际化发展状况几个方面，做专题性的深度考察。

大事记是北京律师行业在一定时期内的重要活动的忠实的、简明的记录，这些记录是北京律师行业发展的若干个"点"，这些"点"串起来，以另一种方式体现了北京律师行业发展的特殊历程。本书在第一卷（2011 卷）中，大事记的记录不限于年度发生的活动，还包括新中国成立以来截至 2009 年发生的重大事件。第二卷（2013 卷）以后，大事记仅记录年度重要

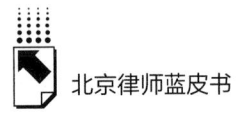

活动。具体就本卷来说,大事记记录了北京律师2013~2015年三个年度的所有重要活动。我们按照体现北京律师行业发展意义的大小筛选各项事件,并尽量保证全面和客观。从结果上看,北京市律师协会的各项自律活动在大事记中占有较大的比重,这是因为,一方面,在"两结合"的管理体制中,北京市律师协会的行业自律工作越来越积极主动,越来越富有成效;另一方面,北京市律师协会各项工作的档案记录十分及时和完整,为大事记的选择和编纂提供了极大的便利。

本书是课题组分工负责、紧密协作的结果。在本书各卷中,课题组成员会有一定的变动。就本卷来说,课题组成员包括庞正忠、刘军、冉井富、杨光、任丽颖、李学辉、焦洁、陈宜、孟涛、朱乾乾、张锦贵等人。全书分工撰稿完成后,庞正忠、冉井富、刘军等从不同的角度对全书进行了统稿审订。对于本书的编写,北京市律师协会秘书处承担了大量的组织和保障工作,包括会议召开、资料提供、安排调研、联系出版等。

本书各章节撰稿人中,既有专门从事律师制度研究的理论工作者,也有长期从事律师工作的实务专家,还有处于律师行业自律管理岗位的工作人员。得益于这种人员构成,本书融合了理论研究、执业经历和管理经验三方面的知识和视角。不同的知识和视角相互印证和补充,力求准确反映北京律师发展状况。对于这些反映不同知识和视角的作品,经过主编统稿审订后,全书统一了体例和风格,整合了结构和内容,协调了主要的立场和观点,规范了名词和概念的使用。在某些章节中,存在一些概括或评论,可能不够平和,不够成熟,不够公允,但是出于对作者观点的尊重,出于对探索性思考的鼓励,我们在统稿时部分保留了这样的概括或评论。然而,这些概括或评论仅供参考,它们不代表律师协会或主编人员的看法。

本书由社会科学文献出版社编辑出版。社会科学文献出版社是中国皮书的发源地和集大成者,本书的出版计划和体例选择,最初源于社会科学文献出版社已出版的系列皮书的启发。在具体编写过程中,社会科学文献出版社谢寿光社长在本书的内容定位、写作方向等方面给予了诸多指导,刘骁军主任对本书的结构安排、写作特色等方面,提出了大量的、有益的建议。这些意见和建议对本书的顺利编写，对本书的特色和品质的提升，均有重要意义，在此谨致谢忱！

我们水平有限，资料和数据获取方面存在困难，加上时间仓促，本书的不足乃至错误在所难免，敬请读者批评指正，以促进本书后续版本的修改提高。

北京市律师协会

目 录

Ⅰ 总报告

B.1 北京律师2013~2015年发展状况 …………………… 冉井富 / 001
B.2 北京律师行业2016年度发展指数评估报告 ………… 冉井富 / 060
B.3 北京律师2013~2015年重大事件分析 ……………… 陈 宜 / 145

Ⅱ 分报告

B.4 北京律师事务所内部管理形态的新发展 ……………… 孟 涛 / 184
B.5 北京律师行业税制改革实施情况 ……………………… 冉井富 / 214
B.6 互联网法律服务发展报告 …………………… 朱乾乾 冉井富 / 250
B.7 北京律师行业国际化发展报告 ………………………… 冉井富 / 286

Ⅲ 大事记

B.8 2013~2015年北京律师大事记 ………………………… 张锦贵 / 331

总 报 告
General Report

B.1
北京律师2013～2015年发展状况

冉井富*

摘　要： 2013～2015年，北京律师行业发展呈现如下特点：(1) 律师数量稳步增长；(2) 中等规模律所数量显著下降；(3) 超大型律所的规模继续增长；(4) 非诉讼法律事务收入占比超过40%；(5) 北京律师和律所积极从事社会公益活动；(6) 北京律师执业环境明显改善。

关键词： 北京律师　年度发展　律师机构　律师业务　公益活动

2013～2015年，北京律师行业发展呈现出了一些新的特点，其中既有需要及时予以关注和思考的反常变化，也有取得积极效果的新措施、新思路、新经验。对于北京律师行业两年来的这些发展变化，本报告将全面且概

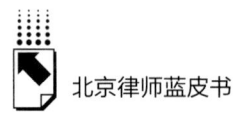

要地进行描述和分析。

考察并非面面俱到,而是根据对律师行业发展的指标意义,选取律师行业年度发展的六个方面作为考察的范围。对于每个方面的考察,尽可能分别设置一定的指标,作为描述和评价的依据。这六个方面及其指标设置如下。(1)律师队伍。具体从三个角度考察:一是执业律师的数量变化,二是律师的类别构成,三是律师辅助人员的数量变化。(2)律师机构。具体从三个角度进行考察:一是律所的数量变化;二是律所的组织形式;三是律所的规模变化。(3)律师业务收入。具体从四个角度进行考察:一是律师业务收入总额的变化,二是律师人均业务收费的变化,三是律师业务收入占地区生产总值的比例变化,四是人均产值的跨行业对比。(4)律师业务类型。这方面主要考察法律顾问、民事诉讼业务、行政诉讼业务、刑事诉讼业务、非诉讼法律事务等业务类型的数量变化、收入变化和收入所占比例变化等几个方面。(5)律师公益活动。这方面具体考察律师的四类活动,即法律援助、公益法律服务、律师捐款和参政议政。(6)律师行业管理。这方面主要考察司法行政机关和律师的自律性组织——律师协会在维护行业秩序、促进行业发展方面所做的工作。

对于每个方面的考察和描述,尽可能通过量化指标的方法,以求精确和直观。但是某些方面可能通过特定事件的列举来说明行业的发展,这是因为这些事件的发生,本身就具有指标意义,它们的发生标志着律师行业在某方面的重大发展,或者某种值得关注的转向。

为了进一步揭示各类指标的意义,本报告将根据情况,进行地区性的对比和历时性的对比。对比是初步的,只能得出一些大致的结论。对这些对比的意义做任何更精确的理解和把握,都还需要在本报告的基础上,结合更详尽的资料,做更进一步的分析。对于本报告的部分主题,本书的分报告和《北京律师2013～2015年重大事件分析》有更为深入、系统描述和分析。

本报告使用大量的统计资料和案例材料。这些材料部分来源于司法行政机关的统计报表,部分来源于律师协会的档案材料,部分来源于有关部门的官网，还有部分来源于公开的出版物。前两类数据有关部门尚未公开发布，所以，将来正式公布的统计数据可能做一定的调整。我们力求使用最新的统计资料，但是由于统计工作存在一定的周期，在报告撰写截止时，一些很有意义的统计数据仍未获得，于是某些考察未能截止到2015年底。这一问题在一定程度上影响了本报告考察的完整性和时效性。

对于前面所述的六个方面，本报告将分为六个专题分别进行考察。在这些考察的基础上，本报告第七部分将对北京律师年度发展进行总结，对北京律师的发展前景作出展望。对于北京律师的年度发展变化，总结部分提供了更为概要、更为宏观的描述，对律师未来发展的展望具有很大程度的主观性和不确定性，仅供读者参考。

一 律师队伍

（一）律师数量稳步增长

2013~2016年，北京市律师人数变化的总体特点是呈稳步增长的趋势。如图1-1和图1-2所示，北京律师人数变化明显地呈三个时期。第一，2009年以前，律师人数增长较快，每年的年增长率为两位数。第二，2010年是第一个转折点，律师人数增长了8.1%，2011年不增反减，年增长率为-3.6%，这是北京自改革开放以来第一次也是唯一一次负增长。第三，进入2012年以后，律师人数恢复增长，至2015年，平均增长率维持在4%左右，处于平稳增长状态。

2013年以来，北京律师人数之所以实现了持续的平稳增长，主要原因在于非京籍人员在北京实习和进入北京执业的问题在一定程度上得到了解决。为认真贯彻国家和北京市有关人才发展规划，进一步发展壮大首都律师队伍，北京市律师协会与北京双高人才发展中心于2013年4月签订了合作协议，根据该协议，符合条件的非京籍高层次法律人才可以进入北京实习律师队伍，并在结束实习后可以申请在北京执业。

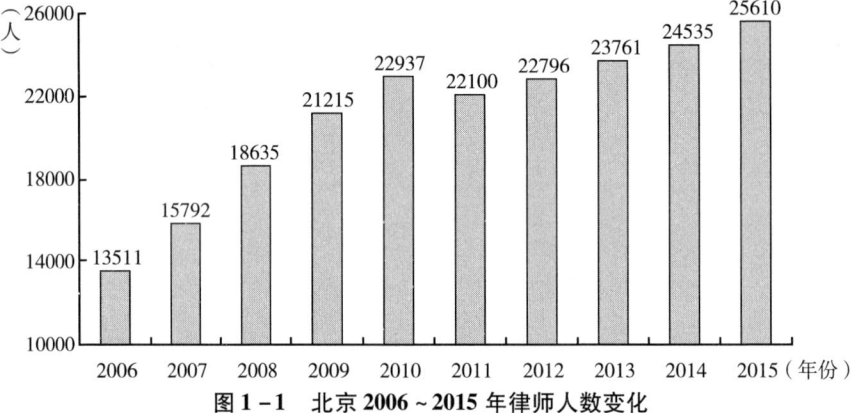

图1-1 北京2006~2015年律师人数变化

资料来源：(1) 2006~2010年的数据来源于《中国律师年鉴》相应年份的版本；(2) 2011~2015年的数据来源于《北京统计年鉴（2016）》，其中2014年、2015年的数据因增加法律援助律师人数而有所调整。

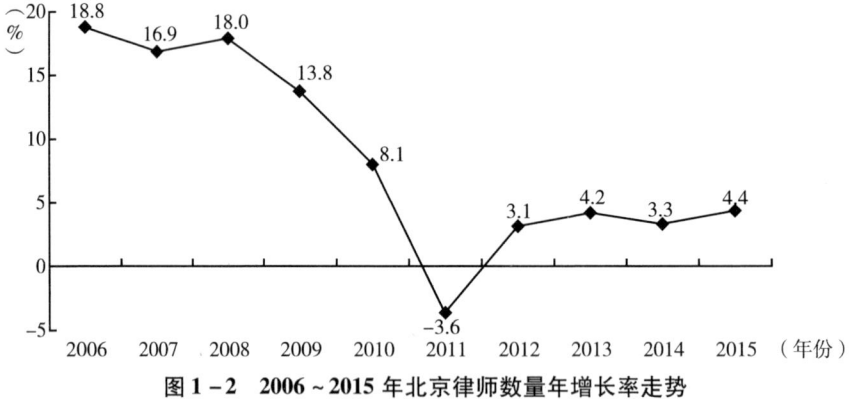

图1-2 2006~2015年北京律师数量年增长率走势

资料来源：根据图1-1中的数据计算得出。

（二）律师类型构成

我国当前，在制度层面，执业律师划分为专职律师、兼职律师、公司律师、公职律师、军队律师和法律援助律师几种类型，其中专职律师和兼职律师又合称为社会律师。在2015年，北京共有除军队律师外各类律师25610人，其中专职律师24163人，占94.3%；兼职律师943人，占3.7%；公职律师111人，占0.4%；公司律师325人，占1.3%；法律援助律师68人，占0.3%。

表1-1 北京2015年律师类别构成

指标	律师人数合计	律师类别				
		专职律师	兼职律师	公职律师	公司律师	法律援助律师
人数	25610	24163	943	111	325	68
比例（%）	100.0	94.3	3.7	0.4	1.3	0.3

资料来源：法律援助律师数据来源于北京市司法局，其他类型律师数据来源于《北京统计年鉴（2016）》。

（三）北京律师在全国的数量领先优势有所缩小

将北京的律师人数和全国以及部分其他省市的律师数量进行对比，可以发现北京律师人数仍然具有领先优势，但是优势有所缩小。具体言之，具有如下两个特点。

第一，北京的律师人数在全国具有一定的领先优势。如表1-2所示，2015年北京律师人数占全国的8.6%，因为全国有30多个省级地区，多数地区人口数量超过北京市，所以8.6%表明北京属于律师人数比较多的地区。

表1-2 2006~2015年北京律师人数年增长率和全国平均水平的对比

单位：人，%

年份	全国律师		北京律师		
	律师人数	年增长率	律师人数	年增长率	占全国比例
2006	130869	7.4	13511	18.8	10.3
2007	143967	10.0	15792	16.9	11.0
2008	156710	8.9	18635	18.0	11.9
2009	173327	10.6	21215	13.8	12.2
2010	195170	12.6	22937	8.1	11.8
2011	214968	10.1	22100	-3.6	10.3
2012	230105	7.0	22796	3.1	9.9
2013	248623	8.0	23761	4.2	9.6
2014	271452	9.2	24535	3.3	9.0
2015	297175	9.5	25610	4.4	8.6

资料来源：全国的数据来源于《中国统计年鉴》，北京的数据来源于《北京统计年鉴》，其中北京2014年的律师人数因为增加了法律援助律师而有所调整。

如图1-6所示，2015年全国各省级地区中，北京的律师数量排名第二。排名第一的是广东，共有律师29633人；排名第三的是浙江，共有律师20115人；以下依次是山东和上海，分别是20043人和18360人。

第二，北京的领先优势有所缩小，并且存在进一步缩小的趋势。从表1-2看，北京的律师人数占全国比例在2009年达到最大值，为12.2%，但是此后逐年下降，截至2015年，降到8.6%。

从全国省级地区排名上看，北京律师人数在2007年超过广东排名全国第一，但是2012年两个地区再度换位，北京排名第二，广东排名第一。

从趋势上看，北京在未来三年内，仍能占据第二的位置，但是三年以后，排名位次可能下降。究其原因，在于北京律师的年增长率低于其他地区，低于全国平均水平。如表1-2、图1-3所示，自2013年以来，北京律师人数的年增长率在4%左右波动，而全国的平均水平则在9%左右。如图1-5所示，自2013年以来，全国律师人数排名前五位的地区中，其他四个地区的增长率也明显地高于北京。

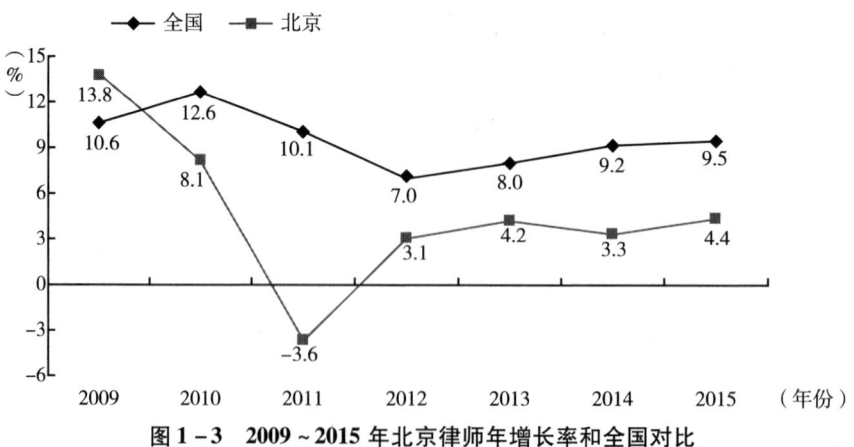

图1-3　2009~2015年北京律师年增长率和全国对比

资料来源：根据表1-2数据整理得出。

（四）实习律师人数快速增长

律师辅助人员包括实习律师和其他辅助人员两种类型。如图1-7、图1-8所示，律师辅助人员的数量变化具体呈如下特点。

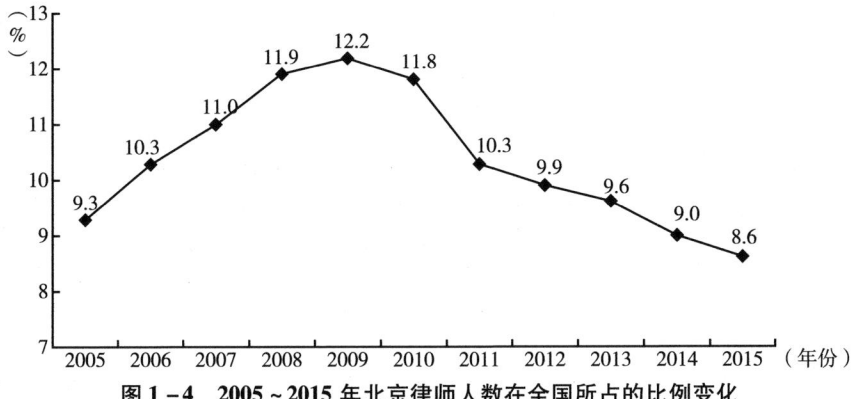

图 1-4　2005~2015 年北京律师人数在全国所占的比例变化

资料来源：根据中国统计年鉴、北京统计年鉴中相关年份的律师人数统计计算得出。

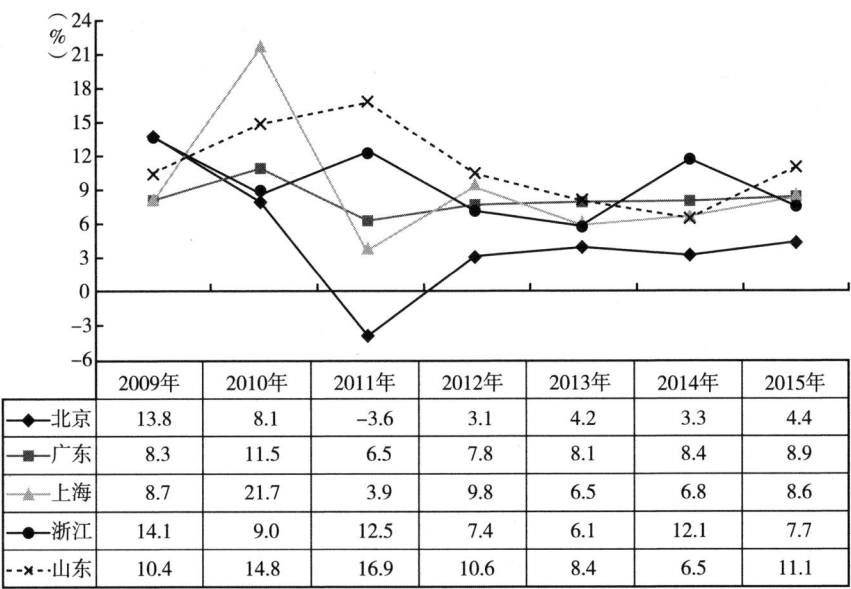

	2009年	2010年	2011年	2012年	2013年	2014年	2015年
北京	13.8	8.1	-3.6	3.1	4.2	3.3	4.4
广东	8.3	11.5	6.5	7.8	8.1	8.4	8.9
上海	8.7	21.7	3.9	9.8	6.5	6.8	8.6
浙江	14.1	9.0	12.5	7.4	6.1	12.1	7.7
山东	10.4	14.8	16.9	10.6	8.4	6.5	11.1

图 1-5　2009~2015 年不同地区律师人数年增长率对比

资料来源：根据相关省市统计年鉴以及中国律师年鉴中相关的律师统计人数计算得出。

第一，实习律师人数变化明显受到人事档案存放政策的影响。如图 1-7 和图 1-8 所示，北京实习律师人数在 2010 年下降，降幅达到 29.1%。此后直到 2013 年，都维持较低的水平。2013 年以后，再次受到政策调整的影响，人数开始增长，2015 年增幅达到 27.9%。

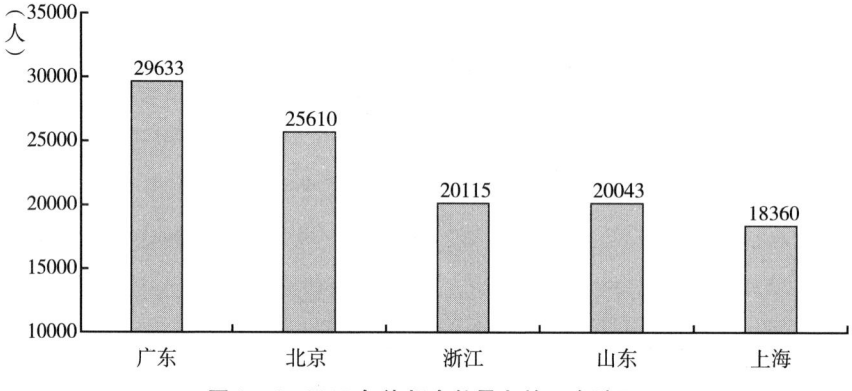

图1-6　2015年律师人数最多的五个地区

资料来源：(1) 各省市的律师人数来源于各省市的统计年鉴；(2) 上海2015年底律师人数来源于彭薇《上海律师收入，多年位居全国第一》，《解放日报》2016年5月16日。

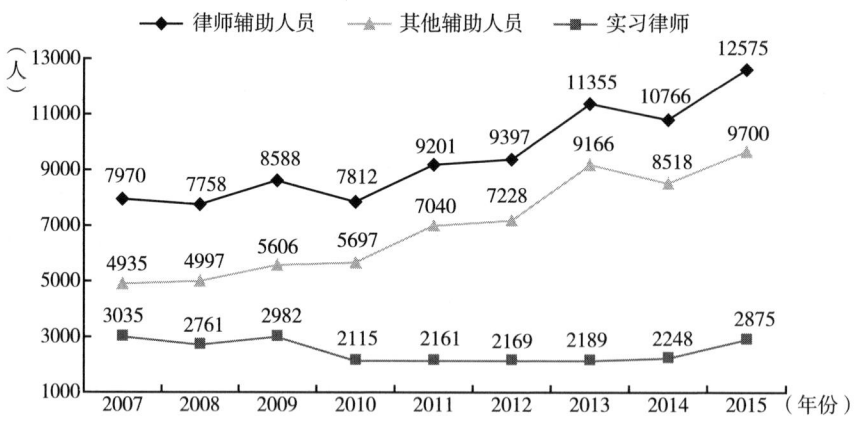

图1-7　2007~2015年北京律师辅助人员数量变化

资料来源：北京市司法局实地调研。

第二，其他辅助人员的人数呈现稳步增长的趋势。如图1-7和图1-8所示，自2007年以来，其他辅助人员的人数持续上升，仅在2014年有一定的程度的下降。经过七年的增长，其他辅助人员的人数从2007年的4935人增加到2015年的9700人，达到历史最高值。

第三，综合起来看，律师辅助人员的数量存在一定的波动，但是总体上呈增长的趋势。由于其他辅助人员的比例相对较大，所以律师辅助人员变化

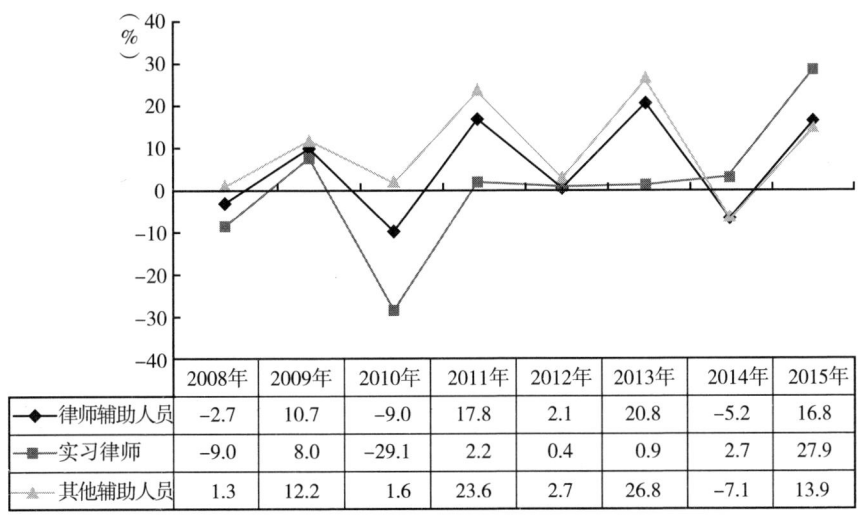

图1-8　2008~2015年北京市律师辅助人员年增长率变化

资料来源：根据图1-7中的数据计算得出。

轨迹和其他辅助人员较为接近。经过7年的起伏变化，律师辅助人员的数量从2007年的7970人，增加至2015年的12575人。

二　律师机构

（一）律所数量继续增长

截止到2015年，北京共有2100家律师事务所，其中包括2009家本地律师事务所和91家外地律师事务所的分所。

如表1-3和图1-9所示，自2009年以来，律所数量呈持续增长的趋势。2009年，北京有律所1355家，此后稳步增加，截至2015年，达到2100家。

（二）个人律师事务所增长较快

从组织形式的角度看，可将律所划分为合伙律师事务所（简称合伙所）、个人律师事务所（简称个人所）、国家出资设立的律师事务所（简称国资所）和合作制律师事务所（简称合作所）。在上述四种类型中，合作所曾经是我

表1-3　2009~2015年北京律师事务所数量、构成以及组织形式

单位：个，%

年份	律所总数	构成		本地律所组织形式					
		本地所	外地所分所	合伙所		国资所	合作所	个人所	
				数量	比例			数量	比例
2009	1355	1290	65	1159	89.8	1	0	130	10.1
2010	1486	1409	77	1228	87.2	1	0	180	12.8
2011	1609	1526	83	1285	84.2	1	0	240	15.7
2012	1672	1586	86	1303	82.2	1	0	282	17.8
2013	1782	1693	89	1344	79.4	1	0	348	20.6
2014	1926	1837	89	1404	76.4	1	0	432	23.5
2015	2100	2009	91	1474	73.4	0	0	535	26.6

资料来源：北京市司法局实地调研。

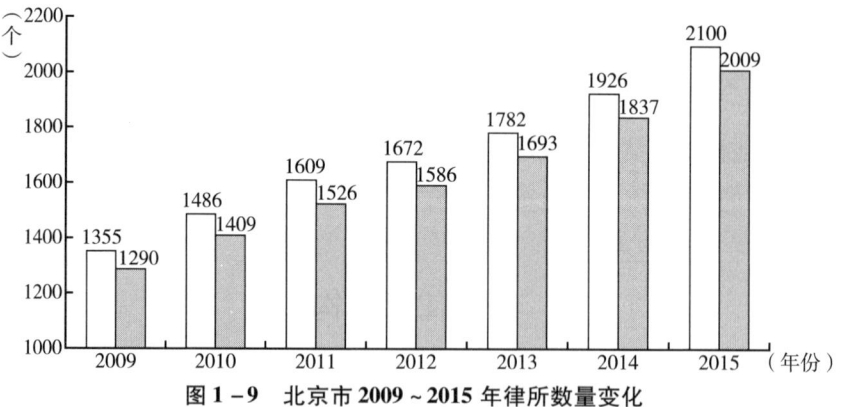

图1-9　北京市2009~2015年律所数量变化

资料来源：北京市司法局实地调研。

国律所的一种形式，现行律师法已经取消了这种形式，实际中还有零星的余留，所以统计表中依然保留了这一项目。

如表1-3所示，自2009年以来，北京已经没有了合作所，在2014年以前，有1家国资所，到2015年，国资所也没有了，只有合伙所和个人所两种类型。

在合伙所和个人所之间，显然合伙所的数量更多，比例更大。然而，从变化趋势上看，个人所的数量增长更快，所占比例逐步增大。如图1-10和图1-11所示，2009年，合伙所的比例是89.8%，个人所的比例是10.1%，二者的比接近9∶1。2009年以后，个人所的比例逐年增长，截至2015年底，

合伙所的比例下降到73.4%,个人所的比例上升到26.6%,二者之间的比已经小于3:1。

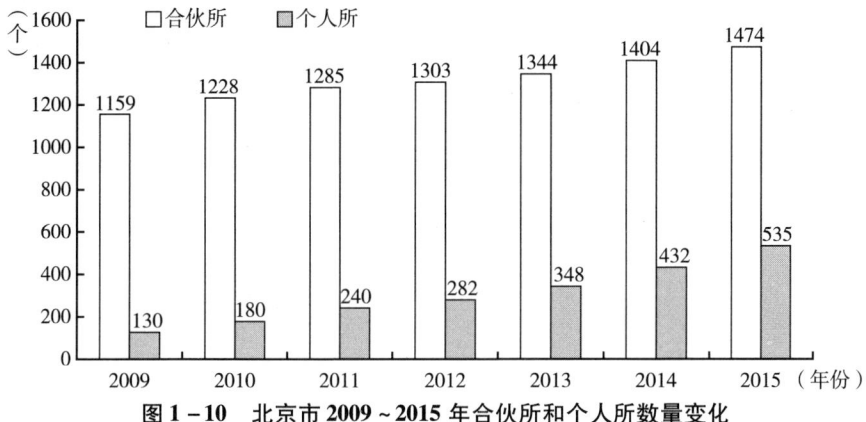

图1-10 北京市2009~2015年合伙所和个人所数量变化

资料来源:根据表1-3中的数据计算得出。

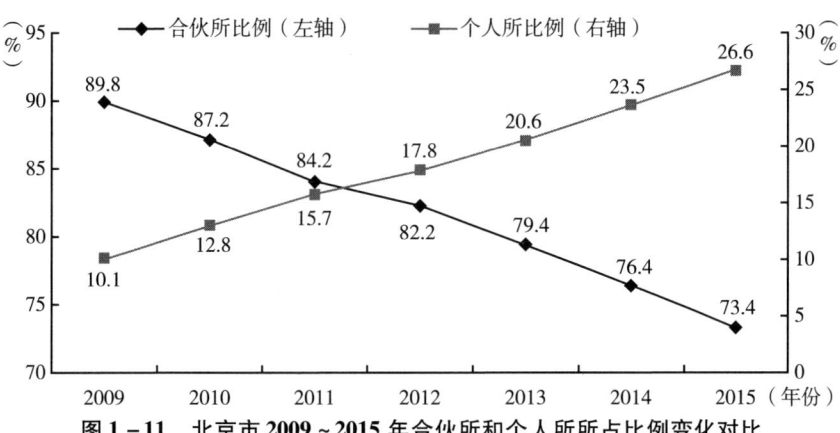

图1-11 北京市2009~2015年合伙所和个人所所占比例变化对比

资料来源:根据表1-3中的数据计算得出。

(三)中型所数量显著下降

自2013年以来,北京市律所规模变化的一个特点,是小型所的数量和比例都在增长,而中型所和大型所的数量和比例都在下降,其中中型所的下降幅度最大。

这里小型所、中型所和大型所，是以律所执业律师人数的多少进行划分的。司法行政部门每年的统计报表中，分类统计了律所的数量，即30人以下律所，31～50人律所，51～100人律所，101人以上律所。这里沿用这样的划分标准，将30人以下的律所称为小型所，将31～100人律所称为中型所，将101人以上律所称为大型所。将北京市2009年以来的数据进行整理，得到表1-4和图1-12、图1-13。考察上述图表，可以发现北京市不同规模律所的数量和比例变化具有如下特点。

表1-4 北京2009～2015年不同规模律所构成变化

单位：%，个

年份	律所总数	小型所 数量	小型所 比例	中型所 数量	中型所 比例	大型所 数量	大型所 比例
2009	1355	1231	90.8	105	7.7	19	1.4
2010	1486	1358	91.4	103	6.9	25	1.7
2011	1609	1476	91.7	109	6.8	24	1.5
2012	1672	1538	92.0	103	6.2	31	1.9
2013	1782	1553	87.1	197	11.1	32	1.8
2014	1926	1789	92.9	108	5.6	29	1.5
2015	2100	1968	93.7	104	5.0	28	1.3

资料来源：北京市司法局实地调研。

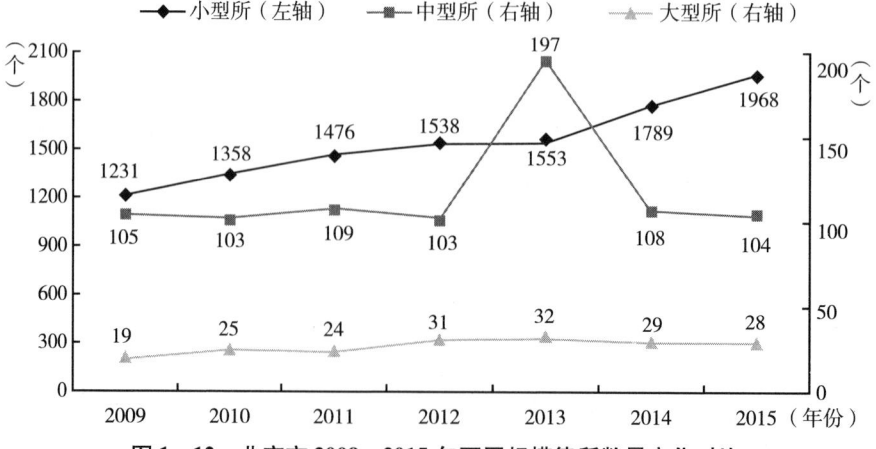

图1-12 北京市2009～2015年不同规模律所数量变化对比

资料来源：根据表1-4中的数据计算得出。

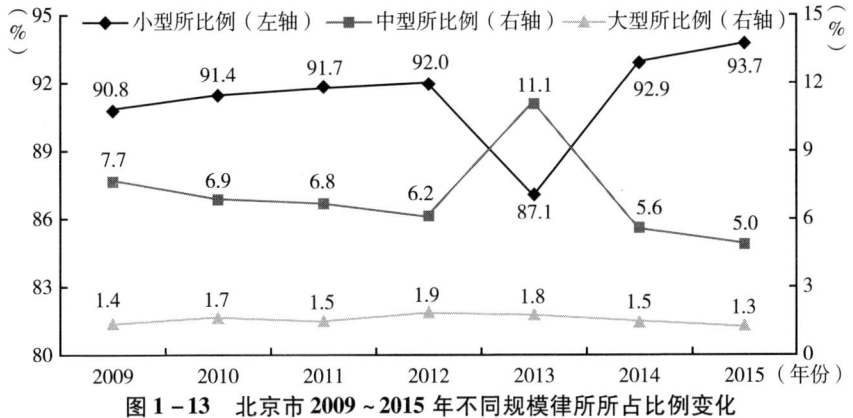

图 1-13 北京市 2009~2015 年不同规模律所所占比例变化

资料来源：根据表 1-4 中的数据计算得出。

第一，小型所是主流，占绝大多数。如表 1-4 所示，2009~2015 年，小型所的比例基本都在 90% 以上，只有 2013 年低于 90%，但是也达到 87.1%，而中型所和大型所的比例之和，只有 10% 左右。

第二，在 2013 年，中型所、大型所的数量同时增至历史最高值。其中，中型所的数量大幅增长，即从 2012 年的 103 个，增至 2013 年的 197 个，增幅达到 91.3%。因为数量上的增长，中型所所占比例也达到历史最高值 11.1%。大型所则是小幅增长，即从 2012 年的 31 所增加到 2013 年的 32 所，所占比例上，以 2012 年的 1.9% 为历史最高。

中型所之所以在 2013 年呈现井喷式的增长，原因在于律师行业内，实现规模化、公司化、品牌化经营成为一时之潮流，一些律所通过合并、招聘等方式，扩大律所规模，尝试公司化、品牌化经营，导致了中型所数量的快速增长。

第三，自 2014 年以来的两年中，中型所和大型所的数量和所占比例都有所下降。尤其是 2014 年，中型所数量大幅减少，从 2013 年的 197 个降至 2014 年的 108 个，下降了 45.2%。而且，2015 年下滑趋势仍未停止，中型所的数量进一步减少为 104 个，所占比例降至历史最低点 5.0%。

相对而言，大型所的数量也在下降，但是降幅要平缓得多。如表 1-4 所示，在 2014 年，大型所数量降为 29 个，相比 2013 年下降了 9.4%。2015 年进一步减少为 28 个，所占比例降至 2009 年以来的最低值 1.3%。

之所以出现这种下降态势，一方面是因为一些律所虽然通过合并等措施扩大了规模，但是对于如何实现有效的整合、如何提升律所的品牌价值，并没有找到很有效的办法。另一方面，也是更为重要、更为直接的原因，是律师行业税制改革的影响。自2012年9月起，北京市作为试点地区，包括律师行业在内的部分服务业实施"营改增"的税制改革。在这项措施中，对于不同规模的律所适用不同的增值税税率，即年应税服务收入不超过500万元的律所为小规模纳税人，适用3%的税率，不适用进项税抵扣；年应税服务收入超过500万元的律所为一般纳税人，适用6%的税率，适用进项税抵扣。由于律师行业的特点，实际可抵扣的进项税非常少，因此，一般纳税人的税负实际上明显高于小规模纳税人。因为存在这种税负差异，一些律所，尤其是中型所，调整规模以满足小规模纳税人的条件，就成为税收筹划的一个选项。①

（四）平均规模逆向变化

律所的平均规模是指整个律师行业中，平均每个律所的执业律师人数。从理论上说，大规模的律所越多，律所的平均规模也越大，所以，平均规模也是衡量律所规模化水平的一个重要指标。对于北京律所的平均规模，表1-5、图1-14、图1-15进行了不同角度的对比。总体来看，在这个推崇律所运营规模化、公司化的时代，北京律所的平均规模却逐年降低。具体来看，这种变化具有如下特点。

表1-5　2009~2015年北京律所平均规模和全国平均水平的对比

年份	北京			全国		
	律所（个）	律师（人）	平均规模（人/所）	律所（个）	律师（人）	平均规模（人/所）
2009	1355	21215	15.7	15888	173327	10.9
2010	1486	22937	15.4	17230	195170	11.3
2011	1609	22100	13.7	18235	214968	11.8
2012	1672	22796	13.6	19361	230105	11.9

---

① 关于该问题的深入分析，参见本书分报告《北京律师行业税制改革实施情况》。

续表

年份	北京			全国		
	律所（个）	律师（人）	平均规模（人/所）	律所（个）	律师（人）	平均规模（人/所）
2013	1782	23761	13.3	20609	248623	12.1
2014	1926	24535	12.7	22166	271452	12.2
2015	2100	25610	12.2	24425	297175	12.2

资料来源：北京的数据来自北京市司法局实地调研，全国的数据来自《中国统计年鉴》各年版本。

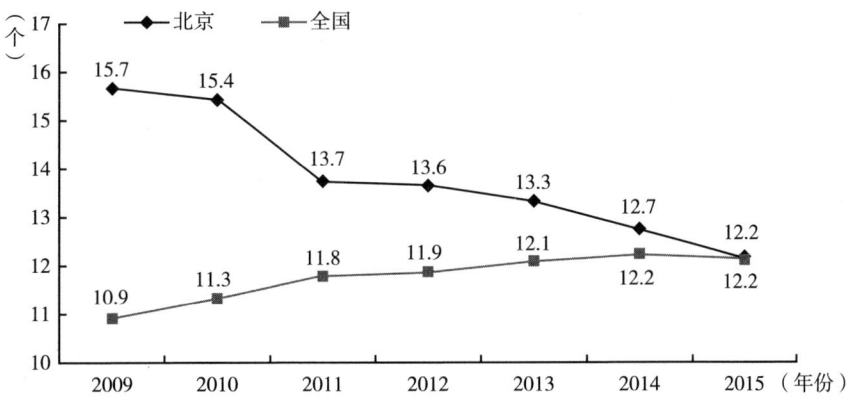

图1-14 2009~2015年律所平均规模对比

资料来源：根据表1-5中的数据计算得出。

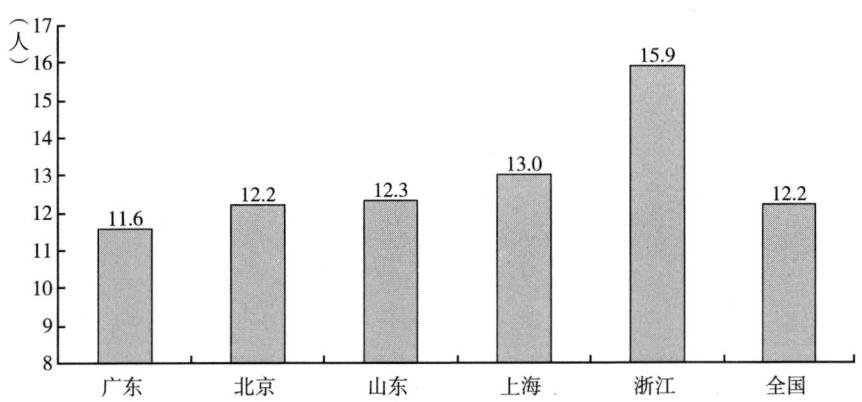

图1-15 2015年律师人数最多的五个地区律所平均规模对比

资料来源：北京和全国的律所平均规模由表1-5中的数据计算得出；其他各省市的律所平均规模分别根据各省市统计年鉴中相关数据计算得出。

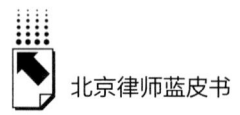

第一,北京律所平均规模逐年降低。如表1-5和图1-14所示,一方面,北京律所平均规模逐年下降,从2009年的15.7人/所,降至2015年的12.2人/所;另一方面,在同一时期,全国律所的平均规模则是逐年增加,从2009年的10.9人/所,增至2014年的12.2人/所,并在2015年继续维持这一水平。2009年,北京律所的平均规模显著高于全国的平均水平,但是由于北京的指标和全国的平均水平这种此消彼长的变化,截至2015年,北京和全国的平均水平已经齐平了。如果未来北京律所的平均规模继续下降,全国的指标继续增长,则会出现全国律所的平均规模高于北京市的情形。

第二,在全国律师人数最多的前五个省级地区中,北京律所的平均规模排在第四位。如图1-15所示,律所平均规模最大的是浙江,该指标达到15.9人/所,以下依次是上海、山东、北京和广东。北京的平均规模仅高于广东。

北京律所的平均规模之所以出现这种变化,直接原因是前文所提到的两个特点:一是个人所的数量和比例逐年增长;二是中型所、大型所数量和比例连续多年下降。背后的深层次原因,既有税制改革的影响,也有律师行业运营方式的特点,这种特点又和律师行业发展的水平和阶段相联系。

(五)总部律师人数前十名律所规模增长

虽然北京律所的平均规模持续下降,但是北京的超大型律所并没有停止扩张的步伐。

对于超大型律所规模的变化,可以从两个角度考察:一是考察北京总部的律师人数,因为只有总部的律师才属于北京的律师;二是考察全部执业人数,包括总部和全国乃至全球的分支机构的执业人数。

对于第一角度,表1-6分别整理了2012年超大型律所中,北京总部律师人数前十名的律所和2015年北京总部律师人数前十名的律所,并进行多个角度的对比。律师人数的统计依据是这两个年度北京市司法局、北京市律师协会发布的律师年检公告。对比发现,三年来,北京总部人数前十名的律所规模有较为明显的增长。具体变化可以总结为如下两点。

第一,通过对比,2012年和2015年两个年度各自的前十名律所平均规模,三年来有明显的增长。其中,2012年前十名律所共有律师2458人,平均每家律所245.8人;2015年前十名律所共有律师2838人,平均每家律所283.8人,三年的增幅为15.5%。三年间所达到的这个增幅,平均年增长率只有4.91%,表明了显著的增长,但是也说不上多快。

表1-6　2012年和2015年北京律师年检公告中拥有注册律师人数前十名的律所对比

排名	2012年律师年检公告		2015年律师年检公告	
	律所名称	律师人数(人)	律所名称	律师人数(人)
1	大成所	459	大成所	545
2	盈科所	376	盈科所	448
3	中银所	290	中银所	342
4	金杜所	229	德恒所	267
5	德恒所	210	金杜所	253
6	中闻所	189	中伦所	230
7	康达所	186	康达所	207
8	炜衡所	176	炜衡所	192
9	浩东所	172	君合所	185
10	君合所	171	浩东所	169
合计		2458		2838
平均		245.8		283.8
增幅(%)				15.5

第二,对比前十名律所名单发现,多数律所的人数都有所增长。如表1-6所示,2012年前十名律所中,只有一家律所,即中闻所在2015年退出了前十名。也就是说,2012年和2015年前十名律所,有9家是相同的。在这9家律所中,只有一家律所的人数有所下降,即浩东所从2012年的172人下降为2015年的169人。概括地说,2012年的前十名律所中,有8家律所北京总部的律师人数不同程度地有所增长,只有两家律所的律师人数有所下降,其中一家律所在2015年不在前十名中。

(六)总执业人数前十名的律所规模增长更快

对于北京超大型律所规模的变化,现在从第二个角度进行考察,即考察律所总部和分支机构全部执业人数构成的规模变化。

表1-7分别整理了2012年北京律所规模前十名和2015年的前十名,

并进行多个角度的对比。表中的执业人数是《亚洲法律杂志》（ALB）整理完成的，是相关律所中所有计时收费人员的总和，其中包括受雇律师、合伙人、律师、外籍律师（包括自合作律所借调的律师）和顾问，受训人员和实习生不计入其内。对比发现，三年来，北京执业人数前十名的律所规模有显著的增长。具体变化可以总结为如下三点。

表1-7　2012年和2015年总部位于北京、总执业人数前十名的律所对比

单位：人

规模排名	2012年执业人数前十		2015年执业人数前十	
	律师名称	执业人数	律师名称	执业人数
1	大成所	2647	大成所	4311
2	盈科所	1820	盈科所	3220
3	金杜所	1181	中银所	1221
4	国浩所	1112	德恒所	1182
5	德恒所	1106	国浩所	1000
6	中银所	960	中伦所	1000
7	中伦所	747	金杜所	696
8	君合所	482	隆安所	615
9	中伦文德所	418	天元所	578
10	竞天公诚所	279	德和衡所	471
合计		10752		14294
平均		1075.2		1429.4
增幅(%)				32.9

第一，对比2012年和2015年两个年度前十名律所平均规模，三年来增长显著。其中，2012年前十名律所共有执业人员10752人，平均每家律所1075.2人；2015年前十名律所共有执业人员14294人，平均每家律所1429.4人，三年来的增幅为32.9%，平均年增长率为9.96%，增长较快。

第二，对比前十名律所名单发现，一般的律所执业人数有所增长。如表1-7所示，2012年前十名律所中，有3家律所，即君合所、中伦文德所和竞天公诚所在2015年退出了前十名。也就是说，2012年和2015年的前十名律所中，有7家是相同的。在这7家律所中，有两家律所的人数有所下降，即金杜所从2012年的1181人降为2015年的696人，国浩所从2012年的1112人降为2015年的1000人。概括地说，2012年的前十名律所中，有

5家律所的总执业人数有不同程度的增长，有5家律所的总执业人数有所下降，其中有3家律所在2015年退出前十名单。

第三，总执业人数的增长快于总部律师人数的增长。如图1-16所示，总部律师人数前十名的律所规模三年平均增幅为15.5%，总执业人数前十名的律所平均规模增幅为32.9%，后者显著高于前者。这种差距表明，超大型律所规模的增长，主要在于分所机构及其执业人员的增长。如图1-17所示，自2009年来，北京律所在外地设置的分所的数量持续增长，从2009年的203家，增长到2015年的625家。这个变化也从另外一个角度说明，超大型律所的扩张首先体现在分支机构及其执业人数的增长上，其次才是北京总部律师人数的增长。

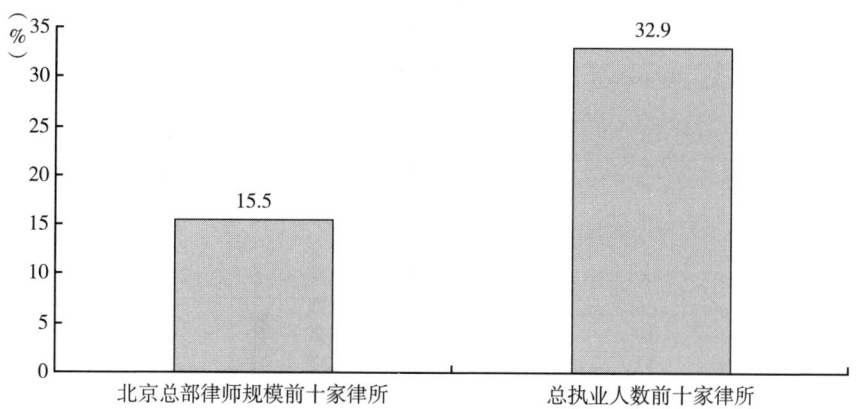

图1-16　2012~2015年北京规模最大的十家律所律师人数增幅

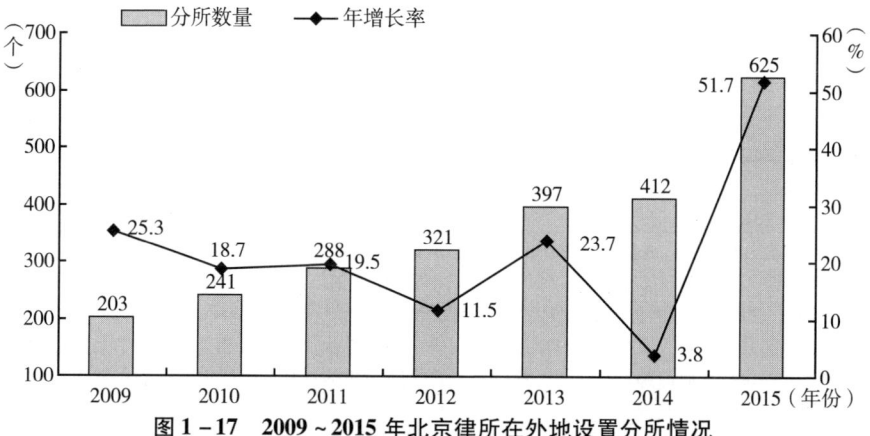

图1-17　2009~2015年北京律所在外地设置分所情况

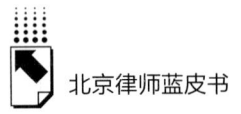

（七）超大型律所的数量和规模在全国仍保持领先优势

虽然北京的律所平均规模逐年下降至全国平均水平，但是北京的超大型律所的数量和规模在全国仍保持着显著的领先优势，这在中国律所规模20强的分布中充分地展现出来。

表1-8是2015年中国律所规模20强地区分布情况，20强的划分标准是包括总部和分支机构的总执业人数。同时，表中也列出了20强律所总部律师人数。考察表1-8可以发现如下四点。

表1-8　2015年中国律所规模20强地区分布

亚洲50强排名	中国20强排名	律师名称	总部所在城市	总部城市律师数	执业人数
1	1	大成所	北京	545	4311
2	2	盈科所	北京	448	3220
3	3	中银所	北京	342	1221
5	4	北京德恒所	北京	267	1182
6	5	锦天城所	上海	600	1084
7	6	国浩所	北京	127	1000
8	7	中伦所	北京	230	1000
9	8	金杜所	北京	253	696
10	9	广和所	深圳	323	645
11	10	隆安所	北京	109	615
13	11	天元所	北京	137	578
16	12	德和衡所	北京	44	471
17	13	泰和泰所	成都	221	468
18	14	众成清泰所	济南		466
22	15	四川明炬所	成都	227	421
24	16	观韬所	北京	133	414
25	17	中伦文德所	北京	71	403
32	18	方达所	上海	106	357
33	19	君合所	北京	185	353
36	20	金诚同达所	北京	127	339

资料来源：(1) 律所执业人数及其在亚洲的排名，来自ALB ALB, *Asia Top 50 Largest Law firms*, By Nov. 19, 2015；(2) 北京律所的总部城市律师人数来自《2015年度北京市司法局北京市律师协会律师年检公告》；(3) 成都两家律所的总部城市律师人数来自《四川省司法厅公告》；(4) 广和所的总部城市律师人数来自《2015年度深圳市执业律师年度考核结果公示》第八批、第十批、第十二批和第二十批，深圳市律师协会官网 http://www.szlawyers.com/notices?currentPageNo=6&；(5) 上海两家律所的总部城市律师人数来自上海律所协会调研；(6) 总执业人数为相关律所所有计时收费人员的总和，其中包括受雇律师、合伙人、律师、外籍律师（包括自合作律所借调的律师）和顾问，受训人员和实习生不计入其内。

第一，从20强律所的数量分布上看，北京地区具有显著优势。在20强律所中，有14家律所的总部在北京，占70%，超过了其他所有地区律所数量的总和。

第二，从排名上看，北京也有显著优势。在20强律所中，总执业人数规模前四名都是北京的律所，在前十名中，有8家是北京的律所，具有显著的领先优势。

第三，从总部律师人数看，北京律所仍有优势，但是领先幅度有所下降。如表1-8所示，在20强律所中，如果根据总部律师人数排名，则排在第一位的是上海的锦天城律所，其上海总部具有600名执业律师。排在第二、第三、第四、第六、第七、第八都是北京的律所。综合起来看，北京的超大型律所的规模化水平仍然领先全国。

第四，北京律师的规模化水平在亚洲范围内，也具有领先优势。如表1-8所示，中国的前十名，基本上也是亚洲的前十名[1]，所以，北京在这前十名中的领先优势，既适用于中国，也适用于亚洲。

三 律师业务收入

（一）北京律师业务收入总额先降后升

自2011年以来，北京律师收入总额变化的一个显著特点，是先降后升。如图1-18和图1-19所示，在2013年，北京律师行业业务收费总额有所下降，从2012年的119.3亿元降到97.6亿元，降幅达18.2%。2014年恢复增长，2015年继续增长，增幅达24.3%，达到138.1亿元。

（二）北京律师人均业务收费停留在4年前的水平

自2012年以来，北京律师人数缓慢增长，所以，北京律师人均业务收费的变化轨迹和业务收费总额接近，都是先降后升。所不同的是，律师人数的增长，使下降的时间有所提前，并且下降的幅度更大，后来的增幅更小。

---

[1] 根据表1-8，中国规模最大的前10家律所，在亚洲分别位于第1~3位和第5~11位。

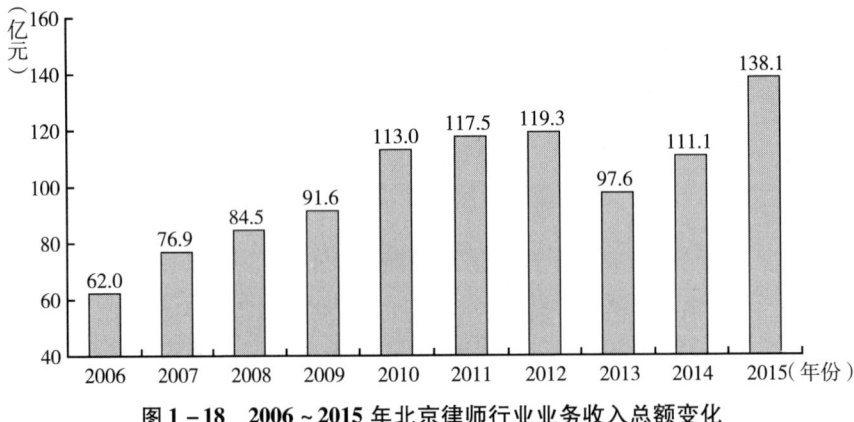

图1-18　2006~2015年北京律师行业业务收入总额变化

资料来源：北京市司法局实地调研。

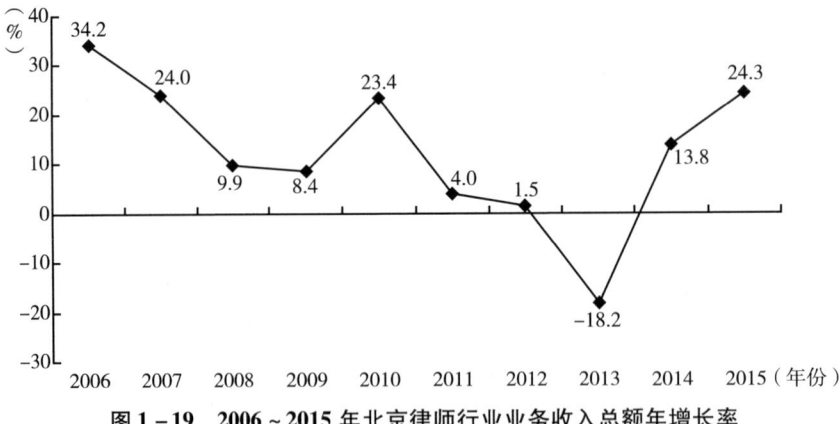

图1-19　2006~2015年北京律师行业业务收入总额年增长率

资料来源：根据图1-18中的数据计算得出。

如图1-20和图1-21所示，在2013年，北京律师人均业务收费大幅下滑，从52.3万元下降到41.1万元，降幅达到21.5%。此后2014、2015两年中，人均业务收费都有较大幅度的增长，其中2014年增长了10.2%，2015年约增长了19%。但是，经过两年的连续增长，也只是恢复到2011年的水平。2011年的人均业务收费是53.2万元，2015年是53.9万元，虽有差异，但是基本处于同一水平。换言之，历经四年，物价指数、运营成本都有较大幅度的上升，但是律师的人均业务收费仍停留在原来的水平。

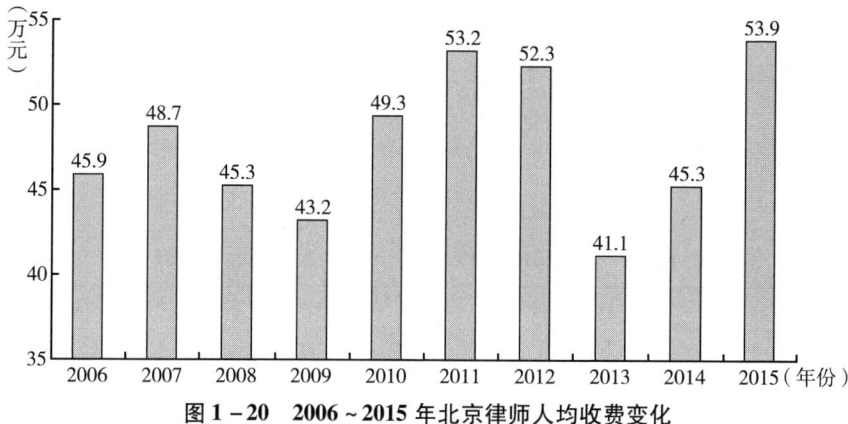

图 1-20　2006~2015 年北京律师人均收费变化

资料来源：根据北京市司法局实地调研所得的律师人数和律师业务收入总额计算得出。

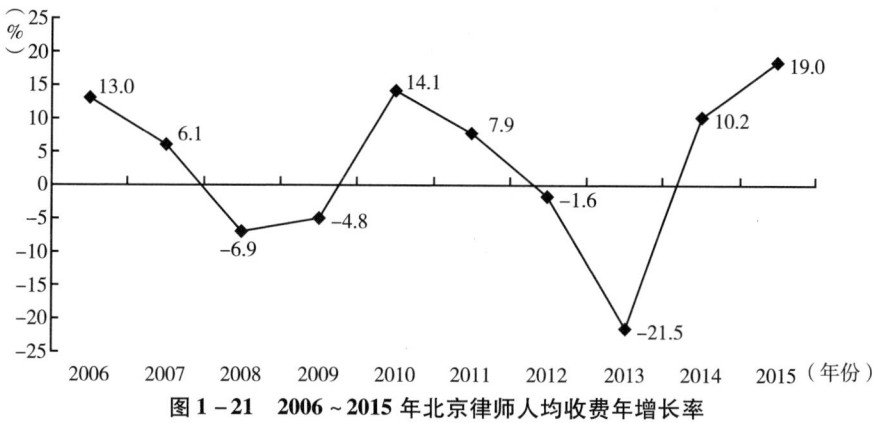

图 1-21　2006~2015 年北京律师人均收费年增长率

资料来源：根据图 1-20 中的数据计算得出。

（三）亿元所业务收入的变化部分解释了律师业务收入总额的变化

在北京，收入亿元以上的律所（以下简称亿元所）的收入总额通常能够占全行业业务收入总额的 50% 左右，所以，考察亿元所的收入变化，一方面可以考察律所规模化的水平，另一方面可以部分探知律师业务收入总额变化的原因。

如表 1-9 所示，2010~2012 年，北京亿元所有 24 家，总收入为 50 多亿元，亿元所无论数量还是收入总额，都比较稳定，然而，2013 年，亿元所的数量降到 18 家，总收入降至 42.97 亿元。2014 年后，亿元所的数量和收入总额开始增长，其中2014年亿元所曾至22个，总收入曾至52.68亿元，虽有增长但是仍未恢复到2012年的水平。2015年增幅较大，亿元所达到26家，总收入达到73.68亿元。无论是亿元所的数量，还是业务总收入，都达到了历史最高值。

表1-9 北京2010~2015年亿元所的数量与收入总额

年份	律所数量(个)	参报占比(%)	总收入(亿元)
2010	24	2.00	51.6353
2011	24	1.60	50.80
2012	24	1.60	53.80
2013	18	1.20	42.97
2014	22	1.30	52.68
2015	26	1.45	73.68

资料来源：北京市司法局实地调研。

（四）律师业务收入占地区生产总值的比例缩小

律师业务收入是地区生产总值的组成部分，考察前者在后者中的比例变化，以及对比不同行业人均产值的数额，有利于我们多角度理解律师行业的发展水平。

表1-10和图1-22是北京地区2015年不同行业人均产值的对比。人均产值是行业总收入和行业从业人员总数之间的比值。在律师行业，从业人员总数包括执业律师和律师辅助人员。表1-11和图1-24是2010~2015年北京律师业务收入总额占地区生产总值比例变化。考察表1-10、表1-11和图1-22，从跨行业对比的角度看，北京律师业务收入总额和人均产值具有如下特点。

第一，北京律师人均产值高于全行业平均水平，但是也显著低于一些高收入行业。如表1-10所示，2015年北京律师人均产值是36.2万元，高于全行业人均产值19.4万元，也高于第三产业人均产值19.6万元。在所有行业中，金融行业的人均产值是最高的，达到77.1万元。和该行业相比，律师行业还有明显的差距。

表1-10 2015年北京地区不同行业人均产值对比

行业	产值（亿元）	从业人员（万人）	从业人员人均产值（万元）
全行业	23014.6	1186.1	19.4
第三产业	18331.7	935.0	19.6
律师行业	138.1	3.8185	36.2
金融行业	3926.3	50.9	77.1

注：2015年律师行业从业人员包括执业律师25610人，辅助人员12575人，合计38185人。
资料来源：律师行业数据来自北京市司法局实地调研，其他数据来自《北京统计年鉴（2016）》

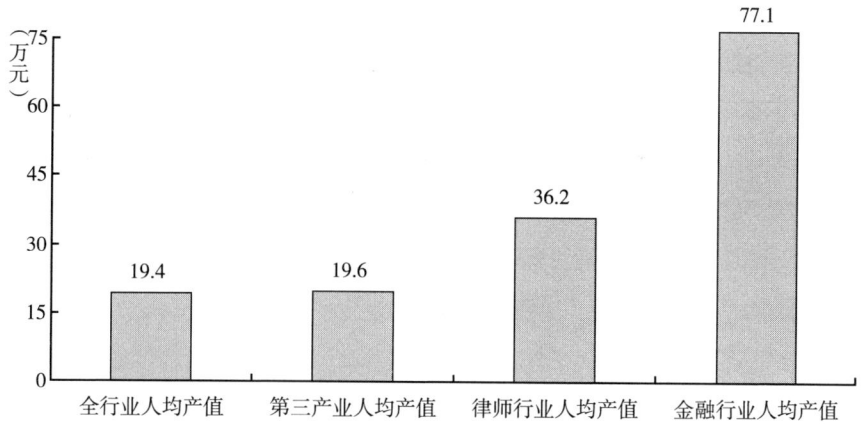

图1-22 北京市2015年从业人员人均产值对比

表1-11 2010~2015年北京律师业务收入总额占地区生产总值比例变化

单位：亿元，%

年份	地区生产总值	年增长率	第三产业产值	年增长率	北京律师业务收入总额	年增长率	占地区生产总值比例	占第三产业产值比例
2010	14113.6	16.1	10665.2	15.5	113.0	23.4	0.80	1.06
2011	16251.9	15.2	12439.5	16.6	117.5	4.0	0.72	0.94
2012	17879.4	10.0	13768.7	10.7	119.3	1.5	0.67	0.87
2013	19800.8	10.7	15348.6	11.5	97.6	-18.2	0.49	0.64
2014	21330.8	7.7	16627.0	8.3	111.1	13.8	0.52	0.67
2015	23014.6	7.9	18331.7	10.3	138.1	24.3	0.60	0.75

资料来源：律师行业数据来自北京市司法局实地调研，其他数据来自北京统计年鉴相关年份版本。

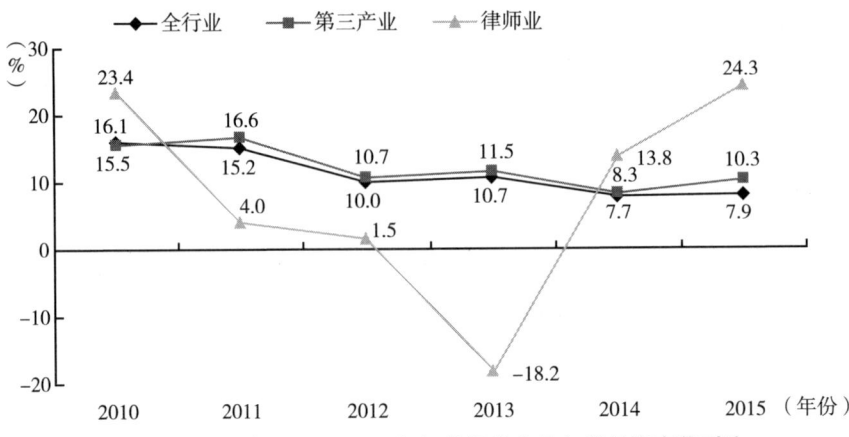

图 1-23 北京 2010~2015 年相关行业产值年增长率变化对比

资料来源：根据表 1-11 中的数据计算得出。

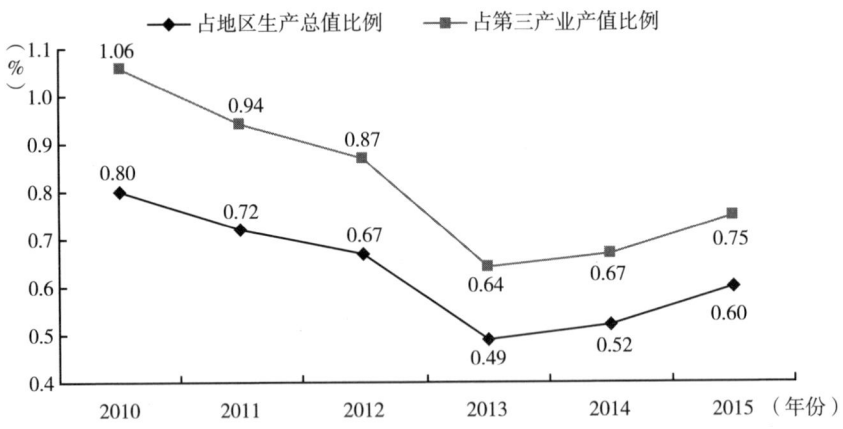

图 1-24 北京 2010~2015 年律师行业业务收入总额占地区产值比例变化

资料来源：根据表 1-11 中的数据计算得出。

第二，近三年来，北京律师业务收入总额占地区生产总值的比例低于 2012 年以前的水平。如表 1-11 所示，北京律师业务收入总额占地区生产总值的比例在 2010 年最高，达到 0.80%，也就是 8‰。但是此后逐年下降，到 2013 年降到历史最低水平，仅占地区生产总值的 0.49%。2014 年以来的两年中，比例有所增长，但是截至 2015 年，该比例仍然只有 0.60%，不及 2012 年的水平。

律师业务收入占地区生产总值比例下降在统计学上的原因是前者的年增长率低于后者,现实原因则是律师行业的发展速度低于全行业的平均水平。

(五)北京律师业务收入在全国的领先优势有所缩小

北京律师业务收入在全国具有领先优势,但是优势有所缩小。如图1-25所示,从业务收入总额的角度看,2015年北京以138.1亿元位居全国第一。上海市以135.45亿元位居第二。相比较而言,北京具有领先优势,但是第一名和第二名之间相差并不大。

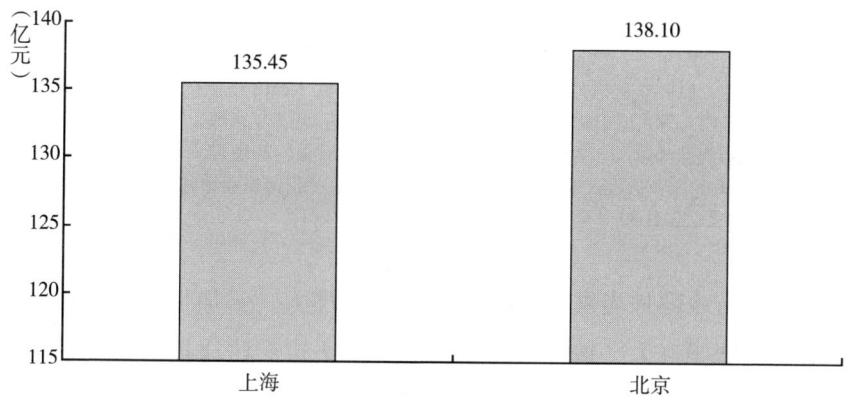

图1-25 2015年北京和上海律师行业业务收入总额对比

从人均业务收入的角度看,如图1-26所示,在2015年,北京律师人均业务收入以53.9万元的水平显著高于全国平均水平(20.2万元/人),但是也明显低于上海(73.8万元/人),后者人均业务收入排名全国第一。

四 律师业务类型

(一)不同业务类型的数量变化

根据律师法第28条的规定,律师可以提供的法律服务类型包括:(1)接受自然人、法人或者其他组织的委托,担任法律顾问;(2)接受

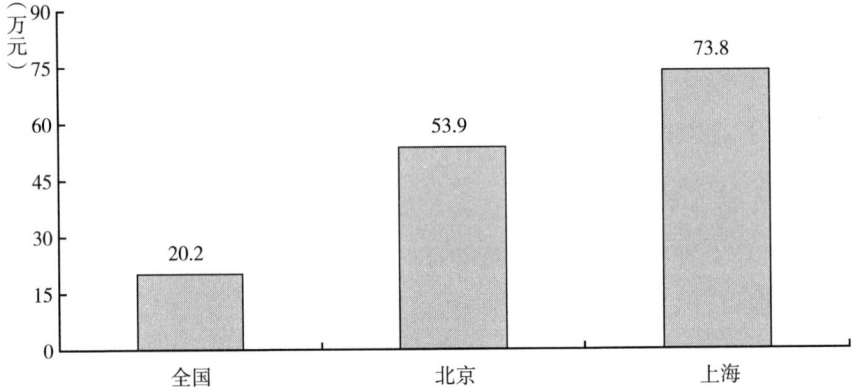

图1-26　2015年人均业务收费对比

资料来源：（1）全国律师人数来源于《中国统计年鉴（2016）》；（2）北京2015年律师人数、业务收入等来源于北京市司法局调研；（3）上海2015年律师人数、业务收入等来源于彭薇《上海律师收入，多年位居全国第一》，《解放日报》2016年5月16日；（4）全国律师行业2015年业务收入根据新华社报道估算，参见《我国执业律师人数已超29.7万人》，新华社北京3月30日电（记者白阳）。

民事案件、行政案件当事人的委托，担任代理人，参加诉讼；（3）接受刑事案件犯罪嫌疑人、被告人的委托或者依法接受法律援助机构的指派，担任辩护人接受自诉案件自诉人、公诉案件被害人或者其近亲属的委托，担任代理人，参加诉讼；（4）接受委托，代理各类诉讼案件的申诉；（5）接受委托，参加调解、仲裁活动；（6）接受委托，提供非诉讼法律服务；（7）解答有关法律的询问、代写诉讼文书和有关法律事务的其他文书。在这些业务中，无论从业务数量看，还是从业务收入角度看，（1）、（2）、（3）、（7）都是主要的业务类型，这里就这四种业务类型，考察其数量和收入。

考察表1-12、表1-13和表1-14，对于北京律师完成的业务数量，可以总结出如下2个特点。

第一，各类业务的数量变化趋势并不同步。如表1-12和表1-14所示，在2011年和2015年两个年份，所有类型的业务数量都增长，但是增长幅度的差异较大。在2012、2013、2014三年中，则是有的业务类型增长，有的业务类型下降。总体上，各业务类型之间的数量变化并无明显的规律可循。

表1-12 2010~2015年北京和全国律师业务办理数量对比

单位：件

地区	业务类型	2010年	2011年	2012年	2013年	2014年	2015年
北京	担任法律顾问	17529	22171	21907	21713	22872	25366
	民事诉讼代理	69024	79172	66341	98630	90115	94480
	行政诉讼代理	2167	3424	4031	4815	4384	6614
	刑事诉讼辩护及代理	15334	15631	18174	28062	25144	26976
	非诉讼法律事务	62722	68749	73352	72530	86884	89638
全国	担任法律顾问	369129	392456	447993	456847	507289	548260
	民事诉讼代理	1569043	1693635	1779118	1887156	2100102	2476112
	刑事诉讼辩护及代理	530800	569330	576050	592486	667391	717283
	行政诉讼代理	51011	52136	43312	57659	64545	86455
	非诉讼法律事务	549453	625229	585358	817703	673080	784264

资料来源：北京的数据来源于北京统计年鉴，全国的数据来源于中国统计年鉴。

表1-13 北京律师2011~2015年业务数量合计占全国的比例

单位：件，%

项目	担任法律顾问	民事诉讼代理	行政诉讼代理	刑事诉讼辩护及代理	非诉讼法律事务
全国	2352845.0	9936123.0	3122540.0	304107.0	3485634.0
北京	114029.0	428738.0	23268.0	113987.0	391153.0
占全国比例	4.8	4.3	0.7	37.5	11.2

表1-14 2011~2015年北京律师各类业务数量的年增长率

单位：%

业务类型	2011年	2012年	2013年	2014年	2015年
担任法律顾问	26.5	-1.2	-0.9	5.3	10.9
民事诉讼代理	14.7	-16.2	48.7	-8.6	4.8
行政诉讼代理	58.0	17.7	19.4	-9.0	50.9
刑事诉讼辩护及代理	1.9	16.3	54.4	-10.4	7.3
非诉讼法律事务	9.6	6.7	-1.1	19.8	3.2

第二，从在全国所占的比例的角度看，北京律师办理的刑事诉讼业务最多，行政诉讼业务最少。表1-13所整理的，是合计2011~2015年的业务数量后，北京律师办理的各类业务的数量占全国的比例。从计算的结果看，北京办理的刑事诉讼案件占全国的37.5%，这是一个比较意外的发现。接下来依次是非诉讼法律事务，占全国的11.2%，担任法律顾问占4.8%，民事诉讼业务占4.3%。所占比例最小的是行政诉讼业务，只有0.7%。这个比例分布表明，对于刑事案件，委托人更愿意到北京请高水平的律师，对于行政诉讼案件，人们极少到北京请律师。

（二）不同业务类型的收入情况

针对北京律师各类业务的收入情况，分别整理得出表1-15、表1-16和表1-17。考察出表1-15、表1-16和表1-17，可以总结出北京律师各类业务收入变化的三个特点。

表1-15 2010~2015年北京律师各类业务收入变化

单位：亿元

年份	非诉讼法律事务	法律顾问	民事诉讼	刑事诉讼	行政诉讼	其他	总收入
2010	34.33	29.02	42.13	2.23	1.18	4.11	113.0
2011	40.3	29	40.2	2.2	1.3	4.5	117.5
2012	37.3	29.2	40	2.8	2.4	7.6	119.3
2013	30.56	23.86	28.64	2.41	1.31	10.83	97.61
2014	39.57	27.47	29.52	2.85	3.44	8.21	111.06
2015	56.31	32.65	32.41	3.26	4.06	9.41	138.1

资料来源：北京市司法局实地调研。

表1-16 2010~2015年北京律师各类业务收入所占比例变化

单位：%

年份	非诉讼法律事务	法律顾问	民事诉讼	刑事诉讼	行政诉讼	其他	总收入
2010	30.4	25.7	37.3	2.0	1.0	3.6	100.0
2011	34.3	24.7	34.2	1.9	1.1	3.8	100.0
2012	31.3	24.5	33.5	2.3	2.0	6.4	100.0
2013	31.3	24.4	29.3	2.5	1.3	11.1	100.0
2014	35.6	24.7	26.6	2.6	3.1	7.4	100.0
2015	40.8	23.6	23.5	2.4	2.9	9.6	141.5

资料来源：根据表1-15中的数据计算得出。

表1-17 2011~2015年北京律师各类业务收入的年增长率

单位：%

年份	非诉讼法律事务	法律顾问	民事诉讼	刑事诉讼	行政诉讼	其他	总收入
2011	17.4	-0.1	-4.6	-1.3	10.0	9.5	4.0
2012	-7.4	0.7	-0.5	27.3	84.6	68.9	1.5
2013	-18.1	-18.3	-28.4	-13.9	-45.4	42.5	-18.2
2014	29.5	15.1	3.1	18.3	162.6	-24.2	13.8
2015	42.3	18.9	9.8	14.4	18.0	14.6	24.3

资料来源：北京市司法局实地调研。

第一，非诉讼法律事务、法律顾问、民事诉讼三项业务的收入占80%以上的比例。由于三项业务所占比例大，所以三项业务任何一项收入发生变化，都会对行业总收入产生重大影响。

第二，非诉讼法律事务、法律顾问、民事诉讼三项业务收入的变化同步性非常强。这种同步性表明，三类业务的收入受到共同因素的影响，这个共同因素就是经济形势。由于三项业务收入往往同步发生变化，所以它们的变化能够叠加起来，在很大程度上决定当年律师业务收入总额的变化方向及幅度。

比如在2013年，三项业务的收入同时减少，其中非诉讼法律事务减少6.74亿元，法律顾问减少5.34亿元，民事诉讼减少11.36亿元，合计减少21.69亿元，而当年业务收入总额减少了21.69亿元，所以总额的减少很大程度上是该三项业务的减少造成的。

第三，自2013年以来，非诉讼法律事务收入的比例逐年增长，从2013年的31.3%，增长到2015年的40.8%。这种变化表明，非诉讼法律事务成为北京律师业务增长的主要来源，而北京大型律所的规模化、公司化、团队合作等运营方式对于这类业务收入的增长作出了重要贡献。

（三）非诉讼法律事务先降后升

考察如图1-27、图1-28和图1-29，非诉讼法律事务的数量和收入变化，具有如下特点。

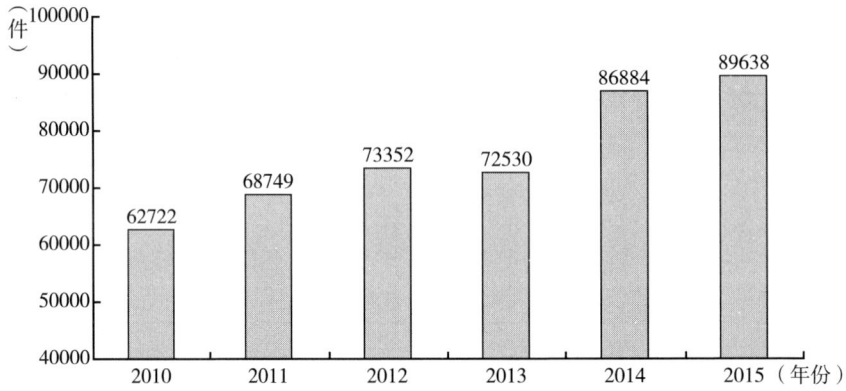

图1-27 2010~2015年北京律师非诉讼法律事务业务数量变化

资料来源：北京市司法局实地调研。

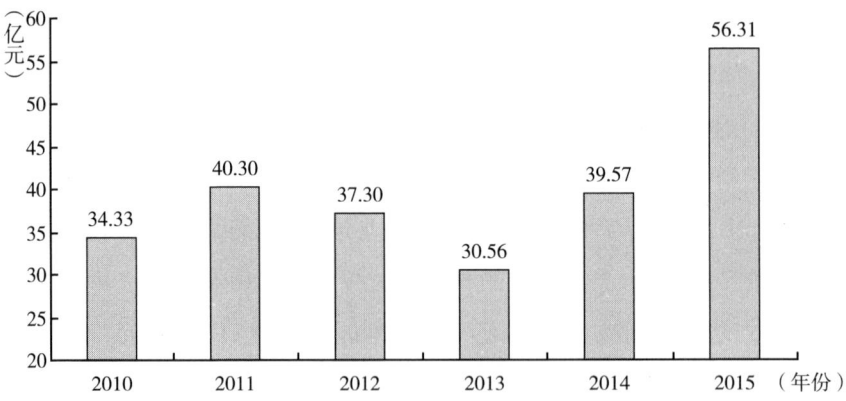

图1-28 北京律师2010~2015年非诉讼律师事务收费总额变化

资料来源：北京市司法局实地调研。

第一，2013~2015年，非诉讼法律事务的数量先是微幅下降，然后连续两年增长。其中，微幅下降的时间是2013年，下降了1.1%。2014年则大幅增长了19.8%，2015年增幅放缓，但是仍然增长了3.2%。

第二，相对来说，非诉讼法律事务的收入变化幅度较大。具体来说，先是在2013年大幅下降了18.1%，又在2014年增长了29.5%，最后在2015年增长了42.3%。无论是2013年的大幅下降，还是后来两年的大幅增长，都对律师行业收入总额的变化产生了重大影响。

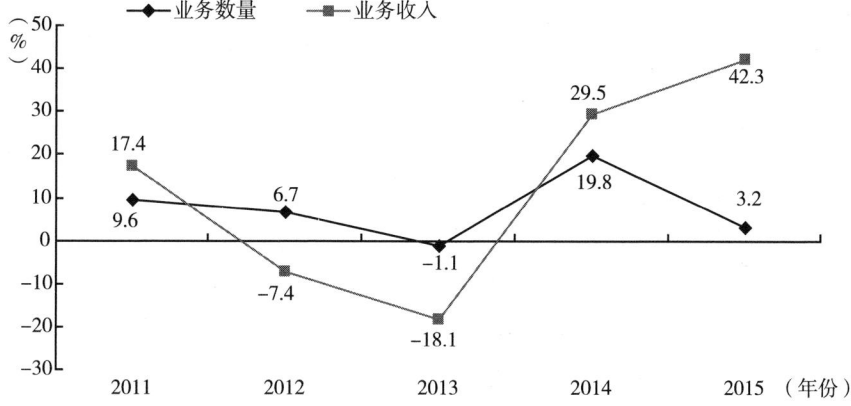

图1-29 2011~2015年北京律师非诉讼法律事务业务年增长率

资料来源：根据图1-27、图1-28中的数据计算得出。

（四）法律顾问先增后降

考察如图1-30、图1-31和图1-32，法律顾问的数量和收入变化，具有如下特点。

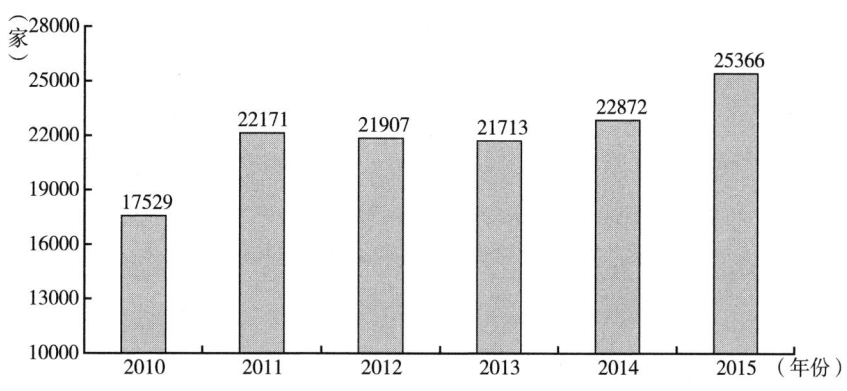

图1-30 2010~2015年北京市律师法律顾问业务数量变化

资料来源：北京市司法局实地调研。

第一，2013~2015年，法律顾问的数量先是微幅下降，然后连续两年增长。其中，微幅下降的时间是2013年，下降了0.9%。2013年则小幅增

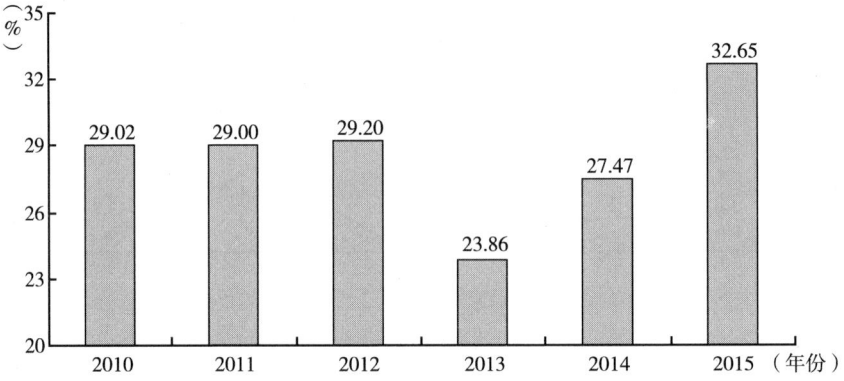

图1-31　北京律师2010~2015年法律顾问收费总额变化

资料来源：北京市司法局实地调研。

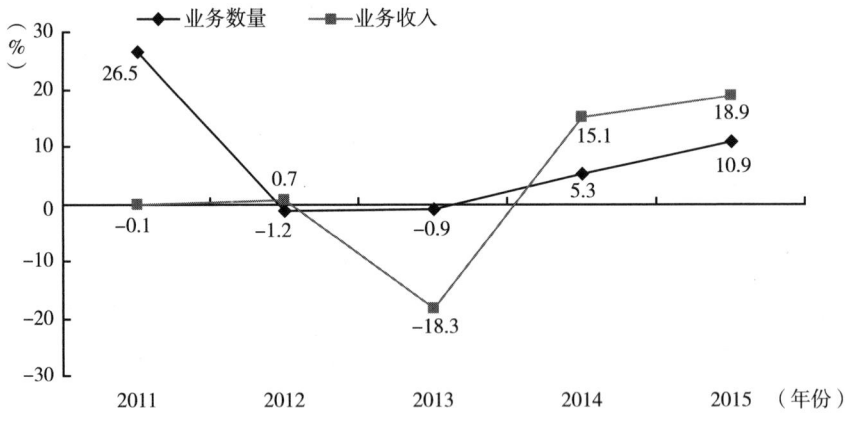

图1-32　2011~2015年北京律师法律顾问业务年增长率

资料来源：根据图1-30、图1-31中的数据计算得出。

长了5.3%，2015年增幅扩大，达到10.9%。

第二，相对来说，法律顾问的收入变化幅度较大。具体来说，先是在2013年大幅下降了18.3%，之后于2014年增长了15.1%，最后在2015年增长了18.9%。无论是2013年的大幅下降，还是后来两年的大幅增长，都对律师行业收入总额的变化产生了明显的影响。

(五)民事诉讼代理业务的数量和收入变化不同步

考察如图1-33、图1-34和图1-35,民事诉讼代理业务变化的一个显著特点,是数量的变化和收入变化不同步。

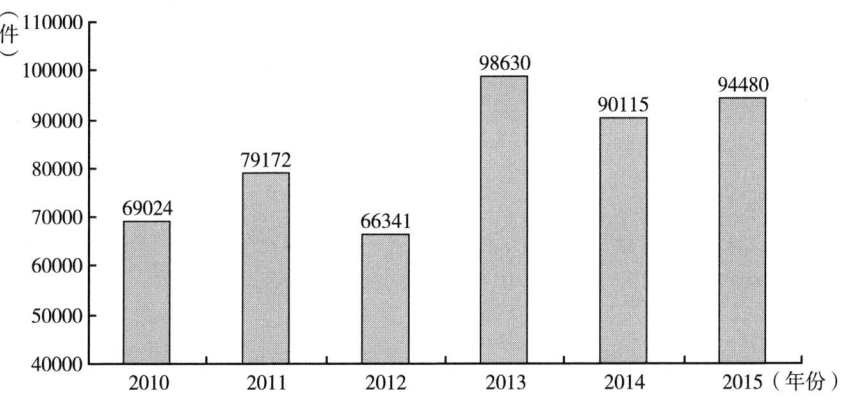

图1-33　2010~2015年北京律师民事诉讼代理业务数量变化

资料来源:北京市司法局实地调研。

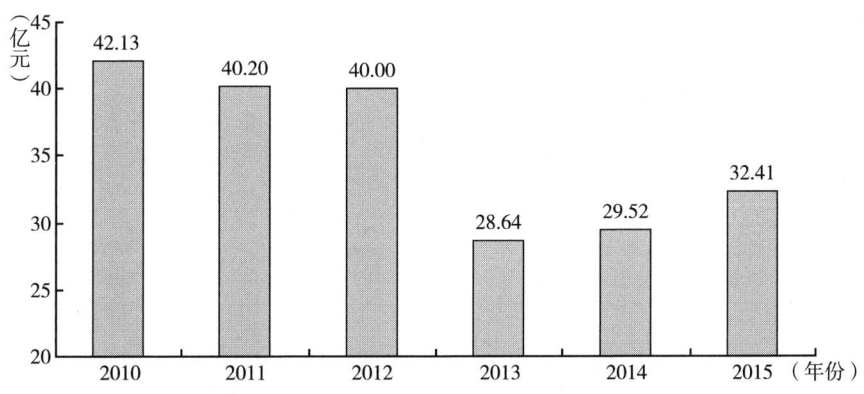

图1-34　北京律师2010~2015年民事诉讼收费总额变化

资料来源:北京市司法局实地调研。

2013年,民事诉讼代理的数量增长了48.7%,但是收入下降了28.4%。2014年,民事诉讼代理的数量下降了8.6%,但是收入增长了3.1%。2015年,数量和收入有了同步变化,其中民事诉讼代理的数量增加

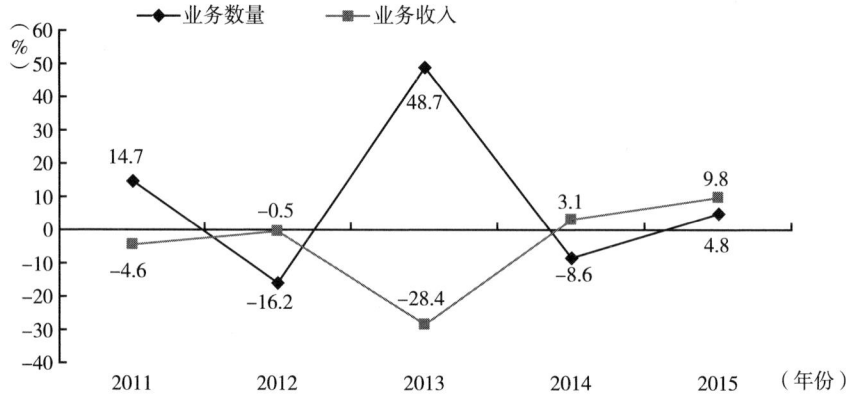

图1-35　2011~2015年北京律师民事诉讼代理业务年增长率

资料来源：根据图33、图34中的数据计算得出。

了4.8%，收入增加了9.8%。

相对于非诉讼法律事务和法律顾问来说。民事诉讼代理的收入在2013年降幅比较大，但是在2014年、2015年的增幅相对较小。

（六）刑事诉讼业务的数量和收入的变化不同步

考察如图1-36、图1-37和图1-38刑事诉讼业务变化存在一个和民事诉讼相同的特点，即数量的变化和收入变化不同步。

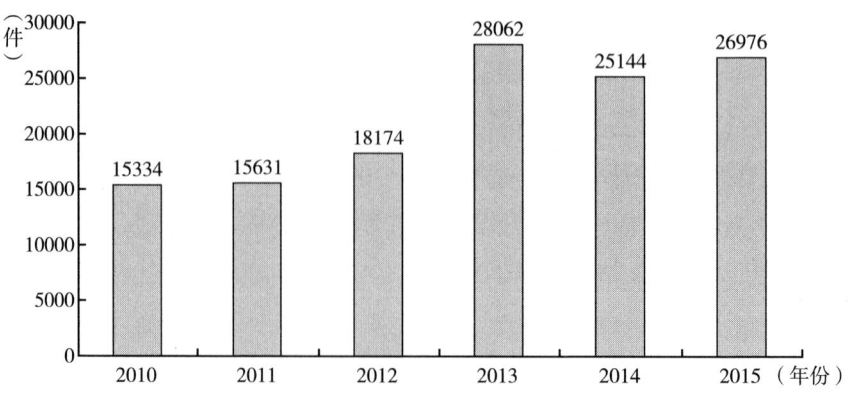

图1-36　2010~2015年北京律师刑事业务数量变化

资料来源：北京市司法局实地调研。

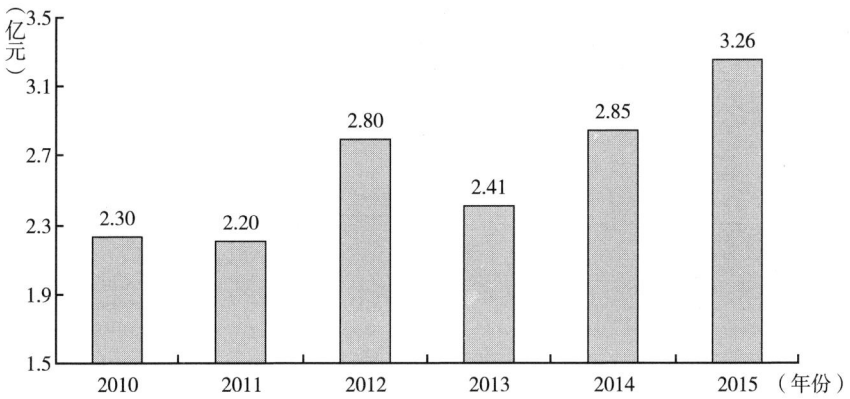

图1-37　北京律师2010~2015年刑事诉讼收费总额变化

资料来源：北京市司法局实地调研。

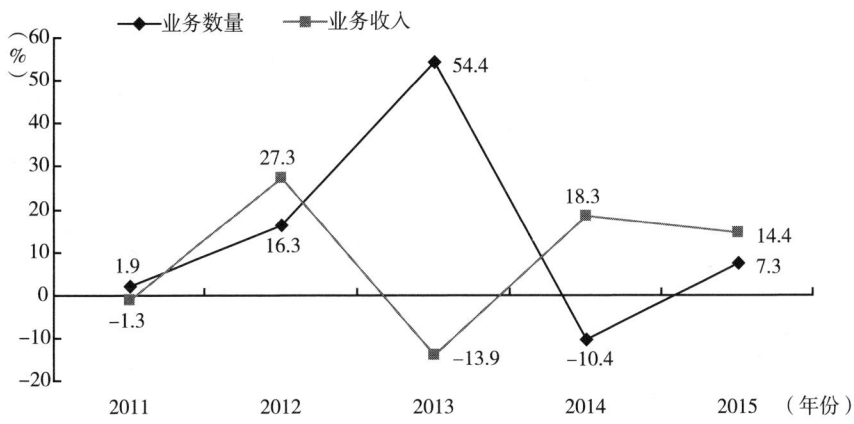

图1-38　2011~2015年北京律师刑事业务年增长率

资料来源：根据图1-36、图1-37中的数据计算得出。

2013年，刑事诉讼的数量增长了54.4%，但是收入下降了13.9%。2014年，刑事诉讼的数量下降了10.4%，但是收入增长了18.3%。2015年数量和收入有了同步变化，其中刑事诉讼代理的数量增加了7.3%，收入增加了14.4%。

由于刑事诉讼收入所占比例不大，所以，尽管刑事诉讼收入本身变化较大，但是对收入总额的影响比较小。

（七）行政诉讼代理连续两年保持增长

考察如图1-39、图1-40和图1-41，行政诉讼的变化也存在一个相同的特点，即数量变化和收入变化不同步。

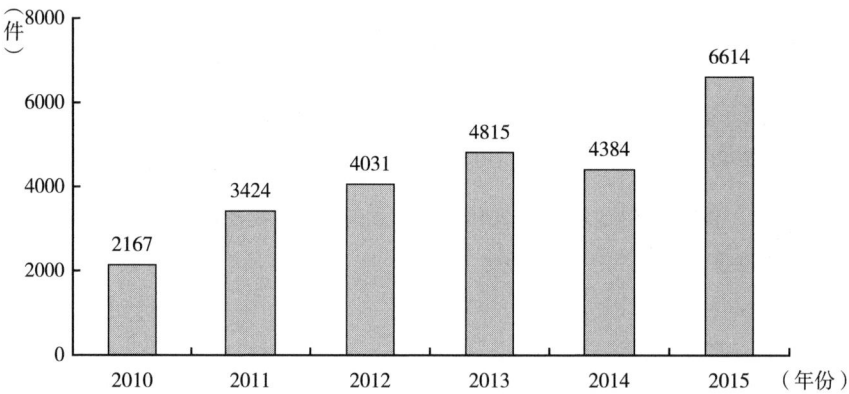

图1-39　2010~2015年北京律师行政诉讼代理业务数量变化

资料来源：北京市司法局实地调研。

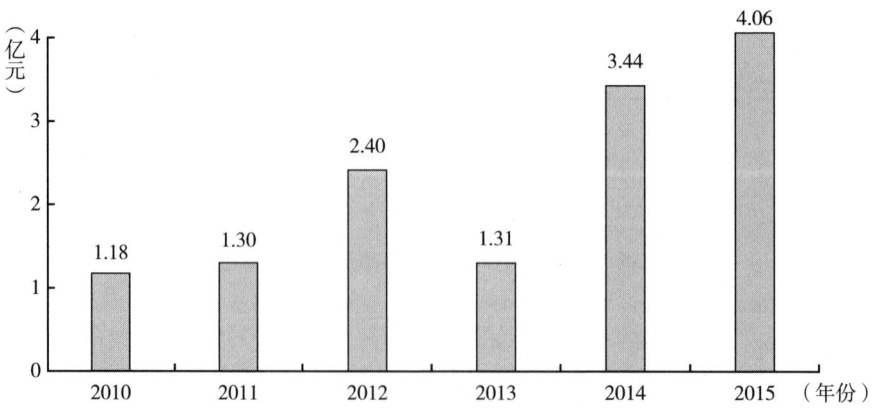

图1-40　北京律师2010-2015年行政诉讼收费总额变化

资料来源：北京市司法局实地调研。

在2013年，行政诉讼业务的数量增长了19.4%，但是收入下降了45.4%。在2014年，行政诉讼的数量下降了9.0%，但是收入猛增了

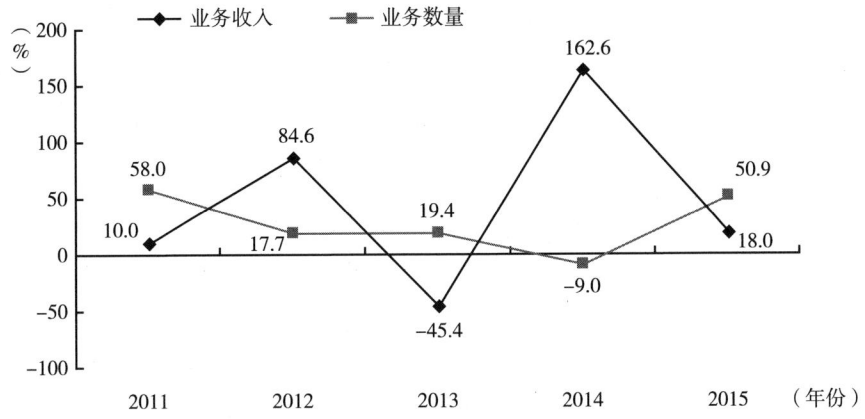

图 1-41　2011~2015 年北京律师行政诉讼代理业务年增长率

资料来源：根据图 1-39、图 1-40 中的数据计算得出。

162.6%。在 2015 年，数量和收入有了同步变化，其中民事诉讼代理的数量增加了 50.9%，业务收入增加了 18.0%。

在各类业务中，行政诉讼的收入变化幅度是最大的，但是由于行政诉讼收入所占比例非常小，所以，尽管行政诉讼收入本身大幅变化，但是对收入总额的影响不太明显。

五　律师公益活动

（一）承办较大比例的法律援助案件

接受法律援助机构的指派承办法律援助案件，是我国律师的一项法律义务。国务院《法律援助条例》第 6 条规定："律师应当依照律师法和本条例的规定履行法律援助义务，为受援人提供符合标准的法律服务，依法维护受援人的合法权益，接受律师协会和司法行政部门的监督。"第 21 条规定："法律援助机构可以指派律师事务所安排律师或者安排本机构的工作人员办理法律援助案件；也可以根据其他社会组织的要求，安排其所属人员办理法

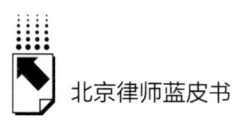

律援助案件。对人民法院指定辩护的案件，法律援助机构应当在开庭3日前将确定的承办人员名单回复作出指定的人民法院。"但是，由于法律援助案件补贴标准比较低，所以法律援助案件的承办也体现了律师公益精神。

在实践中，北京律师积极履行法定义务，办理了大量的法律援助案件，体现了北京律师的公益情怀和社会担当。如表1-18所示，北京律师实际承担法律援助案件的情况具有如下特点。

第一，自2013年以来的三年中，北京律师承办的法律援助案件数量明显高于2012年以前的水平。如表1-18所示，在2012年以前，北京律师每年办理的援助案件不足9000件，但是2013年以来，每年都在10000件以上，2014年甚至达到18096件。

第二，从相对数量来看，2013年以来，平均每名律师办理法律援助案件在1件以下。具体以2015年为例来说，平均每位律师办理0.46件。这个比例表明，北京律师办理法律援助案件的负担在可承受的范围内。

第三，从案件类型构成上看，各类案件的比例每年都有变化，但是民事诉讼案件比例总是最大，排在第一位。排在第二位的，2013年以前是刑事案件；2014年以来则是非诉讼法律援助。当然，刑事案件数本身并没有减少的趋势，之所以从第二位降到第三位，是因为非诉讼法律事务增长较快。在四类案件类型中，行政诉讼案件比例是最少的，不足2‰。

表1-18 北京律师2011~2015年承担法律援助案件情况

单位：件，%

年份	法律援助案件合计		刑事诉讼法律援助		民事诉讼法律援助		行政诉讼法律援助		非诉讼法律援助	
	件数	人均	件数	占比	件数	占比	件数	占比	件数	占比
2011	7114	0.32	2492	35.0	3438	48.3	9	0.13	1175	16.5
2012	8927	0.39	2981	33.4	4720	52.9	13	0.15	1213	13.6
2013	11826	0.50	3473	29.4	4899	41.4	12	0.10	3442	29.1
2014	18096	0.75	2690	14.9	10159	56.1	8	0.04	5239	29.0
2015	11829	0.46	2899	24.5	4834	40.9	17	0.14	4079	34.5

资料来源：北京市司法局实地调研。

（二）积极参加公益法律服务活动

北京律师积极参加社会公益活动，以自己的专业特长切实履行首都律师的社会责任。

总体来看，如表1-19所示，北京律师参加公益活动具有以下三个方面的特点。

表1-19 2011~2015年北京律师参加公益事业和社会活动情况

单位：次，%

年份	公益活动合计		义务法律咨询服务			参加公益法律服务	参加涉法信访	为社会提供法律业务培训
	次数	人均	次数	占比	人均	次数	次数	次数
2011	135601	6.1	116885	86.2	5.3	11315	3698	3703
2012	185693	8.1	167377	90.1	7.3	11469	2803	4044
2013	184366	7.8	165206	89.6	6.9	11742	2014	5404
2014	202588	8.4	186814	92.2	7.7	9911	2621	3242
2015	208110	8.1	186932	89.8	7.3	14781	2836	3561

资料来源：北京市司法局实地调研。

第一，北京律师每年都参与了大量的公益活动。其中，2013年共计参与184366次，人均7.8次；2014年共计参与202588次，人均8.4次；2015年共计参与208110次，人均8.1次。

第二，从近五年来的数据看，北京律师参与的公益活动的总量呈增长趋势，人均参与次数则基本稳定。从公益活动的总量看，2012年比上一年增长了36.9%，2013年小幅下降了0.7%，2014年增长了9.9%，2015年增长了2.7%。从人均参与次数看，2012年有较大增幅，从6.1次增加到8.1次，2012年以后，有一定的起伏，但是基本在人均参与8次的水平。其中，人均参与次数最多的是2014年，达到8.4次。

第三，从构成上看，在不同的公益活动类型中，义务法律咨询类的法律服务所占比例最大。如表1-19所示，自2012年以来，义务法律咨询服务占大约90%,每年人均义务咨询7次左右。

除了义务法律咨询服务外,北京律师每年还参加了大量的其他类型的公益活动。以2015年为例,北京律师参加公益法律服务14781次,参加涉法信访2836次,为社会提供法律业务培训3561次。

(三)积极为公益事业捐款

律师支持公益事业的一种方式是为灾区、落后地区或需要帮助的特定人群捐款。当前我国灾害和事故时有发生,地区之间经济、文化发展不平衡现象较为突出,对此,北京律师适时地以捐赠的方式表达爱心,支持困难对象。

总体来看,公益捐赠活动和灾害事件密切联系,因为灾害事件发生不规律,所以钱和物的捐赠量每年会有较大的起伏。2008年发生汶川"5·12"大地震,社会各界都倾囊相助,北京律师当年的捐款金额也达到历史最高点1661万元。[①] 自2009年以来,社会中发生的灾害与事故相对较小,所以捐赠的总量也有所回落。尽管如此,北京市律师协会每年都组织捐赠活动,为支持灾区和落后地区的发展筹集了一定的资金。2013年以来的主要捐赠活动,一是在四川雅安市发生7.0级地震后,北京市律师协会组织广大律师和律师事务所捐款152万余元;二是北京市律师协会组织律师先后回访了位于安徽、河南、宁夏、青海、黑龙江、四川等地的北京律师希望小学,并向希望小学捐赠了价值30万元的图书、学习用品和文体用品。

汇总起来看,如图1-42所示,自2012年以来,北京律师每年的捐赠款额都有所增长。其中,2012年共计捐款315.04万元,2013年捐款558.71万元;2014年捐款603.00万元;2015年捐款716.00万元。

从北京律师人均捐款的角度看,自2012年以来也呈逐年增长的趋势。其中2012年人均捐款138.20元;2013年人均捐款235.00元;2014年人均捐款249.50元;2015年人均捐款279.60元。

---

① 参见王隽、冉井富主编《北京律师发展报告(2013)》,社会科学文献出版社,2013,第40页。

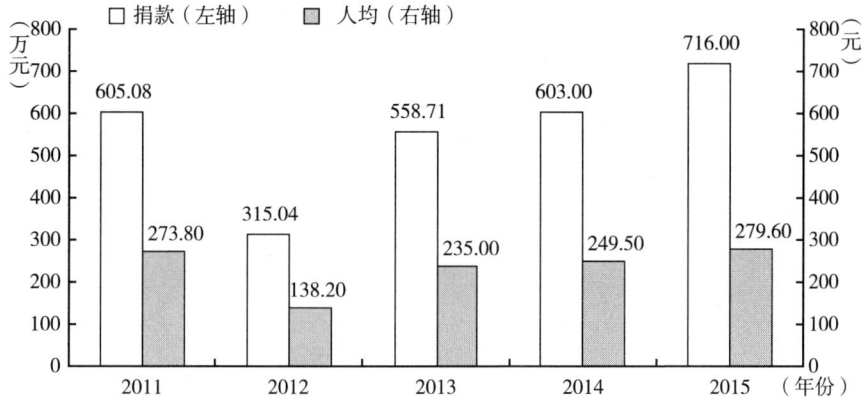

图 1-42　2011~2015 年北京律师公益捐款情况

资料来源：北京市司法局、北京市律师协会实地调研。

（四）支援西部地区律师行业发展

近年来，北京市律师协会精心组织人力和物力支援西部落后地区律师行业的发展，广大律师热心参与，踊跃报名，积极参加，切实履行首都律师的社会责任。

具体来看，北京律师主要通过两个项目来开展对西部地区支援活动。

第一个项目是"1+1"中国法律援助志愿者项目。2012 年 5 月，北京市律协根据司法部的要求，启动了北京地区 2012 年度"1+1"中国法律援助志愿者行动，随后招募了北京地区首批 10 名志愿者。同年 7 月 13 日，10 名志愿者分别奔赴目的地，开展为期一年的志愿服务。

自 2013 年以来，北京市律协继续响应中央有关单位的号召，定期开展中国法律援助志愿者的招募、派送、慰问等活动。2013~2015 年，北京市律协共派遣 57 名志愿律师赴西藏、新疆、贵州、云南等西部地区提供法律援助，为维护当地困难群众合法权益和社会和谐稳定发挥了积极作用。

第二个项目是全国律协发起和组织的"百千千工程"。该项目的具体任务是 2012~2015 年，东部和中部地区对西部地区国家级贫困县实施三项帮助：一是"百所百车计划"；二是律师和律师事务所负责人培养"千人计划";三是举办培训和讲座活动"千场计划"。

自"百千千工程"启动以来,北京市律师协会精心组织,全市律师和律师事务所积极响应,通过2013、2014、2015三年时间,高标准、超定额完成了全国律协分配的任务,有力地支持了西部地区律师事业的发展。

具体而言,三年任务完成情况如下:(1)在2013年完成了对80名西部律师为期20天的培训,组织3名优秀律师赴西部地区举办了3场专题讲座;(2)2014年完成对162名西部律师为期12天的培训,组织24名优秀律师赴西部地区举办了24场专题培训;(3)2014年向新疆律协、甘肃律协、陕西律协、云南律协捐赠购车款共计162.5万元,超过全国律协指定任务37.5万元;(4)2015年完成了对165名西部律师为期11天的培训,组织了6名优秀律师分赴西部地区举办系列专题讲座。

北京市律师协会、北京市的律师事务所和律师在上述公益活动中所表现出来的爱心、投入和业绩,得到了司法部、全国律师协会以及社会各界的肯定与赞誉。在司法部、全国律协、中国法律援助基金会、中央电视台等联合主办的各类总结与表彰活动中,北京市律师协会、钧盛所等12家北京律师事务所,马兰等北京律师先后多次获得表彰和嘉奖。马兰律师还因其在公益法律服务中的突出贡献入选"CCTV2015年度法治人物"。

(五)积极参政议政

北京律师参政议政的形式,一是认真履行人大代表、政协委员的职务,通过提案、会议等方式参政议政;二是以专家身份,通过立法建议等方式参与国家的法治建设。在这两种形式中,北京律师都有积极的表现,体现了北京律师良好的专业素养和社会关怀。

北京律师任职人大代表、政协委员的数量在同一届任期内相对稳定,换届之后会略有变动。从表1-20和图1-43来看,换届之后任职数量略有增加。以2015年为例,全市律师担任各级人大代表、政协委员共93人。其中,全国人大代表3人、全国政协委员3人(常委1人);市人大代表8人(常委1人)、市政协委员9人;区县人大代表16人(常委3人)、区县政协委员54人（常委6人），律师代表委员数量再创新高，呈现律师问政的新境界。三年来，北京律师行业的人大代表、政协委员共提出了建议、议案和调研材料数百篇，其中涉及北京律师行业发展和首都法制建设的有90余篇。此外，还有一些北京律师担任外省市各级人大代表、政协委员，为当地经济发展、民主法治建设踊跃建言献策，树立了北京律师的良好形象。

表1-20 2008~2015年北京律师任职人大代表和政协委员情况

单位：人

年份	人大代表				政协委员				合计
	全国人大代表	市人大代表	县区人大代表	小计	全国政协委员	市政协委员	县区政协委员	小计	
2008	2	7	11	20	3	8	41	52	72
2009	2	7	12	21	3	8	43	54	75
2010	2	8	12	22	3	8	44	55	77
2011	2	8	16	26	3	8	56	67	93
2012	2	8	10	20	3	8	44	55	75
2013	3	8	16	27	3	9	54	66	93
2014	3	8	16	27	3	9	54	66	93
2015	3	8	16	27	3	9	54	66	93

资料来源：北京市司法局实地调研。

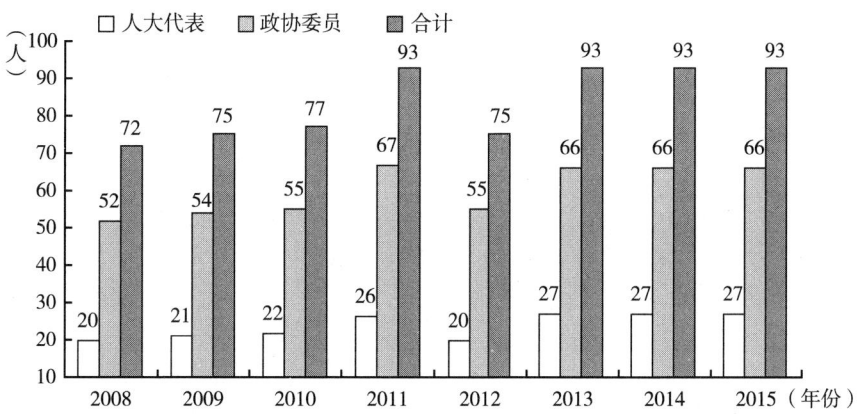

图1-43 北京律师任职人大代表和政协委员情况

资料来源：根据表1-20中的数据绘制。

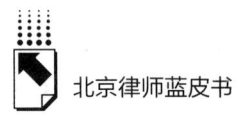

除此之外,2013~2015年,北京市律师协会组织律师就商标法修订草案、著作权法修订草案、旅游法草案、反家庭暴力法、北京市专利保护与促进条例修订草案、北京市校车管理条例等法律法规及部门规章的制定和修订工作进行研讨,先后向有关部门提交了书面意见和建议54份。

(六)建立和完善公益服务机制

北京市律师协会在组织律师开展公益活动的同时,还建立和完善了律师公益法律服务的机制。随着机制的建立和完善,北京律师开展公益活动更有成效,更加便利,更加规范有序。截至2015年底,这些机制主要包括以下几个方面。

第一,村居法律顾问制度。自2012年以来,北京市司法局和北京市律师协会组织律师在全市范围内开展"法律服务村居行"活动。截至2013年7月,"法律服务村居行"活动取得良好效果。通过这项活动,全市6166个村居委会有了"一对一"结对服务律师和法律服务工作者。通过这项活动,北京律师提供了大量的公益法律服务,包括:累计提供法律咨询服务110039人次,举办法律讲座4585场,发放法律宣传资料372381份,代写法律文书6893份,参与纠纷调解8851次,提供法律援助4454件,担任法律顾问3265家。通过初期阶段的这些活动,"法律服务村居行"工作机制初步建立,在2014年,该机制逐步发展为村居法律顾问制度。所谓村居法律顾问制度,就是由结对律师担任村居法律顾问,形成"一村一居一顾问"工作格局,让律师在为村居民提供法律服务的同时,为村居围绕发展区域经济、推进村居建设、加强和改善村居社会管理、维护村居合法权益等提供法律服务。截至2015年底,全市16个区6878个村居全部建立"一村一居一法律顾问"工作网络,实现了村居法律顾问全覆盖。

第二,重大突发事件应对制度。在北京2012年"7·21"特大暴雨发生后,北京市律协及时组织交通、保险、刑法、劳动、医药卫生等领域律师,就灾情涉及的法律问题、已经或可能引发的法律纠纷进行研讨分析,向市有关部门递交了近4万字的《关于"7·21"特大自然灾害相关法律问题及建议的报告》，为市委、市政府开展善后工作提供了有益参考。同时，针对京港澳高速公路事故善后处置的具体工作，协会选派律师就赔偿方案提出了专业意见和建议，受到有关方面的一致肯定和好评。

2014年3月8日马航MH370飞机失联后第二天，北京市律协即成立马航MH370客机失联事件应急法律服务团，成员为来自十余个相关专业委员会的64名律师。整个事件过程中，服务团为政府部门妥善处置事件提供法律意见、建议十余份；选派数十名律师组成马航客机失联事件应急法律咨询小组，参与全国和北京两个MH370乘客家属服务保障平台的工作，共接待现场咨询2000余人次、电话咨询近300人次；组建了MH370乘客家属索赔谈判律师团，积极为代表家属和马来西亚航空公司就航空公司责任赔偿方案进行谈判做准备，较好地发挥了法律服务促进社会和谐稳定方面的积极作用，得到了司法部和市领导的充分肯定和高度评价。

马来西亚政府2015年初正式宣布马航MH370失事后，MH370乘客家属索赔谈判律师团加紧推进索赔谈判相关工作，与马航及其保险公司进行了两轮正式谈判及多次非正式沟通，指导家属开展相关证据收集工作，为每个家庭准备了完备的索赔材料，最终促成46家乘客家属接受和解方案，并在春节前完成了40家（其中北京乘客家属13家）和解协议的签署及公证工作，为家属争取到了目前为止中国空难索赔史上最高的赔偿金额。

这些事件发生后，协会组织相关专业委员会和律师及时提供法律服务，充分展示了北京律师的专业优势、专业素质和无私奉献精神。与此同时，北京市也丰富了协助处理此类事件的经验，形成了应对重大突发事件的公益法律服务经验。

第三，建立涉法信访律师接待制度。为了发挥律师息诉止访、化解矛盾、维护稳定方面的专业优势，北京市律师协会组建了市高院信访接待律师团，以专职律师在市高院接访的形式，从社会第三方角度无偿为信访人提供法律服务，引导信访人依法解决涉诉信访事项。为了健全工作机制，进一步发挥律师在这方面的作用，北京市律师协会与市高院、市司法局共同起草了《关于进一步深化完善律师参与化解涉诉信访工作的实施意见》和《关于律师参与化解涉诉信访工作的实施办法》，探索建立专业化律师团队参与化解

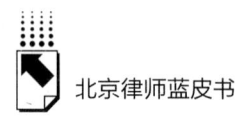

涉诉信访工作机制和律师参与涉诉信访工作奖惩激励机制，从制度和经费保障方面进一步深化完善律师参与化解涉诉信访工作。自该制度建立以来，截至2015年底，市高院信访接待律师团累计参与信访接待1170小时，接待信访群众1000余人次，积极发挥了律师在化解社会矛盾纠纷中的独特作用。

第四，成立人大代表与政协委员联络委员会。为了加强律师协会和北京律师中的人大代表、政协委员之间的交流和沟通，以扩大律师行业的认同度及其在社会上的影响力，更好地发挥人大代表和政协委员的参政议政作用，2009年，第八届北京市律协成立了人大代表与政协委员联络委员会。联络委员会定期召开会议，协助和支持人大代表和政协委员的工作，编印《律师话政》，介绍人大代表和政协委员的参政议政活动。该机制运行6年来，北京律师人大代表、政协委员们积极履职，在参政议政领域广泛传达社情民意，对社会公共事务实施有效监督，体现了律师人大代表、政协委员参政议政的专业水平和风采。

第五，成立和运行公益法律服务中心。2013年10月30日，北京市律师协会成立公益法律服务中心。北京市律协公益法律服务中心是在2009年组建的北京市律协公益法律咨询中心的基础上，按照全国律协对服务中心的职能定位和工作要求，整合业内公益服务力量组建的。服务中心涵盖了一个咨询中心，4个公益律师团队，4个专业委员会和3家专项从事公益法律服务的律师事务所，形成了较为全面的公益法律服务体系。公益法律服务中心在便利律师从事公益活动、便利群众咨询法律问题、促进律师了解社会的法律需要方面，发挥了重要作用。该中心自成立以来到2015年底，共接听热线电话3013个，接待现场咨询1794人次。

六 行业管理与行业保障

（一）加强行业后备人才的储备与培养

律师行业健康发展，需要源源不断的、高素质的后备人才。自2013年以来，北京市律师协会通过三项措施解决后备人才的储备与培养的问题。

一是针对引进法律人才在北京实习的问题，与市双高人才发展中心签署了战略合作协议，在一定程度上解决了律师事务所吸收非京籍高层次法律人才进入实习队伍的问题，为引进优秀法律服务人才、培养行业后备力量拓宽了渠道。战略合作协议于2013年2月签订，主要包括四个方面：一是双方建立长期合作关系，进一步将律师行业人才队伍建设融入北京市"十二五"人才发展规划之中；二是根据首都律师行业发展的实际需求，逐步完善首都律师行业优秀人才引进机制，促进律师行业人才流动的良性循环；三是认真落实北京市提出的"十二五"期间打造世界高端人才聚集之都的总体目标，积极为北京市引进紧缺的法律服务人才；四是根据律师行业优秀人才引进的需要，按照有关规定逐步完善人事档案接转的相关程序和标准，规范工作流程，提高律师人事档案管理的服务水平。

自2013年4月1日协议开始实施以来，截至2015年底，北京市双高人才发展中心共为941名符合要求的实习人员提供了存档服务，在一定程度上缓解了北京律师行业人才供给不足的问题。

二是制定出台了《申请律师执业人员实务训练指引》《申请律师执业人员实习考核规程实施细则》，进一步提高了申请律师执业人员管理考核工作的科学化、规范化水平。

三是编印了《申请律师执业人员实习手册》和《实习培训优秀讲稿集汇编》，指导并督促实习律师认真完成实习任务，并为实习律师在最短的时间内熟悉行业现状、执业规范和基本业务操作规程提供了借鉴和参考。

2013年2月6日，北京市律协与市双高人才发展中心签署了战略合作协议，有效解决了律师事务所吸收非京藉高层次法律人才进入实习队伍的问题，促进了首都律师行业人才队伍建设。自2013年4月1日至12月底，市双高人才发展中心共为299名符合要求的实习人员提供了存档服务。

（二）改善律师执业环境

长期以来，侵害律师权利的事件时有发生，广大律师反响强烈。维护律

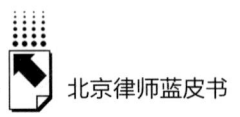

师合法权利，改善律师的执业环境，一直是律师行业自律部门多方设法解决的重大议题。自2013年以来，北京市律师协会在这方面多方活动，积极努力，取得了显著的成效。

第一，北京市律师协会与市高院、市检察院、市公安局建立了长效机制，为加强沟通交流、研究解决律师执业中涉及的具体问题搭建了制度化的平台。2013～2015年三年中，北京市律师协会和上述单位在该平台基础上，多次互访和举行座谈会，就律师执业中遇到的问题协商对策。

第二，在该平台基础上，北京市律师协会分别与市高院、市检察院、市公安局沟通协商，克服了律师执业中的一些具体问题。相关的成果主要包括以下几方面内容。(1) 经与市高院充分沟通，制定了《北京律师进入法院简化安检程序指引》，有效解决了律师反映强烈的简化安检程序问题。(2) 积极推进"北京市检察机关律师服务平台系统"的建设和运行，为律师在审查起诉阶段会见、阅卷及交换意见等各项合法权益落到实处提供了极大的便利。(3) 与市公安局监管总队加强沟通协调，使得全市各看守所通过依法审查会见申请及时安排会见、增设会见窗口、取消会见时间限制、加装会见隔断等方式，有效保障了律师持"三证"无障碍会见，律师办理刑事案件"会见难"问题基本得到解决。(4) 与市高院积极推进了完善诉讼服务窗口"面对面"服务、研究共建律法互联业务工作平台、完善市高院发布的《关于保障律师执业权利维护司法公正的意见（试行）》、建立完善法官与律师之间业务交流常态化工作机制等16项重点工作任务，并就解决"立案难"、实习律师参与民事诉讼等问题形成了具体的工作思路。

第三，针对会员普遍关切的问题加强与其他部门的沟通协调。2013～2015年三年中，北京市律师协会通过和有关部门的沟通协调，解决或改善了三个问题。(1) 针对工商档案查询难的问题，与市工商局签订了合作协议，并制定出台了律师查询使用工商企业档案操作指引，解决了律师查询工商企业档案的实际困难，进一步拓展了律师业务领域与服务范围。(2) 针对北京市行政事业单位法律服务政府采购招投标工作，与市财政局、市政府采购中心进行了多次沟通，对2015～2016年律师事务所招标评分方案提出了具有可操作性的意见和建议,有效解决了投标资格、中标名额、评标标准和方法等广大中小所普遍关注的重点问题。(3)针对律师在专利代理工作中受到限制的问题,多次召开座谈会,形成专家意见,向国家专利局、司法部及国务院法制办公室等部门反映,通过多种途径为解决限制律师专利代理问题作出了积极努力。

第四,积极沟通和协调,为律师行业争取更加公平可行的税收政策。针对律师行业税收政策的调整,协会与市司法局、市地税局、市财政局联合组成调研工作小组先后赴上海、广州、深圳、重庆等地就律师行业税收情况、律师查账征收和财政奖励政策等内容进行广泛调研和多次协调,并配合司法部、全国律协承担了《律师事务所会计核算办法》的调研及起草工作。同时,协会还举办了3期关于查账征收的培训,邀请市地税局工作人员和税务师事务所、会计师事务所的专业人士对政策条目和实务操作进行了详细讲解,指导律师事务所准确把握政策、规范财务管理。

第五,加强个案维权工作。针对不时发生的侵害律师权利现象,律师执业环境改善还要求建立及时有效的维权机制。2013~2015年三年中,北京市律师协会在这方面开展了卓有成效的工作。具体方面包括以下内容。(1)组建了北京律师执业保障与执业监督顾问团,邀请公检法机关人员担任律师维权顾问。(2)与吉林省律师协会签订了合作协议,与各区县律协建立了权益保障工作联动机制,积极构建跨区域维护律师执业合法权益网络。(3)开通了维权电话和维权信箱,畅通了会员申请维权的便利渠道,建立了会员维权申请快速响应机制。(4)编印并发放了《北京律师维权手册》,为律师防范执业风险、维护执业权利提供了指导和依据。(5)协调处理了北京律师在外地被司法拘留、被取消代理权、被外地法院限制进入法庭、在看守所会见受阻等31件维权申请,有效维护了涉案会员的合法执业权利。

(三)加强对律师的业务培训和执业指导

对律师进行业务培训和执业指导,是律师协会的一项重要职能。2013~2015年,北京市律师协会在这方面开展了大量的、富有特色和成效的工作。具体而

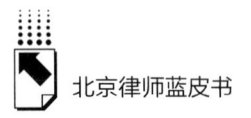

言,北京市律师协会在这三年中的业务培训和执业指导工作具有如下特点。

第一,开展了大量的培训工作。根据律师协会的统计,历年开展的培训工作分别是:(1)在2013年,律师协会举办律师大培训35次,听课律师11550人次;组织专业研讨交流活动65次,参加律师2385人次;组织小型业务培训118次,参加律师17040人次;整理网络培训课件32个,共56万余字;举办实习律师培训6期,结业律师918名。(2)2014年,律师协会共举办大培训25次,参加律师10000余人次;小培训30余次,参加律师3000余人次;研讨会60余次,参加律师近3500人次;律师学院专题培训班56期,参加律师34100余人次;涉外业务、青年律师、女律师专项培训班12期,参加律师近20000人次。各类培训活动200余次,参加人数7万多次,北京律师人均参加大约3次。(3)在2015年,律师协会举办律师大培训6次,听课律师1550余人次;组织专业研讨交流及小型培训活动49次,参加律师3400余人次;律师学院举办短期培训活动44期,参加律师近6000人次。

第二,大量依托北京律师学院开展专题培训。2013年7月,协会成立了北京律师学院,为全市律师打造了一个研习法治理念、提升执业技能、交流业务经验的教育学习基地。自律师学院成立以来,北京市律师协会以学院为依托,对原有的各类教育培训项目和师资进行了整合,精心设计培训课程、不断丰富培训内容、积极创新培训形式,充分发挥了律师学院在场地、资金、人力等方面的优势,以及各专门工作委员会、专业委员会在师资、经验等方面的优势,有效弥补了协会原有的教育培训工作中专题培训和深度培训的欠缺,更好地满足了律师提升执业技能、提高专业化水平的需求。自成立至2015年底的近三年中,北京律师学院共组织举办了职业道德和执业纪律、新法新规和律师实务热点、律师事务所管理等各类培训活动共111期240余场,参训律师达42000多人次,得到了律师事务所和律师的普遍好评。

第三,业务培训专业广泛,内容丰富,形式多样。首先,北京市律师协会的业务培训是依托57个专业委员会进行的,而57个专业委员会对应的是律师业务的57个专业领域,基本每个专业领域都有对应的讲座或培训,如此广泛的专业覆盖，使得专攻任何业务领域的律师都能找到符合自己专业特色的培训。其次，培训的形式也是丰富多样的，具体包括课程学习、专题讲座、会议论坛、小型研讨会等形式。广泛的专业内容和丰富多样的培训形式的不同组合，丰富了培训的特色，增加了培训的效果。

第四，贴近律师的实际需要，举办更有针对性、更有特色、更务实的专项教育培训。2013～2015年，北京市律师协会针对特殊律师群体的特别需求，举办了各种形式的培训，一些形式的培训形成了北京市律师协会的特色和品牌。例如，举办了国际法律业务高级研修班和系列涉外业务讲座，与境外法学院校合作举办多个律师培训项目，积极培养涉外高端业务律师人才；深化"青年律师阳光成长计划"，开展系列培训和主题沙龙活动，提升青年律师执业技能，引导青年律师健康成长；实施"首都女律师向日葵发展计划"，从业务实践、形象礼仪、养生心理、律所管理等方面对女律师进行培训，全方位提升女律师职业素养等。

第五，针对律师的执业需要，发布各类指引。多年来，通过发布指引的方式指导律师正确执业，提高律师服务水平，一直是北京市律师协会进行行业自律性管理的一个重要特色。2013～2015年，北京市律师协会又相继发布了一系列的执业指引。例如，2013年发布了《律师查询利用工商企业档案操作指引》和《北京律师进入法院简化安检程序指引》，2014年发布了《执业纪律与执业调处委员会规范执业指引》和《律师办理不公开审理刑事案件业务操作指引》，2015年发布了《申请律师执业人员实务训练指引（试行）》和《律师事务所非律师人员管理指引》。2015年4月，北京市律师协会编辑出版了《最新律师业务操作指引》，内容汇集了22篇指引文件，具体包括民事业务指引9篇、商事业务指引6篇、知识产权业务指引4篇、刑事业务指引1篇和诉讼仲裁事务指引2篇。

（四）规范行业秩序，维护行业形象

为维护行业良好形象、促进行业健康发展，协会不断完善并认真执行《投诉立案规则》《会员纪律处分规则》《诚信信息管理办法》等行业规范，

严肃查处律师违法违规执业行为。三年来，全市共接到当事人对律师事务所及律师的投诉 442 件、立案 179 件、审结 176 件，对 84 名律师、37 家律师事务所作出了纪律处分，特别是对在社会及业内影响较大的李某某等人强奸案相关代理及辩护律师的违法违规执业行为主动、及时进行调查处理。同时，协会还在首都律师网上对受到公开谴责以上行业纪律处分及行政处罚的 9 名律师和 1 家律师事务所予以公开通报，有效维护了行业声誉。

除此之外，还有 3 家律所受到司法行政机关的行政处罚，有 19 名律师受到司法行政机关的行政处罚。在 3 家律所中，有一家被处以罚款，有一家被停业整顿（见表 1-21）。在 19 名被行政处罚的律师中，有 7 人受警告，有 3 人被停业 3 个月至 1 年，有 9 人被吊销律师执业证（见表 1-22）。

通过上述案件的办理，司法行政部门和律师协会有力地规范了行业秩序，维护了行业形象。

表 1-21　2013~2015 年北京律所受惩戒情况

年份	受行业处分所	受惩戒情况			受行政处罚所	受惩戒情况		
		训诫	通报批评	公开谴责		被处以罚款所	被责令停业整顿所	被吊销执业证书所
2013	10	4	3	3	1	0	0	0
2014	18	9	5	4	2	1	1	0
2015	9	2	5	2	0	0	0	0
合计	37	15	13	9	3	1	1	0

资料来源：北京市司法局实地调研。

表 1-22　2013~2015 年北京律师受惩戒情况

年份	受行业处分	受惩戒情况			受行政处罚律师	受惩戒情况		
		训诫	通报批评	公开谴责		警告	停业三个月至一年	被吊销律师执业证
2013	23	10	6	4	3	0	1	2
2014	39	23	8	8	8	4	1	3
2015	22	7	8	7	8	3	1	4
合计	84	40	22	19	19	7	3	9

资料来源：北京市司法局实地调研。

七 总结和展望

(一)北京律师2013~2015年度发展总结

根据对前面六个专题的考察,结合本书各分报告的专题分析,可以总结出北京律师行业2013~2015年度发展的八个显著的特点。

1. 律师人数稳步增长

在《北京律师发展报告(2013)》中,我们曾预测北京"律师人数小幅稳步增长","未来律师人数的年增长率可能在3%~5%",2013年以来的统计数据完全印证了这一预测。2013、2014、2015年的律师人数增长率分别是4.2%、3.3%和4.4%,和2009年前始终保持两位数的年增长率完全是两个阶段。由于这一水平的增长率已经持续了四年,所以我们可以说,北京律师人数步入了稳步增长时代。

2. "营改增"措施激励律所运营小型化

北京律师行业自2012年9月开始实施名为"营改增"的税制改革,在新的税制之下,小型律所可以通过小规模纳税人的资格而减轻税负。在实际中,这种制度安排激励律所选择小型化的运营模式。这种激励在上海等率先试点"营改增"的地区得到了印证,北京律师行业税制改革以来的统计数据也表明这种激励客观存在。在2013年以来的统计数据中,一方面是中型所的数量显著减少,并存在继续减少的趋势;另一方面是北京律所平均规模持续下降,于2015年降至全国平均水平。这些统计结果表明,由于税收优惠的激励,一些中型所可能采取拆分的方式减小规模以满足小规模纳税人的条件,一些小型律所则因为担心税收负担加重而失去了组建大规模律所的动力。

3. 超大型律所继续规模扩张之路

律所最终选择何种规模的运营模式,受多方面因素的影响,对于大部分大型律所来说,律所内部建立了有效的团队合作机制,外部具有良好的品牌形象，即便存在小型化经营的税收优惠，维持较大规模的运营模式仍然是理性的选择。在本报告中，我们从多个角度表明，自2012年以来，北京的超大型律所大多继续扩大人员规模。这种规模扩张循着两个路径，一是在地理范围上扩张，即通过各地分支机构的设置扩大律所人员规模；二是总部律师人数的扩张，即增加北京总部的律师人数。相对来说，在最近三年中，前一种扩张速度更快，增幅更大。

4. 律师业务收入历经起伏

北京律师2013年以来的业务收入有一个显著特点，即首先经历了2013年的大幅下跌，然后在2014年恢复增长，继而在2015年获得较大幅度的增长。这种"先降后升"体现在多种统计指标上，包括律师业务收入总额、律师人均业务收入、亿元律所收入总额和一些比重较大的业务类型的收入，后者具体包括非诉讼法律事务、法律顾问和民事诉讼3种类型。

5. 非诉讼法律事务收入超过40%

从不同业务类型的收入所占比例的角度看，北京律师行业2013年以来一个重要变化是非诉讼法律事务收入的比例持续增长，并在2015年超过40%，达到40.8%。这个比例变化是值得一提的，因为非诉讼法律事务具有重要的指标意义。相对于传统的诉讼业务而言，非诉讼法律事务的比例体现了律师行业向新兴领域拓展业务类型的成果，体现了国家利用法律手段管控经济生活的程度和范围，体现了律所的品牌竞争力和团队合作效率。北京律师行业非诉讼法律事务收入比例达到的新高度，表明北京律师行业发展跃上了新台阶。

6. 公益法律服务机制更加健全

北京律师的公益法律服务主要不是律师个人单独地、个别地进行，而是在北京市律师协会的组织下实施。自2013年以来，通过多次组织开展公益活动，律师协会建立和完善了公益法律服务的机制。其中比较重要的机制包括：（1）村居法律顾问制度；（2）重大突发事件应对制度；（3）涉法信访律师接待制度；（4）人大代表与政协委员联络委员会制度；（5）成立和运行公益法律服务中心。随着这些机制的建立和完善，北京律师开展公益活动更加便利，也更加有序和有效。而且，通过这些机制，还能在一定程度上实现公益法律服务和执业推广的统一。

7. 律师业务培训卓有成效

自2013年以来，北京市律师协会积极履行法律、法规和章程所规定的职责，举办了大量的业务培训，这些培训内容丰富，卓有成效。概括地说，这些培训具有五个特点：一是培训次数多，三年来，共组织各类培训600多次，参与的律师共有20多万人次；二是成立了律师学院，并主要依托律师学院开展培训；三是充分利用北京得天独厚的专家资源，授课人员来源十分广泛，也十分权威，包括资深律师、高校和科研院所的法学专家、公检法部门的实务专家、国外知名学者、其他各行业的权威人士等；四是培训形式灵活多样，包括讲座、论坛、培训等多种类型；五是依托律协的57个专业委员会来承办培训，专业覆盖十分全面，选题具有极强的现实性。

8. 律师执业环境改善成效显著

北京市律师协会作为行业自律管理机构，多年来坚持不懈地同有关方面沟通和协调，在律师执业环境改善方面取得了显著的成效。自2013年来，这些成效主要包括：（1）为了改善律师执业环境，北京市律师协会与市高院、市检察院、市公安局建立了长效机制，搭建了交流、沟通和研究的制度化平台，并借助该平台，克服了律师执业中的一些具体问题；（2）和北京市工商局协商，解决了律师工商档案查询难的问题；（3）和市财政局、市政府采购多次沟通，有效解决了投标程序中广大中小所普遍关注的重点问题。

（二）北京律师发展前景展望

北京律师行业今后的发展取决于国家经济、政治、文化和法治环境的变化，也受到北京各项具体措施的直接影响。综合这两方面的形势，对北京律师未来几年的发展作出五点展望。

1. 律师人数继续保持小幅稳步增长的趋势

从目前的形势看，北京律师人数的变化主要受北京引进外地人才政策的影响。关于外地人员进京实习或执业的人事档案存放问题,北京市律师协会和北京市双高人才发展中心已经签署了战略合作协议,在该协议的影响下,北京律师人数进入稳步增长时期。针对这种情况,广大律所应当制定相应的人才战略,以保证律所在现有人才引进模式之下获得最大程度的发展。

2. 税改措施对律所规模继续发挥影响

2012年以来的税改措施对律师行业的发展已经产生了显著的影响。然而,现行的税改措施还有一定的试点性质,律师行业的运营特点尚未在新税制中得到针对性的回应。目前司法行政部门、律师协会等正在积极地和有关方面进行沟通和协调,促成律师税制内容的合理调整。所以可以估计,在接下来的几年中,律师行业的税制内容可能会有一定程度和范围的变化。未来的律师行业,将会随着税制的进一步调整而制定相应的运营策略,律师事务所在规模化、组织方式等方面,都会出现相应的变化。

3. 大型律所继续走规模化、品牌化运营之路

北京大型律所通过多年的尝试和探索,已经在规模化、品牌化运营方面形成特色,建立了相对稳定的运营模式,并具备了强大的竞争能力和风险控制能力。在过去的三年中,中小所之间分分合合较为频繁,但是大型律所则相对稳定,并且多数大型律所仍在继续扩大规模。在未来几年中,大型律所仍将坚持现在的规模化、品牌化发展路径,并继续在律师行业中发挥标杆作用。

然而,大型律所的发展也面临一些重大课题,即庞大的规模如何进行有效的整合,应该在公司化的方向上走多远,律所品牌如何建设和维护,等等。随着这些问题的思考、解答和实践,律所的组织形式和治理结构将不断地发展创新。

尽管当前的税收政策对律所小型化运营存在激励,但是也有一些中小所希望通过合并或其他方式,建立规模化、品牌化的大所。虽然这条道路不会那么平坦,但是可以预见,一些中小型律所会逐步成长壮大,进而步入大型律所的行列。

4. 律师执业环境将进一步改善

在过去的三年中，得益于全国律师工作会议精神的贯彻，得益于北京市律师协会卓有成效的沟通和协调，律师的执业环境得到了明显改善。在未来的几年，律师执业环境改善的步伐不会停止，律师的执业权利将得到更加切实有效的保障。

之所以出现这样的变化，是因为一方面，律师执业环境仍然不尽如人意，离广大律师的期待还有很大的距离，侵害律师权利的事件时有发生；另一方面，《中共中央关于全面推进依法治国若干重大问题的决定》的发布，全国律师工作会议的召开，都表明了国家切实保障律师权利的政治决心，而且北京市律师协会在多年来的沟通和协调中建立了若干沟通机制和交流平台，可以将国家的政治决心和律师协会建立的沟通机制结合起来，继续推进律师执业环境的改善。

5. 律师行业自律继续发挥重要作用

从过去三年来的实践经验看，律师协会在保障和促进律师行业发展方面，工作方式越来越规范化，工作成效越来越突出。例如，在业务培训方面，已经建立了一整套机制，保证每年可以举行200多场培训；在公益法律服务方面，更是建立了多种机制，保证公益法律服务便利、有序地进行，并能实现社会效果的最大化；在律师行业职业共同体建设方面，有促进会员之间互动和交流的各种机制；在行业纪律处分和纠纷解决方面，更是从组织机构、人员分工、程序设计、权利救济等方面，建立了体系化的制度。这些工作是律师行业健康发展不可或缺的，在未来律师行业的运行和发展中，律师协会将会继续开展这类工作，将继续在保障和规范律师行业发展方面发挥重要作用。

B.2
北京律师行业2016年度发展指数评估报告

冉井富

摘　要： 运用多指标体系综合评价方法对北京律师行业2016年度发展状况进行评估，主要的发现和结论如下。(1) 北京律师行业总体发展状况评估得分74.3，处于中上水平。(2) 从3项一级指标看，律师服务效果良好，律师服务能力处于中等水平，服务体系发展水平相对较为薄弱。(3) 从10项二级指标对比来看，相关领域发展状况明显分处两个阵营，其中，社会效果、律师队伍发展、业务收入和当事人满意度等指标分值都在80以上；余下的在另外一个阵营，具体包括律师制度的先进性、行业秩序管理的有效性、行业发展保障的有效性、社会环境的亲和性、业务办理能力和市场运营能力等指标，得分集中在60~70分段。(4) 对比36项三级指标来看，80分以上的指标有13个，占36.1%。这些指标体现了北京律师行业发展的优势领域，集中反映了北京律师行业发展所取得的成就；不足70分的指标有17个，占47.2%。这些指标所反映的领域是律师行业发展相对薄弱的环节，这些领域存在的问题与不足需要有关方面予以解决和改进。(5) 在36项三级指标中，3项指标得分低于60，体现了北京律师行业发展最薄弱的环节，亟须有关方面予以关注。

关键词： 律师行业　发展水平　发展指数　年度发展

一 评估的方法与过程

(一)评估的对象

本项目评估的对象,是2016年度北京律师行业发展状况。该对象的具体内容与边界体现在三个方面。

第一,律师行业。律师作为一个行业,其核心要素是律师和律所为社会提供法律服务,并因此获得收入。围绕这个核心要素,律师行业具体可以划分为三个方面:一是规范、保障和支持行业活动的各种要素,在本报告中,这些要素合称为法律服务体系,具体包括律师行业的体制与制度、行业秩序管理、行业发展的支持与保障、社会环境等四个方面;二是律师行业提供法律服务的能力,具体包括律师队伍发展、业务办理能力和市场运营能力等三个方面;三是法律服务的效果,具体包括业务收入、当事人满意度、社会效果等三个方面。

第二,北京地区。本报告评估的律师行业限于北京地区。对于全国性的体制与制度,本报告重点考察它们在北京的具体实施情况。此外,有时为了对比说明北京律师行业发展水平,可能参照全国的或其他省级地区的律师行业发展情况。

第三,2016年度。本报告评估的时间范围是2016年度,该范围主要体现在各类数据的来源和时效上。具体而言,本报告的问卷调查是于2016年9~10月完成的,本报告所使用的统计资料,包括律师人数、人口数量、业务收入、生产总值等,则是截至2015年底的数据。

(二)评估的基本方法

本项目采用多指标综合评价方法评价北京律师行业的发展状况。该方法的基本操作是建立一个模型,由此得出一个总的指数及指标体系,用来评估律师行业的发展。在2015年的课题项目中,我们构建和论证了这样一个模

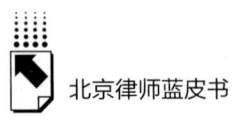

型,名称是"律师行业发展指数评估模型",本项目的评估即是该模型的具体运用。

在"律师行业发展指数评估模型"的指标体系中,一共有36个初级指标,这些指标的数据都采用实证方法获取。对于初级指标的上级指标直至最后的总指数,则采用综合法计算获得。在综合形成上一级指标时,都采用平权法。

对于初级指标数据的获取,本项目主要采用两种方法。一是问卷调查的方法。在36个初级指标中,共有32个指标采用这种方法。所谓问卷调查的方法,在本项目中是指针对律师行业发展的某个方面,由被调查者给予评价或打分的方法。本项目的被调查者共有三种类型,即执业律师、司法工作人员和当事人。二是统计数据测算的方法。在36个初级指标中,共有4个指标采用这种方法。这种方法的特点是通过收集和整理官方发布的统计数据,计算相应指标的得分。

(三)指标体系

本报告采用指标体系是2015年完成的"律师行业发展指数评估模型"课题所构建的,指标的具体含义以及合理性论证,请参看该项目的成果。

该指标体系在律师行业发展总指数之下,共设置3个一级指标、10个二级指标、36个三级指标。该指标体系的具体内容、逻辑关系以及数据来源参见表2-1。

(四)问卷调查的对象及样本选择

根据了解到的律师行业的程度和范围方面的特点,本报告问卷调查的对象确定为三类人员,分别是执业律师、司法工作人员和当事人。其中,司法工作人员包括审判人员和检察人员两种类型。

1. 执业律师样本选择

截至2015年底,北京共有执业律师25610人,本报告的问卷调查实际完成的有效样本为418份。

表2-1 律师行业发展评估指数的指标体系

一级指标	二级指标	三级指标	数据来源
律师服务体系	律师制度的先进性	法律服务产品供给模式的合理性	问卷调查
		职业准入的合理性	问卷调查
		执业方式的合理性	问卷调查
		两公律师制度的合理性	问卷调查
	行业秩序管理的有效性	律师-委托人关系管理的有效性	问卷调查
		诉讼与仲裁秩序管理的有效性	问卷调查
		律师同行关系管理的有效性	问卷调查
		律师执业推广管理的有效性	问卷调查
		公益活动组织与动员的有效性	问卷调查
		律师纠纷调处的有效性	问卷调查
		律师违规惩戒的有效性	问卷调查
	行业发展保障的有效性	维护律师权益的有效性	问卷调查
		改善律师执业环境的有效性	问卷调查
		律师业务指导与培训的有效性	问卷调查
		职业共同体建设的有效性	问卷调查
		特殊群体关怀和帮扶的有效性	问卷调查
		维护律师权益的有效性	问卷调查
	社会环境的亲和性	执业环境的亲和性	问卷调查
		律师职业的社会声望	问卷调查
律师服务能力	律师队伍发展	律师队伍的数量	统计数据
		律师的职业道德水平	问卷调查
		律师的政治思想水平	问卷调查
		职业价值认同感	问卷调查
	业务办理能力	业务办理的专业化	问卷调查
		业务合作的市场化	问卷调查
	市场运营能力	业务推广能力	问卷调查
		经济危机应对能力	问卷调查
律师服务效果	业务收入	业务总收入	统计数据
		人均业务收费	统计数据
		人均产值	统计数据
	当事人满意度	专业水平满意度	问卷调查
		服务态度满意度	问卷调查
		可获得性满意度	问卷调查
	社会效果	促进法律正确实施	问卷调查
		维护社会公平正义	问卷调查
		促进社会和谐稳定	问卷调查

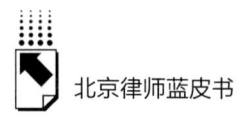

执业律师样本主要来源之一是在北京市律师协会举办的培训会议上发放的问卷。结合北京律师的培训制度来看，这种样本选择方式能在一定程度上实现随机选择的规范要求。

关于律师业务培训，北京当前的制度规定是：

(1) 专职律师在每一个考核年度必须完成40课时（10次培训，每次培训为4课时）的培训。其中要求必须至少完成16课时现场培训，即4次现场培训。其余24课时，可由律师自行选择参加现场培训或网上培训。

(2) 兼职律师在每一个考核年度必须完成20课时（5次培训，每次培训为4课时）的培训。其中要求必须至少完成8课时现场培训，即2次现场培训。其余12课时，可由律师自行选择参加现场培训或网上培训。

(3) 公司律师培训参照兼职律师培训课时规定执行。

(4) 每年年度考核工作结束后，培训课时将重新计算。①

北京市律师协会基本上每个周末都举办律师培训讲座，培训的主题涉及律师业务的各个方面，律师自愿参加。律师参加之后，计入该律师当年完成的培训课时数。由于总的培训课时数有强制性规定，所以可以假定：律师协会的培训讲座对每个执业律师都是开放的，而且任何不特定的律师参加某次培训的概率是一样的。但是，对于具体的某次培训讲座，由于律师的专业或专长不同，律师出席的随机性可能受影响。

考虑到律师培训的这些特点，课题组在2016年9~10月，前往培训课堂四次，每次课堂发放问卷100份左右，四次共计收回问卷450份，有效问卷418份。四次培训课的主题分别是：(1)"互联网+"和大数据对法律服务的影响；(2) 非诉讼法律事务（公司股权并购）；(3) 民事合同（房屋

---

① 参见《北京市律师协会关于加强律师培训管理工作的通知》，2009年2月。

租赁);(4)仲裁业务。在这四次培训主题中,第一个没有专业倾向,各专业律师都可能有兴趣参与培训;后三个培训主题中一个是关于非诉讼法律事务的,两个是关于民商事业务的。按照北京市司法局提供的统计数据,民商事业务和非诉讼法律业务的业务收入合计占90%以上,所以综合四个培训主题来看,律师参与培训具有较大的随机性,可以保证样本的代表性。

2. 司法工作人员样本选择

司法工作人员调查样本包括审判工作人员和检察工作人员两类,共计回收有效样本206份。

审判工作人员来自北京市各级法院。北京目前共有高级人民法院1家,中级人民法院4家,基层人民法院17家。这次调查委托法院领导选择了2家中级人民法院、3家基层人民法院,每家法院随机抽取20名法官填答问卷,最后实际回收有效问卷105份。

检察工作人员来自北京市各级检察院。目前北京市检察院的机构设置和人民法院对应,不同层级共计22家检察院。检察工作人员的调查同样委托检察院的领导实施,样本获取方式和法院基本相同,最后回收有效样本101份。

3. 当事人样本选择

在社会中,谁是曾经委托过律师的当事人,并无外部特征,但是,每个律师一般都有自己当事人的联系方式,为此,我们先找到课题组成员熟悉的律师,再用滚雪球方法,即通过律师找到律师,一共找到40位律师,每位律师从自己的当事人中,随机找5位当事人,通过微信在线填答问卷,最后收回有效问卷204份。

(五)调查结果处理的一般原则

对于调查结果的处理,本报告统一遵循一些原则。这些原则主要包括以下四个方面。

第一,关于赋值。在问卷调查中,多数问题设置了五级选项,在计算分值时,这五个选项按照其性质和行业发展方向之间的关系,依次赋值100、80、60、40和20,选项赋值以回答次数为权重,计算得出评价分值。

第二，关于百分制问题的分值计算。问卷调查中有一些题目是由受访者按照百分制直接打分，对于这种题目，直接按照受访者给出的分数计算平均分。

第三，对于五级选项的设置，报告分析调查结果时，在具体表述中，为了行文简洁，也为了方便对比，一般将最好的两项评价合并为"好评"，将最差的两项评价合并为"差评"，中间的选项称为"中评"。

第四，关于分值的定性评价。对于指标分值，报告中会给出一个定性评价，定性评价和分值之间的关系是：90分以上为优秀，80~89分为良好，70~79分为中等偏上，60~69分为中等偏下，59分以下为差。

二 评估的主要结论

（一）北京律师行业总体发展状况处于中上水平

律师行业发展指数首先划分为律师服务体系、律师服务能力、律师服务效果三个方面，这三个方面按照平权法进行综合，最后形成反映律师行业发展总体水平的行业发展指数。

如图2-1所示，北京律师行业发展水平最终的得分是74.3分，处于中上的水平。这个分数说明自改革开放以后恢复律师制度以来，经过近40年

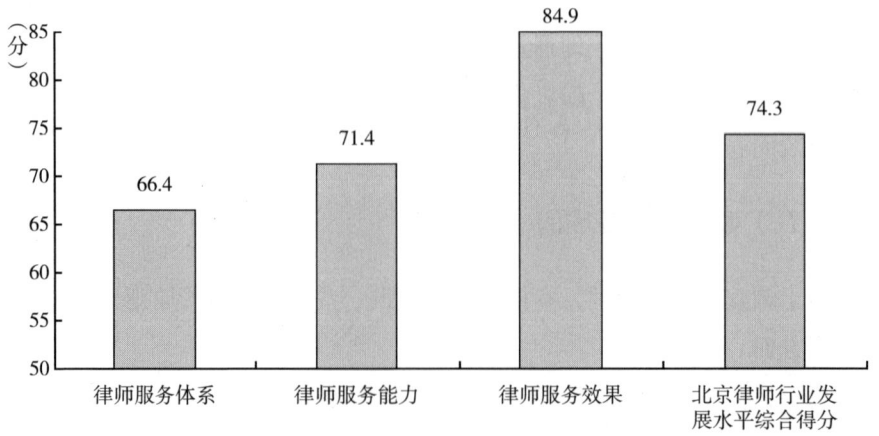

图2-1 北京律师行业发展水平综合得分

的发展,北京律师行业取得了不错的成就。但是,这个分数也表明,北京律师行业还没有达到良好和优秀的水平,有关方面还需要继续关注和推进律师行业发展。

(二)服务体系相对较为薄弱

一级指标律师服务体系划分为四个二级指标,即律师制度的先进性、行业秩序管理的有效性、行业发展保障的有效性和社会环境的亲和性。四个二级指标之间实行平权法进行合成,得出律师服务体系的分数。

如图2-2所示,律师服务体系综合得分66.4,处于中等偏下的水平。这个分值状况表明,尽管目前北京律师行业取得了不错的业绩,但是作为基础和保障的服务体系还比较薄弱,这种薄弱的基础体系将会制约律师行业未来的进一步发展。

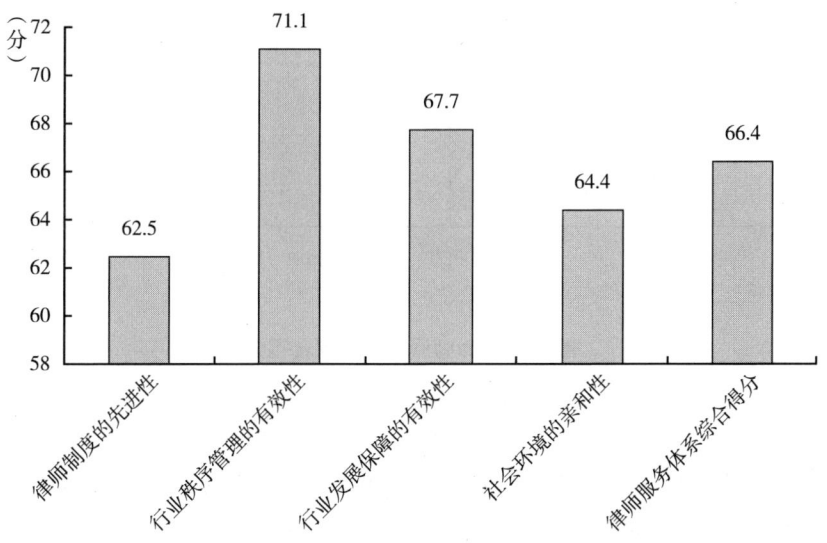

图2-2 律师服务体系综合得分

从具体构成的角度看,四个二级指标之间,行业秩序管理的有效性指标得分在70以上,其余指标都在70分以下,其中律师制度的先进性得分最低,只有62.5分。

（三）律师服务能力处于中等水平

一级指标律师服务能力划分为三个二级指标，即律师队伍发展、业务办理能力和市场运营能力。三个二级指标之间实行平权法，综合形成一级指标律师服务能力。

图2-3所示，律师服务能力综合得分71.4，处于中等偏上的水平。这个分数表明，北京律师行业基本能够满足法律服务职能的需求，能够胜任为社会提供法律服务的职责。当然，这种能力也还存在加强和提高的余地。

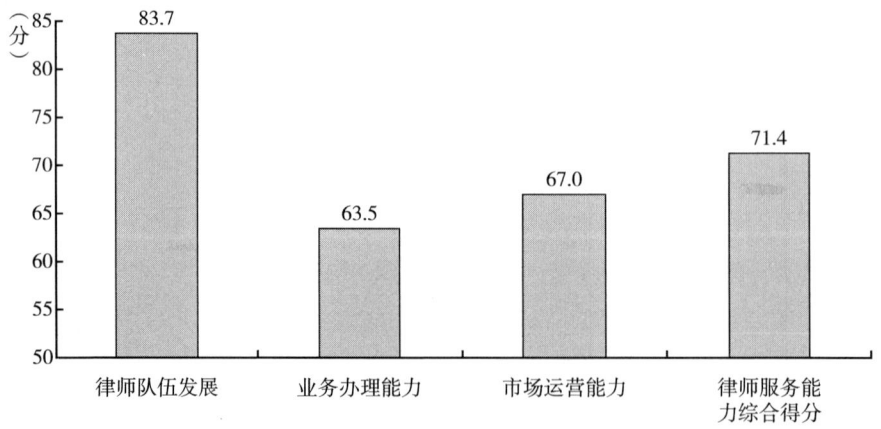

图2-3 律师服务能力综合得分

从具体构成来看，三个二级指标之间，律师队伍发展得分最高，达到83.7分，这说明北京律师行业具有一支数量充足、素质过硬、具有一定的职业自豪感的律师队伍。然而，业务办理能力和市场运营能力两项指标均在70分以下，这说明北京律师行业还需要在专业化、业务协作、业务推广等方面思考改进措施。

（四）律师服务效果良好

一级指标律师服务效果具体划分为律师业务收入、当事人满意度、律师服务社会效果等三个方面。三个方面实行平权法综合形成律师服务效果。

如图2-4所示，律师服务效果综合得分84.9，达到良好的水平。这个分数表明，北京律师的执业实践产生了良好的效果，较好地完成了为社会提供法律服务的社会职能。

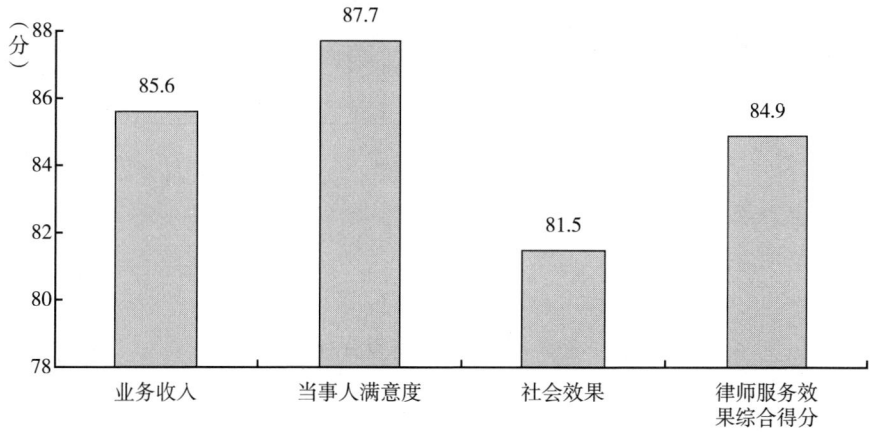

图2-4 律师服务效果综合得分

从具体构成上看，三项二级指标都在80分以上，这说明律师的法律服务既为律师行业赢得了相对丰厚的收入，又满足了当事人的需求，同时又实现了良好的社会效果。

（五）二级指标对比：两个阵营

将所有的10个二级指标汇总，指标之间的得分差异可以较为直观地显示出来。如图2-5所示，对比所有10个二级指标的得分，可以总结出以下两个特点。

第一，所有二级指标都在60分以上，也就是都达到了中等以上的水平。

第二，10个二级指标从分值上看，明显地分为两个阵营：一个阵营的分值都在80分以上，包括社会效果、律师队伍发展、业务收入和当事人满意度；余下的在另外一个阵营，得分集中在60~70分段。

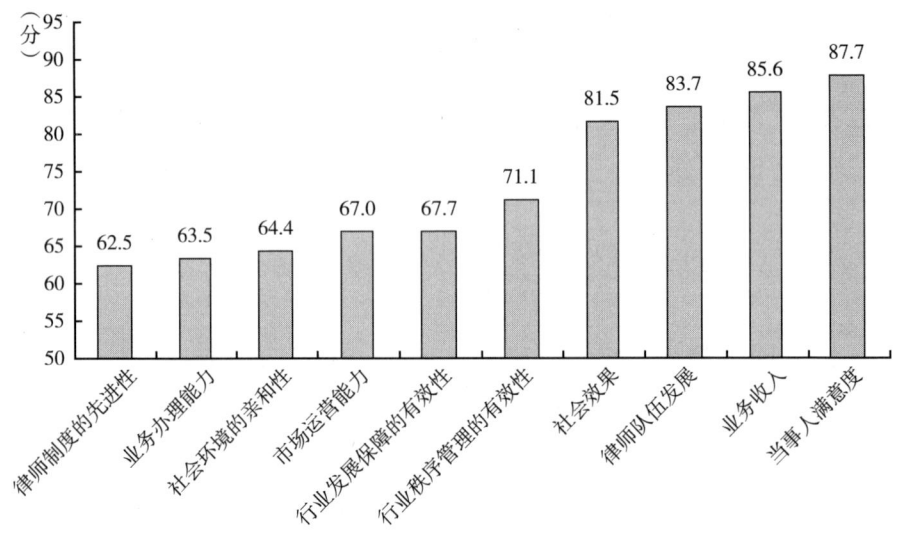

图2-5 二级指标得分对比

(六)三级指标对比：三项指标不及格

将所有36个三级指标汇总,指标之间的分值分布也呈现一些值得注意的特点。如图2-6所示,主要特点如下。

第一,三个不及格指标是北京律师行业发展最薄弱的环节。这三个指标是：业务合作水平、法律服务产品供给模式的合理性和执业环境的亲和性。业务合作水平之所以得分低,是因为律师之间横向的、通过市场机制实现的合作非常不发达；法律服务产品供给模式合理性指标之所以得分低,是因为受访者对法律援助案件补贴标准的合理性评价很低；执业环境的亲和性得分之所以低,是因为律师的执业环境亟待改善。

第二,不足70分的指标有17个,占47.2%。这些指标所反映的领域是律师行业发展相对薄弱的环节,这些领域存在的问题需要有关方面予以关注和解决。80分以上的指标有13个,占36.1%。这些指标体现了北京律师行业发展的优势领域,集中反映了北京律师行业发展所取得的成就。

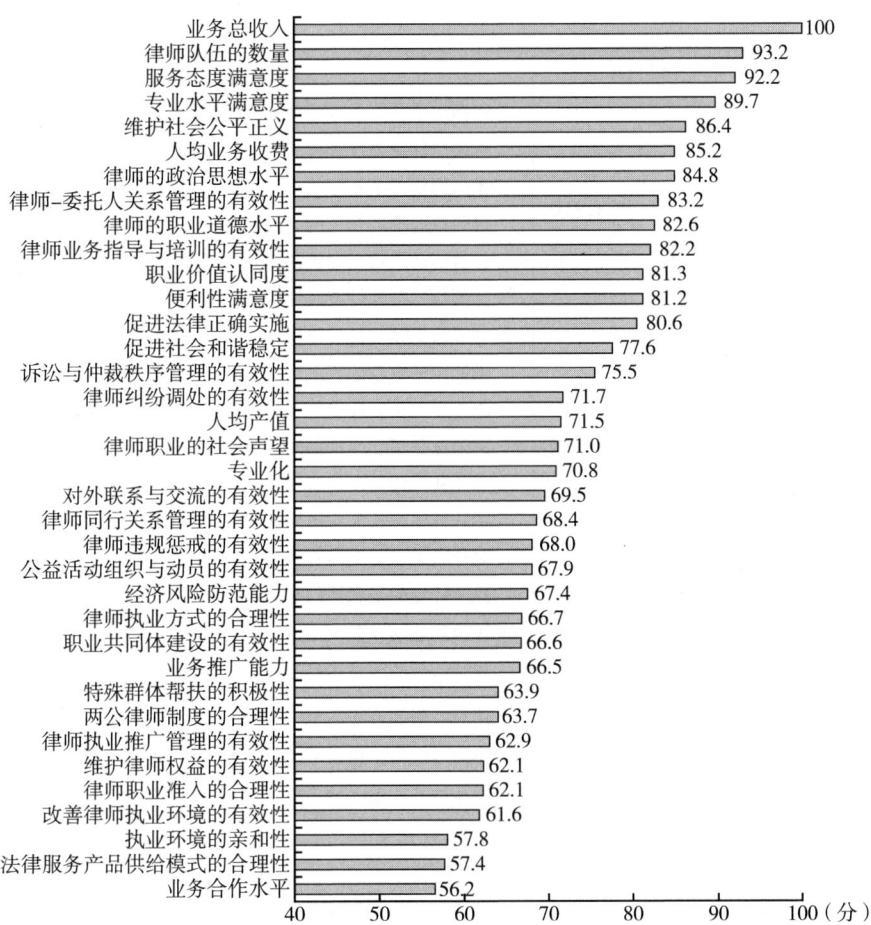

图2-6 三级指标得分对比

附：北京律师行业发展水平指标体系得分概览

表2-2 北京律师行业发展水平指标体系得分概览

一级指标	二级指标	三级指标
律师服务体系（66.4）	律师制度的先进性（62.5）	法律服务产品供给模式的合理性（57.4）
		律师职业准入的合理性（62.1）
		律师执业方式的合理性（66.7）
		两公律师制度的合理性（63.7）

续表

一级指标	二级指标	三级指标
律师服务体系(66.4)	行业秩序管理的有效性(71.1)	律师-委托人关系管理的有效性(83.2)
		诉讼与仲裁秩序管理的有效性(75.5)
		律师同行关系管理的有效性(68.4)
		律师执业推广管理的有效性(62.9)
		公益活动组织与动员的有效性(67.9)
		律师纠纷调处的有效性(71.7)
		律师违规惩戒的有效性(68.0)
	行业发展保障的有效性(67.7)	维护律师权益的有效性(62.1)
		改善律师执业环境的有效性(61.6)
		律师业务指导与培训的有效性(82.2)
		职业共同体建设的有效性(66.6)
		特殊群体帮扶的积极性(63.9)
		对外联系与交流的有效性(69.5)
	社会环境的亲和性(64.4)	执业环境的亲和性(57.8)
		律师职业的社会声望(71.0)
律师服务能力(71.4)	律师队伍发展(83.7)	律师队伍的数量(93.2)
		律师的职业道德水平(82.6)
		律师的政治思想水平(84.8)
		职业价值认同度(81.3)
	业务办理能力(63.5)	专业化(70.8)
		业务合作水平(56.2)
	市场运营能力(67.0)	业务推广能力(66.5)
		经济风险防范能力(67.4)
律师服务效果(84.9)	业务收入(85.6)	业务总收入(100)
		人均业务收费(85.2)
		人均产值(71.5)
	当事人满意度(87.7)	专业水平满意度(89.7)
		服务态度满意度(92.2)
		便利性满意度(81.2)
	社会效果(81.5)	促进法律正确实施(80.6)
		维护社会公平正义(86.4)
		促进社会和谐稳定(77.6)

三 律师制度的先进性

（一）律师制度先进性的含义与设置

律师制度包括一系列的制度和规则，律师制度先进性主要考察这些制度和规则是否合理，是否有利于律师行业发展。对于律师行业来说，律师制度规定了律师的权利和义务，规定了律师服务的内容和方式，因此对律师行业发展具有重大影响。

律师制度内容丰富，具体制度和规则众多，这里选取四个重要的制度进行考察，作为三级指标考察其先进性。这四个制度分别是以下四个方面。（1）法律服务产品供给模式的合理性。目前，我国的法律服务产品实行市场供给为主、义务供给和财政供给为辅的模式，各地如何具体落实这种模式？这种模式对律师行业发展的影响如何？（2）职业准入的合理性。考察目前职业准入制度及其具体实施的合理性。（3）执业方式的合理性。主要考察律师在律所执业这种模式的合理性。（4）"两公"律师的制度合理性。主要考察公司律师、公职律师相应的制度设置是否影响律师正规化、专业化建设，是否影响律师的执业独立性等问题。

（二）法律服务产品供给模式的合理性

对于法律服务产品供给模式的合理性，我们在《执业律师卷》中设置了两个问题，分别考察律师法律援助责任规定合理性和律师法律援助补贴标准的合理性。

两个问题的调查结果整理得出表2-3、表2-4和图2-7。分析调查结果，被调查者对法律服务产品供给模式合理性的评价具有如下特点。

第一，对于当前执业律师法律援助责任规定的合理性，多数受访者评价比较高。从评价分布来看，受访者中有23.2%给予了"非常合理"的评价，有44.7%给予了"基本合理"的评价，二者合计占比为

67.9%。而认为现行规定"互相矛盾""很不合理"的，合计占比为18.9%，属于相对少数。

表2-3 执业律师对律师法律援助责任规定的评价

评价选项	次数	赋值	所占比例（%）
非常合理,这是律师的社会责任	97	100	23.2
基本合理,律师也应当承担一定的责任	187	80	44.7
在当前社会条件下基本合理,但是将来应当取消律师的这种责任	55	60	13.2
这种规定互相矛盾,不知律师的责任到底是个什么责任	29	40	6.9
这种规定很不合理,应当取消律师承担法律援助义务的强制性规定	50	20	12.0
合计/均值	418	72.1	100

表2-4 律师法律援助补贴标准的合理性

评价选项	次数	赋值	所占比例（%）
非常高	4	100	1.1
比较高	15	80	4.3
过得去	96	60	27.4
比较低	145	40	41.3
很低	91	20	25.9
合计/均值	351	42.7	100

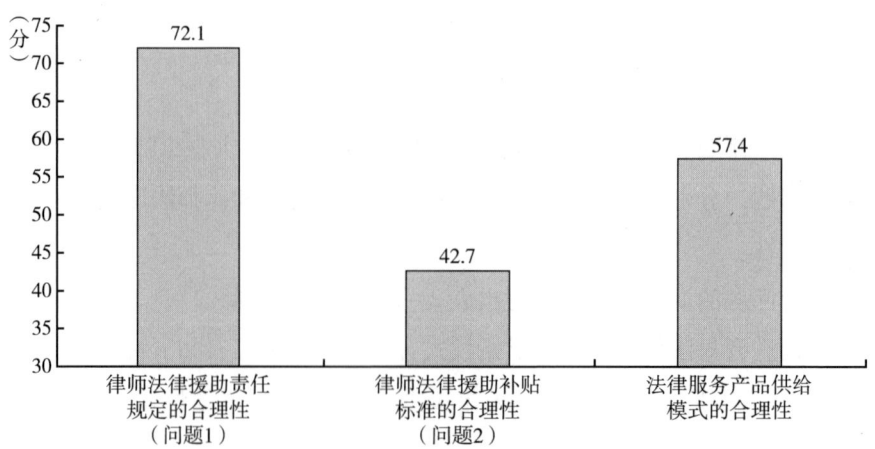

图2-7 法律服务产品供给模式的合理性得分

第二，对于实际中律师承担援助案件的补贴标准的合理性，多数受访者评价较低。如表2-4所示，在受访者中，大部分执业律师认为北京市目前的办案补贴标准"比较低"，占比为41.3%，另有25.9%认为补贴标准"很低"，该两种评价合计占比为67.2%；而认为"非常高""比较高"的，合计占比只有5.4%。

第三，综合起来看，目前法律服务产品供给模式合理性指标综合得分偏低。如图2-7所示，虽然受访者对问题1评价较高，但是在问题2中评价较低，最后按照平权法综合计算的结果，法律服务产品供给模式的合理性只有57.4分。这种评价情况表明，在多数受访者看来，律师可以承担一定的法律援助责任，但是政府应当适当提高法律援助案件的补贴标准。

（三）律师职业准入的合理性

《执业律师卷》设置一个问题考察，就当前律师行业职业准入制度及具体实施情况的合理性，询问执业律师的看法。

调查结果整理为表2-5。分析调查结果，受访者对职业准入合理性的评价和评分具有如下特点。

表2-5 执业律师对律师职业准入合理性的评价分布

评价选项	次数	赋值	所占比例(%)
宽严的把握非常合理	62	100	14.8
宽严比较适度	97	80	23.2
宽严基本适度	122	60	29.2
稍微宽松了点	82	40	19.6
稍微严了点	15	40	3.6
太宽松	38	20	9.1
太严格	2	20	0.5
合计/均值	418	62.1	100

第一，从评价分布上看，大部分执业律师认为目前我国律师执业准入宽严适度。如表2-5所示，在受访者中，对于当前的律师职业准入制度及其

具体实施，14.8%的受访者给予了"非常合理"的评价，有23.2%的受访者给予了"宽严比较适度"的评价，有29.2%的受访者给予了"基本适度"的评价，三种评价合计占比为67.2%。认为"过宽或者过严"的，合计占比为32.8%。在认为"过宽或者过严"的被调查者中，多数是认为职业准入太宽松，门槛不够高。

第二，根据表2-5中给定的赋值方案计算，"律师职业准入合理性"指标平均得62.1分，分数偏低。

（四）律师执业方式的合理性

问题和选项

在我国当前，律师不能以个人名义执业，只能任职于律师事务所，以机构的名义签订合同和收取费用。对于这种执业方式的合理性，《执业律师卷》设置一个问题询问被访者的看法。

调查结果整理为表2-6。分析调查结果，受访者对律师执业方式的合理性的评价与评分具有下列特点。

表2-6 执业律师对律师执业方式合理性的评价分布

评价选项	次数	赋值	所占比例（%）
非常合理	68	100	16.3
比较合理	122	80	29.2
基本合理	137	60	32.8
不太合理	63	40	15.1
很不合理	28	20	6.7
合计/均值	418	66.7	100

第一，从评价分布上看，近八成执业律师认为目前律师执业方式合理。在受访者中，有16.3%给予了"非常合理"的评价，有29.2%给予了"比较合理"的评价，有32.8%给予了"基本合理"的评价，三者合计占比为78.2%。

第二，根据给定的赋值方案计算，"律师执业方式的合理性"指标综合得分为66.7分，处于中等水平。

（五）"两公"律师制度的合理性

问题和选项

"两公"律师制度合理性主要涉及"两公"律师执业模式和律师的正规化、专业化建设之间是否冲突，"两公"律师执业模式与律师的职业独立性要求之间是否冲突等问题，《执业律师卷》分别从这两个角度设置了题目。

两个问题的调查结果整理表 2-7、表 2-8 和图 2-8。分析调查结果，受访者对于"两公"律师执业模式合理性的评价与评分具有下列特点。

表 2-7 执业律师对北京地区"两公"律师执业模式与律师的
正规化专业化建设关系的评价分布

评价选项	次数	赋值	所占比例（%）
完全没有冲突	28	100	6.7
没有冲突	136	80	32.5
有一定的冲突	194	60	46.4
冲突明显	28	40	6.7
严重冲突	32	20	7.7
合计/均值	418	64.8	100

表 2-8 执业律师对北京地区"两公"律师执业模式与律师的
职业独立性关系的评价分布

评价选项	次数	赋值	所占比例（%）
完全没有冲突	23	100	5.5
没有冲突	113	80	27.0
有一定的冲突	210	60	50.2
冲突明显	38	40	9.1
严重冲突	34	20	8.1
合计/均值	418	62.5	100

第一，只有 39.2% 的受访者认为"两公"律师执业模式与律师的正规化、专业化建设之间没有冲突。在受访者中，对于"两公"律师执业模式

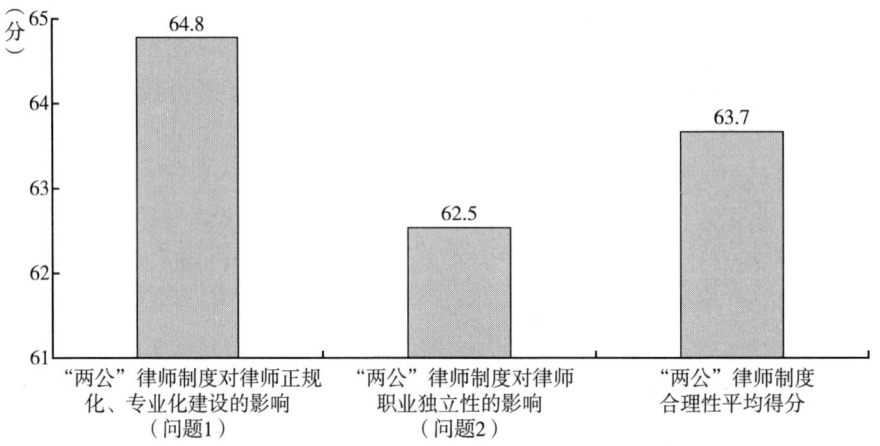

图2-8 "两公"律师制度合理性平均得分

与律师的正规化、专业化建设的影响,有6.7%认为"完全没有冲突",有32.5%认为"没有冲突",二者合计占比为39.2%。余下60.8%的受访者中,认为"有一定的冲突"的占46.4%;认为"冲突明显"和"严重冲突"的合计占比为14.4%。

第二,只有32.5%的受访者认为"两公"律师执业模式不会影响律师的职业独立性。在受访者中,对于"两公"律师执业模式与律师职业独立性的影响,有5.5%认为"完全没有冲突",有27.0%认为"没有冲突",二者合计占比为32.5%。余下67.5%的受访者中,认为"有一定的冲突"的,占50.2%;认为"冲突明显"和"严重冲突"的,合计占比为17.2%。

第三,"两公"律师执业模式的合理性得分偏低。如图2-8所示,按照给定的赋值方案计算,问题1得64.8分,问题2得62.5分,"两公"律师执业模式合理性平均得63.7分,得分水平略微偏低。

(六)律师制度先进性的综合得分

律师制度先进性的综合得分由法律服务产品供给模式的合理性、律师执业准入的合理性、律师执业方式的合理性和"两公"律师制度的合理性得分运用平权法计算得到,具体将计算结果整理为图2-9。

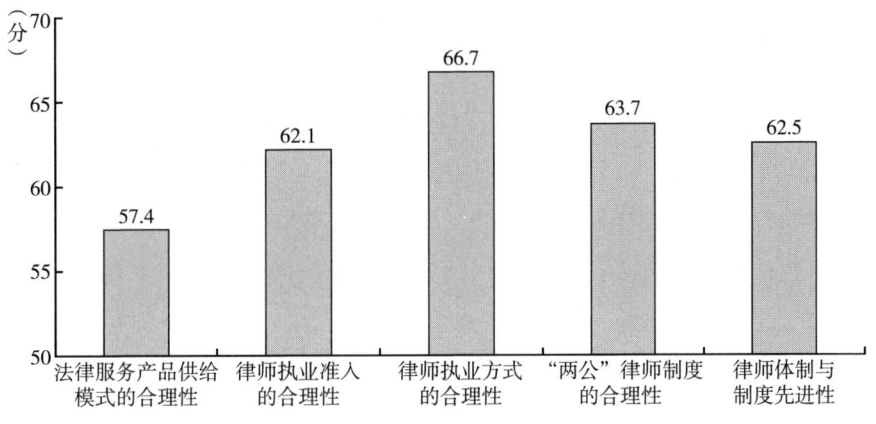

图 2-9　律师制度先进性综合得分

其中,律师体制与制度先进性的综合得分为 62.5 分,略高于中等水平。

四　行业秩序管理的有效性

(一)行业秩序管理有效性的含义与指标设置

任何一个行业的有效运行与健康发展,都需要通过外部管理矫正市场失灵,进而实现一定的秩序状态,律师行业也不例外。根据律师法以及相关的法规、规章和律师行业自律性规范的规定,律师行业秩序管理职能主要由司法行政机关和律师协会承担,而管理的职责范围主要包括七个方面:(1)律师-委托人关系管理;(2)律师同行关系管理;(3)维护诉讼与仲裁秩序;(4)规范律师执业推广行为;(5)动员、组织和管理律师公益活动;(6)调处律师行业发生的纠纷;(7)调查和惩戒律师行业的违规行为。本报告所谓的行业秩序管理有效性,就是指承担律师行业管理职能的司法行政机关和律师协会对于行业秩序上述七个领域管理的有效性。这里的有效性,包括是否积极作为、管理的措施与方法是否先进、管理是否有成效等方面。

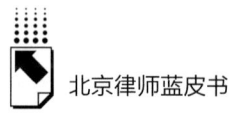

（二）律师-委托人关系管理的有效性

律师行业管理机构和部门负责对律师-委托人关系进行多方面的监管，监管范围主要包括：（1）委托代理协议的签署；（2）沟通和交流；（3）勤勉和尽职；（4）禁止虚假承诺；（5）禁止非法牟取委托人权益；（6）利益冲突审查；（7）保管委托人财产；（8）转委托；（9）委托关系的解除与终止。对于北京地区律师-委托人关系管理的有效性，《执业律师卷》和《当事人卷》中分别设置了问题，分别考察两类受访者评价。

调查结果分别整理为表2-9、表2-10和图2-10。分析调查结果，受访者对北京律师行业"律师-委托人关系管理有效性"的评价和得分主要有两个方面的特点。

表2-9 执业律师对北京律师-委托人关系管理的评价的分布

评价选项	次数	赋值	所占比例(%)
秩序非常好,体现了非常高的行业管理水平	74	100	17.7
秩序比较好,体现了比较高的行业管理水平	184	80	44.0
秩序过得去	126	60	30.1
秩序不太好,需要进一步提高行业管理水平	25	40	6.0
秩序很不好,需要大力加强这方面的监管	9	20	2.2
合计/均值	418	73.8	100

表2-10 当事人对北京律师-委托人关系管理的评价的分布

评价选项	次数	赋值	所占比例(%)
表现非常好,很少违规	141	100	69.1
表现比较好,较少违规	52	80	25.5
表现一般,存在一定数量的违规行为	10	60	4.9
表现比较差,违规行为比较多	1	40	0.5
表现非常差,违规形象严重	0	20	0
合计/均值	204	92.6	100

第一，当事人的评价总体上高于执业律师的评价。具体从评价分布上看，69.1%的当事人给予了"非常好"的评价，25.5%给予了"比较好"

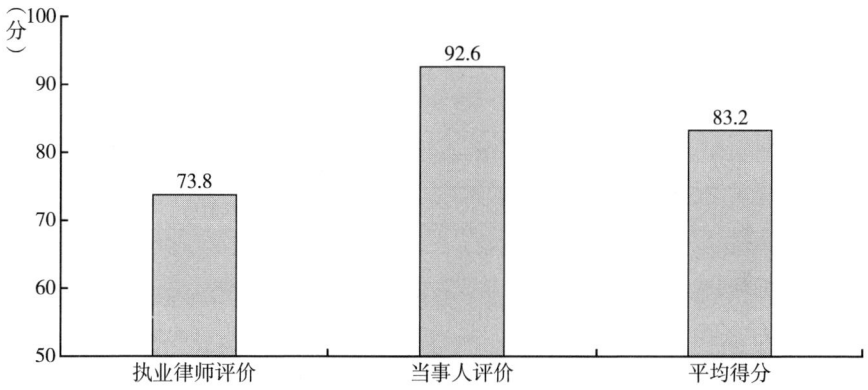

图 2-10　律师-委托人关系管理有效性指标平均得分

的评价。执业律师中，只有17.7%给予了"非常好"的评价，44.0%给予了"比较好"的评价。具体从评价分数上看，当事人给予了92.6高分，执业律师的评分相对较低，只有73.8。

第二，评价得分在"比较好"的级别。如图2-10所示，按照平权法计算，北京律师行业"律师-委托人关系管理有效性"指标的综合得分是83.2分，这是一个不错的成绩。

（三）诉讼和仲裁秩序管理的有效性

律师行业管理机构和部门对律师参与诉讼或仲裁活动进行多方面的监管，监管范围主要包括：（1）调查取证行为；（2）和司法人员的接触和交往；（3）法庭秩序的尊重与维护；（4）庭审仪表和语态。对于北京地区有关方面对于这些秩序的监管和维持的效果，《执业律师卷》和《司法工作人员卷》分别设置了问题，考察两类受访者的评价。

上述问题调查结果整理得出表2-11、表2-12和图2-11。综合起来看，受访者对北京律师行业"诉讼与仲裁秩序管理有效性"指标的评价和得分主要有两个方面的特点。

第一，审判工作人员和检察工作人员的评价都比较高，相比较而言，前者的评价又高于后者。具体来说，在受访者中，审判工作人员给予"好"

和"非常好"评价的,合计占比为82.6%,平均得分79.4。检察工作人员给予"好"和"非常好"评价的,合计占比为73.2%,平均得分76.3。

表2-11 执业律师对诉讼与仲裁秩序管理有效性的评价分布

评价选项	次数	赋值	所占比例(%)
秩序非常好,体现了非常高的行业管理水平	61	100	14.6
秩序比较好,体现了比较高的行业管理水平	188	80	45.0
秩序过得去	140	60	33.5
秩序不太好,需要进一步提高行业管理水平	24	40	5.7
秩序很不好,需要大力加强这方面的监管	5	20	1.2
合计/均值	418	73.2	100

表2-12 司法工作人员对诉讼与仲裁秩序管理有效性的评价分布

评价选项	审判工作人员评价			检察工作人员评价		
	次数	赋值	比例(%)	次数	赋值	比例(%)
表现非常好,很少违规	15	100	14.6	10	100	10.8
表现比较好,较少违规	70	80	68.0	58	80	62.4
表现一般,存在一定数量的违规行为	18	60	17.5	23	60	24.7
表现比较差,违规比较多	0	40	0	2	40	2.2
表现特别差,违规很多	0	20	0	0	20	0
合计/均值	103	79.4	100	93	76.3	100

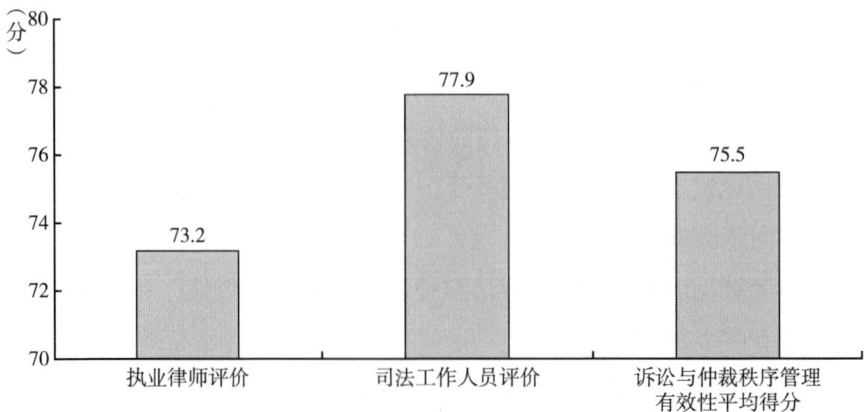

图2-11 诉讼与仲裁秩序管理有效性平均得分

第二，司法工作人员的评分高于执业律师的评分。审判工作人员评分和检察工作人员评分按照平权法，计算得出司法工作人员平均分，结果为77.9分，高于执业律师的73.2分。

第三，诉讼与仲裁秩序管理取得了一定的成效。如图2-11所示，将司法工作人员评分与执业律师评分按照平权法计算，得出诉讼与仲裁秩序管理有效性平均得分为75.5，处于中等偏上的水平。

（四）律师同行关系的管理的有效性

律师行业管理部门对律师同行关系进行多方面的监管，监管范围主要包括：（1）尊重与合作；（2）禁止不正当竞争；（3）有序流动。对于北京地区有关方面对于这些秩序的监管和维护的总体效果，《执业律师卷》设置了一个问题考察受访者的评价。

调查结果整理为表2-13。分析调查结果，受访者对于有关方面管理律师同行关系的有效性的评价和评分具有下列特点。

表2-13 执业律师对律师同行关系管理有效性的评价分布

评价选项	次数	赋值	所占比例(%)
秩序非常好，体现了非常高的行业管理水平	56	100	13.4
秩序比较好，体现了比较高的行业管理水平	164	80	39.2
秩序过得去	121	60	28.9
秩序不太好，需要进一步提高行业管理水平	54	40	12.9
秩序很不好，需要大力加强这方面的监管	23	20	5.5
合计/均值	418	68.4	100

第一，从评价分布来看，获得了过半数的好评。在受访者中，认为"秩序非常好，体现了非常高的行业管理水平"的执业律师的占比为13.4%；认为"秩序比较好，体现了比较高的行业管理水平"的占比为39.2%；二者合计占比为52.6%。

第二，根据给定的赋值方案进行计算，律师同行关系管理有效指标得分为68.4，处于中等偏下的水平。

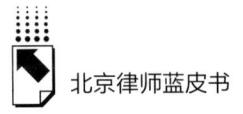

（五）律师执业推广管理的有效性

问题和选项

律师法律服务是一种市场行为，因此必然存在业务推广。律师的法律服务又具有很强的公益属性和较高职业伦理要求，所以，律师的业务推广又应该有一定的限制。律师行业管理的一个重要任务，就是规范律师的业务推广行为，使得这些行为符合律师的职业道德。对于北京地区在这方面监管的总体效果，《执业律师卷》设置一个问题考察受访者的评价。

调查结果整理为表2-14。分析调查结果，受访者对于管理律师执业推广活动有效性的评价和评分具有下列特点。

表2-14 执业律师对律师执业推广管理有效性的评价分布

评价选项	次数	赋值	所占比例（%）
管理得很好，体现了行业主管机构和部门非常高的认识水平和非常强的管理能力	51	100	12.2
管理得比较好，体现了行业主管机构和部门较高的认识水平和较强的管理能力	121	80	28.9
管理得还行	113	60	27.0
管理不太严，秩序有点乱	77	40	18.4
限制太多，不利于律师行业的业务推广	26	40	6.2
管理很不严，秩序很混乱	23	20	5.5
限制非常多，非常不利于律师行业的业务推广	7	20	1.7
合计/均值	418	62.9	100

第一，从评价分布来看，受访者中认为"管理得很好，体现了行业主管机构和部门非常高的认识水平和非常强的管理能力"，"管理得比较好，体现了行业主管机构和部门较高的认识水平和较强的管理能力"的执业律师合计占比为41.1%；认为"管理得还行"的，占比为27.0%。另外，有23.9%的受访者认为管理得不够严或很不严，导致秩序有点乱；有7.9%的受访者认为限制太多，不利于律师行业的业务推广。

第二，按照给定的赋值方案计算，律师执业推广管理有效性得分为62.9，得分偏低。

（六）公益活动组织与动员的有效性

律师行业管理机构和部门的一个任务是组织律师从事公益活动，借以督促律师履行社会责任、改善律师执业环境、拓展律师业务范围。对于北京市律师行业管理机构和部门组织律师从事公益活动的数量和效果，《执业律师卷》分别设置了两个题目，考察受访者的评价。

调查结果分别整理为表2-15、表2-16和图2-12。综合起来看，受访者对于北京市律师行业管理机构和部门组织律师从事公益活动的评价具有如下特点。

表2-15 执业律师对组织律师从事公益活动的数量的评价分布

评价选项	次数	赋值	所占比例(%)
活动很多	59	100	14.1
活动较多	125	80	29.9
组织了一些活动	170	60	40.7
活动较少	50	40	12.0
活动很少	14	20	3.3
合计/均值	418	67.9	100

表2-16 执业律师对组织律师从事公益活动的效果的评价分布

评价选项	次数	赋值	所占比例(%)
效果很好	54	100	12.9
效果较好	113	80	27.0
有一定的效果	201	60	48.1
效果不太好	42	40	10.0
效果很不好	8	20	1.9
合计/均值	418	67.8	100

第一，被调查的执业律师对于北京市律师行业管理机构和部门组织律师从事公益活动的积极性与效果两方面的评价非常接近。具体从评价分布

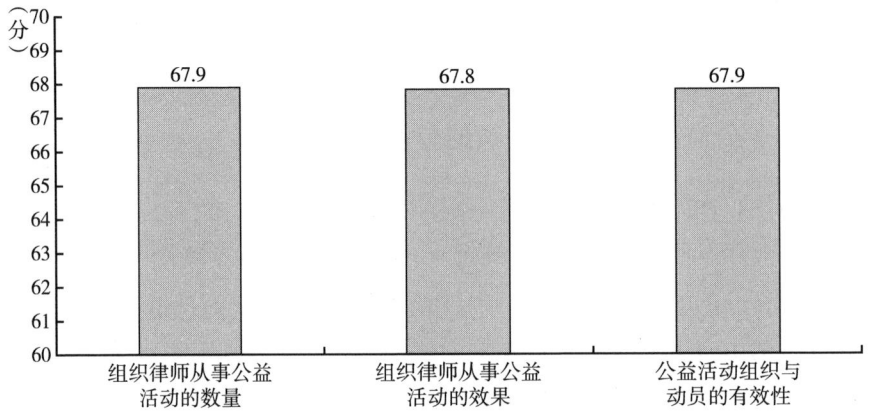

图 2-12　公益活动组织与动员的有效性平均得分

上看，对于组织律师从事公益活动的积极性，有 14.1% 的被访者给予了"活动很多"的评价，有 29.9% 给予了"活动较多"的评价，有 40.7% 给予了"组织了一些活动"的评价，有 12.0% 给予了"活动较少"的评价，只有 3.3% 给予了"活动很少"的评价；对于组织律师从事公益活动的效果，被访者中有 12.9% 给予了"效果很好"的评价，有 27.0% 给予了"效果较好"的评价，有 48.1% 给予了"有一定的效果"的评价，有 10.0% 给予了"效果不太好"的评价，只有 1.9% 给予了"效果很不好"的评价。

从评价得分上看，"组织律师从事公益活动的数量"得 67.9 分；"组织律师从事公益活动的效果"得 67.8 分。

第二，"公益活动组织与动员有效性"指标平均得分处于中等水平。如图 2-12 所示，按照平权法计算，"公益活动组织与动员的有效性"指标平均得分 67.9。

（七）律师纠纷调处的有效性

根据律师法的规定，律师协会具有调解律师执业活动中发生的纠纷的职能。律师协会调处律师执业纠纷，要遵循公正、公平、效率的原则。对北京市律师协会履行该职能的情况，《执业律师卷》设置了一个问题考察受访者的评价。

调查结果整理得出表2-17。分析调查结果，受访者对于律师协会履行律师执业纠纷调处职责的有效性的评价和评分具有下列特点。

表2-17 执业律师对律师纠纷调处的有效性的评价分布

评价选项	次数	赋值	所占比例(%)
完全实现了公正、公平、效率的原则	38	100	9.1
较好地实现了公正、公平、效率的原则	239	80	57.2
勉强实现了公正、公平、效率的原则	90	60	21.5
离公正、公平、效率的要求还有差距	31	40	7.4
离公正、公平、效率的要求还有很大的差距	20	20	4.8
合计/均值	418	71.7	100

第一，从评价分布看，纠纷调处的有效性指标获得了66.3%的好评。在受访者中，认为律师协会调处律师执业纠纷"完全实现了公正、公平、效率的原则"的占比为9.1%，认为"较好地实现了公正、公平、效率的原则"的占比为57.2%，二者合计占比为66.3%；认为"勉强实现了公正、公平、效率的原则"的占比为21.5%；作出"离公正、公平、效率的要求还有差距""离公正、公平、效率的要求还有很大的差距"两种评价的执业律师合计占比为12.2%。

第二，按照给定的赋值方案计算，纠纷调处的有效性指标得71.7分，处于中等偏上的水平。

（八）律师违规惩戒的有效性

根据律师法的规定，司法行政部门和律师协会具有惩戒违规律师、律师事务所的职能。履行这一职能，要做到反应及时、程序公正、事实清楚、处理正确。对北京地区司法行政主管部门和律师协会这一职责的履行情况，《执业律师卷》设置了一个问题考察受访者的评价。

调查结果整理得出表2-18。分析调查结果，受访者对于司法行政部门和律师协会履行律师违规惩戒职责的有效性的评价和评分具有以下特点。

表2-18 执业律师对律师违规惩戒的有效性的评价分布

评价选项	次数	赋值	所占比例(%)
完全实现了及时、公正、清楚、正确的原则	46	100	11.0
较好地实现了及时、公正、清楚、正确的原则	165	80	39.5
基本实现了及时、公正、清楚、正确的原则	141	60	33.7
离及时、公正、清楚、正确的要求还有差距	43	40	10.3
离及时、公正、清楚、正确的要求还有很大的差距	23	20	5.5
合计/均值	418	68.0	100

从评价分布看，律师违规惩戒的有效性指标获得了近半数的好评。在受访者中，认为律师协会调查和惩戒违规律师"完全实现了及时、公正、清楚、正确的原则"的占11.0%，认为"较好地实现了及时、公正、清楚、正确的原则"的占比为39.5%，二者合计占比为50.5%；认为"基本实现了及时、公正、清楚、正确的原则"的占比为33.7%；作出"离及时、公正、清楚、正确的要求还有差距""离及时、公正、清楚、正确的要求还有很大的差距"两种评价的合计占比为15.8%。

按照给定的赋值方案计算，律师违规惩戒的有效性指标得68.0分，处于中等偏下的水平。

（九）行业秩序管理有效性的综合得分

三级指标律师-委托人关系管理的有效性、诉讼和仲裁秩序管理的有效性、律师同行关系管理的有效性、律师执业推广管理的有效性、公益活动组织与动员的有效性、律师纠纷调处的有效性、律师违规惩戒的有效性之间实行平权法，综合得出二级指标行业秩序管理有效性的评分。

分析图2-13，行业秩序管理有效性指标得分情况有如下特点。

第一，在七个三级指标之间，律师-委托人关系管理的有效性得分最高，为83.2分；律师执业推广管理的有效性得分最低，只有62.9分。

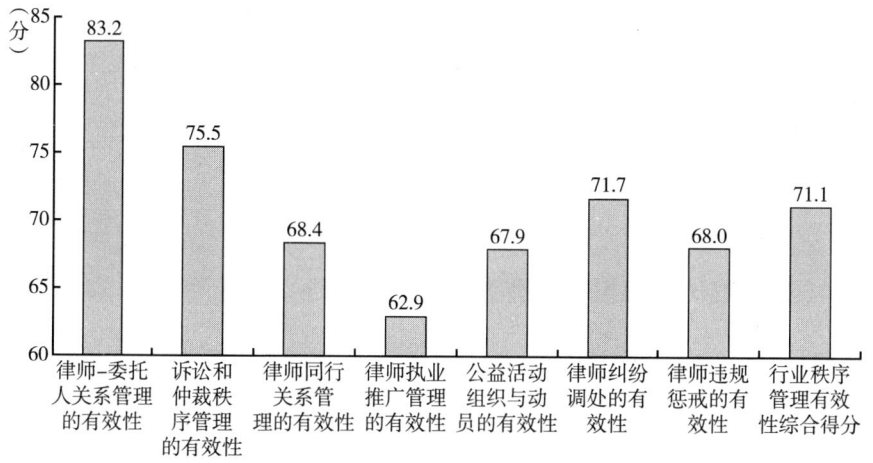

图 2-13　行业秩序管理有效性的综合得分

第二，行业秩序管理有效性综合得分为 71.1，处于中等水平。这个分数表明律师行业秩序管理虽然取得了一定的成绩，得到了受访者一定程度的认可，但是也还有明显的发展和提升空间。

五　行业发展保障的有效性

（一）行业发展保障有效性的含义与指标设置

律师行业运营与发展，除了需要加强行业秩序的管理与维护以外，还需要不同层面、不同角度的保障与支持，尤其是在我国特定的政治、经济、法律、文化环境下发展律师行业，保障和支持的意义尤其重大。

根据律师法以及相关的法规、规章和律师行业自律性规范的规定，律师行业的保障职能主要由司法行政机关和律师协会承担，且律师协会承担了其中的绝大部分工作。从现行制度和规范看，司法行政机关和律师协会支持和保障律师行业发展工作主要包括六个方面，即：（1）维护律师权益；（2）改善律师执业环境；（3）律师业务指导与培训；（4）律师职业共同体建设；(5) 律师特殊群体关怀和帮扶；(6) 律师行业对外联系与交流。本报告所谓的行业保障有效性，就是指承担律师行业管理职能的司法行政机关和律师协会，在上述六个方面支持和保障律师行业发展的有效性。这里的有效性，包括积极作为，手段、措施与方法先进，支持和保障工作成效等方面。

(二) 维护律师权益的有效性

根据律师法的规定，律师协会具有"保障律师依法执业，维护律师的合法权益"的职责。对于北京市律师协会履行这一职责的积极性及其成效，《执业律师卷》设置了两个问题，分别考察受访者对这两个方面的评价。

调查结果整理得出表2-19、表2-20和图2-14。受访者对于北京市律师协会维护律师权益有效性的评价和评分具有以下特点。

表2-19 受访者对律师协会维护律师权益的积极性的评价分布

评价选项	次数	赋值	所占比例(%)
积极主动	45	100	10.8
比较主动	110	80	26.3
采取了一定的措施	135	60	32.3
比较被动	92	40	22.0
非常消极	36	20	8.6
合计/均值	418	61.7	100

表2-20 受访者对律师协会维护律师权益的成效的评价分布

评价选项	次数	赋值	所占比例(%)
有力地维护了律师的合法权益	39	100	9.3
较好地维护了律师的合法权益	104	80	24.9
取得了一定的效果	145	60	34.7
效果欠佳	130	40	31.1
没有成效	0	20	0.0
合计/均值	418	62.5	100

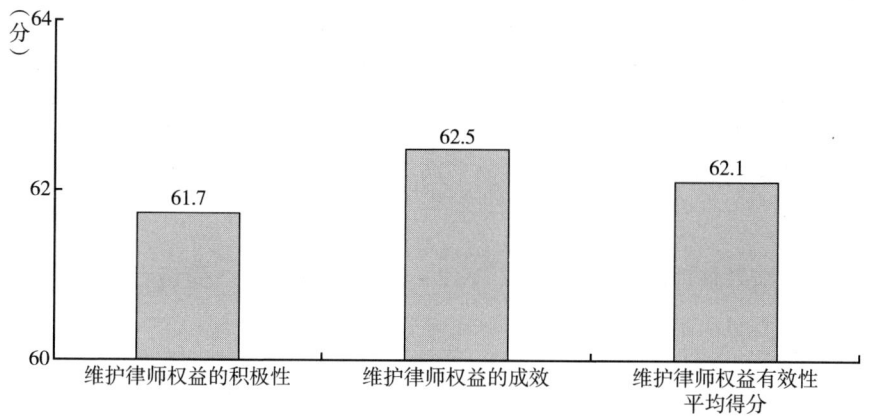

图 2-14 维护律师权益有效性平均得分

第一，对于律师协会维护律师权益的积极性，只有大约 1/3 的受访者给予了好评。如表 2-19 所示，在受访者中，认为律师协会维护律师权益"积极主动"的占 10.8%，认为"比较主动"的占 26.3%，二者合计占 37.1%；认为"采取了一定措施"的占 32.3%；认为"比较被动""非常消极"的合计占 30.6%。

第二，对于律师协会维护律师权益的成效，也只有大约 1/3 的受访者给予了好评。如表 2-20 所示，在受访者中，认为"有力地维护了律师的合法权益"的占 9.3%，认为"较好地维护了律师的合法权益"的占 24.9%，二者合计占 34.2%；认为"取得了一定的效果"的占 34.7%；认为"效果欠佳""没有成效"的合计占 31.1%。

第三，维护律师权益有效性指标处于中等偏下的水平。如图 2-14 所示，维护律师权益积极性指标得 61.7 分，维护律师权益成效指标得 62.5 分，按照平权法计算，维护律师权益有效性指标平均得分 62.1，分数偏低。

（三）改善律师执业环境的有效性

改善律师的执业环境，是指改善社会中的法律、政治和文化因素，促进公众、当事人、社会组织和国家机关对于律师工作的尊重和认同，从而减少律师执业的阻力和压力。在这方面，律师行业管理部门，尤其是律师协会，可以有一定的作为。对于北京市律师协会改善律师执业环境的积极性及其成效，《执业律师卷》设置了两个问题，分别考察受访者对两个方面的评价。

调查结果整理得出表2-21、表2-22和图2-15。受访者对于北京市律师协会改善律师执业环境的评价和评分具有以下特点。

表2-21 对改善律师执业环境的积极性的评价分布

评价选项	次数	赋值	所占比例(%)
积极主动	46	100	11.0
比较主动	107	80	25.6
采取了一定的措施	157	60	37.6
比较被动	81	40	19.4
非常消极	27	20	6.5
合计/均值	418	63.1	100

表2-22 对改善律师执业环境的成效的评价分布

评价选项	次数	赋值	所占比例(%)
显著改善了律师的执业环境	30	100	7.2
取得了较好的效果	88	80	21.1
取得了一定的效果	174	60	41.6
效果欠佳	105	40	25.1
没有成效	21	20	5.0
合计/均值	418	60.0	100

第一，对于律师协会改善律师执业环境的积极性，只有大约1/3的受访者给予了好评。如表2-21所示，在受访者中，认为律师协会改善律师执业环境"积极主动"的占11.0%，认为"比较主动"的占25.6%，二者合计占36.6%；认为"采取了一定措施"的占37.6%；认为"比较被动""非常消极"的合计占25.9%。

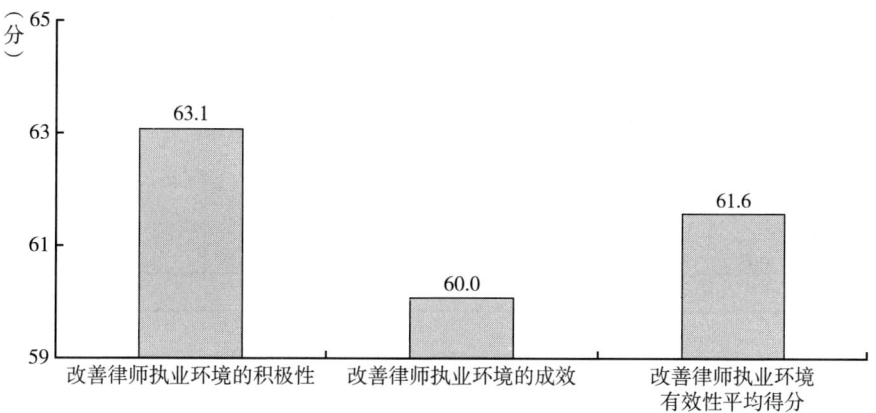

图 2-15　改善律师执业环境的有效性平均得分

第二，对于律师协会改善律师执业环境的成效，受访者给予好评的比例不到 1/3。如表 2-22 所示，在受访者中，认为"显著改善了律师的执业环境"的占 7.2%，认为"取得了较好的效果"的占 21.1%，二者合计占 28.3%；认为"取得了一定的效果"的占 41.1%；认为"效果欠佳""没有成效"的合计占 30.1%。

第三，改善律师执业环境有效性指标处于中等偏下的水平。如图 2-15 所示，改善律师执业环境积极性指标得 63.1 分，改善律师执业环境成效指标得 60.0 分，按照平权法计算，改善律师执业环境有效性指标平均得分 61.6，分数偏低。

（四）律师业务指导与培训的有效性

根据律师法和律师协会章程的规定，律师协会具有对执业律师进行业务培训和业务指导的职责。对于北京市律师协会业务培训和业务指导工作的积极性及其成效，《执业律师卷》设置了两个问题，分别考察受访者对两个方面的评价。

调查结果整理得出表 2-23、表 2-24 和图 2-16。受访者对于北京市律师协会业务培训和业务指导的评价和评分具有以下特点。

表2-23 律师业务指导与培训的积极性的评价分布

评价选项	次数	赋值	所占比例(%)
积极主动	194	100	46.4
比较主动	139	80	33.3
有一些定期的培训和指导	72	60	17.2
比较被动	9	40	2.2
非常消极	4	20	1.0
合计/均值	418	84.4	100

表2-24 律师业务指导与培训的成效的评价分布

评价选项	次数	赋值	所占比例(%)
业务培训和业务指导具有非常先进的形式和内容，对律师专业技能的提升具有非常大的帮助	134	100	32.1
业务培训和业务指导具有比较先进的形式和内容，对律师专业技能的提升具有比较大的帮助	171	80	40.9
业务培训和业务指导对律师专业技能的提升具有一定的帮助	98	60	23.4
业务培训和业务指导对律师专业技能的提升作用比较小	11	40	2.6
业务培训和业务指导对律师专业技能的提升没有什么作用	4	20	1.0
合计/均值	418	80.1	100

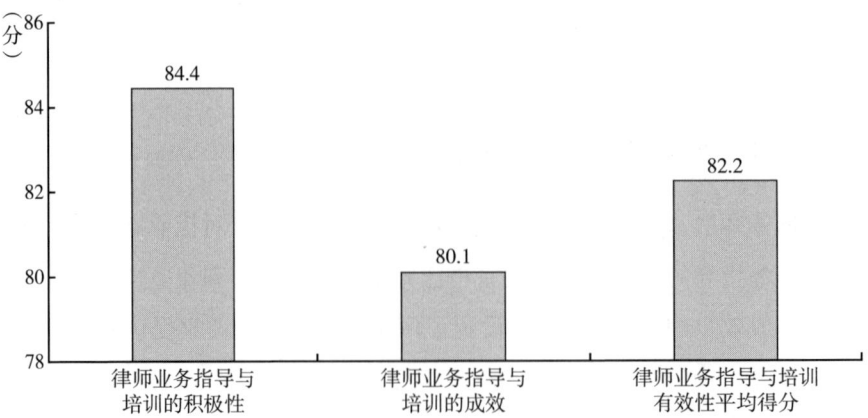

图2-16 律师业务指导与培训有效性的平均得分

第一,对于律师协会业务培训和业务指导的积极性,好评率非常高。如表2-23所示,在受访者中,认为律师协会业务培训和业务指导"积极主动"的占46.4%,认为"比较主动"的占33.3%,二者合计占79.7%;认为"比较被动""非常消极"的合计仅占3.2%。

第二,对于律师协会业务培训和业务指导的成效,好评率也比较高。如表2-24所示,在受访者中,认为"业务培训和业务指导具有非常先进的形式和内容,对律师专业技能的提升具有非常大的帮助"的占32.1%,认为"业务培训和业务指导具有比较先进的形式和内容,对律师专业技能的提升具有比较大的帮助"的占40.9%,二者合计占73.0%;认为"业务培训和业务指导对律师专业技能的提升作用比较小""业务培训和业务指导对律师专业技能的提升没有什么作用"的合计仅占3.6%。

第三,业务培训和业务指导有效性指标处于良好水平。如图2-16所示,业务培训和业务指导积极性指标得84.4分,业务培训和业务指导成效指标得80.1分,按照平权法计算,业务培训和业务指导有效性指标平均得分82.2,获得受访者广泛好评。

(五)职业共同体建设的有效性

律师职业共同体的建设,是指通过职业伦理的宣传和执业纪律的实施,通过促进律师之间的交流与互动,使得律师群体对外具有专业化、正规化、忠于法律、忠于当事人的社会形象,对内具有高度的认同感、归属感和自豪感。对于北京市律师协会律师职业共同体建设的积极性及其成效,《执业律师卷》设置了两个问题,分别考察受访者对两个方面的评价。

调查结果整理得出表2-25、表2-26和图2-17。分析调查结果,受访者对于北京市律师协会职业共同体建设的评价和评分具有以下特点。

第一,对于律师协会职业共同体建设的积极性,好评率达到46.0%。如表2-25所示,在受访者中,认为律师协会职业共同体建设"积极主动"的占17.5%,认为"比较主动"的占28.5%,二者合计占46.0%;认为"比较被动""非常消极"的合计仅占17.9%。

表2-25 职业共同体建设积极性的评价分布

评价选项	次数	赋值	所占比例(%)
积极主动	73	100	17.5
比较主动	119	80	28.5
采取了一定的措施	151	60	36.1
比较被动	56	40	13.4
非常消极	19	20	4.5
合计/均值	418	68.2	100

表2-26 职业共同体建设成效的评价分布

评价选项	次数	赋值	所占比例(%)
极大程度地促进了律师职业共同体的建设	46	100	11.0
较大程度地促进了律师职业共同体的建设	126	80	30.1
取得了一定的效果	152	60	36.4
效果欠佳	74	40	17.7
没有成效	20	20	4.8
合计/均值	418	65.0	100

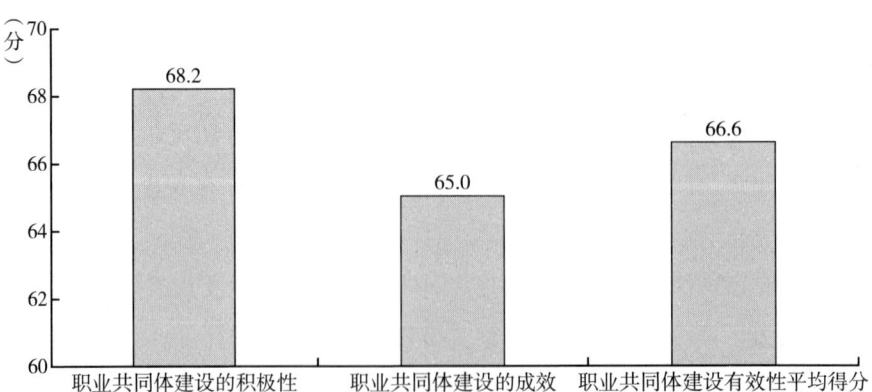

图2-17 职业共同体建设有效性的平均得分

第二,对于律师协会职业共同体建设的成效,好评率接近一半。如表2-26所示,在受访者中,认为"极大程度地促进了律师职业共同体的建设"的占11.0%,认为"较大程度地促进了律师职业共同体的建设"的占30.1%,

二者合计占 41.1%；认为"效果欠佳""没有成效"的合计仅占 22.5%。

第三，职业共同体建设有效性指标处于中等偏下的水平。如图 2-17 所示，职业共同体建设积极性指标得 68.2 分，职业共同体建设成效指标得 65.0 分，按照平权法计算，职业共同体建设有效性指标平均得分 66.6，有一定的提升空间。

（六）特殊群体帮扶的有效性

在律师队伍中，有些特殊的群体，比如年轻律师、女律师等，需要特别关怀和扶持。关怀和扶持这些群体，关系到律师结构的均衡，关系到律师行业的持续发展，关系到律师群体的职业归属感，意义重大。对于北京地区律师协会这方面工作的积极性及其成效，《执业律师卷》设置了两个问题，分别考察受访者对两个方面的评价。

调查结果整理得出表 2-27、表 2-28 和图 2-18。分析调查结果，受访者对于北京市律师协会特殊群体帮扶的评价和评分具有以下特点。

表 2-27 特殊群体帮扶的积极性的评价分布

评价选项	次数	赋值	所占比例(%)
积极主动	61	100	14.6
比较主动	99	80	23.7
采取了一定的措施	172	60	41.1
比较被动	67	40	16.0
非常消极	19	20	4.5
合计/均值	418	65.6	100

表 2-28 特殊群体帮扶的成效的评价得分

评价选项	次数	赋值	所占比例(%)
措施非常有力	33	100	7.9
措施比较有力	95	80	22.7
取得了一定的效果	196	60	46.9
效果欠佳	76	40	18.2
没有成效	18	20	4.3
合计/均值	418	62.3	100

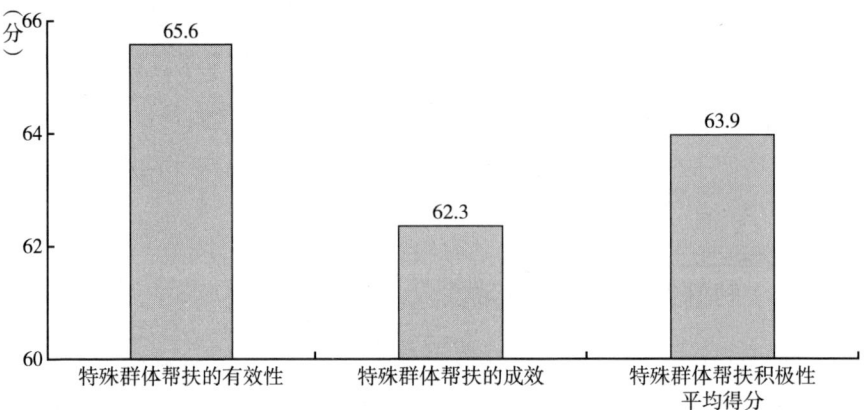

图2-18 特殊群体帮扶有效性的平均得分

第一,对于律师协会特殊群体帮扶的积极性,好评率接近四成。如表2-27所示,在受访者中,认为律师协会特殊群体帮扶"积极主动"的占14.6%,认为"比较主动"的占23.7%,二者合计占38.3%,接近四成;认为"比较被动""非常消极"的合计占20.5%。

第二,对于律师协会特殊群体帮扶的成效,只有三成的好评率。如表2-28所示,在受访者中,认为"措施非常有力"的占7.9%,认为"措施比较有力"的占22.7%,二者合计占30.6%;认为"取得了一定的效果"的比例较大,达到46.9%;认为"效果欠佳""没有成效"的合计仅占22.5%。

第三,特殊群体帮扶有效性指标处于中等偏下的水平。如图2-18所示,特殊群体帮扶积极性指标得65.6分,特殊群体帮扶成效指标得62.3分,按照平权法计算,特殊群体帮扶有效性指标平均得分63.9,工作尚有较大的提升空间。

(七)对外联系与交流的有效性

根据律师协会章程的规定,律师协会具有"开展对外宣传与对外交流,扩大行业的对外影响"的职责。对北京市律师协会开展对外宣传与对外交流工作的积极性及其成效,《执业律师卷》设置了两个问题,分别考察受访者对这两个方面的评价。

调查结果整理得出表2-29、表2-30和图2-19。分析调查结果,受访者对于北京市律师协会对外联系与交流的评价和评分具有以下特点。

表2-29 对外联系与交流的积极性的评价分布

评价选项	次数	赋值	所占比例(%)
积极主动	74	100	17.7
比较主动	156	80	37.3
采取了一定的措施	135	60	32.3
比较被动	48	40	11.5
非常消极	5	20	1.2
合计/均值	418	71.8	100

表2-30 对外联系与交流的成效的评价分布

评价选项	次数	赋值	所占比例(%)
渠道非常广泛,成效非常显著	45	100	10.8
渠道比较广泛,成效比较显著	136	80	32.5
取得了一定的成效	165	60	39.5
效果欠佳	68	40	16.3
没有成效	4	20	1.0
合计/均值	418	67.2	100

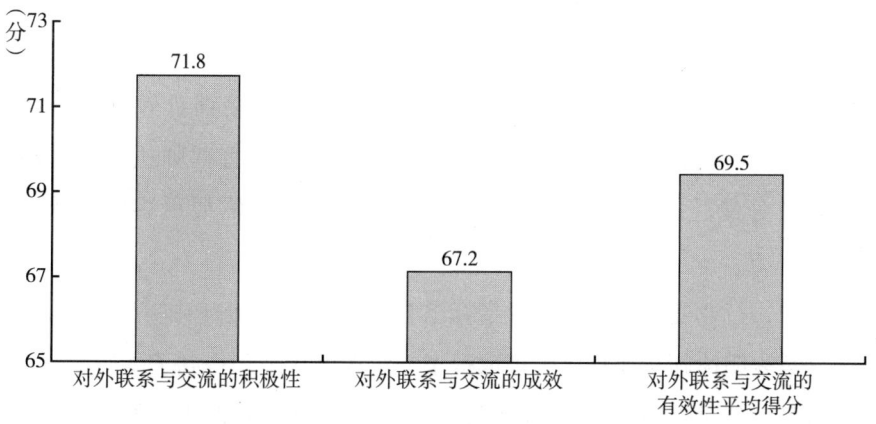

图2-19 对外联系与交流的有效性的平均得分

第一，对于律师协会对外联系与交流的积极性，好评率过半。如表2-29所示，在受访者中，认为律师协会对外联系与交流"积极主动"的占17.7%，认为"比较主动"的占37.3%，二者合计占55.5%；认为"比较被动""非常消极"的合计只占12.7%。

第二，对于律师协会对外联系与交流的成效，则只有四成多一点的好评率。如表2-30所示，在受访者中，认为"渠道非常广泛，成效非常显著"的占10.8%，认为"渠道比较广泛，成效比较显著"的占32.5%，二者合计占43.3%；认为"效果欠佳""没有成效"的合计仅占17.3%。

第三，对外联系与交流有效性指标处于中等水平。如图2-19所示，对外联系与交流积极性指标得71.8分，对外联系与交流成效指标得67.2分，按照平权法计算，对外联系与交流有效性指标平均得分为69.5，工作取得了一定的成效。

（八）行业发展保障有效性的综合得分

三级指标维护律师权益的有效性、改善律师执业环境的有效性、律师业务指导与培训的有效性、职业共同体建设的有效性、特殊群体帮扶的有效性和对外联系与交流的有效性之间实行平权法，综合得出二级指标行业发展保障有效性的评分。

分析图2-20，行业发展保障有效性指标得分情况有如下特点。

第一，在六个三级指标之间，律师业务指导与培训有效性指标得分最高，为82.2分，显示了受访者广泛的认可度。改善律师执业环境有效性指标得分最低，只有61.6分，表明该领域的工作需要更多的作为和成效。

第二，行业发展保障有效性指标综合得分67.7，处于中等偏下的水平。这个分数表明律师行业秩序管理取得了一定成的成绩，得到了受访者一定程度的认可，但是也还存在一些短板，需要针对这些短板改进工作，提升支持和保障律师行业发展的力度。

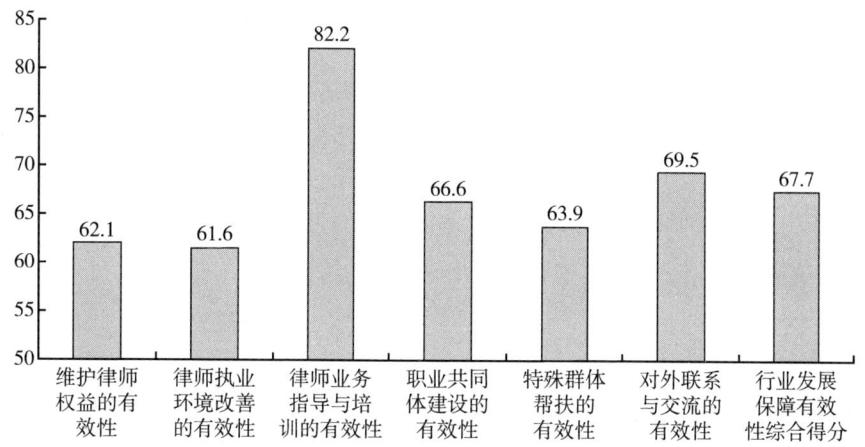

图 2-20　行业发展保障有效性指标综合得分

六　社会环境的亲和性

（一）社会环境亲和性的含义与指标设置

社会环境是律师行业产生、运行、发展的社会基础，其中蕴含着制约或促进律师行业发展的各种社会因素。社会环境对律师行业的这种促进或制约作用，我们用亲和性这个概念来形容和衡量。亲和性（Agreeableness）一词一般用来形容事物的某种特质：具有对其他事物的认可、包容、接纳的特质。亲和性如果用来描述某人时，是指某人一种在社交场合令人愉快和包容他人的倾向。在组织学上，亲和性用来衡量组织对某种染料结合力的强度；在胚胎学上，亲和性表示细胞或组织相互连接的特点。在本项目中，亲和性用来描述社会环境和律师职业之间的某种关系，即社会环境对律师职业的认可、尊重、接纳、包容、支持的程度。如果社会环境的亲和性强，那么表示社会环境对律师职业的认可、尊重、接纳、包容、支持的程度高；反之，如果如果社会环境的亲和性弱，则表示社会环境对律师职业的认可、尊重、接纳、包容、支持的程度低。

然而，社会环境是一个复杂的、包罗万象的大系统，经济、政治、法律、文化等不同的环境因素都对律师职业的亲和性产生影响，所以，社会环境亲和性的全面、精确衡量将是一个庞大的工程。在本项目，这个问题将被简化处理：仅考察执业环境的亲和性和律师职业的社会声望。这样简化的理由在于：第一，执业环境对于律师行业运行具有直接的影响，而且影响易于测算；第二，律师职业声望则是经济、政治、法律、文化等因素的综合反映，窥一斑而见全豹。

（二）执业环境的亲和性

对于执业环境的亲和性，《执业律师卷》中设置了五个问题，分别考察受访者对五个问题的体会。（1）在诉讼活动中，审判人员是否尊重律师的执业权利？（2）在诉讼活动中，检察人员是否尊重律师的执业权利？（3）在诉讼活动中，警察是否尊重律师的执业权利？（4）在行政复议业务办理中，行政机关工作人员是否尊重律师的执业权利？（5）在调查和取证活动中，有关单位和个人是否尊重律师的执业权利？

调查结果整理得出表2-31、图2-21和图2-22。分析调查结果，受访者对于律师执业环境的评价和评分具有以下特点。

表2-31 不同人员对律师执业权利尊重情况对比

单位：次

评价选项	审判人员	检察人员	警察	行政官员	调查取证相关单位和人员
非常尊重	17	20	9	14	15
比较尊重	122	107	54	75	56
一般	194	191	175	167	159
不太尊重	61	58	104	88	119
很不尊重	22	13	57	26	60
合计	416	389	399	370	409

第一，从得分上看，不同人员对律师执业权利尊重程度从高到低依次是：检察人员（63.2分），审判人员（62.5分），行政官员（58.0分），警察（52.7分），调查取证中有关的单位和个人（52.5分）。

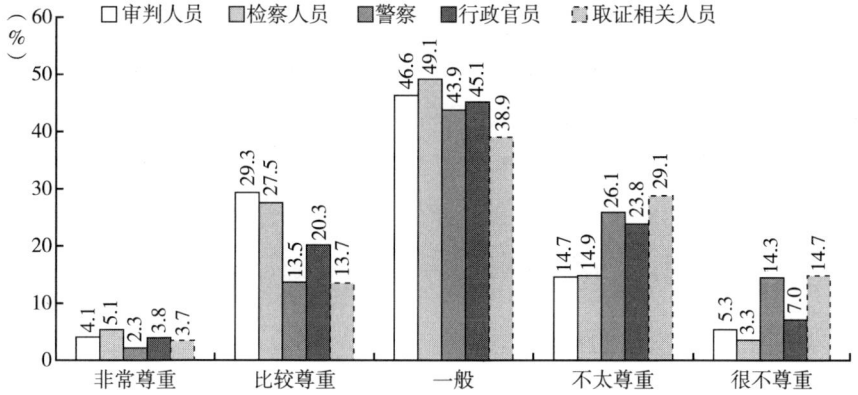

图 2-21 不同人员对律师执业权利尊重情况对比

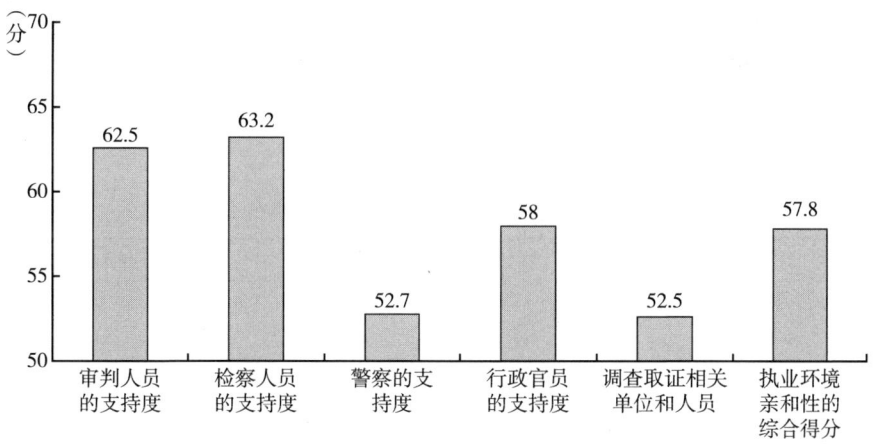

图 2-22 执业环境亲和性指标得分情况

第二，从获得好评的比例来看，"非常尊重""比较尊重"所占比例从高到低依次是：审判人员（33.4%）、检察人员（32.6%）、行政官员（24.1%）、调查取证相关的单位和人员（17.4%）、警察（15.8%）。

第三，从获得差评的比例来看，"不太尊重""很不尊重"所占比例从低到高依次是：检察人员（18.2%）、审判人员（20.0%）、行政官员（30.8%）、警察（40.4%）、调查取证相关的单位和人员（43.8%）。

第四，对律师执业权利的尊重程度，审判人员和检察人员比较接近，检察人员略高一些,这一结果有点出人意料。

第五,从总体上看,各相关人员对律师执业权利的尊重程度都不算高。如图2-22所示,在五类人员中,最高分也只有63.2(检察人员),最低分则低至52.5(调查取证相关的单位和人员)。不同人员的支持度运用平权法进行综合,得到律师执业环境亲和性的综合得分为57.6,不到中等水平。这种得分情况表明,当前律师的执业环境很不理想,亟待改善。

(三)律师职业的社会声望

问题和选项

对于律师职业的社会声望,本项目化繁为简,只在《执业律师卷》中设置了一个问题,考察受访者对律师在社会生活中受人尊重的程度的体会。

调查结果整理得出表2-32。分析调查结果,律师的职业声望具有如下特点。

表2-32 执业律师对律师职业的社会评价分布

评价选项	次数	赋值	所占比例(%)
非常受人尊重	25	100	6.0
比较受人尊重	215	80	51.4
一般	150	60	35.9
不太受人尊重	21	40	5.0
被人瞧不起	7	20	1.7
合计/均值	418	71.0	100

第一,从评价分布看,律师职业获得了过半数的好评。如表2-32所示,在社会生活中,"律师非常受人尊重""比较受人尊重"两个选项合计占比为57.4%;差评相对较少,"不太受人尊重""被人瞧不起"两项合计占比为6.7%。

第二,按照给定的赋值方案进行计算,律师职业声望得分71.0,处于中等略微偏上的水平。

（四）社会环境亲和性综合得分

三级指标律师执业环境亲和性和律师职业声望通过平权法综合得出二级指标社会环境亲和性的评分。如图2-23所示，社会环境亲和性指标得分为64.4，处于中等偏下的水平。

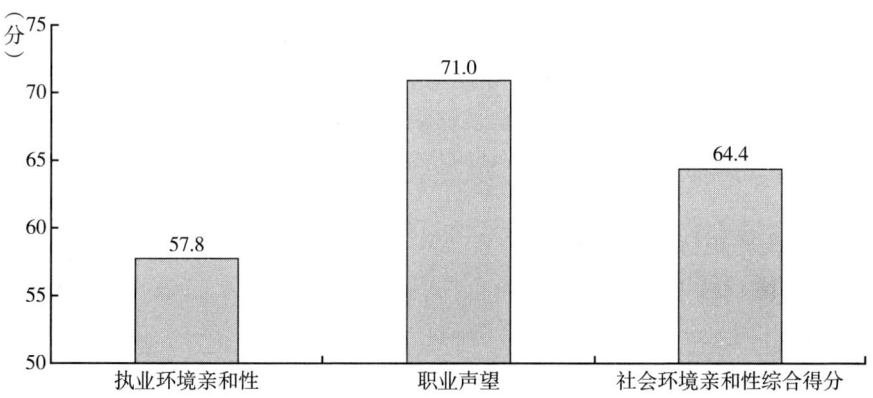

图2-23 社会环境亲和性指标综合得分

七 律师队伍发展

（一）指标的含义与设置

律师行业的发展，前提和基础是一支数量充足、素质过硬的律师队伍。所谓的律师素质，主要包括法律服务的专业技能、职业道德水平、政治思想水平和职业自豪感等方面。

各行各业都需要一定素质的从业人员，但是相对来说，律师对于律师行业的运营和发展意义尤其重大。这是因为，律师是服务行业，而服务主要通过人力来实现，又因为律师是专业服务，服务的质量与水平在很大程度上取决于律师的素质。这里的素质，首先是指法律事务办理的专业技能。此外，由于法律服务的多数场合都需要律师独立分析、独立判断、独立取舍,外在的制约因素难以发挥作用,所以,还需要律师具有较高职业道德水平、良好的政治思想觉悟以及强烈的职业自豪感,引导律师发自内心要做好法律服务工作。

基于律师行业的这些特点,律师队伍发展包括律师数量、律师的专业技能、律师的职业道德水平、律师的政治思想水平和职业自豪感等方面。由于律师的专业化专门设置了二级指标,所以,在律师队伍发展之下,仅考察律师数量、职业道德水平、政治思想水平和职业自豪感4个三级指标。

(二)律师的数量

1. 数据来源与评分标准

对于律师数量的水平,本项目从两个角度进行衡量:一是绝对数量,即执业律师的人数;二是相对数量,即特定地区平均每10万人拥有律师的人数。前者体现的是律师队伍的规模,这种规模本身就是律师行业发展水平的重要体现,后者扣除人口因素的影响,增强律师人数之间的可比性。这两项指标所使用的两种数据,即律师人数和人口数量,均来自国家和地方统计部门出版的统计年鉴。

对于律师人数,我们设定的评分标准是:全国律师人数最多的省级地区为100分,被考察地区的律师人数和该地区的比值乘以100,为被考察地区律师人数的得分。

对于每10万人口拥有律师的人数,我们设定的评分标准如下。(1)全国每10万人口拥有律师人数最多的省级地区为100分,全国平均水平为60分;(2)被考察地区得分根据比例计算。假定每10万人口拥有律师人数全国平均值为L_0,最高值为L_h,被考察地区为L_x,被考察地区指标得分为X。如果被考察地区每10万人口拥有律师人数高于全国平均值,则指标得分计算公式为:$X = 60 + (L_x - L_0) \times 40 / (L_h - L_0)$;如果被考察地区每10万人口拥有律师的人数低于于全国平均值,则指标得分计算公式为:$X = 60 L_x / L_0$。

2. 数据整理与得分计算

整理有关的统计数据得到表2-33和图2-24。在2015年底，北京有执业律师25610人，在全国省级地区中排名第二，仅次于广东省。按照前面设定的计分规则和计算方法，北京律师人数指标得分为86.4。

表2-33 2015年部分省级地区律师人数与指标得分

地区	人口数（人）	律师人数（人）			每10人口拥有律师人数（人）			律师数量平均得分（分）
		人数（人）	排名	得分（分）	人数（人）	排名	得分（分）	
广东	10849	29633	第一	100	27.3	第三	62.4	81.2
北京	2170.5	25610	第二	86.4	118.0	第一	100	93.2
上海	2415.27	18360	第四	62.0	76.0	第二	82.6	72.3
全国	137462	297175			21.6		60	

资料来源：(1) 全国2015年底律师人数、全国和各地区2015年末人口数来源于《中国统计年鉴（2016）》；(2) 北京2015年底律师人数来源于北京市司法局调研；(3) 广东2015年底律师人数来源于《广东统计年鉴（2016）》；(4) 上海2015年底律师人数来源于彭薇《上海律师收入，多年位居全国第一》，《解放日报》2016年5月16日。

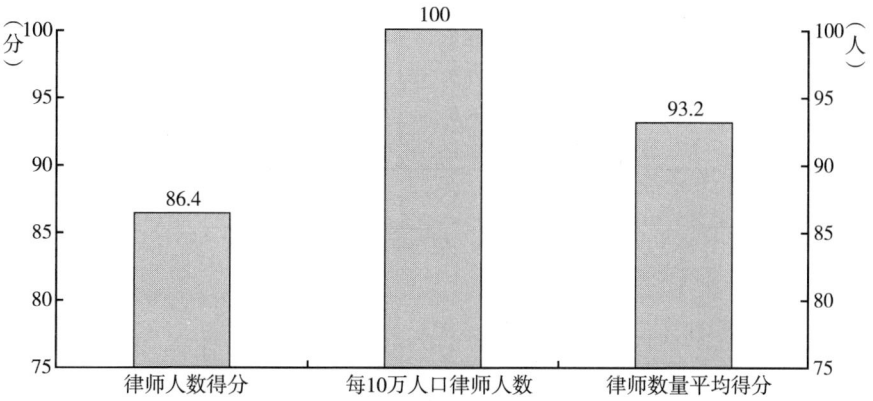

图2-24 2015年北京律师数量指标得分构成

如果扣除人口因素的影响，计算每10万人口平均拥有律师人数，则北京以118.0人/10万人高居第一，几乎是排在第二的上海的2倍。按照前面设定的计分规则，北京每10万人口平均拥有律师人数指标得分为100。

如图 2-24 所示,综合律师的绝对数量和相对数量两个指标的得分,北京律师数量得分为 93.2。这个分数说明北京律师的规模在各省级地区中,具有显著的优势。

(三)律师的职业道德水平

关于律师的职业道德水平,我们在《执业律师卷》《司法人员卷》《当事人卷》分别设置了相同的问题,分别由执业律师、司法工作人员、当事人对律师的职业道德水平作出评价。

调查结果整理得出表 2-34、图 2-25、图 2-26。分析调查结果,可以总结出律师职业道德水平的如下特点。

表 2-34 律师职业道德水平得分情况

单位:分

评分主体	忠实于当事人的立场和利益	勤勉尽责	保守秘密	公平竞争	职业道德综合得分
执业律师	83.2	80.4	82.2	70.5	79.1
司法工作人员	84.7	80.5	81.2	78.7	81.3
当事人	88.8	86.8	88.3	86.0	87.5
平均得分	85.6	82.6	83.9	78.4	82.6

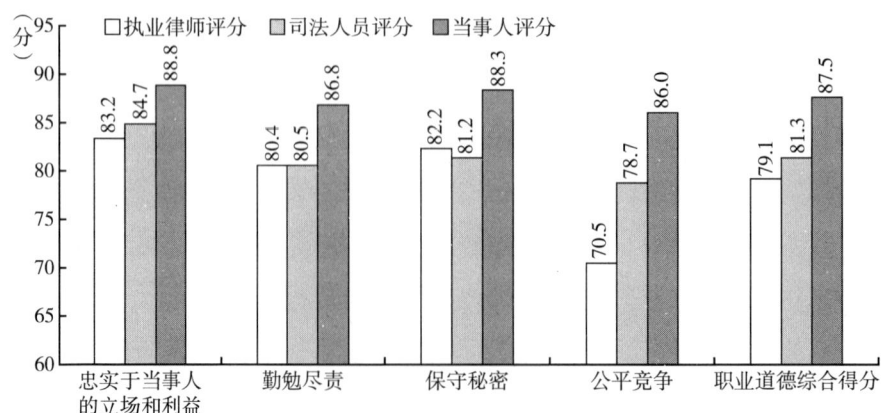

图 2-25 不同群体对律师职业道德的评分对比

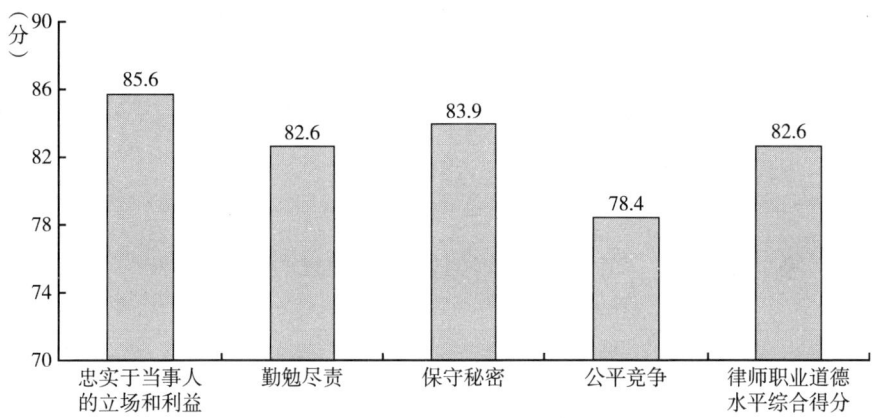

图 2-26 律师职业道德水平综合得分

第一，不同群体的评分存在差异。如表 2-34、图 2-25 所示，在不同的评分主体中，当事人的评分最高（87.5 分），司法工作人员的评分次之（81.3 分），执业律师的自我评分最低（79.1 分）。这种差异体现在各类具体的道德要求的评价中，唯一的例外是，对于保守秘密的评分执业律师给出的评分（82.2 分）略高于司法工作人员（81.2 分）。

第二，各类道德要求得分存在显著差异。问卷调查所考察的道德准则包括四个方面，即忠实于当事人的立场和利益、勤勉尽责、保守秘密、公平竞争。在这四个方面，忠实于当事人的立场和利益得分最高（85.6 分），公平竞争得分最低（78.4 分），后者是四项道德准则中唯一低于 80 分的。

第三，总体来看，律师职业道德水平获得受访者的普遍好评。如图 2-26 所示，从具体构成的角度看，四项道德原则有三项平均分为 80 分以上，公平竞争虽然不到 80 分，但是也有 78.4 分。从综合的角度看，律师职业道德指标综合得分是 82.6，处于良好水平。

（四）律师的政治思想水平

问题设置

关于律师的政治思想水平，我们在《执业律师卷》《司法人员卷》《当事人卷》分别设置了相同的问题，分别由执业律师、司法工作人员、当事人对律师的表现作出评价。

调查结果整理得出表2-35、图2-27、图2-28。分析调查结果，可以总结出律师政治思想水平的如下特点。

表2-35 不同受访者群体对律师政治思想水平的评价对比

单位：分

评分主体	坚持中国共产党的领导	坚持中国特色社会主义道路	维护社会稳定大局	政治思想水平综合得分
执业律师	82.7	82.9	82.7	82.8
司法人员	83.6	83.4	79.8	82.3
当事人	88.5	88.6	88.5	88.5
平均得分	84.9	85.0	83.7	84.5

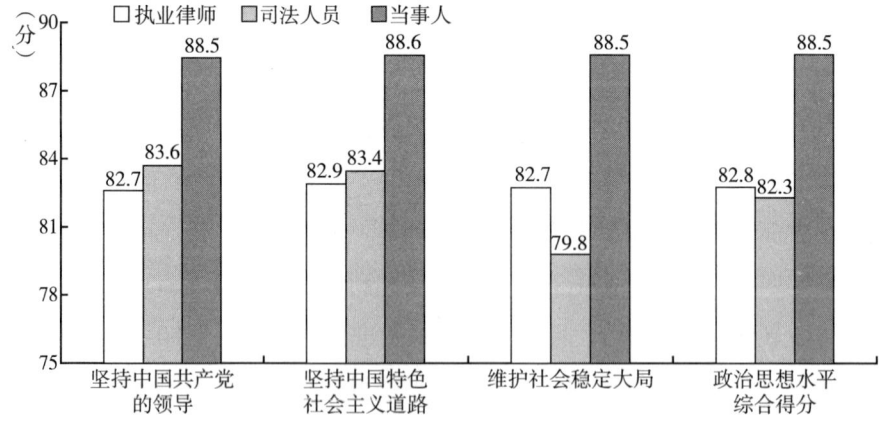

图2-27 不同群体对律师政治思想水平的评分对比

第一，不同群体的评分存在差异。如表2-35、图2-27所示，在不同的评分主体中，当事人的评分最高（88.5分），执业律师的自我评价次之（82.8分），司法工作人员的评分最低（82.3分）。执业律师和司法工作人员之间虽然存在差异，但是差距微小。

第二，各类政治原则的得分之间差异较小。问卷调查所考察的政治

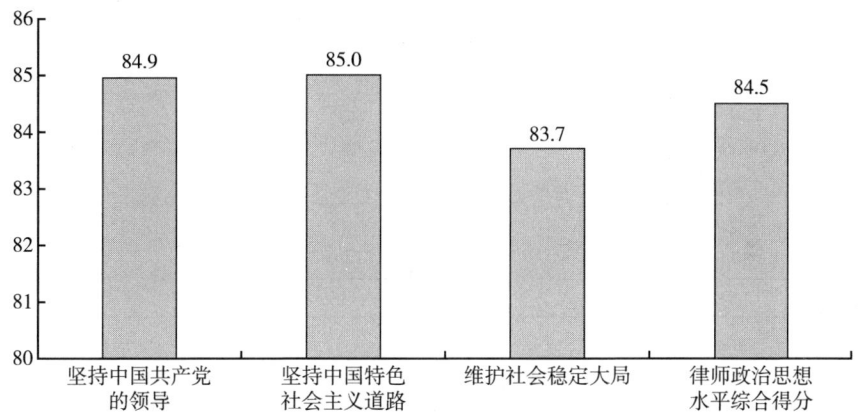

图 2-28　律师政治思想水平综合得分

原则包括三个方面，即坚持中国共产党的领导、坚持中国特色社会主义道路、维护社会稳定大局。在这三个方面，平均得分都超过了80。其中，坚持中国特色社会主义道路得分最高（85.0分），维护社会稳定大局得分最低（83.7分）。在三个政治原则上得分虽然存在差异，但是差异非常小。需要说明的是，司法工作人员对律师在维护社会稳定大局方面的评分最低（79.8分）这也是三类评分人员的所有评分中，唯一低于80分的。

第三，总体来看，律师政治思想水平获得受访者的普遍好评。如图2-28所示，从具体构成上看，律师在三项政治原则上的平均分数都超过了80分。从综合的角度看，按照平权法计算得出的律师政治思想水平指标得分为84.5，处于良好水平。

（五）职业价值认同度

关于职业价值认同度，《执业律师卷》中设置了一个问题，通过了解律师的职业选择理由间接地考察这一指标。

调查结果整理为表2-36。分析调查结果，律师的职业价值认同度主要有如下特点。

表2-36 选择律师职业的主要理由分布

评价选项	次数	赋值	所占比例(%)
我从内心认为律师工作是一种崇高的事业	158	100	38.1
我比较喜欢律师职业的工作方式	158	80	38.1
因为学的是专业是法律,律师工作最能学有所用	76	60	18.3
因为律师工作收入高	13	40	3.1
因为没有找到其他更合适的工作	10	20	2.4
合计/均值	415	81.3	100

第一,从选项分布上看,律师群体职业价值认同度比较高。如表2-36所示,在被调查的执业律师群体中,有38.1%是因为认同律师工作的价值目标而选择律师职业,还有38.1%是因为喜欢律师的工作方式而从事律师职业,二者之和达到76.2%。为了学有所用而选择律师职业的有18.3%。因为收入的原因选择律师职业的仅有3.1%。"因为没有找到其他更合适的工作"而被动从事律师职业的仅有2.4%。前三个选项都是在一定程度上认同律师职业价值要求的,三种选择的比例合计达到94.5%,由此可见,律师职业的价值追求得到了北京市执业律师群体广泛的认同和追求。

第二,按照给定的赋值方案计算,律师群体职业价值认同度指标得到81.3分,位于较高的水平。

(六)律师队伍发展指标综合得分

律师数量、律师职业道德水平、律师政治思想水平和律师职业价值认同度四个三级指标按照平权法,综合得出二级指标律师队伍发展水平指标的分数。

如图2-29所示,律师队伍发展指标得分较高,显示北京律师队伍较高的发展水平。从构成的各具体指标来看,四项三级指标都在80分以上,其中律师数量指标甚至达到了93.2分。综合起来看,律师队伍发展指标得到83.7分,处于良好的发展水平。

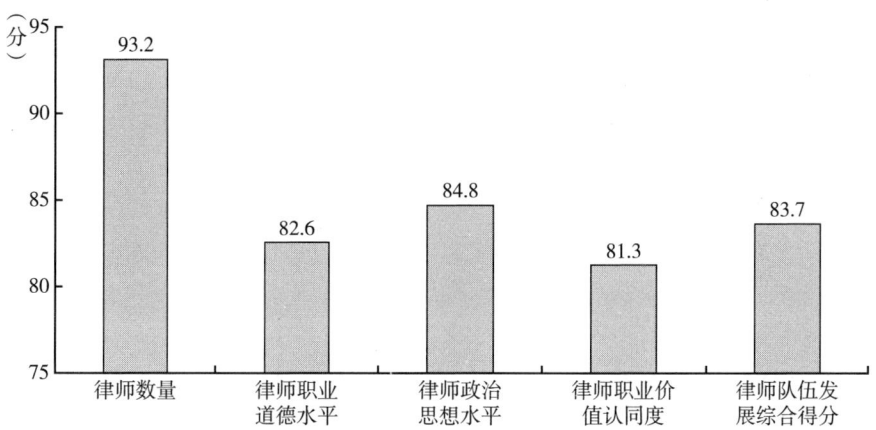

图 2-29　律师队伍发展指标综合得分

八　业务办理能力

（一）指标含义与设置

这里所谓的业务办理能力，主要指律师办理法律事务的技术能力。总体来看，律师的业务办理能力主要受两方面因素的影响。一是专业化水平。首先，律师作为一种职业，具有高于普通人的法律技术水平，这是社会专业化发展的结果。在律师职业内部，律师还可以通过专注于特定的业务类型进一步提升专业化水平。专注于特定的业务类型，必然会提高律师对该类型业务的办理能力，但是相应地律师对于其他类型的业务的办理能力就会有所弱化，这是"专"与"广"、"精"与"博"之间的一个矛盾。

二是律师之间的协作水平。律师之间的协作水平一方面可以克服专业化产生的技术"偏科"问题，还可以在高端复杂业务的办理中，克服单个律师的精力、效率方面的问题。由此可见，专业化和协作之间，具有互相弥补不足、互相促进发展的关系，而律师业务办理能力，主要就体现在这两个方面。

基于这种关系，本项目在律师业务办理能力之下，设置两个三级指标，即律师个人的专业水平和律师行业内部的协作水平。从发生机制来看，协作可以划分为行政协作和市场协作。所谓行政协作，是指在律所内部通过组建律师团队实现的协作。所谓市场协作，是指在律所之间基于协议实现的横向合作。在本项目中，由于条件限制，只调查了市场协作。

（二）律师的专业化

1. 问题和选项

对于律师的专业化，在《执业律师卷》中，我们设置了两个问题，分别从两个角度进行考察：一是律师实际上专注于特定业务类型的程度，可以称之为专业化的效果；二是律师的专业化意识，或者说律师主观上提升专业化的努力程度。

2. 专业化的效果：律师专注于特定业务类型的程度

在第一个问题中，被调查律师要填答本人各单项业务的收费所占的比例，从中可以看出被调查者是否实际上集中于某些业务类型，进而可以衡量被调查者的专业化程度。然而，专业化程度是相对而言的，我们人为地设定一个标准：如果单项业务收费所占比例大于或等于50%，该律师即为专业化的律师。根据该标准，我们对调查结果进行整理，得出表2-37。如该表所示，在418份问卷中，有效问卷为323份，其中，有7人刑事业务收费占比超过50%，有115人民事诉讼代理业务收费占比超过50%，有3人行政复议、行政诉讼业务收费占比超过50%，有46人非诉讼法律事务收费占比超过50%，有11人婚姻家庭继承业务收费占比超过50%，有1人涉外与涉港澳台商事业务收费占比超过50%，有2人商事仲裁业务收费占比超过50%，有8人劳动法业务收费占比超过50%。上述人数共有174人[①]某单项业务收费超过50%，占有效回答问卷数的53.9%。而在被调查者中，未出现海事海商业务、国际贸易救济和WTO业务单项业务收费达到50%的律师。

---

① 说明：各类业务之间部分存在交叉和包含关系，所以，单项业务超过50%的人数的和大于总人数。

表 2-37 调查结果中律师单项业务收费占比超过 50% 的人数、比例以及专业化效果得分

业务类型	单项业务收费超过50%		专业化效果得分(分)
	人数(人)	所占比例(%)	
刑事业务	7	2.2	
民事诉讼代理业务	115	35.6	
行政复议、行政诉讼业务	3	0.9	
非诉讼法律事务	46	14.2	
婚姻家庭继承业务	11	3.4	
涉外与涉港澳台商事业务	1	0.3	
海事海商业务	0	0	
国际贸易救济与WTO业务	0	0	
商事仲裁业务	2	0.6	
劳动法业务	8	2.5	
专业化律师合计	174	53.9	76.9

基于这样的调查结果,评价律师行业专注于特定业务类型的程度,我们综合考虑各方面的因素,设定如下标准:(1) 因为律师本身就是专业化程度较高的职业,所以即使没有 1 个律师单项业务收费超过 50%,律师行业仍然存在一定程度的专业化,我们设定为 50 分;(2) 如果律师行业中每一个律师都有大于或等于 50% 的收费源于单项业务,这是专业化程度最高的体现,我们设定为 100 分;(3) 实际情况都是介于这两极之间,我们假定某地律师行业中,有 $n\%$ 的律师单项业务收费所占比例大于或等于 50%,则该地律师行业专业化效果得分为:$50 + n/2$。

根据上述标准,北京律师行业中,有 53.9% 的律师单项业务收费所占比例超过 50%,专业化效果得分为 $50 + 53.9/2$,即 76.9 分。

3. 专业化意识

第二个问题的调查结果整理为表 2-38。如该表所示,律师对专业化的主观态度,多被调查者分为两个极端:30.9% 的律师有意识地对案源进行选择,形成自己的专业化特色;22.8% 的律师业务办理类型完全依赖于案源的影响。其余律师的情形依次是 16.6% 的律师因为律所的专业化确定业务类型,专

化由律所和律师共同推进；19.9%的律师虽然不对案源进行挑选，但是业务推广有重点、有方向；9.7%的律师是根据律所领导的工作分配办理业务。

表2-38　律师对实际业务类型比例形成原因的说明

项目	次数	赋值	所占比例（%）
自己对案源进行选择后形成	121	100	30.9
所在律所的专业化形成	65	80	16.6
受案源影响形成，但是业务推广有重点和选择	78	60	19.9
律所领导的工作分配形成	38	40	9.7
受案源影响自然形成	89	20	22.8
合计/均值	391	64.7	100

根据表中关于专业化主观意识的赋值方案进行计算，北京律师专业化意识平均得分64.7。

4. 律师专业化水平得分

综合律师专业化的实际效果和专业化意识水平，得出律师专业化的分数。如图2-30所示，北京律师专业化水平平均得分为70.8。从其构成来看，专业化的实际效果略高于专业化的意识，当然这在一定程度上也和计算方式有关。

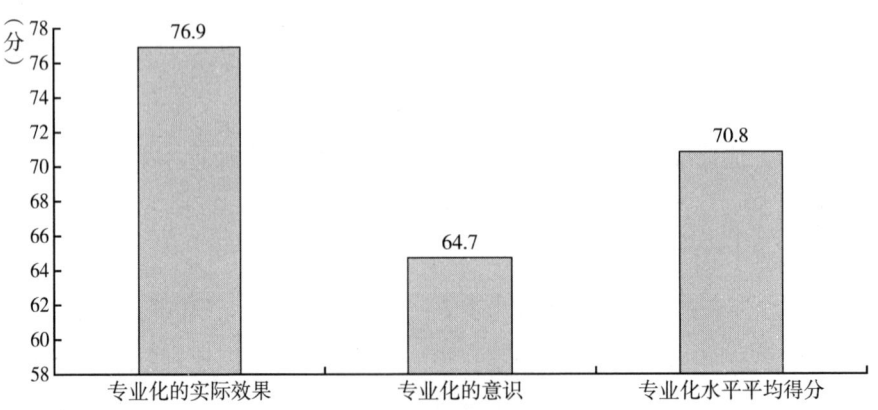

图2-30　律师专业化水平平均得分

（三）业务协作

1. 指标含义

业务协作，就是律师之间在业务办理上的合作。协作将增强律师的业务办理能力，而且，协作所获得的业务能力可能大于律师个人能力的算术和，也就是有一加一大于二的效果。这就好比一个连队，由于合理的战术分工和协作，可以极大限度地提高战斗力。

律师之间协作的动机与原因具有多种情形。有时由于律师业务需要不同技术特长的互补，从而要求律师协作。这种技术互补型的协作主要是分工和专业化的结果，同时又是对分工和专业化优势的充分利用。因为随着分工和专业化的发展，律师的业务能力虽然比较"精"，但是也比较"专"、比较"窄"，所以对于大型的、复杂的业务，就需要多个的"专才"的合作才能完成。各种专业人才的协作，显然要比多个"通"而不"专"的律师之间的合作具有更强的专业能力。在这里，协作和专业化的关系，可能是为了协作而发展律师的专业化，也可能是因为先有专业化，而后设计协作模式。

律师行业的资源是多方面的，除了技术能力之外，还包括精力、性别、信息、案源、设备、地理优势等，实践中，所有这些要素都可能成为律师之间协作的缘由。比如，有的律师技术好，但是因为年龄原因精力不济，则可以考虑和年轻律师合作，互补短长。有些业务可能同时需要男性律师的理性和女性律师的细腻，则可以考虑男性律师和女性律师的合作办案；有些律所可能有充足案源，但是技术力量和人员力量不足，则可以考虑通过律师、律所之间的合作来克服这些问题。总之，律师之间、律所之间可以基于各种需要而合作，但是无论进行哪一种合作，都是律师行业资源配置的优化，都能够提升律师行业的业务办理能力，都能够提高律师行业的经济效益。

从促使协作的主体和方式上看，有行政协作和市场协作之分。行政协作是律师机构内部，通过行政力量组织起来的协作模型。在制度上，律师属于律所的职员，因此，律所基于经营模式和经营策略的需要，可以组织律师之

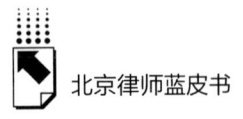

间、律师和辅助人员之间、律所总部和分支机构之间的协作。律师之间的协作不需多说。律所的总部和分支机构之间通常处于不同的城市，具有不同的信息优势、案源优势和业务办理的便利性，甚至税费缴纳上的差异，这些不同的优势使得律师总部和律师分支机构之间的协作有利于提高服务效益。当然，这也是许多律所设立分支机构的初衷。

市场协作则是市场上平等主体之间的协作。在其他行业，这种协作广泛存在，并成为现代经济生活的重要特征。在律师行业，这种协作还处于十分初级的阶段，但已普遍存在了。比如对于一些大型的或超大型的非诉讼业务，常常需要多家律所联合起来才具有足够的技术力量或足够的人员数量。从制度经济学的一般原理上说，市场协作和行政协作是可以相互转化的，但是一个律所或律师是选择行政协作还是选择市场协作，要看不同模式的成本大小。行政协作花费的是管理成本，市场协作花费的是交易成本。通常，交易成本越低，说明市场越规范、越成熟。从这个角度说，市场协作的深度和广度，可以反映法律服务市场的规范水平和发达程度。

2. 行政协作

对于律师行业行政协作的水平，本项目的调查问卷中没有设置题目，就以相关的统计数据间接地衡量。

无论是从理论上看，还是从实际情况看，行政协作的水平主要受两个因素的影响：一是律所的规模，二是律师内部的组织结构。前者的影响在于：只有律所人数达到一定的规模，才能聚集多种专长的律师、组建各种专业团队，才能有更多的案源保证各种专业团队的工作量。后者的影响则是直接的：律所一定数量的律师，按照团队合作的需要进行部门设计、职务安排和具体工作调度。在律师行业实践中，这两个方面存在着紧密的联系：规模越大的律所，内部资源整合程度越高，团队合作的制度设计越先进。鉴于这种关系，律师行业行政协作水平可以大致衡量律师行业规模化水平。

北京市律师协会 2015 年 12 月发布了律师年检公告，通过对公告内容的整理，得到表 2-39。如该表所示，在该公告中，北京有 101 名以上律师的律所有 30 家，共计律师 5535 人，占 22.9%；有 31～100 名律师的律所 106 家，共有律师 5306 名，占 22.0%。对于律所的这种规模状况，我们设定一个分值计算标准：以大规模律所的律师占全市律师的比例衡量律所规模化水平，但是考虑到 101 人以上的大所在公司化、团队合作方面往往更有领先优势，所以，对于这类律所所占的比例给予 2 倍的权重进行计算。

表 2-39 北京市 2015 年律师年检公告中 31 人以上律所律师人数及其比例

单位：人，%

项目	合计	31～100 人的律所	101 人以上的律所
律师人数	24127	5306	5535
比例	100	22.0	22.9

实际计算结果是：22.0% × 100 + 22.9% × 2 × 100 = 67.8 分。

根据上述计分标准和计算结果，北京市律师行业行政协作水平为 67.8 分。

3. 市场协作

关于市场上的业务合作，我们在《执业律师卷》中设置了两道问题，分别考察：（1）您或您所在的律所，是否有如下经历，接受了一个业务，但是因为技术上的需要，通过支付一定的报酬，从其他律所聘请律师联合完成；（2）您或您所在的律所，是否有如下经历，对于那种大型的、复杂的法律事务，联合其他律所共同投标或争取洽谈？

调查结果分别整理为表 2-40、表 2-41 和图 2-31。分析调查结果，北京律师行业的市场协作水平具有如下特点。

表 2-40 因技术需求进行市场合作的次数与比例分布

选项	次数	赋值	所占比例（%）
经 常	18	100	4.3
不 少	26	80	6.2
有一些	120	60	28.7
较 少	135	40	32.3
没 有	119	20	28.5
合计/均值	418	45.1	100

表 2-41 对大型复杂业务联合投标的次数与比例分布

选 项	次数	赋值	所占比例(%)
经 常	19	100	4.5
不 少	18	80	4.3
有一些	120	60	28.7
较 少	127	40	30.4
没 有	134	20	32.1
合计/均值	418	43.8	100

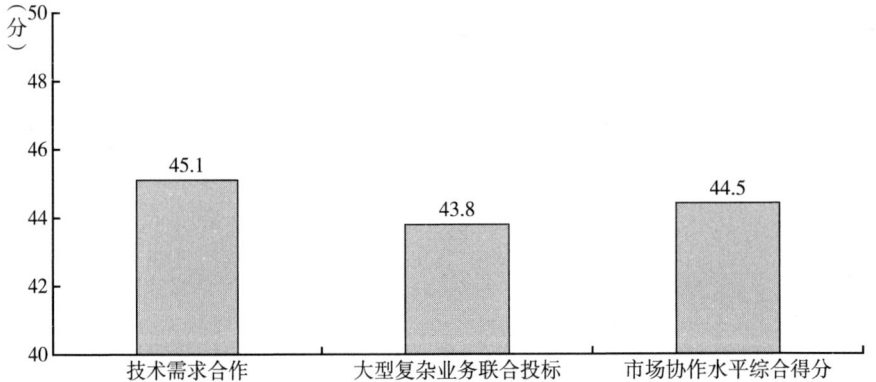

图 2-31 市场协作水平综合得分

第一,从比例分布上看,市场协作发生的概率非常小。其中,对于因技术需求进行合作,回答"经常""不少"的,合计只有 10.5%,回答"较少"的有 32.3%,回答"没有"的有 28.5%。

对于大型复杂业务联合投标,发生概率更小,其中回答"经常""不少"的,合计只有 8.8%,回答"较少"的有 30.4%,回答"没有"的有 32.1%。

第二,按照给定的赋值方案计算,两种市场合作的得分都非常低。其中,因技术需求进行合作得分只有 45.1,大型复杂业务联合投标得分只有 43.8。如图 2-31 所示,综合起来看,市场协作水平得分 44.5,说明律师行业横向的、跨所的市场协作还很不发达。

4. 业务协作综合得分

行政协作和市场协作按照平权法综合得出业务协作的水平。如图 2-32

所示，北京律师行业业务协作指标综合得分56.2，处于比较低的水平。从具体构成上看，这主要是因为市场协作水平比较低，拖了后腿。

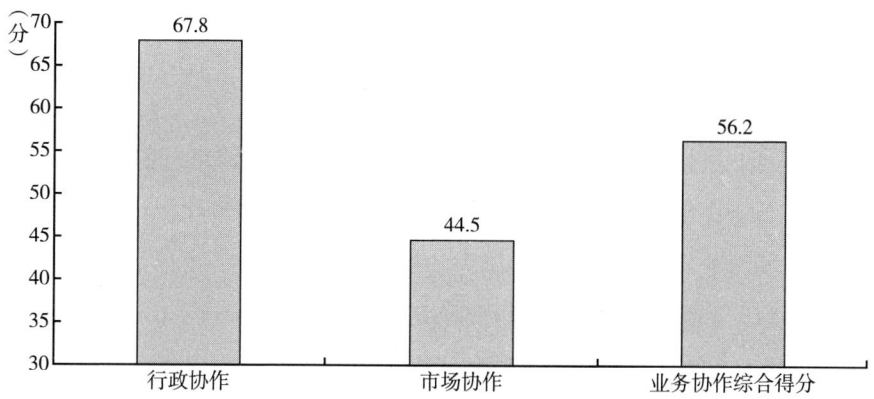

图2-32 业务协作综合得分

（四）业务办理能力的综合得分

三级指标专业化水平和业务合作水平按照平权法综合形成二级指标业务办理能力。如图2-33所示，北京律师专业化水平得分为70.8，处于中等水平，业务合作水平56.2分，处于下等水平。由二者综合形成的业务办理能力指标得分63.5，处于中等偏下的水平。

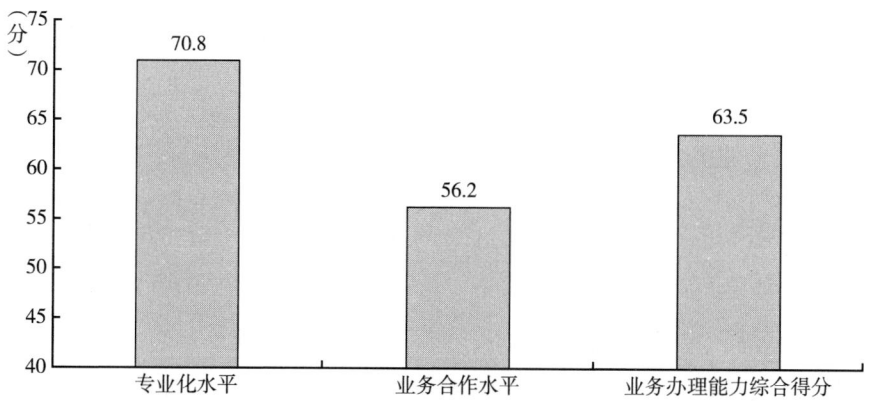

图2-33 律师业务办理能力综合得分

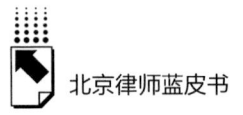

九 市场运营能力

（一）市场运营能力的含义与指标设置

律师行业虽然具有较强的公益属性，较多的伦理约束，但是也不可否认，律师行业在很大程度上已经市场化了。作为一个市场化的行业，市场成为促进律师行业发展、提高服务能力的重要机制。当然，市场是机制，是机会，也是风险和挑战，所以律师行业的市场运营能力既包括市场机制的充分发挥和利用，也包括对市场风险的规避和应对。

本项目在二级指标市场运营能力之下，设置两个三级指标。一是律师行业的业务推广能力。律师为了获得更多的案源，需要进行业务推广。然而，由于律师行业的外部性，目前律师的业务推广方式受到诸多限制。因此，本报告考察的是，律师行业在制度允许的范围内，业务推广的能力和效果。

二是律师行业的风险防范能力。多年来的实践表明，律师行业充满风险，因此如何预防、规避、化解各种风险，是律师行业市场运营能力的重要方面，也是律师服务能力的重要体现。从经验的角度看，律师行业的风险主要来自两个方面，即经济形势波动和法律责任。本报告仅考察前者，即律师行业对经济形势波动的应对能力。

（二）业务推广能力

关于业务推广能力，我们在《当事人卷》中设置了两个问题，分别从律所和律师层面考察业务推广能力，具体如下。（1）在最近3年初次和律所联系的过程中，您是如何了解律所的专业、特长、服务方式、收费方式等这些特点的？（2）在最近3年初次和律师联系的过程中，您是如何了解律师的专业、特长、服务方式、收费方式等这些特点的？

调查结果整理得出表2-42、表2-43、图2-34。分析调查结果,可以总结出律师行业业务推广能力四个方面的特点。

表2-42　当事人了解律所渠道分布

选　项	次数	赋值	所占比例(%)
通过律所的网站或媒体的广告页面了解	58	100	29.9
通过律所提供的宣传资料了解	26	80	13.4
通过律所工作人员的介绍了解	56	60	28.9
通过接触直观地了解和判断	50	40	25.8
没有合适的途径,很难了解	4	20	2.1
合计/均值	194	68.7	100.0

表2-43　当事人了解律师渠道分布

选　项	次数	赋值	所占比例(%)
通过对方的网站或媒体的广告页面了解	47	100	24.6
通过对方提供的宣传资料了解	16	80	8.4
通过对方的自我介绍了解	65	60	34.0
通过接触直观地了解和判断	56	40	29.3
没有合适的途径,很难了解	7	20	3.7
合计/均值	191	64.2	100.0

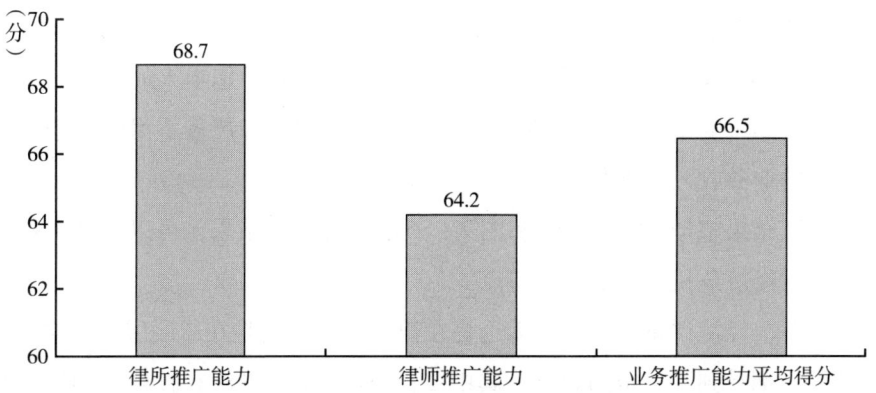

图2-34　业务推广能力平均得分

第一，无论是律所还是律师，当面口头介绍是当事人获得了解的重要渠道。如表2-42、表2-43所示，28.9%的当事人是"通过律所工作人员的介绍"了解律所的相关特点的，有34.0%的当事人是"通过对方（律师）的自我介绍"了解律师的相关特点的。而对于律师来说，自我介绍是当事人排在第一位的了解渠道。

第二，网站、媒体广告页面等较为正式的介绍方式发挥着重要作用，但是所占比重仍有待提升。如表2-42、表2-43所示，有29.9%的当事人是通过"网站或媒体的广告页面"了解律所的相关特点的，有24.6%的当事人通过这种渠道了解律师。

第三，相比较而言，律所的推广较律师的推广更正式、正规一些。如表2-42、表2-43所示：较大比例的当事人依靠自我介绍、直观印象了解律师；更大比例的当事人通过网站、媒体广告、宣传资料了解律所。

第四，综合来看，如图2-34所示，业务推广能力获得66.5分，处于中等偏下的水平。

（三）经济危机应对能力

关于经济危机应对能力，我们在《执业律师卷》中设置了两道题目，分别从律师的角度和律所的角度，考察经济形势严重下滑所产生的影响。具体如下。（1）在过去三年中，经济形势严重下滑时，您本人的律师服务业务收入受到影响了吗？（2）在过去三年中，经济形势严重下滑时，您所在的律所的业务收入受到影响了吗？

调查结果整理为表2-44和图2-35。分析调查结果，可以总结出律师行业应对经济危机能力的三个特点。

第一，经济严重下滑时，无论是在律师层面，还是在律所层面，绝大多数的回答都受到了一定的影响。其中，在律师层面，"没有影响"的比例只有16.1%；在律所层面，"没有影响"只有12.3%。

表2-44　经济形势严重下滑对律师本人/所在律所的收入的影响

选项	对律师本人的影响			对所在律所的影响		
	次数	赋值	所占比例(%)	次数	赋值	所占比例(%)
受到了非常大的影响	13	20	3.3	14	20	3.5
受到了比较大的影响	45	40	11.3	42	40	10.6
受到了一定的影响	168	60	42.2	191	60	48.0
影响比较小	108	80	27.1	102	80	25.6
没有影响	64	100	16.1	49	100	12.3
合计	398		100	398		100
均值		68.3			66.5	

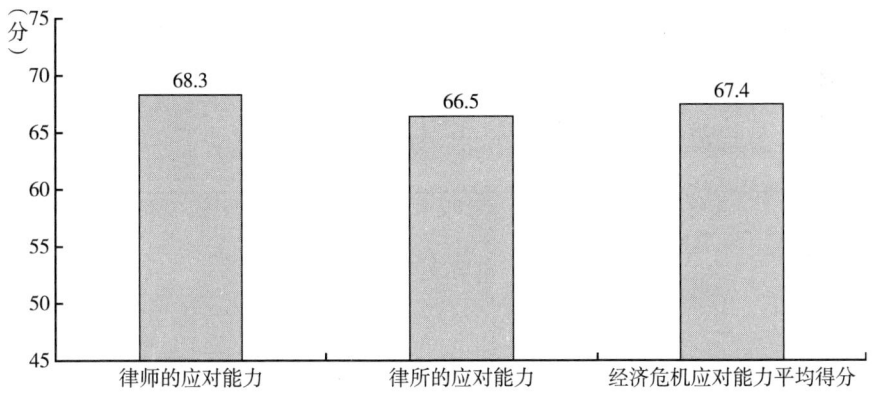

图2-35　经济危机应对能力平均得分

第二，相对来说，律所受到的影响略大于律师个人。从比例上看，在律所层面，"受到了非常大的影响""受到了比较大的影响""受到了一定的影响"三种情形合计占比为56.8%，而在律所层面，该比例为62.1%，大于前者。从评分上看，律师个人的经济危机应对能力为68.3分，律所为66.5分，前者稍高。这种差异表明，当前律所的公共提留比例偏小，遇到经济形势严重下滑时，抗风险能力小于律师个人。

第三，综合来看，如图2-35所示，律师行业经济危机应对能力平均得分67.4，处于中等稍偏下的水平。

（四）市场运营能力综合得分

三级指标业务推广能力和经济危机应对能力按照平权法，综合形成二级指标市场运营能力。如图2-36所示，在两个三级指标之间，经济危机应对能力略高于业务推广能力，但是差异较小。综合起来看，律师行业的市场运营能力为67.0分，处于中等稍偏下的水平。

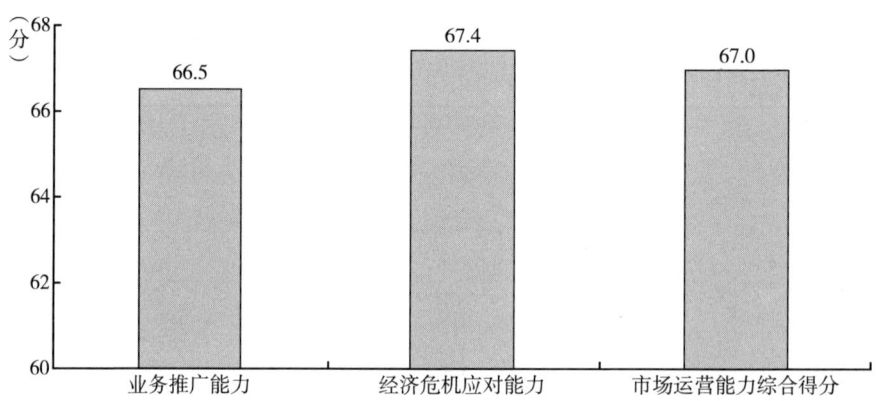

图2-36 市场运营能力综合得分

十 律师业务收入

（一）指标的含义与设置

业务收入就是律师提供法律服务获取的收入。这里所谓的收入，是指总收入，是律师业务收费的直接汇总，包括税收和成本。

根据统计口径的不同，业务收入可以形成三个常用指标：一是律师业务总收入，即律师行业年度所有收入之和；二是人均律师业务收费，由律师业务总收入除以律师人数；三是律师行业从业人员人均产值，由律师业务总收入除以律师行业从业人员总数（包括律师和律师辅助人员）。在本报告的指标体系中,律师业务收入指标即划分为律师业务总收入、律师人均业务收费、律师行业人均产值三个指标。需要说明的是,律师人均业务收费、律师行业人均产值等只具有统计学上的意义,因为在实际中,律师服务的费用是由律师事务所收取的,律所从业人员只能以利润、提成、薪金等形式获取收入。

对于律师行业发展水平来说,业务收入具有重要的指标意义。首先,业务收入作为律师追求目标,虽然不是唯一的,却是最重要、最直接的目标,尤其是当我们将律师作为一个行业来看待时。从这个意义上说,作为律师服务的效果,业务收入的意义首先在于律师群体。其次,律师的业务收入是社会对律师服务的价值肯定的体现。作为硬币的两面,律师的业务收入是当事人对律师服务的购买,律师业务收入的增长,体现了社会对法律服务需求的不断增长,对律师服务认可度的不断增加。再次,律师业务收入是律师行业发展壮大的前提和基础。只有收入充足、不断增长,律师行业才会增强吸引力,激励律师加强业务学习,唤起律师的服务热情。最后,作为一个行业,律师业务收入对其所在地区的经济发展、财税收入也有直接的、积极的意义。

然而,如果孤立地看,关于律师业务收入的三项统计数据并不能衡量律师行业的发展水平。换言之,统计数据本身并不能给自己评分,评分只能参看其他标准,这个标准就是比较,我们只有通过比较,才能确定统计数据的指标分数。考虑到评分的现实意义,三项指标分别采用不同的比较方式,具体内容下文分述之。

(二)业务总收入

1. 数据来源和评分标准

国家和地方有关部门通常会以适当的形式发布全国或地区律师行业业务的总收入,所以数据的获取较为便利。然而,对这种统计数据进行评价和给出评分比较困难,因为只能依靠较为主观的标准。在本项目中,我们采取最为简单的标准,即排名确定。具体的计算办法是:将国内省级地区律师业务总收入进行排名，最高者100分，余者按照和最高分的比值计算分数。

2. 数据整理与得分计算

在2011年以前，律师行业每年通过中国律师年鉴发布全国和各地区律师业务收入，但是自2012年以来，这样的惯例没有延续，《中国律师年鉴（2013）》虽然发布了统计数据，但是业务收入的数据缺失一半。在这种情况下，我们只能通过实地调研和媒体报道获得不完整的数据，整理得到表2-45。

如表2-45所示，北京市律师行业2015年业务总收入是138.1亿元，全国排名第一，上海市135.45亿元，排名第二。根据这种排名，北京律师业务总收入指标得100分，上海市得98.1分。

表2-45 2015年部分地区律师业务收入和指标得分

地区	律师人数（人）	业务总收入			律师人均业务收费			业务收入平均得分（分）
		亿元	排名	得分（分）	万元	排名	指标得分（分）	
北京	25100	138.1	第一	100	53.9	第二	85.2	92.6
上海	18360	135.45	第二	98.1	73.8	第一	100	99.0
全国	297175	600			20.2		60	

资料来源：（1）全国律师人数来源于《中国统计年鉴（2016）》；（2）北京2015年律师人数、业务收入等来源于北京市司法局调研；（3）上海2015年律师人数、业务收入等来源于彭薇《上海律师收入，多年位居全国第一》，《解放日报》2016年5月16日；（4）全国律师行业2015年业务收入根据新华社报道估算，参见《我国执业律师人数已超29.7万人》，新华社，北京3月30日电（记者白阳）。

（三）律师人均收费

1. 评分标准

对于律师人均业务收费，我们设定的评分标准是：（1）律师人均业务收费最高的省级地区为100分，全国平均水平为60分；（2）被考察地区得分根据比例计算。假定律师人均业务收费的全国平均值 M_0，最高值为 M_h，

被考察地区为 M_x，被考察地区指标得分为 X，如果被考察地区律师人均业务收费高于全国平均值，则指标得分计算公式为 $X = 60 + (M_x - M_0) \times 40 / (M_h - M_0)$，如果被考察地区律师人均业务收费低于全国平均值，则指标得分计算公式为 $X = 60 M_x / M_0$。

2. 数据整理与得分计算

对有关的统计数据整理得到表 2-45。在 2015 年，北京律师人均业务收费 53.9 万元，在全国省级地区中排名第二，仅次于上海市。按照前面设定的计分规则和计算方法，北京律师人均业务收费指标得分为 85.2。这个分数虽然低于上海，但是在全国仍属于比较高的水平。

（四）律师行业人均产值

1. 评分标准

对于律师人均业务收费，我们设定的评分标准是：（1）北京地区第三产业从业人员人均产值为 60 分，北京地区第三产业从业人员人均产值最高的行业为 100 分；（2）律师行业人均产值得分根据比例计算。假定律师人均产值全国平均值为 I_0，最高值为 I_h，被考察地区为 I_x，被考察地区指标得分为 X，如果被考察地区律师人均产值高于第三行业平均值，则指标得分计算公式为 $X = 60 + (I_x - I_0) \times 40 / (I_h - I_0)$，如果被考察地区律师人均产值低于第三产业平均值，则指标得分计算公式为 $X = 60 I_x / I_0$。

2. 数据整理与得分计算

对有关的统计数据整理得到表 2-46。在 2015 年，北京地区金融业人均产值 77.1 万元，排在第一位，第三产业人均产值为 19.6 万元，北京律师行业人均产值为 36.2 万元，介于金融行业和第三产业平均值之间。根据上文设定的计分规则和计算方法，北京律师行业人均产值指标得分为 71.5。该分数表明，北京律师行业业务收入水平在北京市第三产业各行业之间，居于中等略偏上的水平。

表 2-46 2015 年北京市行业从业人员人均产值对比

项目	律师行业(含律师和辅助人员)			第三产业			金融业		
	从业人数（人）	总收入（亿元）	人均产值（万元）	从业人数（万人）	产值（亿元）	人均产值（亿元）	从业人数（万人）	产值（亿元）	人均（亿元）
数量	38185	138.1	36.2	935	18331.7	19.6	50.9	3926.3	77.1

资料来源：（1）产值、从业人员数据来源于《北京统计年鉴（2016）》；（2）北京 2015 年律师行业人员数量、业务收入等数据来源于北京市司法局调研。

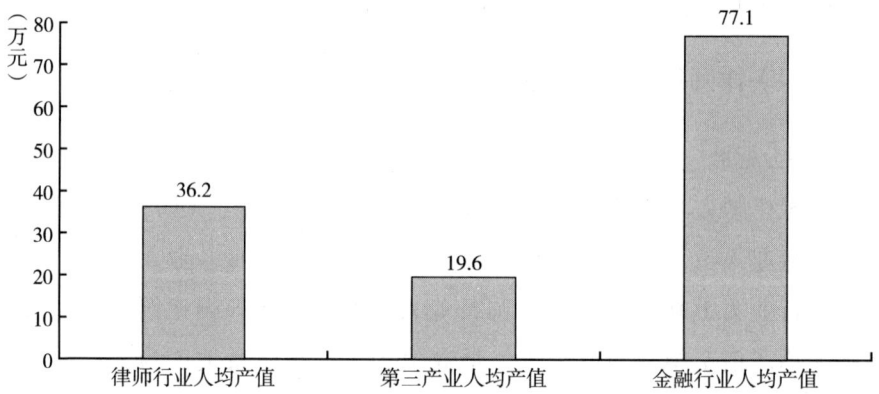

图 2-37　北京市 2015 年从业人员人均产值对比

（五）律师业务收入综合得分

在三级指标律师业务总收入、律师人均业务收费、律师行业人均产值之间采用平权法，综合得出二级指标律师业务收入综合得分。如图 2-38 所示，北京律师业务收入得分为 85.6，处于较高水平。

如图 2-38 所示，从指标的具体构成来看，北京律师收入在全国同行业之中优势非常显著，但是若在北京地区跨行业对比，则没有明显优势，在第三产业内部，大约是中等略微偏上的水平。

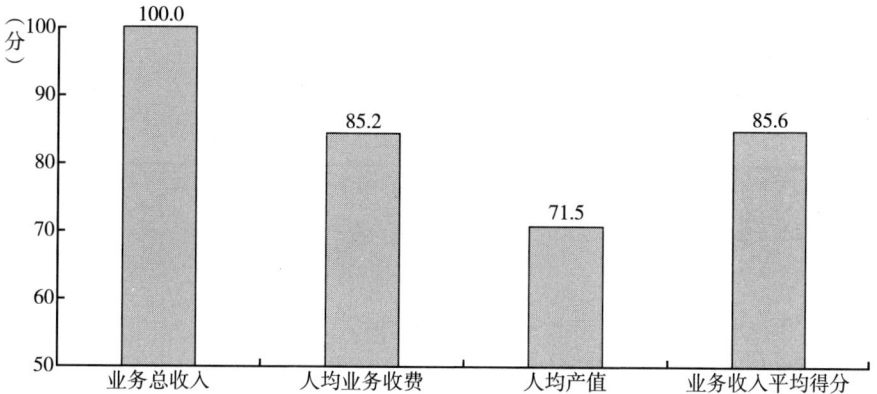

图 2-38 北京律师业务收入平均得分

十一 当事人满意度

(一)当事人满意度的含义和指标设置

当事人是律师的客户,是基于契约的服务对象,所以按照当事人的意愿和要求提供法律服务,既具有伦理上的正当性,又关系到律师的利益及法律服务行业的可持续发展。

所谓当事人满意度,就是当事人对律师提供的法律服务的满意程度。律师服务包括多个方面,如服务态度、服务方式、服务效果、便利性、收费水平等方面。在本项目中,我们设置了三个三级指标,从三个角度考察当事人满意度:(1)对律师专业水平的满意度;(2)对律师服务态度的满意度;(3)对律师服务便利性的满意度。

(二)专业水平满意度

对于律师的专业水平满意度,《当事人卷》设置了一个问题考察受访者的评价。

调查结果整理为表 2-47。分析调查结果，当事人对律师专业水平的评价具有如下特点。

表 2-47 当事人对律师专业水平的评价分布

选项	次数	赋值	所占比例(%)
业务办理水平非常高,非常专业	114	100	55.9
业务办理水平比较高,比较专业	76	80	37.3
业务办理水平一般	13	60	6.4
业务办理水平比较差,不够专业	1	40	0.5
业务办理水平非常差,很不专业	0	20	0.0
合计/均值	204	89.7	100.0

第一，具体从评价分布上看，北京律师的专业水平获得了当事人的广泛好评。如表 2-47 所示，受访者认为北京律师"业务办理水平非常高,非常专业""业务办理水平比较高,比较专业"的比例合计达到 93.1%；认为北京律师"不够专业""很不专业"的比例合计仅有 0.5%。

第二，按照给定的赋值方案计算，北京律师的专业水平获得了 89.7 的高分，处于接近优秀水平。

（三）服务态度满意度

问题和选项

对律师的"服务态度满意度"，《当事人卷》设置了一个问题考察受访者的评价。

调查结果整理为表 2-48。分析调查结果，当事人对律师服务态度的评价具有如下特点。

第一，具体从评价分布上看，北京律师的服务态度获得了当事人的广泛好评。如表 2-48 所示，受访者认为北京律师"服务态度非常好""服务态度比较好"的比例合计达到 94.1%，受访者中没有一个人认为北京律师"服务态度不太好""服务态度很差"。

表 2-48　当事人对律师服务态度的评价分布

选项	次数	赋值	所占比例（%）
服务态度非常好	136	100	66.7
服务态度比较好	56	80	27.5
服务态度一般	12	60	5.9
服务态度不太好	0	40	0.0
服务态度很差	0	20	0.0
合计/均值	204	92.2	100.0

第二，按照给定的赋值方案计算，北京律师的服务态度获得了 92.2 的高分，处于优秀水平。

（四）便利性满意度

问题和选项

对律师服务的"可获得性（便利性）满意度"，《当事人卷》设置了一个问题考察受访者的评价。

调查结果整理为表 2-49。分析调查结果，当事人对律师服务便利性的评价具有如下特点。

表 2-49　当事人对律师服务便利性的评价分布

选项	次数	赋值	所占比例（%）
非常容易	73	100	36.0
比较容易	95	80	46.8
一般	15	60	7.4
不太容易	14	40	6.9
很费周折	6	20	3.0
合计/均值	203	81.2	100

第一，具体从评价分布上看，北京律师的服务便利性获得了当事人的广泛好评。如表 2-49 所示，受访者认为获得北京律师服务"非常容易""比较容易"的比例合计达到 82.8%，认为北京律师"不太容易""很费周折"

的比例合计达到9.9%。

第二,按照给定的赋值方案计算,北京律师服务便利性获得了81.2的高分,达到良好水平。

(五)当事人满意度综合得分

三级指标专业水平满意度、服务态度满意度、便利性满意度按照平权法综合形成二级指标当事人满意度。

如图2-39所示,从指标构成的角度看,三项三级指标都获得了较好的分数,其中服务态度满意度获得评价最高,达到92.2分,专业水平满意度次之,获得89.7的评分,便利性满意度的评价相对较差,获得了81.2的评分。

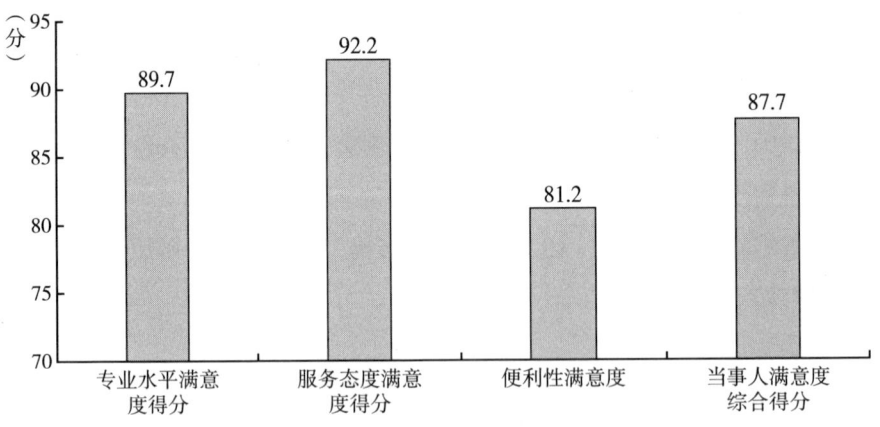

图2-39 当事人满意度综合得分

按照给定赋值方案计算,当事人满意度获得87.7的高分,体现了当事人对北京律师服务良好的认可度。

十二 社会效果

(一)社会效果的含义与指标设置

律师服务的社会效果是相对于委托人和律师而言的。律师提供法律服务是基于委托协议,是一种有偿服务,这种服务首先需要实现对协议双方有意义的效果,这种效果就是上文分析的律师业务收入和当事人满意度。但是除此之外,律师行业还有较大的外部性,法治社会通过律师法律服务的实施,产生一定的、对当事人和律师之外的外部社会有意义的效果,这种效果就是社会效果,这里的"社会效果"指标,就是考察律师法律服务产生了多大的社会效果。

然而,律师法律服务社会效果的衡量是比较困难的问题。这是因为,社会效果十分广泛,而且这种效果很难和其他的影响进行分离,本身不易被量化。在本项目中,我们对社会效果的范围作了一定的简化处理,只考察三个方面。(1)促进法律正确实施的效果,律师在诉讼业务和非诉讼业务中,促进法律正确实施的情形有所不同,我们分别考察诉讼业务和非诉讼业务中律师促进法律正确实施的效果。(2)维护社会公平正义,主要考察律师在法律服务中减免费用和对抗强权方面的表现。(3)促进社会和谐稳定,主要考察律师在法律服务过程中引导当事人依法维权和劝喻当事人服判息讼方面的表现。

(二)促进法律正确实施

1. 在刑事诉讼中促进法律正确实施

关于律师"在刑事诉讼中促进法律正确实施",《司法人员卷》设置了一个问题考察司法人员的评价。

调查结果分别整理为表2-50和图2-40。分析调查结果,北京律师在刑事诉讼中促进法律正确实施指标的评价和得分主要有两个方面的特点。

第一,审判人员给出的得分优于检察人员给出的得分。具体从肯定性评价的分布上看,审判人员给出的评价中,有22.5%选择"有很大的促进作用",有53.8%选择"有较大的促进作用",二者合计占比为76.3%。检察人员给出的评价中,有13.5%选择了"有很大的促进作用",有47.9%的比例选择"有较大的促进作用",二者合计占比为61.4%,明显低于审判人员的好评比例。从否定性评价的分布上看,审判人员中有2.5%认为"没有明显作

表2-50 对律师在刑事诉讼中促进法律正确实施的评价分布

选 项	审判人员评价			检察人员评价			平均(%)
	次数	赋值	比例(%)	次数	赋值	比例(%)	
有很大的促进作用	18	100	22.5	13	100	13.5	18.0
有较大的促进作用	43	80	53.8	46	80	47.9	50.9
作用比较小	16	60	20.0	23	60	24.0	22.0
没有明显作用	2	40	2.5	12	40	12.5	7.5
有一定的副作用	1	20	1.3	2	20	2.1	1.7
合计/平均得分	80	78.8	100	96	71.7	100	100

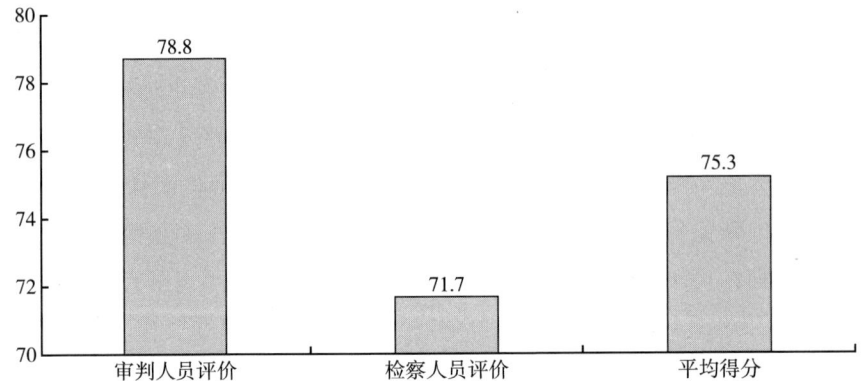

图2-40 律师在刑事诉讼中促进法律正确实施作用平均得分

用",1.3%认为"有一定的副作用",二者合计占比为3.8%。检察人员中有12.5%认为"没有明显作用",有2.1%认为"有一定的副作用",二者合计占比为14.6%,明显高于审判人员的差评率。

具体从得分上看,审判人员给出的得分为78.8,明显高于检察人员71.7的评分。

第二,平均来看,律师在刑事诉讼中促进法律正确实施的作用获得了较好的评价。如表2-50所示,审判人员、检察人员平均来看,有18.0%认为律师有"有很大的促进作用",有50.9%认为"有较大的促进作用",二者合计占比为68.9%。

审判人员和检察人员各自的评分按照平权法计算,得到律师在刑事诉讼促进法律正确实施的作用的平均评分,如图 2-40 所示,得 75.3 分,处于中等偏上的水平。

2. 在民事诉讼中促进法律正确实施

关于律师"在民事诉讼中促进法律正确实施"的作用,《司法人员卷》设置了一个问题,考察审判人员对这一问题的评价。

调查结果分别整理为表 2-51。分析调查结果,可以总结出北京律师在民事诉讼中促进法律正确实施的作用的两个特点。

表 2-51　审判人员对律师在民事诉讼中促进法律正确实施的作用评价

选　项	次数	赋值	所占比例(%)
有很大的促进作用	20	100	19.6
有较大的促进作用	57	80	55.9
作用比较小	21	60	20.6
没有明显作用	1	40	1.0
有一定的副作用	3	20	2.9
合计/均值	102	77.6	100.0

第一,从评价分布上看,律师的作用获得了审判人员比较广泛的认可。如表 2-51 所示,审判人员给出的评价中,19.6% 认为律师"有很大的促进作用",55.9% 认为"有较大的促进作用",二者合计占比为 75.5%。认为"没有明显作用"的只有 1.0%,认为有一定副作用的比例只有 2.9%,两类评价的比例都非常低。

第二,按照给定的赋值方案进行计算,律师在民事诉讼中促进法律正确实施指标获得 77.6 分,处于中等偏上,接近良好的水平。

3. 在非诉讼法律事务中促进法律正确实施

问题和选项

对于律师在"在非诉讼法律事务中促进法律正确实施"的作用,《当事人卷》设置了一个问题,考察法律顾问单位负责人对这一问题看法。

调查结果整理为表 2-52。分析调查结果,可以总结出北京律师在非诉讼法律事务中促进法律正确实施的作用的两个特点。

表2-52 法律顾问单位对律师在非诉讼法律事务中促进法律正确实施的作用评价

选项	次数	赋值	所占比例(%)
有很大的帮助	33	100	63.5
有较大的帮助	11	80	21.2
有一定的帮助	6	60	11.5
作用比较小	2	40	3.8
完全没有作用	0	20	0.0
合计/均值	52	88.8	100.0

第一，从评价分布上看，律师的作用获得了法律顾问单位的高度认可。如表2-52所示，法律顾问单位给出的评价中，63.5%认为律师"有很大的帮助"，21.2%认为"有较大的帮助"，二者合计占比为84.7%。认为"作用比较小"只有3.8%，没有单位认为"完全没有作用"。

第二，按照给定的赋值方案进行计算，律师在非诉讼法律事务中促进法律正确实施指标获得88.8分，处于良好水平。

4. 促进法律实施指标平均得分

对律师在刑事诉讼中促进法律正确实施、在民事诉讼中促进法律正确实施、在非诉讼法律事务中促进法律正确实施三项指标得分实行平权法，综合得出律师促进法律正确实施的平均得分。如图2-41所示，这项指标获得了80.6分，处于良好水平，显示律师促进法律正确实施的作用获得了广泛的认可。

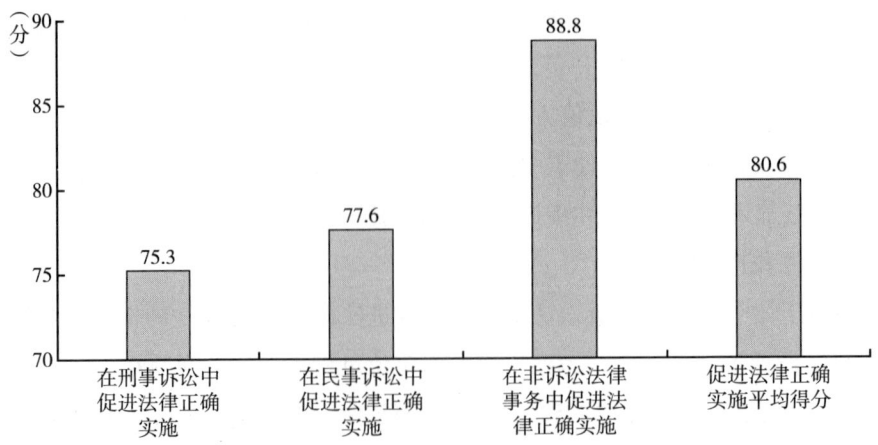

图2-41 促进法律实施指标综合得分

(三)维护社会公平正义

1. 指标含义与测算方法的特别说明

说到律师维护社会公平正义,人们首先想到的可能是律师对社会弱势群体的帮助,而且还有些无偿的、冒险的、挑战强大势力的成分。这种帮助确实是律师维护社会公平正义的一种形式。实际上,在现代法治社会,法律就是社会最基本的公平正义,律师维护法律正确实施,就是维护社会的公平正义。当然,我们也不完全否定社会流行观念的合理性。这是因为,虽然公平正义本身并不区分强者和弱者,但是在社会实际生活中,弱者的利益更容易被侵害,被侵害之后又更缺乏资源获得救济,所以对律师向弱者提供帮助的行为予以鼓励和提倡也是必要。

基于上述理解,本项目将律师维护社会公平正义划分为两个方面。一是律师按照契约精神提供的有偿法律服务,这种服务在客观上因为促进了法律的实施维护了最基本的公平正义。律师在这方面的作用是职业本身的属性,所以本项目不再区分个人的不同情况,而是统一给 100 分。二是律师对弱势群体的特别帮助,这种帮助每个律师的情况不一样,我们具体设置问题,对于律师间的这种差异进行统计和评分。

2. 帮助弱势群体

对于律师在帮助弱势群体方面的表现,我们在《执业律师卷》设置了两道题目,分别从是否减免费用、是否勇于对抗强权两个方面进行考察。具体问题如下。(1)在过去三年中,对于经济困难的潜在委托人,您或您所在的律所曾经通过幅度明显的费用减免为其提供服务吗?(2)委托人或潜在委托人的对方当事人具有强大的势力,这种势力对律师具有一定程度的迫害能力。您近三年中遇到过这种情形吗?遇到这种情形后您如何应对?

调查结果整理得出表 2 - 53 和表 2 - 54。分析调查结果,北京律师在服务中帮助弱势群体情况具有如下特点。

表2-53 律师法律服务中减免费用情况分布

选项	次数	赋值	所占比例(%)
经常如此	68	100	20.0
有时如此	122	80	35.9
偶尔如此	104	60	30.6
极少如此	35	40	10.3
从不如此	11	20	3.2
合计/均值	340	71.8	100

表2-54 律师在法律服务中对抗强权情况分布

	选项	次数	赋值	所占比例(%)
有效	遇到过,我是毅然接受代理,并全力维护委托人的合法权益	37	100	16.2
	遇到过,我最后接受了代理,并尽量维护委托人的合法权益,但是会尽量避免矛盾激化	131	80	57.5
	遇到过,经过慎重考虑后接受了代理,代理过程中劝喻当事人避免对抗,见好就收	37	60	16.2
	遇到过,但是回避了	23	20	10.1
	小计/均值	228	73.9	100
	没遇到过这样的情形	188		
	其他情形	2		
	合计	418		

第一,绝大多数律师都有过为经济困难当事人减免费用的经历。如表2-53所示,表示"从不如此"律师只有3.2%,属于极少数。在有过减免经历的律师中,20.0%的受访者表示经常在服务中减免费用,35.9%的受访者表示有时会减免费用。按照给定的赋值方案计算,律师在减免费用方面的表现得71.8分,处于中等稍偏上的水平。

第二,对于服务中遇到强权欺压,绝大多数律师都不会完全坐视不管。如表2-54所示,只有10.1%的律师选择完全回避,有16.2%的律师选择"毅然接受代理,并全力维护委托人的合法权益",有57.5%的律师策略性地"尽量维护委托人的合法权益,但是会尽量避免矛盾激化"。按照给定的赋值方案计算平均分数，律师在服务中对抗强权获得73.9分，处于中等偏上的水平。

第三，综合减免费用和对抗强权两种情形来看，律师帮助弱势群体的表现获得72.9分，表明北京律师群体具有一定的担当精神。

3. 维护社会公平正义平均得分

将律师正常提供有偿服务在维护社会公平正义的作用计为100分，然后实行平权法，和律师帮助弱势群体的评分综合形成律师维护社会公平正义平均得分。

如图2-42所示，按照给定的计算办法，北京律师维护社会公平正义获得了86.4的高分，表明北京律师在维护和促进社会公平正义方面发挥了积极的作用。

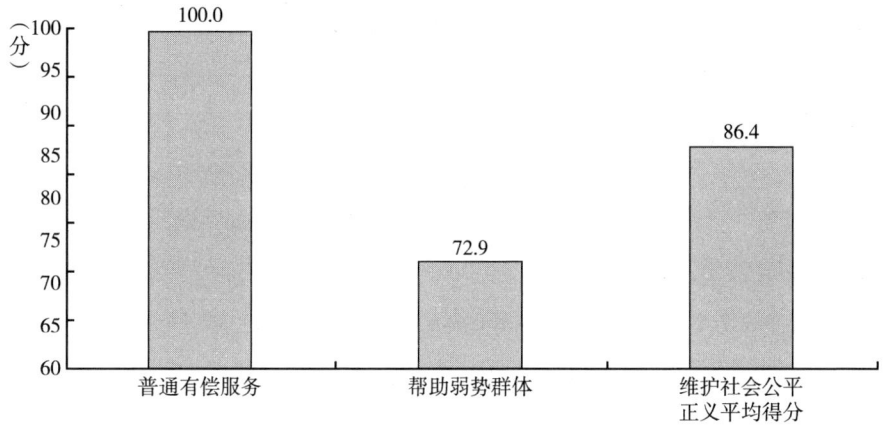

图2-42　维护社会公平正义平均得分

（四）促进社会和谐稳定

对于律师促进社会和谐稳定方面的表现，我们在《执业律师卷》设置了两道题目，分别从引导当事人依法维权和引导当事人服判息讼两个方面进行考察，具体问题如下。（1）在您的当事人要使用法律之外的、非和平的方式维权的情况下，作为律师您的做法是什么？（2）在您的当事人不服生效裁判的情况下,作为律师您的做法是什么?

调查结果整理得出表2-55、表2-56和图2-43。分析调查结果,北京律师在促进社会和谐稳定方面的表现,具有如下特点。

表2-55 律师面对当事人法外维权时的反应

选项	次数	赋值	所占比例(%)
尽量说服当事人依法维权	289	100	79.8
解除委托关系	36	80	9.9
由于依法维权行不通,于是听任当事人尝试别的方法	26	60	7.2
总是听之任之	2	40	0.6
由于依法维权行不通,我支持当事人法外维权	9	20	2.5
合计/均值	362	92.8	100

表2-56 律师面对当事人不服生效裁判时的处置

选项	次数	赋值	所占比例(%)
总是劝喻当事人接受裁判、执行裁判	18	100	4.7
只要裁判基本正确,我就会劝喻当事人接受裁判、执行裁判	126	80	33.1
如果我认为裁判是正确的,我会劝喻当事人接受裁判、执行裁判	174	60	45.7
律师的法律服务已经完成,不再过问	8	40	2.1
如果裁判存在错误,我会鼓励当事人以其他方式继续维权	55	20	14.4
合计/均值	381	62.3	100%

第一,面对当事人法外维权时,律师有上佳表现。如表2-55所示,如果当事人选择法律之外的、非和平的方式维权,高达79.8%的受访者会选择"尽量说服当事人依法维权",选择"听之任之""我支持当事人法外维权"的,合计只有3.1%,属于极少数。按照给定的赋值方案进行计算,北京律师在引导当事人依法维权方面获得92.8的高分。

第二,面对当事人不服生效裁判时,多数律师未能选择最佳处置。如表2-56所示,只有4.7%的律师表示"总是劝喻当事人接受裁判、执行裁

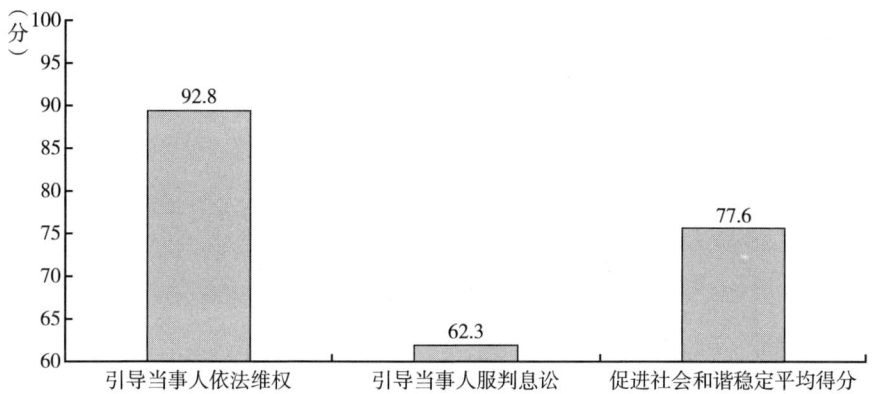

图 2-43 促进社会和谐稳定平均得分

判",另有33.1%的律师表示"只要裁判基本正确,我就会劝喻当事人接受裁判、执行裁判"。45.7%选择"如果我认为裁判是正确的,我会劝喻当事人接受裁判、执行裁判",表明自己不会无条件服从生效裁判。另外有2.1%的律师选择"律师的法律服务已经完成,不再过问",有14.4%的律师选择"如果裁判存在错误,我会鼓励当事人以其他方式继续维权",这两种都非常不利于法律权威的维护,不利于社会的和谐稳定。按照给定的赋值方案计算,律师在引导当事人服判息诉方面只得了62.3分,处于中等偏下的水平。

第三,如图2-43所示,平均来看,律师在促进和谐稳定方面的表现得77.6分,属于中等偏上的水平。

(五)社会效果综合得分

促进法律正确实施、维护社会公平正义、促进社会和谐稳定三项三级指标按照平权法,综合形成二级指标律师服务社会效果。

如图2-44所示,三项三级指标都在70分以上,其中促进法律正确实施和维护社会公平正义超过了80分,而三项指标综合形成的社会效果指标则达到81.5分,达到良好水平,显示了北京律师的法律服务取得了较好的社会效果。

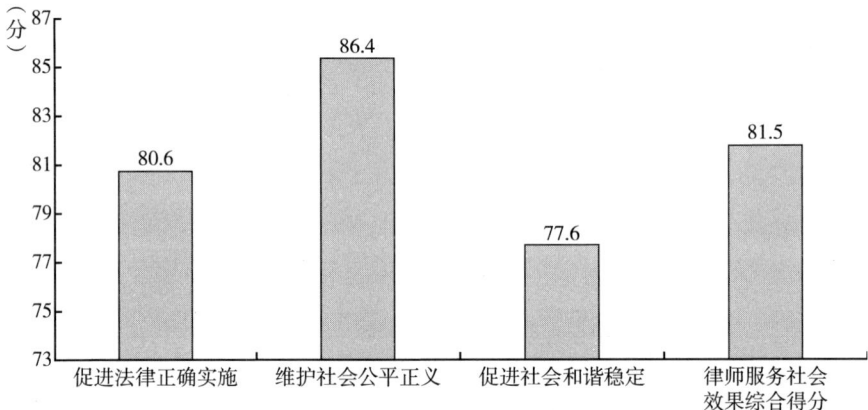

图 2-44 律师服务社会效果综合得分

B.3
北京律师2013～2015年重大事件分析*

陈 宜

摘 要： 2013～2015年，北京律师业的重大事件（活动）主要包括：（1）北京市律协圆满完成换届工作；（2）北京律师学院揭牌成立；（3）北京市律协深化沟通协调，切实改善律师执业环境；（4）北京市律协加大行业规范引导和纪律处分力度；（5）北京律师全力开展马航MH370失联事件法律服务工作；（6）北京市律协推动在村居、政府、企业中建立法律顾问制度；（7）北京市律协成立公益法律服务中心；（8）北京市律协开展行业评优表彰工作，扩大行业影响；（9）北京市律协举办各类文体活动，增强行业凝聚力；（10）北京市律协加强行业自身建设，提升行业自律水平。

关键词： 北京律师业 律师代表大会 北京律师学院 执业环境 公益法律服务

国务院发布的《服务业发展"十二五"规划》第一次单独把律师法律服务业作为一个部分，纳入了经济社会发展全局。首都律师作为向社会提供法律服务的主体，在建设和实现中国梦的过程中努力进取，发挥着越来越重要的作用。2013～2015年，北京市律协作为首都律师的自律性行业组织，认真贯彻落实十八大和"两会"精神，不断解放思想，提高服务能力

---

* 本部分的资料、数据除特别注明外，均来自北京市律协工作报告和首都律师网。

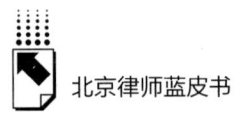

和水平,解决律师行业发展中出现的新课题,在业务建设、队伍建设等方面走出了具有北京特色、符合行业实际的发展道路,走在了全国律师行业的前列。

一 北京市律协圆满完成换届工作

根据《北京市律师协会章程》,北京市律师代表大会是北京市律师协会的最高权力机构,负责选举或罢免理事、会长、副会长、监事,律师代表每届任期三年。2015年4月,北京市第十次律师代表大会召开。大会审议通过了《第九届北京市律师协会理事会工作报告》、《第九届北京市律师协会监事会工作报告》和《第九届北京市律师协会会费收支情况报告》,对2012~2014年度北京市优秀律师事务所和北京市优秀律师进行了表彰,并由全体律师代表投票选举产生了第十届北京市律师协会理事会和监事会,圆满完成了换届工作。

(一)第九届北京市律师协会成绩显著

2012年4月底,北京市第九次律师代表大会选举产生了新一届律协领导班子,第九届律协以务实高效的工作作风,认真履行律师法和律师协会章程赋予的各项职责,围绕中心,服务大局,切实发挥行业自律作用,大力加强协会自身建设,取得了显著成绩。

2012~2014年三年间,北京律师行业在律师及律师事务所数量、业务数量和业务收入方面均保持稳定发展的态势,并继续保持在全国的领先地位。截至2014年12月底,全市共有律师24390人,律师事务所1926家,分别比2011年增长了10.4%和19.7%,有89家外地律师事务所在北京开办了分所,另有40家境外律师事务所在北京开设了办事机构。北京律师事务所在全国共开设分支机构412家。全市国内律师事务所律师共承办诉讼仲裁业务358976件、非诉讼法律事务232766件,提供法律援助38849件,营业收入达327.97亿元,上缴税收超过47.85亿元。

（二）第十次律师代表大会召开

2015年4月27至29日，北京市第十次律师代表大会召开。大会审议通过了《第九届北京市律师协会理事会工作报告》、《第九届北京市律师协会监事会工作报告》和《第九届北京市律师协会会费收支情况报告》，对2012~2014年度北京市优秀律师事务所和北京市优秀律师进行了表彰，并由全体律师代表投票选举产生了第十届北京市律师协会理事会和监事会。高子程律师当选第十届北京市律师协会会长，张卫华律师当选第十届北京市律师协会监事长，北京市第十届律协理事会聘任高鹏为秘书长。北京市委常委、市政法委书记杨晓超，司法部律师公证工作指导司司长周院生，全国律师协会会长王俊峰，北京市司法局党委书记、局长于泓源等出席了大会。

（三）第十届北京市律协实现良好开局

2015年，换届后的北京市律师协会在市司法局的指导下，认真学习贯彻十八大、十八届三中全会、十八届四中全会、十八届五中全会精神及全国律师工作会议精神，以深化行业管理与服务为目标，进一步创新工作思路，强化服务意识，厉行务实作风，实现了良好开局。

第一，积极搭建平台，引导和带动律师服务首都经济社会发展。新一届律协在这方面的具体工作，一是组织律师积极参与北京市公益法律服务与研究中心工作，二是圆满完成马航MH370事件索赔谈判工作，三是着力推进律师业务领域的拓展和业务水平的提升，四是针对"一带一路"及亚投行项目涉及的国家与地区开展国别法律服务市场与法律风险专题调研工作，启动了北京律师为"一带一路"项目提供法律服务的调研。

第二，积极推动各项行业公益活动，切实履行首都律师的社会责任。新一届律协在这方面的具体工作，一是认真落实全国律协"百千千工程"2015年工作任务，有力地支持了西部地区律师事业的发展，二是积极引导广大律师参与公益活动，三是进一步做好协会公益法律服务中心工作及市高

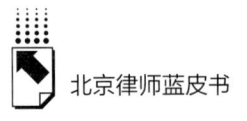

院信访接待工作，积极发挥了律师在化解社会矛盾纠纷中的独特作用。

第三，加强律师教育培训工作，切实提升广大律师的服务水平。新一届律协在这方面的具体工作：一是与市司法局共同召开了在全市律师队伍中开展全面依法治国教育活动动员部署大会，并举办了律师职业道德、执业纪律与风险防范专题培训班，对部分律师事务所主任、骨干律师、青年律师和党员律师开展了集中培训；二是充分发挥北京律师学院作为行业培训平台的作用；三是开展内容丰富、形式多样的培训研讨活动；四是着力加强涉外法律服务人才梯队建设；五是认真开展全市2015年度律师执业年度考核工作。

第四，不断完善律师执业权利保障机制，着力优化律师执业环境。新一届律协在这方面的具体工作：一是深化与法院、检察院、公安局的沟通协调机制；二是积极推进律师权益保障工作。

第五，加大行业引导、监督和纪律处分力度，规范律师执业行为。新一届律协在这方面的具体工作：一是强化律师事务所的管理责任；二是不断加强申请律师执业人员管理工作的规范化，制定《申请律师执业人员实务训练指引》《申请律师执业人员实习考核规程实施细则》，组建了第十届申请律师执业人员实习集中培训讲师团和面试考官团；三是加强对律师的职业道德、执业纪律教育；四是严格查处会员违法违规执业行为。

第六，进一步拓展会员服务的广度与深度，强化协会服务职能。新一届律协在这方面的具体工作：一是建设并开通北京市律协数字图书馆；二是继续推进律师执业责任保险和人身意外及健康保险、律师体检、律师互助金工作；三是搭建"两公"律师与社会律师的沟通交流平台；四是举办了丰富多彩的文体活动。

第七，创新工作机制，进一步强化协会自身建设。新一届律协在这方面的具体工作：一是组建新一届律协专门工作委员会，以适应律师行业发展的需求；二是创新专业委员会组建工作，新设立3个与新业务领域相关的专业委员会，将法律领域重复、交叉较多的10个专业委员会合并为6个，设立了"一带一路"、京津冀协同发展、法治北京、司法改革四个研究会；三是以章程修订工作为中心，积极推进行业规范体系建设；四是进一步提升协会财务管理工作的规范化、科学化水平。

第八，加强指导监督，密切交流合作，进一步整合市区两级律师行业组织管理资源。新一届律协在这方面的具体工作：一是成立了区县联络工作委员会，为加强市区两级律协的沟通交流搭建了平台；二是进一步加强和完善市区两级律协纪处工作机制；三是加强对区律协和律师工作联席会工作的指导力度；四是加强合作，形成合力，与区律协合作，或者依托区律协共同举办了"法治梦·律师情"——第一届北京律师诵读比赛、第二届北京律师羽毛球赛、首届律师好声音歌唱比赛等全市性的会员文体活动，受到了会员的广泛欢迎。

第九，以贯彻落实十八届三中全会、十八届四中全会、十八届五中全会精神为主线，大力加强行业党建工作。新一届律协在这方面的具体工作：一是组织引领律师行业学习贯彻党的十八届四中全会、十八届五中全会精神，以举办学习专题报告会、研讨会、研讨班、经验交流会及参观学习等多种形式，组织律师认真学习、全面领会党的十八届三中全会、十八届四中全会、十八届五中全会精神；二是加大律师行业思想政治教育培训工作力度，组织召开律师行业思想政治教育培训工作会议、大力加强北京市律师业余党校建设；三是开展丰富多彩的律师党建活动，弘扬爱国主义精神，提高基层党组织负责人的素质能力和工作水平。

二 北京律师学院揭牌成立

北京市各级司法行政机关和律师协会历来重视律师的教育培训工作，通过开展多种形式的教育培训活动，促进了律师队伍政治素质、业务素质和职业道德素质的提高。随着经济社会的快速发展和律师行业的发展变化，律师教育培训工作需要进一步加强。为进一步落实司法部、全国律协关于加强和规范律师教育培训工作的要求，适应新形势、新要求，从全市层面加强律师教育培训工作，为法治国家和经济社会建设提供优质、高效的法律服务，北京市司法局和市律师协会决定成立北京律师学院。

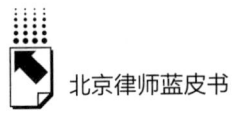

(一)北京律师学院的筹备

第七届北京市律协就将成立律师学院的构想列入了行业的规划,第七届、第八届律协曾为此项工作做了很多努力,广泛征求意见,开展调研论证,多次与相关院校及培训机构进行商谈,并从资金积累上进行了准备。第九届北京市律协将筹备成立北京律师学院列入了任期重点工作目标,多次召开会长会议和党委扩大会议进行研究,并向市司法局提交了相关工作报告及建议方案,拟依托位于怀柔区的市律师培训中心建立北京律师学院。

2013年6月,北京市律师协会在怀柔区市律师培训中心召开北京律师学院筹备组建工作现场会,市律协会长、副会长、监事长、秘书长及各专门工作委员会主任等二十余人参加会议。会长一行参观了律师培训中心大教室、会议室、客房、餐厅及停车场,听取了培训中心负责同志关于培训中心装修方案、功能设计及工程进度的介绍,并围绕北京律师学院的硬件保障、教学保障及服务保障等相关问题进行了深入的交流和探讨。张学兵会长表示,北京律师学院承载着全市律师的期望,协会要紧紧围绕行业特点及会员需求,做好周密的工作计划和安排,努力将律师学院搭建成律师研习法治理念、案例讨论、经验交流的重要平台,打造成律师提高综合素质、提升执业技能的教育学习基地。

2013年7月9日,市司法局李公田副局长在北京市律协主持召开工作会议,研究北京律师学院相关工作。市司法局律师综合指导处、北京市律协秘书处相关负责人参加了会议。会上,高鹏秘书长详细汇报了律师学院的筹备情况,梁文辉副处长就近期培训计划进行了说明。与会人员就律师学院教务处的具体组成、师资库的建立和下半年教学计划的安排等问题进行了研究。

(二)北京律师学院正式揭牌成立及运作

经过前期的精心筹备,2013年7月26日,由北京市司法局和北京市律师协会合办的北京律师学院正式揭牌成立。律师学院以律师培训中心为依托，科学构建培训体系，精心设计培训项目，不断丰富培训内容，积极创新培训形式，为广大律师提供了一个集中学习、相互交流、不断提高的平台。2013年内短短5个月的时间组织了涉及刑事诉讼法、合同法、事务所人力资源管理等培训活动共11期，累计培训课时116小时，有1500余人受益，参加人员对律师学院的课程安排普遍给予了好评。北京律师学院还开展了女律师向日葵培训计划及青年律师阳光成长计划，举办了国际法律业务高级研修班和系列涉外业务讲座，编写完成了涉及9个业务领域的律师操作指引，培训工作紧贴律师实际需要，更务实、更有特色、更有针对性。

北京市律协组织开展了律师学院教育培训工作规则等规章制度的起草工作。增设了律师学院教务处办公室，细化部门岗位职责，优化人员配置，以便更好地履行职责。

2014年，北京市律协充分发挥北京律师学院作为行业培训平台的作用。按照北京律师学院的最大有效工作量制定了2014年培训计划并安排了工作预算，充分挖掘其培训潜力。2014年，律师学院共举办思想政治和职业道德教育培训、新法新规、前沿法学理论、律师实务热点等律师业务培训、律师文化建设及律师事务所管理等各类律师培训活动共56期，累计培训约220场。其中，律师思想政治教育和职业道德培训近10场，公司、刑事、民事、房地产、劳动、知识产权、国际投资、仲裁法等各部门法律师业务培训210余场，34100余人参加了培训。邀请了近百位法学造诣精湛的理论及实务界专家和资深律师前来授课，累计律师培训约840学时。同时，北京律师学院还与中国政法大学中欧法学院就合作开展律师涉外法律业务培训进行了沟通，召开了加强青年诉讼律师培训工作座谈会，进一步拓宽了培训思路。

2015年底，律师学院共举办思想政治和职业道德教育培训、新法新规、前沿法学理论、律师实务热点等律师业务培训、律师文化建设及律师事务所管理、律师事务所行政主管等各类培训活动共44期，累计培训162场，参加培训的律师近6000人次。其中，律师思想政治教育和职业道德培训10期，公司、刑事、民事、房地产、劳动、知识产权、国际投资、仲裁法等部门法律师业务培训34期。

（三）律师教育培训新气象

北京律师学院成立，为广大律师搭建了开展继续教育的新平台。

2013~2015年，北京市律协以律师学院的成立为契机，进一步加强了律师的教育培训工作，坚持高起点、高标准、高要求，做好律师学院基础建设、教学规划、课堂培训等工作。

2013年9月，第九届北京市律师协会理事会召开第八次会议听取了北京律师学院运行情况的通报；2014年7月，北京市律协党委召开第44次会议（扩大），专题研究加强律师学院的管理工作。2015年8月，律协召开北京律师业余党校和律师学院工作座谈会，听取北京律师学院和北京律师业余党校成立以来的工作情况汇报，参会人员结合分管工作，围绕如何进一步加强律师学院教育培训工作和律师业余党校党建工作进行了讨论与研究。

协会启动了网络培训筹备工作，不断丰富培训研讨活动的内容和形式。2014年，协会共举办各类培训活动200余次，80600余人次参加。2015年，北京市律协认真落实全国律协"百千千工程"2015年工作任务。在总结前两年为西部律师培训工作经验的基础上，结合西部律师培训需求与北京律师业发展实践特色，调整授课内容，精心配置师资，在北京律师学院为165名西部律师开展了为期11天的培训，组织6名优秀律师赴陕西、新疆举办系列专题讲座。

三 北京市律协深化沟通协调，切实改善律师执业环境

北京市律协建立与公、检、法、司及相关部门沟通协调机制，沟通工作情况，对重大案件和问题进行研究，完善律师执业权利保障机制，优化律师执业环境，共同推进首都法治建设。

2013~2015年，北京市律协与市公检法系统建立了沟通联络长效工作机制，在简化律师进入法院的安检程序、解决立案方面的实际问题等方面形

成了具体的解决办法。通过组织培训、开展调研、与相关部门沟通等措施积极应对行业税收政策的调整。北京律师执业保障与执业监督顾问团为构建北京律师行业与市人大、市政法委、市公检法及各相关部门的沟通联络机制搭建了新的平台，加大社会监督力度，完善律师执业权益保障体系，促进法律职业共同体的建设。北京市律协还对广大律师普遍关切同时在社会上又具有影响力的问题，进行调查研究，提出方案，搭建平台，整合资源，集中力量，推进权保工作的开展。

（一）建立四方联席会议制度

2015年10月15日，北京市第四中级人民法院、北京市人民检察院第四分院、北京海关缉私局、北京市公安局公共交通安全保卫总队、北京首都国际机场公安分局、北京铁路公安局、北京市律协的相关领导在四中院召开"侦控辩审"四方联席会议，围绕"推进以庭审为中心的刑事诉讼机制建设"主题，对以审判为中心的内涵、刑事诉讼的主要问题、当事人和律师的权益保障，以及"侦控辩审"四方联席会议制度的建立等内容进行了研讨，形成联席会议第一次会议纪要。

（二）建立与法院沟通联络机制

与法院沟通联络机制的建立，是构建法律职业共同体的一项非常重要的内容，对维护司法公正、提升司法公信力、促进法律职业共同体建设具有重大意义。

1. 2013年，建立与法院沟通联络的长效工作机制并取得阶段性成果

2013年，在前期的多次座谈和调研的基础上，北京市律协与市高级人民法院形成关于建立双方沟通联络机制的工作方案，成立了联络工作小组，形成了例会制度，并议定探索建立决议事项任务分解及督办落实、意见建议双向反馈、双向评价等工作机制，共同研究解决审判业务、审判管理、律师权益保障、律师执业纪律等法官履职、律师参与诉讼活动中存在的突出共性问题，为法官与律师两个职业群体加强沟通、增进理解搭建了制度化的平

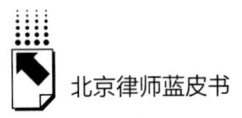

台。在此基础上，市律协与市高院协商制定并具体落实了《北京律师进入法院简化安检程序指引》，简化了律师进入法院的安检程序，就解决立案方面的实际问题和实习人员参与法院诉讼活动形成了具体的解决思路和办法，并落实了有关工作，研究共建律法互联业务工作平台，加强市律协、市高级法院信息互通及相关工作的互动与交流。

2. 2014年推进各项工作项目的开展

北京市律协与市高院将建立便捷律师参与诉讼机制、建立法官与律师双向互评机制、推动律师着律袍出庭参加诉讼、建立律师参与涉诉涉访案件化解机制等事项列为2014年的重点工作，双方通过工作项目的方式逐步推进。

与市高院法警总队就《北京律师进入法院简化安检程序指引》及《人民法院司法警察安全检查规则》等文件展开讨论，共同探讨了如何在安检过程中更大程度地保障律师合法权益、便捷诉讼程序等实际问题。与北京市第二中级人民法院就如何在民事诉讼中更好地保障当事人诉讼权利进行了交流。与北京市高院执行局对完善北京审判信息网、开通12368人工语音服务平台等事项进行了沟通。与北京市高院立案庭对修订《北京市高院关于财产保全若干问题的规定》等事项进行了探讨，各方对沟通协作工作机制重点任务进行分解、落实。

北京市律协领导和工作人员还实地参观考察了法院律师休息室的设置情况。

3. 2015年深化与法院的沟通协调机制

2015年，深化与法院、检察院、公安局的沟通协调机制。与市高院召开两次工作例会，沟通交流年度重点任务落实情况，推进决议事项的督办落实。

与市高院协商确定，自2015年8月1日起陆续在知识产权法院、东城区法院开展律师出庭统一着装试点工作，并在首都律师网站发布了《关于在试点法院推行律师参加法庭开庭审理统一着装的通知》，就北京律师出庭统一着装事宜提出了具体要求。北京市律协赴市知识产权法院实地考察了作为律师着袍参加法庭开庭审理活动首批试点法院的律师休息室内部设施的配置情况。

2015年，北京市律协与北京市高院执行庭就市高院与北京市律协沟通协作工作机制重点工作项目中的《关于委托调查制度的若干意见（试行）》的落实情况、《北京市高级人民法院关于财产保全若干问题的规定（试行）》的修订工作进行了沟通和交流。与市高院立案庭就立案登记制度改革实施以来遇到的实际问题向律师征求意见，双方对网上立案、多元化纠纷解决机制建设、诉前保全、立案指导释明等实际工作进行探讨。

2015年11月，北京市律协与中国法治客户端运营单位签署了《中国法治客户端与北京市律师协会关于结为战略合作伙伴共建法律职业共同体服务平台的协议》，与人民法院报和中国法治客户端运营单位一起，共建法律职业共同体服务平台，在北京市律师事务所及广大首都律师与人民法院之间架设起一座互联网法律服务的桥梁。

（三）建立与检察院的沟通协调机制

检察官和律师在诉讼活动中的角色不同，但最终目的都是维护法律正确实施、维护社会公平正义，加强沟通、彼此尊重、互相支持是应有之义。北京市律师协会与市检察院建立沟通联络长效工作机制并取得积极成果，推进法律职业共同体建设，为全面推进依法治国作出各自应有的贡献。通过沟通联系工作机制常态化，及时交流反馈工作信息，研究解决双方关切的重大问题，为律师依法执业提供更加有力的支持与保障。

2013年，北京市律协组织律师与北京市人民检察院、西城区人民检察院有关负责人就律师申请民商事案件监督的渠道和工作机制、贯彻落实新修订的民事诉讼法的具体举措、北京市检察机关律师服务平台系统（测试版）的建设与应用等相关问题进行了座谈。8月7日，市检察院检察长池强一行应邀到市律协进行调研座谈，形成了关于建立双方沟通联络机制的会议纪要，成立了沟通联络小组，并就建立例会制度，以及研究解决贯彻落实刑事诉讼法、发挥检察机关法律监督职能、保障律师执业权益、从优秀执业律师中选任检察官等双方共同关注的重大问题商定了具体的思路。

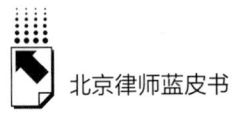

同时，在检察机关律师服务平台推出前后，市律协多次与市检察院进行沟通，进一步推动了律师在审查起诉阶段会见、阅卷及交换意见等各项合法权益落到实处。

2014年，北京市律协与市检察院多次召开座谈会。就检务公开的程度，律师在会见过程中还存在哪些问题，能否将法律规定的"听取律师意见"作为一项规定落实下去，如何拓展律师参与民事、行政案件抗诉业务领域，如何加强双方业务交流，未成年人案件的法律援助、检察院的监督职责、控辩冲突、庭前会议、检察官律师互评机制、检察院预约平台的使用等多方面进行了深入的讨论和交流。

2015年，北京市律协深化与检察院的沟通协调机制。10月，市律师协会与市检察院召开座谈会。围绕《北京市检察院关于进一步加强新形势下检律关系建设的工作意见》（征求意见稿）中涉及的构建检察人员与律师的新型关系、依法保障律师执业权利、探索律检相互监督工作机制、搭建检律沟通合作平台等方面进行了探讨。

（四）与公安机关定期沟通协调

2013~2015年，北京市律协多次与市公安局预审总队、市公安局监管总队、北京市监狱管理局、海淀区看守所、西城区看守所进行座谈、交流，就贯彻落实新刑事诉讼法对预审办案的要求以及预审工作存在的问题，双方定期沟通协调，配合工作机制以及建立看守所律师工作站等问题达成了共识。对工作站的职能、作用、人员选拔、办公设施完善等细节问题进行了磋商；就如何开展《关于律师会见在押罪犯参与刑事案件申诉的暂行规定》和《关于律师在狱内案件侦查阶段参与刑事诉讼活动的暂行规定》的修改工作进行了讨论；就律师会见流程及维护律师权益等相关事项进行了交流和沟通。双方人员还一同参观了市第一看守所的接待室，实地考察了设立律师服务站地点的办公条件。

北京市律协加强与相关部门的沟通，协调解决了一些看守所会见时间限制、会见人数限制、会见文书限制、会见窗口不足等问题，保障律师的会见权。市律协工作人员还实地考察多处工作站设立地点的办公条件，对工作站的日常接待工作进行调研。

（五）与工商、税务机关加强协作

2013年2月，北京市律协与北京市工商局共同签署了《北京市工商局、北京市律师协会合作协议》，制定出台了律师查询利用工商企业档案操作指引，解决了律师查询企业工商档案的实际困难，并就律师介入企业工商注册代理业务、建立律师参与市场监管重大行政决策专家咨询论证工作机制、加强消费者权益保护法律服务工作等方面达成了具体合作意向，为拓展律师业务领域与服务范围搭建了平台。此后，协会还跟踪了解了《律师查询利用工商企业档案操作指引》落实情况，协调解决了该指引执行过程中出现的一些新问题。

2015年7月，北京市律协与北京市工商局档案中心进行两次座谈，对如何更好利用市工商局企业信息查询系统，便捷北京律师工商查档，进行交流，并达成了初步合作意向。并对北京市律师事务所数据信息加载CA数字证书等技术性问题进行了再次磋商，为进一步合作做好准备。

市地税局与市律师协会多次召开律师税收工作座谈会。围绕如何完善律师行业税收征管工作以及增强税收征管工作的可操作性等问题进行深入的交流与探讨。

（六）与北京双高人才发展中心签订了合作协议

2013年，北京市律师协会与北京市双高人才发展中心签订了合作协议。协议内容主要包括四个方面：一是双方建立长期合作关系，进一步将律师行业人才队伍建设融入北京市"十二五"人才发展规划之中；二是根据首都律师行业发展的实际需求，逐步完善首都律师行业优秀人才引进机制，促进律师行业人才流动的良性循环；三是认真落实北京市提出的"十二五"期间打造世界高端人才聚集之都的总体目标，积极为北京市引进紧缺的法律服务人才；四是根据律师行业优秀人才引进的需要，按照有关规定逐步完善人

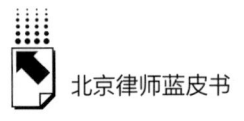

事档案接转的相关程序和标准,规范工作流程,提高律师人事档案管理的服务水平。

(七)签订《跨区域维护律师执业合法权益合作协议》

为进一步推动建立完善律师执业权益保障联动机制,北京市律协积极与相关省市就律师执业权益互助事宜进行了沟通协商,并在原有跨区域合作的基础上,起草了《跨省(市、区)维护律师执业合法权益互助合作协议》,签订协议的双方将共同推进律师权益保障工作的开展,互助协作,互相配合,建立健全跨区域个案维权工作机制,进一步畅通跨区域的律师维权渠道,为切实维护律师执业合法权益提供有力保障。2014~2015年,北京市律师协会与吉林省、河北省、山东省律师协会签订了《跨区域维护律师执业合法权益合作协议》。

2015年,北京市律协加强个案维权工作,协调解决北京律师在代理案件过程中被对方扣留事件,保障了律师的人身安全与执业权利。组织律师参与北京市依法保障律师执业权利实施细则的起草工作,印制完成北京律师维权手册,指导区律协及律师工作联席会开展会员权益保障工作,引导广大会员正确保护自身的合法权益。

四 北京市律协加大行业规范引导和纪律处分力度

近年来,律师行业随着社会发展进程的加快,也出现了一些新的问题,针对新形式、新问题,北京市律协深入贯彻落实司法部、全国律协有关文件精神,加大行业规范引导和纪律处分力度,大力推进北京律师队伍诚信建设和职业道德建设,将纪处工作与行业发展的新形势紧密结合起来,更好地维护北京律师的品牌形象,促进北京律师行业健康发展,在全国发挥示范带头作用。

(一)进一步规范和完善律师行业惩戒工作

行业纪律处分工作是律师协会行业自律管理体系的重要组成部分,对少数违规违纪会员的惩处，也是对大多数会员以及整个行业形象的维护。2013～2015年，北京市律协加强学习，与时俱进，总结经验，严格办案，在调研的基础上，进一步规范和完善律师行业惩戒工作。

1. 主动及时查处律师违纪案件

2013年，北京市律协受理投诉140件，立案63件，移送各区县律协调查处理49件，审结55件，对22名律师、1名实习律师和8家律师事务所作出了纪律处分。受理会员纪律处分复查申请7件，审结3件（含上年度立案未审结案件）；受理执业纠纷调解案件2件，转相关区县律协处理。

2014年，协会受理投诉150件，立案78件（其中区县律协上报52件），审结68件，对30名律师和11家律师事务所作出了纪律处分，同比分别增加了36.4%和37.5%。按照《北京市律师协会诚信信息管理办法》的要求，在首都律师网上发布行业纪律处分通报情况，对3名律师受到公开谴责（含）以上行业纪律处分、3名律师受到行政处罚的结果予以公布。此外，还对李某某等人强奸案相关辩护及代理律师涉嫌违规行为的相关查处情况在首都律师网上进行了通报。切实维护行业纪律的严肃性和北京律师行业的整体形象。

截至2015年底，第十届律协共受理当事人投诉68件，立案36件，审结46件。就21件投诉案件先后召开6次听证会，对6家律师事务所和15名律师作出了纪律处分，受理会员纪律处分复查申请3件，审结3件（含换届前立案未审结案件）。

北京市律协还安排理事律师代表值班接待当事人投诉。

2. 加强市、区两级律协纪处工作衔接

市区两级纪处工作机制是北京市律协的工作创新，开创了全国律师纪处工作的新模式。随着两级纪处工作架构的不断完善，逐渐形成了行之有效的市区两级纪处工作模式与联系机制。为进一步加强市、区两级律协纪处工作衔接，北京市律协与市司法局监管处、各区县律协多次召开纪律处分工作联席会，对两级律协纪处工作的职能划分和沟通衔接机制进行专题研讨，制定《区（县）律协上报的投诉案件查处工作流程》，完善行业纪律处分

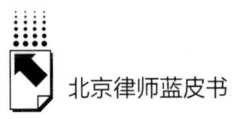

工作程序,加强对区县律协立案工作的指导和监督。对市律协、区县律协纪处委委员及秘书处负责受理投诉的工作人员进行培训,提高了行业纪处工作水平。

3. 组织学习,提高纪处工作水平

北京市律协纪处委组织委员认真学习《全国律协关于进一步加强和改进律师行业惩戒工作的意见》及《全国律协关于进一步加强以诚信建设为重点的律师行风建设的意见》,就纪处工作中委员报送案件过程中关注的问题、撰写审查报告应注意的问题、区县律协秘书处处理投诉案件过程中应注意的问题、区县办理纪处案件审查情况总结及论述的方法与技巧等进行讲解培训,就区县律协承接投诉案件后的工作运行、遇到的问题进行探讨。北京市律协纪处委还就投诉案件审查报告的撰写及纪处规则的适用问题对区县律协纪处委的委员进行培训。

2015年8月,第十届北京市律协执业纪律与执业调处委员会成立,各位纪处委委员认真签署了履职承诺书,并宣誓认真履职、勤勉尽责、严守秘密、接受监督,以高度的责任感和使命感圆满完成纪处工作。随即召开纪处工作培训会议,讲解"如何做好纪处工作""如何写好审查报告"。

4. 加强调研,研讨交流纪处工作

针对近年来纪律处分工作部分职能移交区律师协会后的运行情况及产生的新问题,协会开展了专项调研,通过走访、座谈、研讨、问卷调查等形式广泛征求意见,对市区两级纪处工作机制的现状、效果、问题等进行梳理、总结和评估,就进一步提高全市纪处工作的制度化、规范化、标准化水平,加强和完善市区两级律师协会纪律处分工作机制提供了决策参考。

此外,还由北京市律协副会长带领市律协执业纪律与执业调处委员会一行赴外省市学习交流。就律师行业纪律处分工作开展情况及经验做法,省律协与所辖各市律协之间行业纪律处分工作职责分工及衔接机制,纪处委与秘书处工作对接程序以及纪处工作面临的新情况、新问题等进行探讨。

（二）加大行业规范引导

1. 出台规范执业指引

北京市律协针对行业发展中出现的问题及时规范和引导律师执业行为。

2013年，针对李某某等人强奸案的相关代理及辩护律师的违法违规执业行为，北京市律协组织起草了《北京市律师办理不公开审理刑事案件业务操作指引》和关于律师公开发表言论的规范执业指引。

2014年，针对行业内引发广泛关注的泄露当事人隐私、发表贬低同行的言论、律师事务所管理不规范等问题，以及全国律协关于加强律师行业诚信建设的有关要求，北京市律协多次召开专题座谈会对《北京市律师执业规范》（修订草案）进行讨论和修订，针对律师发表司法评论和利用媒体的问题，协会制定出台了《北京市律师协会执业纪律与执业调处委员会规范执业指引》，对律师在执业过程中的相关行为进行引导和规范。

2. 开展律师事务所巡查检查工作

2014年9月，全市律师事务所主任会议召开，对贯彻落实市司法局、市律师协会、区县司法局、区县律师协会（律师工作联席会）、司法所和律师事务所"六位一体"责任制专项检查工作作了部署。北京市律协组织开展了2014年度律师事务所巡查检查工作，先后分四批对抽查的40家不同规模、不同区域的律师事务所进行了走访，从律所基本规章制度建设、实习人员管理、律所风险防控机制建立、大案要案报备及全程跟踪指导、法律服务质量控制、档案管理等多个方面，了解律所的实际情况、查找制度漏洞并督促其及时进行整改。

3. 加强律师职业道德、执业纪律教育

2014年，北京市律协举办了"规范与诚信执业"专题交流培训会，在新执业律师宣誓仪式中结合行业惩戒具体案例解读律师职业道德和执业纪律，与区县律协合办了青年律师职业道德、执业纪律培训交流会，不断加强律师的职业道德、执业纪律教育。

2015年，北京市律协举办律师职业道德、执业纪律与风险防范专题培

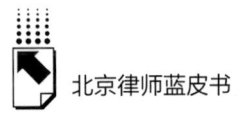

训班,引导广大律师加强风险防范意识。召开"新常态 新思维 新路径 新辉煌——专业与诚信"研讨会,促进行业诚信建设。印制完成《北京律师执业警示录》,将近年来受到行业纪律处分的会员违法违规典型案例进行整理、编辑和点评,发放给广大律师和律师事务所进行警示教育。

五 北京律师全力开展马航MH370失联事件法律服务工作

面对马航MH370失联事件,北京市律协紧急组织北京律师及时、全力、持续开展相关法律服务工作:为政府部门妥善处置事件提供法律意见、建议十余份;组成民法等10余个相关专业委员会,选派60余名律师组成马航客机失联事件应急法律咨询小组,参与全国和北京两个MH370乘客家属服务保障平台的工作,共接待现场咨询2000余人次,电话咨询近300人次;指派律师担任马航客机失联应急指挥部法律顾问;组建了MH370乘客家属索赔谈判律师团,积极为代表家属和马来西亚航空公司就航空公司责任赔偿方案进行谈判做准备;成立了马航失联事件法律诉讼律师团,代表乘客家属与马航就航空公司责任赔偿方案进行谈判;协助相关部门草拟《马航MH370失联事件电信善后工作意见》;集中就乘客家属反映的各类问题举办讲座;建立MH370全国乘客家属后续保障平台和马航事件北京乘客家属服务保障平台等。70多位应急法律服务团的律师在非常长的周期内,坚守在工作第一线,较好地发挥了法律服务促进社会和谐稳定方面的积极作用,展现了首都律师的风采,体现了首都律师的大局意识和责任意识,充分发挥了首都法律业在促进社会和谐稳定方面的积极作用。

(一)马航MH370失联事件回顾

2014年3月8日00时42分,马来西亚航空公司B777-200ER型飞机(机身编号9M-MRO),执行MH370(吉隆坡至北京)航班任务,在马来西亚吉隆坡国际机场起飞,计划2014年3月8日6时30分在北京降落。3

月8日1时20分，MH370航班在马来西亚和越南的交接处与胡志明管控区失去联系，同时失去雷达信号，经向相关管制部门联络证实，该机一直未与我国管制部门建立联络或进入我国空管情报区。8时44分马航官网发布第一份声明：确认北京时间8日2点40分MH370航班与塔台失去联系。据报道，这架飞机上载有227名乘客和12名工作人员，乘客中有中国大陆乘客154名。

马航MH370的失联引起国际社会的关注，我国上下更是心系马航MH370。得知消息后，中共中央总书记、国家主席、中央军委主席习近平立即作出重要指示，要求外交部和我国有关驻外使领馆加强与所在国有关部门的联系，密切关注搜救进展情况，全力做好应急处置和中国公民善后工作。要求交通运输部、民航局等有关部门立即启动应急机制，积极配合做好相关工作，并进一步加强民用航空领域的安全检查，确保民用航空运行绝对安全。中共中央政治局常委、国务院总理李克强对救援善后工作作出批示，要求有关部门与马方民航部门加强沟通联系，督促加大搜寻力度，尽快核实机上中国乘客具体情况，与外方共同做好应急救援准备，及时妥善做好乘客家属工作。外交部、交通运输部、民航局等部门和我国驻马来西亚、越南使馆启动应急机制，全力做好处置工作。① 北京市政府与外交部、交通运输部、民航局、司法部、公安部、民政部等多部委联合成立应急服务工作组，为中国失联客机乘客家属提供医疗保障、心理疏导及法律援助等服务。

（二）市律协组织律师为马航失联事件提供法律服务

马航MH370失联事件发生后，北京市律协快速反应，及时组织北京律师为社会各界提供公益法律服务。

2014年3月9日，北京市律协组织民法、保险法等专业委员会相关律师召开研讨会，研讨形成了《北京市律师协会关于马航失联事件的应急法

---

① 《马航客机失联 习近平李克强分别作重要指示和批示》，光明网，http://news.gmw.cn/2014-03/09/content_10618868.htm，访问日期2016年10月10日。

律建议》，提交给有关方面参考。

3月10日，北京市律协成立马航客机失联事件应急法律服务团，成员来自民法、民事诉讼法、交通管理与运输法、侵权法、保险法、合同法、婚姻与家庭法、劳动与社会保障法等相关专业委员会，共计64名律师。服务团共分为5个工作小组，分别进入马航客机失联事件家属入住的5家酒店，昼夜值守24小时全程接待法律咨询服务。

3月13日，北京市律协组织马航客机失联事件应急法律服务团全体成员进行了集中培训，强调服务团的工作职责及相关工作要求，确定了由市律协统一汇总上报当日工作站有关法律咨询服务情况的工作机制。

3月15日，北京市律协组织侵权法、民事诉讼法、婚姻与家庭法、保险法等专业委员会律师及部分资深律师召开研讨会，研讨形成《马航失联事件可能涉及的一些法律知识及建议》。

3月18日、19日，北京市律协委派工作人员赴马航失联事件应急服务工作小组的五个工作站，看望正在向家属进行法律咨询服务的律师。

3月22日，北京市律协组织民事诉讼法、刑法、合同法、民法等专业委员会召开研讨会，研讨形成《关于马航客机失联事件涉及有关法律问题的参考意见》。

4月1日，北京市律协计划成立马航失联事件法律诉讼律师团并向57个专业委员会发出通知，号召委员会成员自愿报名。截至4月3日，共有100余家律师事务所，300余名专业委员会成员报名。

4月8日，北京市律协遴选相关领域专业律师共11人组建了MH370乘客家属索赔谈判律师团，为家属提供公益性法律服务，代表家属和马来西亚航空公司就航空公司责任赔偿方案进行谈判。同时组建一个律师支持团队，由前期在丽都等5家酒店值班的马航失联航班律师法律咨询团队构成，其成员全部为协会相关专业委员会的委员，共60余人，负责证据收集、相关法律研究等基础工作，支持谈判律师团的工作。

4月10日，北京市律协召开MH370乘客家属索赔谈判律师团工作会议，会议确定了《MH370乘客家属索赔谈判律师团工作方案》。

4月14日,应MH370部分乘客家属邀请,MH370乘客家属索赔谈判律师团成员毕文胜、张金澎律师就"适时开始民事索赔的准备工作及民事索赔与搜救行为之间的关系"等法律问题为家属举办了讲座。

4月15日,MH370乘客家属索赔谈判律师团为家属编写了《马航失联事件家属索赔相关法律知识简明手册》,计划印刷成册,发放给家属。

4月16~29日,MH370乘客家属索赔谈判律师团和北京市律协秘书处召开工作会议,为启动家属索赔谈判工作准备相关文件。

4月30日,MH370乘客家属索赔谈判律师团及支持团30余名律师进驻丽都假日酒店工作站,为失联乘客家属提供现场和电话法律咨询服务,并进行委托意向登记。在此期间,共有122位乘客的家属向谈判律师团进行了咨询,同时有43位乘客的家属有初步意向委托谈判律师团,另外79位乘客的家属待协商后确定。

5月4日,北京市律协选派10余名马航客机失联事件应急法律咨询小组成员律师参与由外交部牵头,对位于顺义空港的MH370全国乘客家属后续服务保障平台工作,提供法律咨询服务。5月6日,北京市律协选派20余名马航客机失联事件应急法律咨询小组成员协助马航事件北京乘客家属服务保障联合办公室工作,提供法律咨询服务。

5月8日,北京市律协召开MH370乘客家属索赔谈判律师团工作会议,讨论谈判律师团下一步工作安排及具体操作流程。

5月9日,北京市律协举办"一对一法律服务律师"知识讲座,共50余名律师参加。

6月25日,MH370乘客家属索赔谈判律师团在京召开北京乘客家属见面会,谈判团为家属们介绍了谈判团成员基本情况及谈判团下一步工作思路,并对家属们提出的谈判地点、范围、对象等问题进行了解答。8~12月,北京市律协多次召开MH370乘客家属索赔谈判律师团工作会议,通报工作情况。通过对部分家属进行的细致的情况摸底和证据收集指导,形成了若干指导样本,并根据建档谈话的实际情况进一步完善了证据收集指引,就如何完善证据收集工作进行讨论,与相关技术人员探讨搭建证据收集工

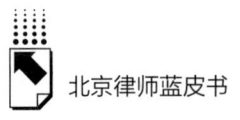

作系统。据乘客家属委托情况,讨论谈判律师团下一步工作安排及具体操作流程。

2015年3月,MH370乘客家属索赔谈判律师团成员与马来西亚航空公司委托代理人就相关赔偿事宜进行接洽。3月下旬至7月,律师团成员与信息技术人员研究并测试索赔谈判专用程序软件。继续根据现阶段乘客家属委托情况,研判索赔谈判方案。

MH370事件发生之前,中国律师们几乎没有国际空难的索赔经验,亟须国外空难索赔专家的加入。臧洪亮律师和徐玲律师通过私人关系,联系到国际空难索赔领域有丰富执业经验的英国皇室法律顾问菲利普,与对方的咨询、沟通会议开了很多次,由于时差原因,经常要工作到凌晨,委托协议修改了13次才满意。[①] 7月28日,MH370乘客家属索赔谈判律师团与谈判律师团顾问、英国皇室法律顾问菲利普召开工作会议。会上菲利普介绍了其与安联初步接触的情况,双方就索赔谈判事宜进行讨论并就7月29日家属见面会事宜进行了交流。7月29日,MH370乘客家属索赔谈判律师团和谈判律师团顾问、英国皇室法律顾问菲利普与部分已委托谈判律师团的乘客家属召开见面会。7月30日,MH370乘客家属索赔谈判律师团与谈判律师团顾问、英国皇室法律顾问菲利普召开工作会议。会议根据乘客家属见面会情况,讨论索赔谈判方案。

2015年,律师团圆满完成马航MH370事件索赔谈判工作。自马来西亚政府2015年初宣布马航MH370失事后,MH370乘客家属索赔谈判律师团加紧推进索赔谈判相关工作,与马航及其保险公司进行了两轮正式谈判及多次非正式沟通,指导家属开展相关证据收集工作,为每个家庭准备了完备的索赔材料,最终促成46家乘客家属接受和解方案,并在春节前完成了40家(其中北京乘客家属13家)和解协议的签署及公证工作,为家属争取到目前为止中国空难索赔史上最高的赔偿金额。

[①] 刘子阳:《北京律师团义务服务马航事故260余天》,法制网,http://epaper.legaldaily.com.cn/fzrb/content/20141126/Articel05001GN.htm,访问日期2016年9月25日。

（三）律师工作获得各方一致好评

法律服务工作是整个马航失联事件应急服务工作中的重要环节，法律服务团队提供了及时、专业的法律服务，对解答家属疑虑、安抚家属情绪发挥了重要作用，北京律师在服务马航事件的过程中，良好的执业素养与无私的奉献精神得到了工作组及乘客家属的一致肯定。被法制日报、法制网、中国律师杂志社、中国律师网评选为2014年度中国律师行业最受关注新闻事件之一。

2014年6月召开了第九届北京市律师协会理事会第十二次会议。张学兵会长对参与马航MH370失联事件法律援助相关工作的民法、侵权法、民诉法、交通管理与运输法等10余个相关专业委员会135位专业律师给予了高度的表扬。

8月，北京市律师协会收到司法部律师公证司转中国政府联合工作平台家属工作站的表扬信，对北京市百瑞律师事务所实习律师张薇在工作中的出色表现予以高度评价。

51岁的中闻律师事务所合伙人李波，是一位优秀的侵权法专家，他带病加入马航事件志愿律师团，被确诊肝癌晚期之后，仍默默坚守岗位，积极组织侵权法专业委员会成员参加"法律咨询小组"的值班工作，并义不容辞地冲在了前面。他白天忙碌于丽都饭店现场为家属解答法律问题、安抚家属情绪，晚上留守工作站值班以防出现突发性事件，在其他律师由于特殊情况不能值班的时候，李波律师还主动替班。2014年9月26日，北京市律师协会作出《关于开展向李波律师学习活动的决定》，号召全市各律师事务所和全体律师把开展向李波律师学习的活动，作为加强律师队伍建设的一项内容，以行动诠释律师职业精神，以奉献提升律师行业形象。

11月，《中国律师》杂志以《马航事件应急处理中的北京律师》为题，报道了北京市律协组织律师开展马航MH370失联事件法律援助工作情况。

2015年2月，第九届北京市律师协会专业委员会总结评优大会召开，与会领导为参与马航MH370事件应急法律服务工作的律师代表颁发了纪念奖牌。

六 北京律师在村居、政府、企业中建立法律顾问制度

党的十八届三中全会决定提出"普遍建立法律顾问制度",十八届四中全会决定明确了"积极推行政府法律顾问制度,建立政府法制机构人员为主体、吸收专家和律师参加的法律顾问队伍,保证法律顾问在制定重大行政决策、推进依法行政中发挥积极作用","推进覆盖城乡居民的公共法律服务体系建设"。北京市司法局和北京市律协积极行动,推动在村居、政府、企业中建立法律顾问制度。

(一)推进建立村居法律顾问制度,固化"法律服务村居行"

2012年,北京市司法局发布关于开展"法律服务村居行"活动方案,决定在全市范围开展"法律服务村居行"活动,组织全市律师和公证等法律服务行业人员进一步深入基层,为全市每个村和社区配备一名律师或公证员等专职法律工作者,切实解决远郊区县法律服务力量匮乏问题,实现全市村庄和社区法律服务全覆盖。2月6日,"法律服务村居行"启动仪式举行,首批80名公益律师赴北京市的80个社区和村结对开展公益法律服务志愿活动。此外,市司法局和市律师协会组建"法律服务村居行预备总队",对法律服务力量不足的远郊区县的村提供结对服务,为村民和居民就近提供便捷的公益法律服务。2013年,法律服务村居行纳入了2013年北京市政府折子工程。北京市律协积极发挥作用、搭建平台,支持和引导律师参与"法律服务村居行",截至2013年7月,"法律服务村居行"活动为全市6166个村委会和居委会配备了"一对一"结对服务律师和法律服务工作者,631家律师事务所与村委会居委会签订了法律服务协议,5015名律师直接参与各类法律服务,累计提供法律咨询服务110039人次,举办法律讲座4585场,发放法律宣传资料372381份,代写法律文书6893份,参与纠纷调解8851次,提供法律援助4454

件,担任法律顾问3265家。①"法律服务村居行"活动创新出灵活多样、深受广大群众欢迎的服务形式,如大兴区在区政府行政服务大厅设立的律师法律咨询窗口,怀柔区的法律门诊E点通QQ咨询平台,西城区的法律服务"进楼宇",门头沟区的村(居)委会单公益法律服务点,朝阳区的CBD"午间法律服务一小时",东城区的律师公益热线等。"法律服务村居行"工作机制初步建立,对普遍建立村居法律顾问制度进行了有益探索。

(二)"法律服务村居行"向普遍建立村居法律顾问制度转型升级

2014年2月26日,"法律服务村居行"推进建立村居法律顾问制度启动,北京市律协积极参与试点工作,扎实推进村居法律顾问制度试点工作。建立村居法律顾问制度,是贯彻落实十八届三中全会和市委贯彻三中全会决定作出的普遍建立法律顾问制度重要部署的具体举措,也是2014年北京律师重点工作。在"一村一居一律师"工作基础上,各区县积极争取相关部门支持,运用纯公益、公益加补贴、政府购买服务、市场化运作等多种方式,鼓励支持结对律师担任村居法律顾问,推动建设并形成"一村一居一顾问"工作格局,把法律顾问纳入"讲询调训"的服务内容,让结对律师在为村居民提供法律服务的同时,为村居围绕发展区域经济、推进村居建设、加强和改善村居社会管理、维护村居合法权益等提供法律服务,为全面建立村居法律顾问制度积累经验。"法律服务村居行"与村居法律顾问制度建设试点工作有机衔接,截至2014年底,全市有3743个村居建立了法律顾问制度试点(其他未开展法律顾问试点的村居有一名结对律师提供法律服务),占全市村居的57%。

(三)村居法律顾问制度的全覆盖

普遍建立村居法律顾问制度是2015年北京市政府折子工程。北京市司

---

① 参见《市律协举行法律服务村居行优秀公益律师宣传活动》,首都政法综治网,http://www.bj148.org/tp/fz/201307/t20130709_335374.html,访问日期2016年8月11日。

法局多次召开会议研究部署，与各区司法局层层签订责任书，确定完成时间表，从上到下把全面建立村居法律顾问制度纳入了司法行政机关重要议事日程。协调市财政将村居公益法律服务纳入政府购买法律服务项目；与市政府采购中心建立村居公益法律服务律师事务所资源库，539家律师事务所具备服务资格。与市财政局联合出台文件，对村居法律顾问经费保障工作进行规范。

2015年，全市共有1978名律师与村居签订结对服务协议，1907名律师担任村居法律顾问，3991名律师参与村居法律服务。服务律师共提供法律咨询服务63913人次，举办法制讲座4084场次，发放法律宣传资料628529份，代写法律文书4000份，参与纠纷调解8275次，对调解员等人员开展培训10651人次，提供法律援助1916件，帮助村居修订完善村规民约648件，为村居提供法律意见和建议2147条。北京市16个区6878个村居全部建立"一村一居一法律顾问"工作网络，村居法律顾问全覆盖。实现"法律服务村居行"向普遍建立村居法律顾问制度的转型升级。[1]

（四）多形式探讨培训，提升律师服务技能

北京市司法局、市律师协会采取合办和区县自办培训班等多种方式，分期分批对司法所干部、律管干部和村居法律顾问开展系列业务培训，切实强化司法所的统筹协调和联系服务功能，努力提高律师的服务技能。结合律师队伍全面依法治国教育活动，组建由部分村居法律顾问参加的宣讲报告团到区县开展巡回宣讲，发挥市律师协会各专业委员会和公益法律服务中心的功能，为律师开展村居公益法律服务提供业务咨询和智力支持。

2013年7月，北京市律协与西城律协联合举办"律师业务拓展与创新（第三讲）—法律顾问业务拓展与创新"讲座。资深律师就承接大型国企改制等法律顾问业务和承接乡镇土地一级开发法律顾问经验进行了讲解。2014

---

[1] 钟馨：《北京：政府"买来"法律服务 6878个村居都有法律顾问》，新华网，http://news.xinhuanet.com/local/2016-02/18/c_128729460.htm，访问日期2016年10月10日。

年,北京市律协举办"律师在普遍建立法律顾问制度中的作用"专题研讨会,就"律师在建立政府法律顾问制度中的作用""律师在建立公司法律顾问制度中的作用"进行专题研讨。2014年4月,北京市律协在北京律师学院举办了"企业、政府、村居法律风险防控律师实务专题"培训班,针对四个专题进行了为期两天的培训活动,讲授及分享"大数据时代商业模式变革与律师业务创新""企业法律风险管理的困与惑""政府法律顾问律师工作实务""农村法律事务律师实务操作"四个专题。

2014年5月第二季"首都女律师向日葵发展计划"培训班160余名女律师参加了基层政府法律顾问实务的培训。

(五)表彰先进,发挥典型的引路作用

北京市司法局、北京市律协注重发挥先进典型的引路作用,连续2年对在"法律服务村居行"工作中表现突出的百名优秀公益律师进行表彰,组织优秀律师和聘请律师担任村居法律顾问做得比较好的村居作经验交流,树立和提升司法行政机关和法律服务工作者司法为民的良好形象。

七 北京市律协成立公益法律服务中心

(一)公益法律服务中心揭牌

2013年10月31日北京市律师协会公益法律服务中心(下称服务中心)正式揭牌,该中心整合了业内公益服务机构,拥有强大的公益律师阵容,为市民提供免费法律服务。同时,该服务中心还引入了专项法律服务团队针对农民工、老年人、残疾人、下岗职工、妇女和青少年六类群体提供法律支持。公益法律服务中心拥有近600名公益律师,涵盖市律协57个专业委员会、多家从事公益服务的律师团队和律师事务所的专业力量,形成了较为全面的公益法律服务体系。该服务中心设有一个咨询中心,通过电话咨询、网络咨询、现场咨询等形式为市民解答法律疑惑。此外,服务

中心还引入北京市致诚律师事务所、北京市王玉梅律师事务所、北京义贤律师事务所和市律协残疾人律师服务志愿团、市律协女律师联谊会等专业公益服务机构针对农民工、老年人、残疾人、下岗职工、妇女和青少年六类群体提供专项法律咨询服务。市律协物业管理、医药卫生、劳动与社会保障、企业法律风险管理4大专业委员会和北京市律师行政工作法律服务团、北京市律协"普法大讲堂"律师团的专家律师还参与了物业纠纷、医患纠纷、劳资纠纷等社会矛盾纠纷化解，为中小微企业、个体私营企业提供免费法律服务，为全市各级政府提供法律服务，开展法制宣传，举办免费法律教育和讲座等活动。[①]

（二）不断创新公益法律服务工作机制

2014年，北京市律协组建成立北京市老年人法律服务团，并从人员、设施、资金、工作安排等方面大力支持老年人法律服务团开展工作。将每周二特设为老年人法律服务团咨询日，每日安排6位律师值班，通过现场接待、电话咨询、上门服务等多种方式，为老年人提供法律帮助，依法维护老年人的合法权益，促进社会和谐稳定。老年人法律服务团自成立以来，2014年度累计组织北京律师240余人次到北京市律协公益法律咨询中心进行针对老年人的公益法律服务工作，接听法律热线1800余个，现场咨询900余人次；预约上门服务40人次，已完成上门服务5人次，举办涉老法律知识专项培训1次，参加培训400余人次，向社区、老年公寓、养老院发放各种法律宣传折页2000余份。

为贯彻落实十八届四中全会决定精神，协会配合市司法局筹备召开公益法律服务经验交流会，总结近年来北京律师行业开展公益法律服务工作情况，探索构建公益法律服务体系。配合市司法局建设首都市民法治宣传教育基地，选派了10家优秀公益服务志愿律所，组成了146名律师的服务团队，

---

① 《北京律协成立公益法律服务中心免费提供法律服务》，北晚新视觉，http://www.takefoto.cn/viewnews-51810.html，访问日期2016年9月22日。

帮助首都图书馆设立面向公众读者的法律专家志愿者咨询服务平台，为广大读者义务提供法律咨询服务，开展法制讲座、读者法律沙龙等活动。

（三）北京律师投身公益法律服务热情高涨

2013年，公益法律咨询中心共接听热线电话7197个，接待现场咨询2234人次，答复网上咨询贴1195个。2014年，公益法律咨询中心共接听热线电话5500余个，接待现场咨询2800余人次。2015年底，公益法律服务中心共接听热线电话3013个，接待现场咨询1794人次。

北京市律协每年面向全市律师招募中心值班律师，律师踊跃报名，协会对报名律所进行审核，并开展集中培训。中心值班律师的招募一年比一年火热。协会不得不让一些参与多年的老所定期轮换，以便更多的律师能有参与公益服务的机会。

（四）推动公益法律服务工作的深入开展

北京市律师协会公益法律服务中心的组建，是贯彻习近平总书记重要讲话和十八大精神的实际举措，是维护最广大人民合法权益的有效途径。作为全行业履行社会责任的平台，北京市律师协会公益法律服务中心充分整合优质律师资源，做好中心服务保障工作，加强公益服务的规范管理，有效引导群众依法维权、引导律师参与社会管理，同时为律师行业服务社会、服务群众积累经验。北京市律协以公益法律服务中心揭牌为契机，不断加大力度，一如既往地支持、推动公益法律服务工作的深入开展。近年来，北京积极推进律师公益法律服务工作，完善律师参与法律服务的路径和渠道，构建起了多层次、全方位、立体化、可持续的律师公益法律服务机制，并形成了一批群众称赞、社会支持、政府认可的公益服务品牌。

八 北京市律协开展行业评优表彰工作 扩大行业影响

为树立先进典型，发挥模范带头作用，北京市律协组织开展了北京律师

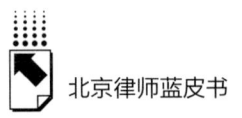

行业创先争优先进集体先进个人评选活动、百名优秀公益法律服务律师表彰、首都律师先进事迹宣讲会，以及优秀知识产权律师、优秀房地产律师、优秀婚姻家庭法律师、优秀劳动法律师评选活动等一系列评优表彰活动。与此同时，以评优表彰活动为契机，协会与社会新闻媒体进一步加强合作，对优秀律师和律师事务所的先进事迹进行广泛宣传，积极树立首都律师的良好形象。

（一）"法律服务村居行"优秀律师表彰活动

2013年，北京市律师协会举办"情系百姓 法暖万家——法律服务村居行优秀公益律师"颁奖典礼，总结北京市律师行业"法律服务村居行"活动开展一年来的工作，对在活动中涌现出来的100名优秀公益律师进行了隆重表彰，巩固与深化了"法律服务村居行"活动成果，引导广大律师更加积极地投身于"法律服务村居行"活动，为基层群众提供了便捷、高效的法律服务。

（二）表彰优秀专业律师

2013年1月，北京市律协开展"北京市优秀知识产权律师"和"北京市优秀房地产律师"评选工作。通过首都律师网公示、评审、面试考核，全体评委经无记名投票确定"十佳知识产权律师"和"十佳房地产律师"获奖名单，授予马东晓等10名律师"北京市十佳知识产权律师"荣誉称号、陈旭等10名律师"北京市十佳房地产律师"荣誉称号、杨华权等10名律师"北京市优秀知识产权律师"荣誉称号和戴宏坤等10名律师"北京市优秀房地产律师"荣誉称号。突出地展示了北京律师的专业形象，进一步引领了行业发展方向。

2014年，北京市律协组织开展"劳动法专业优秀律师"和"婚姻家庭法专业优秀律师"评选活动，与《北京晚报》《香港文汇报》《中国律师》杂志等媒体合作，对获选的优秀律师和律师事务所进行了系列专题报道，起到了很好的宣传效果。2014年1月，北京市律协召开优秀律师表彰暨新时期律师业务拓展座谈会,授予吴颖萍等 10 名律师"北京市十佳劳动法专业律师"荣誉称号、王芳等 10 名律师"北京市十佳婚姻家庭法专业律师"荣誉称号、徐晓丹等 10 名律师"北京市优秀劳动法专业律师"荣誉称号、李军等 10 名律师"北京市优秀婚姻家庭法专业律师"荣誉称号。

北京市律协开展的专业优秀律师评优工作,突出了首都律师专业色彩,不仅促进北京律师向专业化领域迈进,而且能够激励更多的北京律师,尤其是更多的年轻律师投身专业领域,促进北京律师队伍向专业化发展。同时让社会各界更好地了解北京律师,以此带动整个行业的发展与进步,实现双赢的社会效果。

(三)举办首都律师先进事迹宣讲会

2013 年 2 月,市司法局、市律协联合举办了首都律师先进事迹宣讲会。对蒲凌尘、马兰、朱振武、李海珠和王芳 5 名律师进行通报表扬,宣读会上,5 位律师分别从解决国际贸易争端维护民族产业权益,放弃舒适生活条件主动到雪域高原投身法律援助事业,将普法班车开进农村社区并免费提供法律服务,发挥专业特长服务中关村科技园区企业发展,专心致力于婚姻家庭法律服务维护妇女儿童合法权益等方面讲述了他们的感人事迹和工作体会。

(四)评选优秀专业委员会、专业委员会主任

2015 年 2 月,第九届北京市律师协会专业委员会总结评优大会召开。57 个专业委员会及北京市律协相关领导投票选出了"十佳专业委员会"、"优秀专业委员会"、"十佳专业委员会主任"以及"优秀专业委员会主任"。

(五)表彰先进基层党组织和优秀共产党员

2015 年 7 月 1 日,在纪念中国共产党成立 94 周年之际,北京市律师

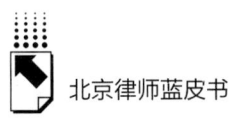

协会党委隆重召开七一表彰大会，表彰 2013~2015 年度全市律师行业先进基层党组织和优秀共产党员，市司法局党委书记、局长于泓源同志在讲话中充分肯定了近年来全市律师行业党建工作取得的成绩，并希望广大律师要以受表彰的先进典型为榜样，虚心向先进学习，努力向榜样看齐，认真贯彻落实党的十八大和十八届三中全会、十八届四中全会精神，不断加强律师行业基层党组织建设，充分发挥律师行业党组织和广大律师党员的战斗堡垒作用和先锋模范作用，锐意进取，开拓创新，不断谱写首都律师工作发展的新篇章。

（六）北京律师获得多项荣誉

北京市 21 家律师事务所的 400 余名律师以高度的责任心和社会责任感积极投身到北京市劳动争议的调解工作中。他们化解了大量的劳动争议，有力地促进了社会的和谐稳定。2013 年 3 月 20 日，北京市劳动争议调处工作领导小组办公室作出《关于表彰"优秀劳动争议调解员"和"先进劳动争议调解组织"的决定》，30 名优秀劳动争议调解员中有 15 名律师，他们是：刘建邦、李璐、曹雅凤、白洪梅、于德华、刘飞、刘建平、李弘晟、周立军、王璐、段慧励、赵一凡、葛磊、郑建业、董梅。

2014 年，北京市尚公律师事务所等 27 家单位被评为"北京市司法行政系统先进集体"，北京市天同律师事务所主任蒋勇等 18 名律师被评为"北京市司法行政系统先进个人"。

2014 年，多名北京律师荣获"1+1"中国法律援助志愿者行动 2013 年"百姓心中最满意的模范志愿律师"及"守护边疆促进民族团结的模范志愿律师"称号，北京市律师协会荣获"1+1"中国法律援助志愿者行动 2013 年度先进单位称号。

2014 年，6 名北京女律师入选《中国女律师》。

2015 年，5 名北京律师被授予 2015 年北京市劳动模范荣誉称号，他们是：北京市常鸿律师事务所的常卫东、北京市华伦律师事务所的金晓莲、北京市诺恒律师事务所的林悟江、北京市潮阳律师事务所的杨晓虹、北京市致宏律师事务所的左增信。

九 北京市律协举办各类文体活动，增强行业凝聚力

北京拥有两万多名律师，北京市律协以社会主义核心价值观为引导，通过举办丰富多彩的各类文体活动，丰富会员的业余生活，增强行业凝聚力，传播律师正能量，也向社会多方位展示律师风采。既有全市性的律师赛事，也有区县律协组织的活动，还有其他针对女律师、青年律师、老律师的文体活动。

（一）全市性律师赛事

全市性律师赛事得到区县律协的热烈响应和大力支持，北京市律协与区律协合作或者依托区律协举办全市性律师赛事，参赛区（县）律协精心组队、优选节目参赛。

2013年，举办了第一届北京律师运动会、第一届北京律师棋牌赛、2013北京律师篮球赛、青年律师登山活动、单身律师交友联谊会、感恩母亲——踏青赏花游园会、律师摄影作品展等活动。

2014年，举办第二届北京律师足球赛、第二届北京律师乒乓球赛、北京律师才艺展示大赛。

2015年，举办首届北京律师诵读比赛、第二届北京律师羽毛球赛、"走健康之路与法治同行"徒步大会、律师好声音——北京律师歌唱比赛。除此之外，第七届京沪律师桥牌赛、第七届京津沪渝粤琼六省市羽毛球赛、青年律师读书会、女律师书香律人庆中秋、老律师"九九重阳节"登山活动、北京律师文化之旅等系列活动的成功举办。

北京市律协还组建了老律师书法、绘画、合唱等兴趣小组，进行了2015年度律师事务所优秀所刊、优秀微信号评选，丰富多彩的会员文体活动有效增强了北京律师队伍的凝聚力。

（二）展现首都青年律师精神风貌，关心律师生活

为引导青年律师积极上进的精神，展现首都青年律师朝气蓬勃、昂扬向上的精神风貌，北京市律协组织了多彩的青年律师活动，既有登山、骑行等健身活动，也有熏陶情操的读书会。北京市律协每年举办的单身律师交友活动，给单身律师搭建了一个拓宽交际、展示自我、结识朋友的平台。各类活动受到了青年律师的热烈欢迎。

（三）汇聚四方精华，展示律媛风采

1."首都女律师向日葵发展计划"

"首都女律师向日葵发展计划"是北京市律协深入贯彻落实全国律师工作会议和全面依法治国教育活动，切实加强女律师教育培训工作的重要举措，是北京市律协女律师联谊会为了实现首都女律师的职业梦想，结合女律师的自身特点、针对成长中的首都女律师进行全方位培训。"首都女律师向日葵发展计划"抽取向日葵的核心元素，设置了"葵之灵""葵之韵""葵之缘""葵之荟"四个培训平台，分别从业务实践、形象礼仪、养生心理、律所管理等多个方面对首都女律师进行培训。

2013年4月20日，"首都女律师向日葵发展计划"启动仪式举行。第一期"首都女律师向日葵发展计划"培训课程开课。主题为"因为梦想而专注，因为专注而专业"。5月19日，第二期培训班举办，来自北京各律师事务所的150余名女律师参加了全天的培训活动。学员律师在轻松愉悦的氛围中，与资深律师分享执业历程及人生感悟。课程特别邀请北京外事学院教授、曾担任中国奥运会礼仪培训组负责人的刘雨楠老师，为学员律师们讲授了女律师的职业装容和执业礼仪。6月8日的培训活动特别邀请了著名心理学教授郭天觉老师讲授心理学在律师执业中的应用，并分组讨论心理学在执业过程中的应用。参加培训的170余名首都女律师收获颇丰。

2.书香律人读书会

2015年3月，北京市律协举办"书香律人读书会"启动仪式暨首都女

律师庆"三八"活动，120余位北京女律师参加了活动。李公田副局长在讲话中强调，读书可以增长知识，扩大知识量，开阔眼界，提升自我，希望女律师联谊会发挥好联系女律师的桥梁和纽带作用，带动女律师"好读书，读好书"，努力把"书香律人读书会"打造成首都女律师的一个活动品牌。

3. 舞蹈培训

2013年11月，女律师联谊会举办了4期舞蹈培训班，全市200余名律师参加。培训班教授了华尔兹、狐步、快步、恰恰等四种舞蹈。

（四）活力四射老律师风采

北京市律协关心老律师的业余生活，协会组织的老律师活动使他们活力四射、激情洋溢，受到老律师们的热烈欢迎，丰富的业余文化生活，让老律师切实感受到协会的温暖。

2013年5月16日，老律师联谊会工作委员会举办了养生讲座及春游活动，共有40余名老律师参加。本次活动邀请了慈铭健康体检机构的专家为老律师讲解了夏季养生常识。讲座后，老律师们到世界花卉大观园进行了游览。

2013年金秋十月，秋高气爽，"九九重阳节"来临之际，北京市律协老律师联谊会组织老律师来到昌平区九龙池风景区举办重阳节老律师游园活动。

2014年4月，北京市律协老律师联谊会在顺义国际鲜花港举办"老律师健康养生赏花摄影"沙龙，组织老律师赏花摄影、踏青游园，来自各律师事务所的80余位老律师参加了游园活动，席间，爱康国宾体检机构的医生还为大家讲授了老年病预防常识。

2014年5月，北京市律协老律师联谊会工作委员会举办了健康养生讲座，活动邀请泰一和浦（北京）中医研究院王峰院长为老律师讲解夏季养生常识，共40余名老律师参加。

2014年9月，北京市律协老律师联谊会组织老律师来到顺义区焦庄户地道战遗址纪念馆参观，缅怀革命先烈的英雄业绩，重温了一次爱国主义教育。50余位老律师参加了联谊活动。

2015年10月,由朝阳区律协主办,老律师工作委员会承办的"老律师金色重阳"茶话会在唐山大厦举行。63个律师事务所的老律师代表和老律师联谊会成员93人共同欢度重阳。活动组织了精彩纷呈的文艺演出,同时展出了90余件来自朝阳老律师们创作的优秀书法、绘画和摄影作品。

2015年11月,北京市律协老律师工作委员会开展赴区律协调研工作。北京市律协副会长殷杰带领老律师工作委员会委员分别赴东城、西城、朝阳、海淀和通州区律协,调研各区老律师执业和生活状况、各区律协老律师工作开展情况以及对市律协老律师工作的意见和建议。

十 北京市律协加强行业自身建设 提升行业自律水平

2013~2015年,第九届、第十届北京市律协以务实高效的工作作风,认真履行律师法和律师协会章程赋予的各项职责,不断完善行业自律体系,切实发挥行业自律作用,大力加强协会自身建设,取得了新的显著成绩。

2013年2月,北京市律师协会被授予首批"中国社会组织5A级"和"北京市社会组织示范基地"称号。

(一)加强行业规章制度建设

2015年北京市律协以章程修订工作为中心,积极推进行业规范体系建设。根据党的十八大、十八届三中全会、十八届四中全会、十八届五中全会以及全国律师工作会议精神对律师工作提出的新要求,进一步完善北京市律协章程的修订工作,先后召开了市律师代表、区律师协会会长及律师工作联席会主任座谈会广泛征求意见,并经会长会充分讨论,对章程修订草案进行了再次修改完善。开展《北京市律师执业规范》修订工作,广泛征求意见和建议,形成了较为成熟的修订稿,着手起草了北京市律协行业规范性文件制定办法、会员表彰奖励规则、智库工作规则初稿,启动北京律师评优体系论证工作，起草了《北京市律师协会表彰奖励办法（初稿）》，出台了《北京市律师事务所非律师人员管理指引》（试行），审议通过了《北京市律师协会专业委员会工作规则》和《第十届北京市律师协会专业委员会和研究会设置方案》。根据全市关于进一步加强和规范行业协会经费管理的新要求，协会还修订了差旅费管理办法、会议费管理办法、培训费管理办法及公务接待费用管理办法，为进一步加强和规范协会的费用支出及管理等工作提供了制度保障。此外，协会还组织开展了选举通则、律师学院教育培训工作规则等规章制度的起草和修订工作，以期进一步提高行业规则制定工作的科学化、规范化水平。

为了分享优秀专业律师的成功执业经验，为广大会员办理相关业务提供指导与帮助，自2013年起，北京市律师协会组织相关专业委员会编写了两批律师业务操作指引，内容涉及婚姻与家庭、合同、仲裁、竞争与反垄断、劳动与社会保障、未成年人保护、物业管理、会计审计与评估、国际投资与贸易、建设工程、有限责任公司并购、法律尽职调查、拍卖、商业秘密、中国境内私募股权投资基金设立、图书出版、信托、信息网络、刑事业务、道路交通事故律师实务、军地互涉诉讼业务、利润表阅读等法律服务领域。2015年4月，各相关专业委员会根据立法和司法实践，对上述操作指引的内容进行了修订和更新。修订后的22篇操作指引经法律出版社正式出版。

（二）进一步加强专项调研工作

2013年，北京市律协开展了新时期北京律师行业发展问题课题研究，北京市律协完成《北京律师行业蓝皮书》（第二卷）编印工作，以年度报告的形式对北京律师行业发展状况进行持续跟踪研究，为科学规划行业发展提供了参考依据。启动律师事务所和律师评级调研工作，并初步完成《律师事务所和律师评级工作调研报告》，对建立律师评级制度的可行性进行了认真分析和研究。开展团体会员会费标准调研工作，为调整团体会员会费标准提供了必要的参考。深化市区两级律师协会管理架构及职能分工课题调研成果转化工作等。

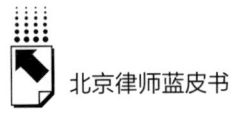

2014年，北京市律协采取发放调查问卷、实地走访的方式，多渠道对律师专职执业的情况进行调查了解，并在此基础上召开律师专职执业情况调研座谈会。就律师专职执业情况、专职律师不专职执业的原因和专职律师兼职执业存在的风险及隐患进行了分析，对如何规范律师执业行为和律师行业的发展前景进行了讨论。

（三）加强优秀律师先进典型的推树

北京市律协组织开展"劳动法专业优秀律师"和"婚姻家庭法专业优秀律师"评选活动，与《北京晚报》《香港文汇报》《中国律师》杂志等媒体合作，对获选的优秀律师和律师事务所进行了系列专题报道，起到了很好的宣传效果。与市司法局联合举行首都律师先进事迹宣讲会，对蒲凌尘、马兰等5位律师进行表扬。

（四）创新工作机制，进一步强化协会自身建设

适应律师行业发展的需求，第十届律协在第九届律协原有15个专门工作委员会的基础上，增设了业务拓展与创新、区县联络和老律师3个专门工作委员会，将规章制度委员会更名为行业规则委员会，宣传与联络委员会更名为宣传、联络与表彰工作委员会。为动员全体律师代表参与协会工作，协会向全体代表发放了第十届北京市律协专门工作委员会职位自荐表，253位律师代表及300余位行业骨干律师被吸收到新一届专门工作委员会中。

根据广大会员的需求，协会对专业委员会工作规则进行了修订，进一步明确了专业委员会定位，增加了接受会员咨询、为突发重大事件提供法律意见等职责。根据代表提案，新设立3个与新业务领域相关的专业委员会，将涉及法律领域重复、交叉较多的10个专业委员会合并为6个。为加强对综合性应用法律领域的探讨研究，更好地服务国家法治建设和国家发展战略，设立了"一带一路"、京津冀协同发展、法治北京、司法改革四个研究会。同时，协会创新了专业委员会主任、副主任候选人产生方式，增加了全体理事和监事民主推荐环节，有效扩大了民主推荐的范围，2865名在不同法律

业务领域各有精专的律师加入到 53 个专业委员会和 4 个研究会中,进一步扩大了专业委员会工作的覆盖面。为提升专业委员会工作水平,充分发挥专业委员会在提升律师业务水平与拓展执业空间方面的作用,协会还组织召开了专业委员会负责人培训会,就健全工作机制、明确工作任务、规范工作流程及创新工作方式等提出了具体要求。

(五)加强秘书处队伍建设

第十届北京市律协增聘了两位副秘书长,增设了执业申请部、权益保障部、律师学院教务处办公室,细化了部门岗位职责,优化了人员配置,完善了秘书处的相关工作规则,为秘书处更好地履行职责奠定了基础。

分 报 告
Topical Report

B.4
北京律师事务所内部管理形态的新发展*

孟 涛**

摘 要： 律所管理形态可以划分为个体制管理、合伙制管理和公司制管理等三种形态。三种形态的管理方式逐渐从松散的"无政府状态"，发展到紧密的专业分工状态。这两种状态在组织机构、人事管理、业务管理、利益分配、行政保障等方面都存在显著差异。北京律所在未来的发展中，个体制管理模式仍

---

* 本报告参考了大成律师事务所、金杜律师事务所、君合律师事务所、中伦律师事务所、天驰君泰律师事务所、德恒律师事务所、中尊律师事务所、天同律师事务所、观韬律师事务所、高文律师事务所、道可特律师事务所、冠领律师事务所、金诚同达律师事务所、竞天公诚律师事务所、方达律师事务所的访谈材料。在此特向上述律师事务所参与访谈的合伙人和律师表示感谢！此外，中国社会科学院法学研究所冉井富研究员、中国人民大学法学院硕士研究生张月丹也参与了访谈并整理相关访谈录音，在此一并感谢！

** 孟涛，法学博士，中国人民大学法学院副教授，法学博士后。

然有着顽强的生命力和广泛的适用空间，合伙制管理模式将越来越多地借鉴公司制管理方式，采用公司制管理的律所将加快在全国乃至全世界的扩张布局。具体某家律所采用何种管理形态，将受到律所的执业地域、业务类型、管理人员的素质、律所品牌价值等多种因素的影响。

关键词： 律所事务所　管理形态　个体制管理　合伙制管理　公司制管理

一　北京律师事务所的组织形式

根据《中华人民共和国律师法》和《律师事务所管理办法》的规定，中国律所可以分为国资所、个人所、合伙所三种形态，其中合伙所又有普通合伙所、特殊的普通合伙所两种类型。根据北京市司法局截至2015年底的统计，北京市共有个人所535家、合伙所1474家，没有国资所和合作所。在这些律所中，律师人数为30人以下的律所多达1968家；律师人数为101人以上的大型律所有28家，律师人数为31～50人的为62家，律师人数为51～100人的为42家。在合伙所中，合伙人人数为10人以下的是绝大多数，有1367家；合伙人为11～50人的有93家；合伙人为51～100人的有11家；合伙人为101人以上的只有3家。律师、合伙人规模的多样化，使得律所的管理形态也各有差异。

个人所在北京市的数量占到40%以上，其管理方式与合伙所存在着明显的不同。个人所没有合伙人，其管理更为集中、高效，管理成本也较低。但是，个人所一般规模较小，相比合伙律所缺少明显的团队优势，难以吸引高端业务。个人所抵御风险的能力也更弱。此外，在实践中，个人所甚至不能像合伙律所那样开设分所，这明显制约了个人所的规模扩张。不过，目前有些个人所表现出与合伙律所"形异实同"的趋势。有的个人所也成立各个业务部门，扩大律师规模，建立"内部合伙人"制度：对内是合伙人、对外是律师，但"内部合伙人"不出资、不承担连带责任。这种个人所的"内部合伙人"，实质上就是合伙所的薪酬合伙人（薪金合伙人）。至于个人所的其他律师的薪酬体制，授薪制、提成制等形式都有。

普通合伙所是北京律所的主要形态，但是其管理模式多种多样。总体来看，大多数普通合伙所采取传统的提成制管理模式，执业律师之间关系松散，各干各的，除了分摊成本、使用公章等事务以外，几乎谈不上"管理"。还有一些普通合伙所注重加强团队建设，采取公司制的管理形态。例如，执业律师不到30人的天同律师事务所蒋勇主任这样介绍他们的管理形态：

> 管理形态的话我们是公司制。……我们根据律师的业务条件分成几个层级，最低层级是业务秘书，然后是辅庭律师、出庭律师、合伙人。四个层级里面的每个层级又分初级、中级、高级。这个划分是根据律师的年份和能力来分的。比如我们的辅庭律师成长为高级辅庭律师的时候，可以申请为出庭律师。当然我们的考核委员会对他进行一个考核。每个层级的律师干自己层级内的事，有了一个很好的分工。在分工的基础之上，我们把每一个团队配全各个层级的律师，也就是说每一个业务团队都有各个级别的律师，四个层级的都有。每一个案件由一个团队来共同协调和完成，但你会看到这个团队中的每一个人只干自己层级内的事情。这样工作效率就非常高，因此你看到一个律所人数虽不多，但办的案子多，这就是效率高的体现。亚当·斯密早就说过，这个社会的效率一定来自社会的分工。所以律师这个行当呢，我们认为最重要的，就是运行这个管理体制。

特殊的普通合伙所自2008年新律师法实施后出现，本质上是一种有限合伙①。最早改制为这种形态的律所，是北京市中银律师事务所和江苏省维

---

① 根据2006年《合伙企业法》的相关规定，有限合伙与特殊的普通合伙（有限责任合伙）是两种企业，并不一样。将特殊的普通合伙律师事务所称为"有限合伙律师事务所"，在《合伙企业法》的语境下是不准确的，但是，在律所管理的语境下，特殊的普通合伙律所实质上就是有限合伙律所。

世德律师事务所。这种管理形态区别于普通合伙所的最大之处,在于合伙人的责任分担及其权利义务。在特殊的普通合伙律所中,各个合伙人都要尽到自己的充分注意义务,因为自己的故意和重大过失给事务所造成债务的,应当承担无限责任或者无限连带责任,其他合伙人以其在事务所中的财产份额为限承担责任;合伙人在执业活动中非因故意或者重大过失造成的事务所债务以及事务所的其他债务,由全体合伙人承担无限连带责任。对于大型律所而言,由于合伙人众多,相互之间的了解和交流也相对较少,风险相比于小型律所更难得到控制。特殊的普通合伙模式,在一定程度上提高了律师的注意义务、缓解了合伙人引进其他合伙人的顾虑,有利于律师事务所的做大做强和规模化发展。北京市大成律师事务所在 2009 年改制为特殊的普通合伙所以后,发展速度迅速提升,就是一个有力的证明。

二 北京律师事务所管理形态的类型划分

在实践中,不同的律所以不同的方式进行管理,形成了律师事务所不同的管理形态。在理论上,人们从不同的标准,将律师事务所的管理形态划分为不同的类型。

(一)单一式管理、民主化管理和分工化管理

北京市大成所王隽律师等人根据管理权的集中程度和分配方式,将律所管理形态划分为单一式管理、民主化管理和分工化管理。[①] 具体观点如下。

第一,单一式管理。这种管理模式的特点是律所主任是创始人和创收大户,律所的日常事务管理由主任一人全权负责,合伙人会议只是流于形式。其优点是决策快、执行力强;不足是集体智慧不能得到充分发挥,容易导致决策失误,律师之间的凝聚力不强。

---

① 参见王隽、王大维《大型律所精要:建立专职管理合伙人制度》,《中国律师》2008 年第 11 期。

第二，民主化管理。这种管理模式的特点是合伙人全部参与日常事务的管理，大小事情均由合伙人集体决定，实行一票否决或者少数服从多数的制度。其优点是决策和民主程度较高，可以集思广益；不足是很容易议事效率较低，议而不决的情况时有发生。

第三，分工化管理。这种管理模式的特点是律所的管理由一个或数个合伙人负责，或者成立一个或几个专门的管理委员会，由合伙人担任负责人，重大问题由合伙人会议研究决定，属于各个专项的管理事务则分由合伙人（或管理委员会）负责。在一定程度上，这种模式兼具单一式管理和民主化管理的优点，同时又克服了二者的不足。

（二）公司制管理和提成制管理

这是目前在律师界最为流行的一种管理形态划分方法。所谓公司制管理形态，是采用公司的各种管理模式，制定类似于公司章程的《合伙协议》或《律师事务所章程》，设置类似于股东大会的合伙人会议，类似于董事会的管理委员会（简称管委会），类似于总经理或首席执行官的律所主任。有的律所管委会下面还设有各个委员会，如北京观韬律师事务所管委会下设有国内业务委员会、国际业务委员会、薪酬委员会等。律所下设有各个职能部门，实现专业化分工和团队化协作，如知识产权部、人身损害赔偿部、金融部、保险部、民商事业务部、刑事业务部等业务部门。案件实行统一管理和分工合作制度，每个新进来的案件，根据其法律性质分派到专门业务部门，部门再以案件为基础组建临时性的合作团队，参与的律师分工协作。大型律所通常设有办公室、人力资源部、财务部、市场部、客户部等辅助性的管理部门。合伙人内部分为权益合伙人（或者高级合伙人）、薪酬合伙人（或普通合伙人）等，薪酬合伙人可以逐渐晋升为权益合伙人，一位律所主任这样描述其晋升过程：

> 薪酬合伙人的话，我们还是鼓励他以做业务为主……你把他放到合伙人位置，他虽然刚开始是薪酬合伙人的时候还是以做业务为基础，但

是当他的身份转变之后，就开始去看市场了，就会有这种要去做市场、要去开发客户的想法，当他在合伙人位置两三年后，他的这种转变也会很大。发生这样转变之后，他会陆续地积累很多认可他的客户，就会非常独立，就像您所说的独立门户。如果客户说，"我就是认可这个律师，我就是愿意来找他"，那他就慢慢地有了自己的客户和市场，每年都能完成一定的量之后，就能做权益合伙人了。

律师也分为不同的层级，从律师到合伙人有着明确的晋升渠道和流动途径。在分配体制上，合伙人之间采取计点制，非合伙人律师采取薪酬制。一位著名律所的合伙人如此介绍他们所的分配情况：

> 每个合伙人都有点位，按照点位，最后去拿自己的薪酬。年底事务所总的分红除以总的点位，就可以知道每个人的点位多少钱，你自己有多少点，一乘就是自己的收入，自己的分红。事务所的员工统一发放报酬、工资、奖金，合伙人可能每个月（应该不叫工资）有一笔费用以供使用。点位确定根据每个人的情况，一开始由一个基数确定，有最低点和最高点，最低点可能是五点，最高点可能是六十点。现在还不知道。每年有上浮和下调，根据你每年的表现。

提成制管理形态，是传统中小律所普遍采取的管理模式。提成制律所在管理上比较松散，可以把其分成"提成合伙人"和"提成律师"两种模式。所谓"提成合伙人"，适用于那些人数较多、规模较大一些的律所，这种律所由各个合伙人团队组成，合伙人各自带若干名律师或律师助理组成一个团队开展律师业务。这个团队律师或律师助理的招聘、薪资、解聘、晋升、奖惩事项、业务分配等，主要由该合伙人个人决定和管理，律所一般不参与。合伙人之间主要由合伙人会议进行管理，合伙人往往只分摊律所的成本，律所对合伙人的其他管理、合伙人之间的分工协作等几乎不存在。合伙人之间几乎"老死不相往来"。所谓"提成律师"，是指执业律师挂靠在律所名下，

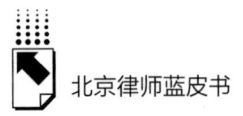

按照一定比例向律所交纳管理费,剩下的收入归律师自己所有,律所只是向提成律师提供办公场地和办公条件,至于提成律师如何拓展业务、如何办理业务等律所几乎不管。这种管理模式往往适合人数较少的小型律所。

(三)直线型管理、职能型管理、事业部型管理和矩阵型管理

从律所组织结构的角度,可以把律所管理形态分为直线型管理、职能型管理、事业部型管理和矩阵型管理四种类型。

大多数律师事务所的管理属于直线型管理,其特征是律所主任或创始合伙人拥有绝对的权威,其管理权贯穿于整个律所,可以"一竿子指挥到底",形成了一条直线型的指挥链,律所内部不存在其他可以分权抗衡的人员和部门,甚至也不设诸多部门。这类管理模式广泛适用于人员较少的律所。不过,虽然律所主任或创始合伙人拥有集中的权力,但是由于个人的时间、精力、知识、能力所限,无法全面、深入、细致地管理所有领域,因而管理比较简单、粗放。甚至有些律所主任对于本所的很多行政事务"一问三不知"。

职能型管理适合于大中型律所。这种管理的特点是:律所除了最高管理者以外,还设置相关的职能部门,分担某些职能管理的任务,如一些律所设立的管理委员会、考评委员会、薪酬委员会、业务委员会、人力资源部、客户部等。这些职能机构有权在自己的管理领域内作出决策或下达命令,这些决策或命令具有效力。这种管理模式虽然能够发挥充分专业化的管理优势,减轻最高管理者的负担,但是也有缺点,即可能形成多头领导的现象,妨碍必要的集中领导和统一指挥。所以,有些律所会以直线型管理为补充,弱化职能部门的自主权力,强调最高管理者的权威性。

事业部型管理类似于联邦制,主要特点是分散经营。律所的最高管理者确定本律所的规划、任务和战略目标,然后根据业务、地区或合伙人自身的情况,成立若干独立的事业部,如合伙人团队、分所、业务部门等,每一个事业部都享有较大的自主权,可以独立经营、独立招聘、独立管理。这种组织结构的特点是灵活、多元,较好地调动了律师的积极性,有助于律所迅速壮大、开辟新

领域、开拓新业务，但是缺点也很明显，各个事业部之间相互独立，导致人员之间的交流较少、互换性差，甚至会出现相互竞争、相互拆台的局面。

矩阵型管理是一种集权和分权相结合的组织结构。律所一方面成立各个职能部门，每个职能部门都有一定的独立权限；另一方面又成立各个业务部门。律师接受职能部门和业务部门的双重管理，一旦接到某一案件，相关专业的律师立即组建一个团队，接受团队负责人的管理，案件一旦结束，该团队解散。这种管理能够兼具集权管理和分权管理的优点，加强了律师的纵向管理和横向联系，整合了律所的人力资源，并且又有一定程度的灵活性。但是，这种管理需要很高的领导艺术，一旦不慎，就会造成相互扯皮、推诿乃至冲突，组织关系很是复杂，所以能够充分运行这种管理形态的律所并不多见。但是一旦运用得当，这种管理形态能够展现较大的竞争优势。

（四）本报告采取的类型划分

以上这些理论形态，均从不同方面揭示了律所管理的状况。事实上，律所管理是一个涉及组织结构、人事管理、利益分配等基本制度的综合性现象，有些术语只能揭示律所管理的一个方面，如在律师界广为流传的提成制管理，实质上只是从利益分配角度采取的一种称谓，并不能涵盖律所管理的方方面面。总体而言，虽然律所有个人所、国资所、普通合伙所、特殊的普通合伙所四大类，但是其管理体制可以划分为三种形态：个体制管理、合伙制管理、公司制管理。合伙所的管理不一定是合伙制管理，可以采取个体制和公司制管理，实际上大多数律所都是个体制管理。个人所的管理也未必是个体制，有些规模较大的个人所实施的合伙制管理或公司制管理。下文按照这三种管理形态的划分，具体考察北京律师事务所的运行方式。

三 北京律师事务所管理的运行方式

（一）个体制管理

个体制管理主要适用于人数较少、规模较小的律所。在这种管理体制

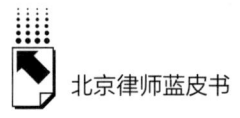

下,合伙人或执业律师之间比较独立,关系松散,各自为政。在组织体系上,这样的律所可能只有律所主任一个行政职位,人员包括合伙人、律师和行政人员。有的律所会设置合伙人会议,作为律师事务所的最高权力机构,但是这并不影响合伙人独立自主的状态,其功能仅限于少量的内部行政事务,如律所的成本分摊和收入分成,在业务方面基本上发挥不了任何决策作用。采取这种管理体制的合伙律所,合伙人各自带领若干律师或律师助理组成一个团队开展业务。相关律师或律师助理的招聘、管理、工资收入、晋升、解聘等具体事项,主要由该合伙人个人决定和管理,律所一般不参与。采取这种管理体制的个人律所,除了律所主任或创始人以外,其他律师只是挂靠在律所名下独立办理案件,按照一定的比例向律所交纳管理费,剩下的收入归律师自己所有。律所只是向该律师提供办公场地和必要的办公服务,一般不给律师发固定工资,律师甚至还要给律所交纳"工位租赁费"或"办公室租赁费"。至于律师如何拉案源、如何办案子,律所很少直接涉入。当然,也有些合伙人或律师与律所主任关系密切,相互之间可以介绍或共享案源,但也有很多相互争抢案源的。律所主任本人也要承办案件,并进行相对独立的核算。采取个体制管理模式的律所,被有些律师戏称为"独联体"——独立个体联合体。

有的律师用非常形象的话描述了这种管理体制:

> 开律所就像开个商厦,几个律师(创始合伙人)用自己的钱买(租)个楼,挂个牌子,把商铺(办公室、工位)租出去,自己经营一部分,商户经营一部分。老板自己也是商户,一边经营自己的业务,一边惦记商户多分租金给他。

(二)合伙制管理

合伙的本来含义是两个以上的民事主体共同出资、共同经营、共负盈亏、共担风险,强调的是一个"合"字。个体制管理的"合"往往只是一种"成本分摊"意义上的"合",采取个体制管理的合伙所还多了一种被迫的"合"——连带责任,其他的就是"分"了。真正的合伙制,要求两个以上的合伙人共同经营律师事业,相互之间在业务等领域有着密切的合作。目前,有不少律所的管理形态具有这种合伙制特点。合伙的原因有很多,比如合伙人之间是同学、战友、亲戚、同事等,相互之间的了解很深,甚至是知根知底,拥有共同的价值观,谈得来。

有的律师描述了一个合伙所的形成过程:

> 我之前在一个30人左右的小律所工作,跟着一个合伙人,就是我师傅、老板、大哥,我们一起奋斗了九年,感情真的像亲兄弟一样的。我大哥和原来律所的主任不合,自己跳出来开了一家新律所,也带走了原来律所里比较年轻的十几个律师。现在我大哥是律所主任,我就成了合伙人。当然开新律所的投资大部分是我大哥出的。我投了10%左右,是那种挂名的合伙人,因为开新律所需要执业三年以上的律师做合伙人。

另一个律所主任这样介绍了他们合伙所的管理体制:

> 我们没有管委会,我们所是个特例,是两个人说了算,用平权制,两个人的股份是一样的,实际上有权力的是我们两个合伙人。我们是办案的黄金搭档。我们是"1+1>2"的关系,是律所的内核。我们律所的管理更多是两个人的扩大化,类似"羽泉组合"。我们律所起点就是两个人,两个人权力平等。对于这样的管理体制我自己很有信心,因为律师既要有独立性,又要有团队意识。所以我要打破这个"一"的格局,定位就是希望能让这种组合模式复制和扩大,就像以前蒙古人打仗是5个人一个小组,但结构很严谨。我要做求精不求多的团队。
>
> 我和他共事是从2011年到现在。我们原来是同事,2011年之前我们没合作过,就是两个人玩得开心,聊得来,互相欣赏。后来我们一起

联手办案，当事人对我们非常认可，委托我们俩更多新的案源，一个月内产生了 200 万元的新业务。刚开始我们对利益分配第一次进行讨论，不超出 2 小时，就决定在对半分的基础上，是谁的案源谁就多拿 5%，比如是我的案源，我就拿 55%，他拿 45%。两天后，我们就变成完全的对半分。当然，我们在确定案件思路之前还是希望经过团队的头脑风暴。

合伙制管理初步实现了合伙人之间的团队合作，比个体制管理更进一步。合伙制管理可以沿袭个体制管理的其他模式，比如提成律师模式，也可以借鉴公司制的管理模式，如设置职能部门、进行专业分工、合伙人之间分配采取记点制。合伙制的核心管理问题，在于处理那些合伙人之间的关系，如果处理得当，合伙所可以凝聚更大的力量，做成一个小规模的精品所，或者为下一步的公司制发展奠定基础。如果处理不当，合伙所的发展就会受到很大影响，甚至分解为个体制管理。在真正的合伙所中，密切合作的合伙人不一定都承担办案创收的业务工作，可以有所分工。例如北京天同律师事务所的合伙人陈枝辉，他是"天同码"的主要执笔人，不直接做律师业务。总体而言，合伙制管理是一种介入个体制管理和公司制管理之间的模式，具有很大的灵活性和适应力。

（三）公司制管理

这是律师界最时尚的一种管理模式，也是受到很多人推崇的管理模式。公司制管理看起来很美实行起来却很难。有些律所曾经尝试过公司制管理，不久却解体了。目前，真正实施公司制管理的律所属于少数，只是在少数大型律所中程度不同地适用，如金杜律师事务所、君合律师事务所、大成律师事务所、观韬律师事务所等。这些律所人数众多，执业律师的人数有1000人以上，合伙人也有 100 人以上，执业地域和分支机构遍布全国甚至世界各地，业务领域更是包括了许多诉讼业务和非诉讼业务。如此的规模和业务量，需要更为复杂的管理模式才能更好地协调律师资源、完成复杂的业务。个体制的松散管理明显适应不了这种形式，合伙制管理能够在一定程度上适应这一形式,但是合伙制管理需要借鉴很多公司制管理的成分。一旦公司制因素越来越多,合伙制管理就会逐渐演变为公司制管理。

1. 组织机构

公司有一套明确的治理结构:股东大会、董事会、总经理或首席执行官、监事会等,分别履行权力机构、决策机构、管理机构、监督机构等职能,实现明确的专业分工和平衡制约。采取公司制管理的律师事务所,也设立了类似的机构。

(1) 合伙人会议。合伙人会议是权力机构,与股东大会相对应,有权根据律所章程的规定,决定本事务所的所有重大事项。合伙人会议的表决制度包括平均表决权制和特殊表决权制,前者是指所有合伙人每人一票,权重均等;后者是指少数合伙人(例如律所主任、管理合伙人)拥有更多的表决权,或者采取份额表决权制,各合伙人根据其出资份额享有相应的表决权。

(2) 管理委员会。管理委员会类似于决策机构,通常由合伙人会议产生,负责对事务所进行日常管理。管委会成员一般由高级合伙人组成,相互之间可以有所分工。管委会下面还可以设立一些具体的委员会,如考评委员会、财务委员会、业务委员会、风险控制和防止利益冲突委员会、人力资源委员会、国际事务委员会和公益委员会、薪酬委员会等,具体履行管委会某一方面的职责。

(3) 律所主任或执行合伙人。这种职位类似于执行机构。律所主任一人对本所日常事务进行全面管理,这是我国律师事务所普遍采用的一种制度。律所主任本身不一定开展律师业务。有些律所,如北京盈科律师事务所设立了专职管理者作为律所主任。还有些律所采取执行合伙人制,将执行权力分配给数个合伙人,由执行合伙人分别负责律师各项事务的管理。

(4) 监督机构。在现实中,鲜有律所设置这类机构。有些律所的考评委员会拥有这一职能,但主要是对普通合伙人和执业律师进行监督,至于高级合伙人,基本上还是靠其自我监督。

(5) 业务部门。公司制律所会设置一些业务部门或专业团队,以实现高效的专业分工与团队协作,如海外投资部、公司部、资本证券部、投融资与并购部、知识产权部、刑事部、房地产部、海商海事部等。合伙人和律师根据自己的专业领域或主攻方向,分别隶属于各个业务部门。不过,相比管委会之类的机构,业务部门的组织较为宽松。以公司制管理程度最高的金杜律师事务所为例,一位金杜合伙人这样介绍其业务机构:

> 刚才说的管理部门,就是我刚才说的管理体制,包括合伙人大会、管委会、管委会下设的各个专业的委员会,然后就是业务部门,最后就是业务形态,就是根据自己的这种业务领域,与业务领域相同或者相近的合伙人合作,可以组建不同的业务板块,比如医疗板块,其中可能有中医的合伙人、有公司的合伙人,大家都能够起到类似开发客户的作用,对于医疗行业的各种客户,我们举办各种各样的事务开发活动。当然以业务板块的名义去事务所里面申请预算等,也是可以的。但是呢,从组织机构形式的角度来讲,它不会作为一个单独的板块去考评、招聘。比如,这个医疗板块的合伙人想招聘一个助手,你是归属哪个部门的,那么你通过这个部门去招一个,这个部门同意以后,报到人力资源,由人力资源帮你招。

(6) 总所和分所的一体化。采取公司制管理的大型律所,很多都在北京以外的其他地方设有分所。在总所与分所之间,公司制律所是总公司与分公司的关系,实行一体化管理,而不是简单的"挂靠"或"加盟"模式。总所拥有分所的一部分人事权,分所的收支情况要上报总所,由总所审计。在业务领域上,总所主要负责对全国业务进行指导和协调,并定期组织各地律师、工作人员进行交流和培训;分所主要负责当地的具体业务,并为总所的工作提供支持。有些律所的一体化推行得非常彻底,实现了北京总部和各分所的业务、人员、行政、财务、资源共享等各个方面的统一管理,所有人员由总所统一调用,所有收入由总所统一支配,所有重大事项由总所统一决策。

2. 人事管理

律所的人员包括合伙人、律师、行政人员三类。对于这三类人员，其管理方式也各有不同。

（1）合伙人。合伙人之间也分级，一般分为两级，即高级合伙人（权益合伙人）和普通合伙人（薪酬合伙人）。两者的区别主要在于决策权、工作职责和利益分配上。一位金杜合伙人这样介绍合伙人的分工：

> 具体到合伙人这个层级来讲，我们没有那么细的划分，全部都是合伙人，至于把合伙人分成资深的、初级的，或者分为权益的、薪酬的合伙人，这实际上指的是更多的是合伙人个人的收入和待遇，你把它作为一个区分，或者是合伙人入伙的年限方面作为一个区分，但根据我们合伙人协议，所有合伙人，一年级的合伙人和满点的合伙人，除了收入会有区别以外，在事务所参与的权力都是统一的，所以没有那么实质性的区别。像我们所谓的资深合伙人都是指大学以上学历，也处于点数八十以上的，这就意味着你要在创收方面承担一些更大的压力，分配的时候会按点数数量进行分配，点数多的会多一些分配，至于权益合伙人和薪金合伙人也是指待遇方面的区别。权益合伙人在律所是有年终分红的，分红的多少与经济项目、经济状态是挂钩的，每一点的点数代表多少含金量，是跟权益合伙人的收入直接挂钩的，有可能是1万也可能是1.5万。从这个角度来讲，我刚刚说的合伙人，就是名称不同，实际上跟他在法律上所拥有的权力是没有区别的，所以在金杜，我们只是在对合伙人进行考评和分配的时候，对于不同成绩的合伙人才有所区分。

合伙人一部分来自事务所内部的执业律师，另一部分来自其他所的合伙人或律师的加盟。关于合伙人与执业律师的区别，有的律师这样认为：

> 大体上说，普通律师和合伙人这条分水岭是案源，律师过了案源关，当所主任也好，当合伙人也好，完全取决于你想不想。就算你所在

的所不愿意，愿意接受你的所有的是。你的客户（做普通律师的时候他们就乐意委托你的话）不会因为你是合伙人就聘请你，也不会因为你不当合伙人了就弃你而去。

律师晋升为合伙人，通常要经过一定的程序。在公司制律所中，下面这位受访者介绍的情况有一定的代表性：

> 第一，本身他有这个能力，我作为一级合伙人，我可以推荐他。第二，符合法律的基本标准，比如至少要干三年，他要在我们所做一些事的，不能一来就当合伙人。第三，我们有一个合伙人管委会要讨论，觉得这个人能力达到了，没有什么毛病，我们来推荐，然后经全体合伙人同意。

（2）非合伙人律师。在有的公司制律所，非合伙人律师（以下简称律师）之间的分级程度非常高，有的所把律师分为七级，每一个律师等级对应着不同的职责和薪酬，律师的晋级有着一定的标准，通常情况下一年就可以晋升一级。律师由律所统一管理：

> 从金杜的角度上讲，全都是律所的律师，没有说哪个律师是属于哪个合伙人的。因为我们采取公司制，所有律师的工资、奖金、分配、考评等全是由事务所来统一决定，所以我们每个合伙人的业务需要什么样的助手，需要的人数、级别，是根据业务能力或者业务本身的程度不同来进行分配的，不是说一个律师就固定跟着某一个合伙人，更多的话是分属于一个团队。律师团队主要由专业部门去安排，更多的是体现在律师的职责，所以说如果你业务很忙，哪怕是一个初级合伙人，如果安排一个律师协助你，这很正常。作为一个资深的合伙人来管理业务方面的话，没那么繁忙的时候，不一定需要那么多的律师助理，那么可能更多是一些行政人员来协助管理，所以这个跟你的合伙人的级别没有太大的

关系。

不过，合伙人有时也会对律师产生一些影响，如在招聘方面：

> 我们合伙人在这里面有很大的话语权，但是所里有个统一的门槛。比如要招一个中级律师，中级律师是比较难招的，我给出这个标准，财务、人力资源部门帮我看了，给我推荐了，然后我自己再来看一下，觉得可以，就可以进入下一个流程，我们所对这个事也会有个整体的评估。

（3）行政人员。这类人员包括前台接待、秘书、会计、人力管理、市场开发、营销、客户服务等，甚至包括司机和厨师。对于这类人员的管理，不像合伙人和律师那样比较困难，各个机构都有大致相同的管理模式，这里不再赘述了。

3. 业务管理

业务是律师事务所的核心，管理的最终目的还是为了业务。公司制管理的律所，会根据专业分工的原则，划分不同的业务领域，如上市业务、公司业务、资本市场和证券业务、国际贸易业务、诉讼业务、知识产权业务、房地产业务、刑事业务等。每一个业务部门都由熟谙该业务领域的法律和经验丰富的合伙人和律师组成，原则上不允许合伙人和律师从事不熟悉的领域的业务。在分工的基础上，团队合作更是公司制律所业务管理的核心原则，跨业务领域、跨部门的团队合作受到大力支持。一项业务到来之后，公司制律所会根据该业务的法律属性和内在需求，组建相关的业务团队或专门的工作小组，指定相关的合伙人或律师负责牵头协调，一旦业务完成，则该团队解散。由于业务案源不定时出现、各有特点，因此业务管理也必须灵活高效。一位公司制律所合伙人这样介绍其业务管理：

> 按照这些律师现在手里的工作量，以及这个业务在哪个人身上更专

长，我们会作出安排。我们每一个合伙人都可以用其他团队的律师，来协助他完成他该完成的业务。……我们有一个非常明确的划分制度，就是说这个业务来了，业务中间有一个比例，就是要给来做这项业务的律师的团队的。那这样子的话每个团队在这个项目上付出的工作小时的占比，就划到他今年的团队薪酬里面去。

4. 利益分配体制

利益分配方式可以说是律所管理模式的核心内容。公司制管理的律所，其利益分配体制是由合伙人的计点制与律师的薪酬制结合起来的。所谓计点制，也称综合绩效考评制，是指律所根据每个合伙人的级别、工作量、公共管理等要素，按照一定标准换算成相应的点数，由点数高低来确定收入多少。所有合伙人的点数加在一起，就是一个总点数，这个总点数对应合伙人的收益总额，可以换算出每个点数的收益额。每个合伙人的点数乘以每个点数的收益额，就是该合伙人的应有收益。每个合伙人的点数是封顶的，不会无限增长，有的所一百点封顶，有的所二百点封顶。点数封顶并不意味着满点合伙人没有收入，他们仍能分享到律所不断扩大的收益，只不过比率越来越小，绝对值仍是持续累积增加的，只要该律所的营业收益年年增长。点数不能像股份那样继承或者转让，退伙的时候甚至不能变现。这样可以强化合伙人对律所的忠诚度。

薪酬制不同于提成制，后者对于律师没有保障，而薪酬制使得律师有了一个最低的收入保障。律师薪酬的获得，与律师的等级、工作时间等直接挂钩。这样制度能够保障律师专注于自己的业务，不必分心去开拓案源。律师的薪酬可以包括好几块，如：

> 我们所里面有薪酬制度。我们总部管委会下面有一个薪酬委员会，薪酬委员会就是制定全所员工不包括合伙人的工资标准。我们为什么要分年级呢？就是每个年级都有一个基本工资，这是必须有保障的。工资由几部分构成，基本工资是所里定好的。然后会有绩效工资，绩

效工资基本上是合伙人来定,换句话说一个团队的合伙人根据每个人的工作表现,然后根据每个人完成的今年的业绩来给你划分一个绩效工资。

5. 行政保障

行政工作任何一个律所都有,但是公司制律所的行政保障更为充分,人力资源管理、财务管理、后勤管理、市场营销等都由专门的机构来推动。有的公司制律所拥有专门的厨师,有的甚至提供住房,有的公司制律所有庞大的互联网技术团队,有的还有固定的旅游、体育等业务活动。总体而言,行政保障的目的在于确保公司制律所的高效专业化运转。

四 北京律师事务所不同管理形态的对比分析

个体制管理、合伙制管理和公司制管理有明显的不同,其管理方式逐渐从松散的"无政府状态",发展到紧密的专业分工状态。在组织机构、人事管理、业务管理、利益分配、行政保障等方面都存在显著差异。

(一)组织机构不同

实行个体制管理的律所,其组织机构极少,承担管理职能的往往只有律所主任,而律所主任本身也要办理案件,花在管理上的功夫也不多。实行合伙制管理的律所,可能不设组织机构,也可能设置少量的组织机构或一些业务部门,如合伙人会议、管理委员会、考评委员会等,但不像公司制律所那样复杂,机构之间的分工也不一定明确。公司制律所不仅具有较多的、分工明确的组织机构,而且各个组织机构都有一定的权限,初步实现了科层制管理的要求。

不过,三种形式的组织机构都有用武之地,公司制复杂、分工明确的组织机构不一定适用于个体制管理的律所和合伙制管理的律所。如果一个律所人数较少,业务量也不多,也没必要设立复杂的组织机构,设置了反而会导致机构臃肿，或者成为一个空壳。组织机构一旦设立，相关的事务就会增多，组织、协调的力度都会增大，反而可能会浪费管理者的时间和精力，丧失业务办理的机会成本。对于中小型律所而言，个体制管理、合伙制管理完全可以满足其需求，有利于节省管理成本、提高工作效率。不过，对于大型律所而言，一定的公司制管理就有必要了，因为单凭个人的力量，是无法胜任的。

（二）人事管理不同

个体制管理的律所，律所主任与其他合伙人、执业律师之间的关系比较自由、平等、独立，几乎谈不上多少人事管理。如果发生人事冲突，合伙人、律师可以跳槽或另立门户。合伙制管理的律所，其人事管理的核心在于处理真正的合伙人之间的关系，这个关系对于合伙制管理的律所影响最大。如何处理，视合伙人之间的具体关系而定。合伙制管理的律所，可以灵活运用各种管理方法，比如合伙人之间可以采取计点制，合伙人可以聘请提成制律师，也可以招聘工薪律师或计时律师。有个合伙制律所主任的管理方法就很灵活：

> 我们是提成制和工薪制都有。至于管理形态为什么这么选择，如果律师都能办好案子，我们当然欢迎提成制，但是独立办案办不好的话，必须监管、把关、补救，必须采取工薪制。我们律所办案大概有5个环节，第一是案件思路，第二是法律文书写作，第三是开庭，第四是当事人沟通，第五是结案。法律文书和当事人沟通可以让工薪制的律师做，但案件思路和开庭、结案三个环节都是要把关的。
>
> 其实这样做的出发点是为了案件的需要而不是利益的需要。一个人不能胜任案件就适用工薪制，要不会影响团队积极性，而且从长期来说，个人精力也不够。你能胜任就给你，我们不插手。你没有火候，工薪制就更好，接触的案子多，个人成长更快。提成制经验积累就比较缓慢。这个问题是律所永恒的话题，两个都有合理性，主要还是看律所出

发点，要有客户导向，提升办案质量。

个体制律所和合伙制律所，不一定会划分合伙人、律师的等级，有的律所只划分律师的等级，但不会像公司制律所那样，合伙人和律师的等级较多。在人数较多、规模较大的律所，等级制管理确有必要，一方面可以确定不同分工、不同等级的人承担不同职责，另一方面提高效率、迅速组建团队——如果这样的律所没有等级，人人平等独立，那么必然是一盘散沙、相互不服。此外，等级制管理也符合一定程度的分配正义原则，因为一个律所，不同的人贡献不一样，新人和老人的贡献一般都不在一个层次上，特别是律师这种严重依赖经验的职业。所以，公司制律所人事管理呈现的等级管理、分类管理，是适合其组织规模和业务工作的。

（三）业务管理不同

个体制律所的业务管理，往往采取单打独斗的方式，每个合伙人或律师往往要靠个人资源获得案源，进行营销时也靠自己，业务也主要是自己做或带着自己的团队做。大多数律师迫于生存压力，各种案件都会接，于是成了"万金油"律师，自身的专业能力也会受到影响。合伙制律所的业务管理变化不定，有时是两个以上的合伙人"联合打斗"，有时也会借鉴公司制律所的模式组建专业团队。

在这一管理领域，公司制律所具有较为明显的优势。公司制律所首先强调专业分工、各尽所长，具有管理能力的合伙人或律师专门从事律所相关事务的管理，具有社会活动和市场开拓能力的合伙人或律师则专门从事业务推广，擅长办理具体案件的律师则专门做业务，或者专门从事某一项业务。这样的分工，必然会培养出一批各自领域的"高人"，从而提高效率和质量。这样的业务管理模式，能够充分应对大的、复杂的业务，为客户提供全方位、专业化、精细化的服务，形成相较于中小律所的巨大竞争优势，争取到一批高端业务并在自己所内的"内部市场"消化掉。某一大所的合伙人介绍说：

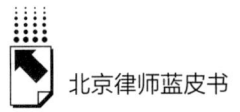

律师的职业肯定是分成两个部分（业务推广和业务办理）的。有的律师能量比较大，社会活动能力比较强，他可能会把业务拉过来，但是他自己未必有能力去做，一个是专业限制，另外一个是时间限制，当然也包括他体力、精力各方面的，包括他有没有意愿去做，我是愿意去做一个招揽业务的律师呢，还是愿意做一个能够实际做业务的律师，这也是一个自己定位，所以有些律师比如说他本身是做金融的，但是他不懂建设工程的事，但他的客户突然哪天可能要建一个厂，对吧？他或者要建一个写字楼，那么他就会觉得说我现在要找一个律师，就可能通过熟悉的这个律师去找一个更专业做房地产、做建筑工程的律师，去帮他去来完成这个工作。那么对于我们这种做建筑工程的律师来讲，客户本身不是我的，但我能做这方面的事情，我跟那个经营部的律师又相互比较了解，比较信任，那么他可能会把这个业务交到我手上，我来实际操作完成，这就叫内部市场。

公司制律所更能营造品牌效应，吸引源源不断的业务。一个著名的律师可以有自己独立的品牌，但没有规模效应；一个著名律所的品牌可以推及整个律所，覆盖全部业务和所有律师（包括年轻律师）。有些律师的大名如雷贯耳，其所在的律所却没什么名气；而有些律师虽然籍籍无名，但是由于身处品牌律所而身价不菲。公司制的品牌优势的这一特点，也是个体制律所和很多合伙制律所无法相比的。

（四）利益分配体制不同

个体制律所的利益分配体制比较简单，有固定管理费制和提成制两种。固定管理费制是指律师每年仅需向律所交纳固定数额的管理费，其他创收所得全部归律师个人所有。提成制是指律所对律师每个承办的案件收取一定比例的费用，剩余的归律师个人所有。还有的律所采取这两种方式的结合：律师既需要向律所交纳固定的管理费，也需要交纳一定比例的办案收入。这种利益分配体制鼓励"能者多劳、多劳多得"，有强大的激励作用，但也容易形成很大的压力，促使律师为生计忙碌奔波。此外，这种分配体制较为简单，易于采用，在绝大多数律所中广为施行，包括众多合伙制律所。不过，这种利益分配体制是一种"高分配、低积累"的方式，律所本身的公共积累非常有限，难以采取集体活动。

公司制律所采取的则是"低分配、高积累"的方式。公司制律所一般杜绝提成或提成比例非常低，而是给合伙人和律师发放工资、提供保障，在年终按照其贡献再进行利益分配，如在合伙人之间采取计点制分配，在律师之间发放绩效工资等。这种利益分配体制的优点在于：稳定了合伙人和律师队伍，有利于专业化分工，易于形成团队合作，强化律所内部的组织性和纪律性。有些合伙制所也采取了这种利益分配体制。不过，这种利益分配体制，尤其是计点制，缺点也是明显的，如一位大所的合伙人说：

> 我们也有点位，但是我们的点位在分配中占相对比较小的比重，比重趋势会增加一些，但目前占比不是太大，大部分情况下，收入还是和你制造的价值挂钩，所以这种机制是鼓励合伙人。这种纯点位制的好处是集中精力办大事，如要办一个"互联网+"，要搞一个跟麦克森合并或者联盟，在一般的律所就不见得做得成。另一个好处就是每个人都能保证，即使今年我的创收不好，但是我的点位的收入不影响，只是明年收入，点位会影响，也许会下浮一点，下浮也不会下浮太多，就是说有一些老人在一定程度上就不会去努力拼，而是吃大锅饭，这又成为缺点。再比如今年市场特别好我可以做2000万元，但是我的收入按照点位是固定的。我做一千万元就完成指标了，做两千万元会很累，我为什么要做两千万元呢？

（五）行政保障不同

个体制律所的行政保障较为薄弱，缺乏足够的公共基金，难以支撑足够的集体活动。合伙制律所相对好一些,但是不同的合伙制律所差别较大。相比之下,公司制律所的行政保障充足,重视集体的凝聚力和文化建设。这种律所由于人数较多,组织起来本来就比较难,因此更为重视文化建设,凝聚众多合伙人和律师,增强他们对律所的认同感和归属感。由于行政保障充足,公司制律所内部的文体活动丰富,如创办内部刊物、举行体育活动、组织集体旅游或聚会、举办新年晚会、辩论赛、模拟法庭、员工生日会等,有的律所每年还会评比出优秀律师和优秀员工,并给予一定的奖励。此外,对于行政保障充足的律所,还会给员工交纳"五险一金"(养老保险、医疗保险、失业保险、工伤保险、生育保险、住房公积金)。一位律所主任说:

> 我们没有一金,我们交五险。公积金不是强制交的,五险是强制性的。现在北京,实际上这个五险,90%的律所都是律师交给律所,律所再交。像我们这种律所统一负责交的只占10%,我们所不从律师的收入中扣除五险。

(六)未来发展趋势不同

个体制管理的律所如果想要做大做强,一个可行的办法是调整为合伙制的管理模式。合伙制律所未必完全选择公司制管理体制,但是如果要成为超大型律所并且能够得到持续性发展,那么公司制管理是绕不开的模式。因为公司制管理的律所更能形成品牌效应,而不是个人效应。此外,公司制律所更易于实现国际化,与国际著名律所实现合作甚至成立联盟,自身的管理能力和适应能力、品牌效应更进一步增强,实现源源不断的回馈效应。不过,公司制管理虽然优点较多,但是实施风险也很大。曾经有不少律所尝试过公司制管理,但是最终又退了回去。一家律所最终选择什么管理模式,需要依据其所在地区、业务目标、人员素质等因素综合而定,律所的管理体制只能"量身定做"。

五 北京律师事务所管理形态的未来发展

实践中，律所实行何种管理形态一直处于不断的发展变化中。这种变化一方面是法律法规先后对律所组织形式作出了某些调整；另一方面是各家律所对法律规定的律所组织形式进行不同的选择，以及在各种组织形式下对律所具体管理形态进行的探索和尝试。在当前，法律对律所组织形式的规定相对较为稳定，律所管理形态的变化更多地体现为律师界对与律所组织形式的选择和具体管理形态的借鉴、探索和创新，以及由此呈现的各类管理形态的比例分布。总体而言，北京市律师事务所的管理形态大概有如下发展趋势。

第一，个体制管理模式仍然有着顽强的生命力和广泛的适用空间。没有一个普适性的律所管理体制。律所管理体制是多元化发展的，不管公司制律所看起来多么"高大上"，注定只适用于少数律所。个体制管理虽然看起来松散自由，甚至是"没有管理"，却适合大多数律所，适合律师这个相对独立自由的职业。由于北京市人口众多，还有10个郊区，个体制管理的律所开设方便、运行成本最低，能够满足各种传统民事、商事、行政和刑事案件当事人的需求。在那些承担诉讼业务的律所，个体制管理几乎是主流的管理模式。由于诉讼业务量的庞大，个体制管理的律所仍然有很大的生存空间和发展空间。

第二，合伙制管理模式将越来越多地借鉴公司制管理的方式。公司制管理模式具有组织严密、分工明晰、专业高效、凝聚力强、稳定性高等科层制特点，同时，公司制律所受到的客户投诉极少，有些公司制律所甚至是投诉零纪录，而传统律所或多或少都遭遇过投诉。由于公司制的这些优点，一些合伙制律所，特别是希望做大做强的合伙制律所，将会越来越多地借鉴公司制管理的方法。这些方法主要有以下几种。

（1）设置专业职能部门。职能部门可以分担某一方面的任务，实现律所发展的专业化和高效化。随着法律体系的日趋复杂和现代社会专业分工的飞速发展，传统的"万金油"律师已经越来越不适应现代社会了，律师必

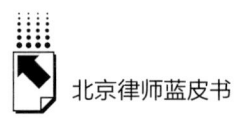

须成为某一方面的专业人才。目前,越来越多的合伙制律所设置各个职能部门,把员工根据其专长和兴趣,分配到各个职能部门,接受经验丰富的合伙人或其他资深律师的指导,长期专攻某一领域,既提高了专业技能,也加强了员工的归属感和凝聚力。

(2)实行律师薪酬制。在传统的提成制模式下,律师没有基本工资或底薪,生存缺乏保障,每年还要向律所交纳一笔管理费,有了创收之后还要交纳提成费,这种制度容易让律师产生"被剥削感",进而对律所产生对抗情绪,一旦"翅膀硬了"就另立门户,律师对于律所严重缺乏归属感。薪酬制可以改变这些明显的缺陷,消除律师的"被剥削感"和不满情绪,保障其基本生存,使其更好地投入工作、提升自我的专业能力。

(3)设立层级式组织架构。在传统提成制管理模式下,律师事务所的组织架构是扁平式的,合伙人、律师相互独立,互不隶属,几乎处于同一个层级。这种扁平式的组织架构,明显不利于团队组建与合作,使得律师的追求仅限于多拉案子多赚钱,无法发挥其他方面的才能。层级式的组织架构,一方面大大便利于团队的组建,特别是在面临不期而至的案件时。此外,层级式的组织架构也为律师提供了一个明显的晋升渠道,增加了律师的发展动力,使律所对于律师的吸引力也进一步增强。

(4)引进合伙人利益分配计点制。计点制能够综合考虑合伙人的各个方面,促进合伙人之间的分工协作,一块做大利润的总额,提高点数的含金量,并且大大加深合伙人对于律所的依赖性和归属感。由于这些原因,不仅有些大型的律所实施计点制,一些小型的合伙所也采取该制度。不过,计点制较为复杂,推行起来有一定难度,对其推广趋势不应高估。正如一位大型律所的合伙人所言:

> 点数应该是一个很好的模式,但是现在的话,我觉得它不能解决的一个问题就是差异化特别大。比如说有的人,可能他能力特别强做了几十个活动;有的人可能最多也就是做了初级的工作,这个差别就会很大。那你现在让我把他们都放在一个很窄的范围内,就会把很多人给压

扁了。我们拿出一部分点，考虑自己的实际情况，我觉得是可以的，但不能所有的收益业务都做点来分，本来每个人之间的差别就那么大，再把一部人压到这么小的空间里面去，大家都很难做。

（5）建设强大的行政保障团队，加强前台营销和后台保障。公司制管理的律所有着较为强大的行政保障团队，专职负责人、财、物的科学规范管理，使合伙人和律师专心从事业务工作。此外，有些公司制律所特别注重前台营销和后台保障功能，建立客户部或市场部，组建充足的互联网技术团队，拓展案源、打造品牌、吸引客户，同时还有后勤团队，开展各种文化建设、体育锻炼、娱乐活动等，全面加深员工之间的交流沟通，增强员工的归属感。这些措施，也正在被越来越多的合伙制律所学习和采用。

第三，公司制管理的律所加快在全国乃至全世界的扩张布局。公司制管理最有利于规模化发展，而且发展规模越大越能获得更多客户资源、提升服务能力，反过来加强公司制律所的发展。所以，公司制律所有一种天然的扩张冲动。北京的公司制律所尤其如此。北京作为中国的首都、国家中心城市、国际交往中心，拥有发达的总部经济和国际贸易、众多的外资企业和新兴企业，影响力辐射全国和全世界。北京市的律师事务所也"近水楼台先得月"，借助北京对于国内、国际的辐射影响，不断走向全国和全世界。此外，北京市的律师业在国内最为发达，公司制律所的办案水准和服务质量最高，容易得到全国其他地区客户的信赖，找"北京律师帮忙"是不少外地客户的选择。长三角、珠三角等发达地区的民商经济和国际法律事务，也被北京律所"抢"走了不少。笔者访谈的律所，不管其目前规模大小如何，业务范围几乎遍及全国，少数大所的业务范围则遍及全世界，各个律所普遍有做大做强的愿望。在这一背景下，公司制律所的扩张行动非常显著。以某大型律师事务所为例：

> 从2013年和2014年开始，我们的扩张速度比之前明显提升了一个档次。我们的扩张不但体现在我们原有的这些合伙人做业务、开发业务

的水平提高方面，而且我们还吸收了很多优秀的团队进来，我们的苏州办公室、杭州办公室、上海办公室都是这几年吸收的团队。上海办公室又同时吸收了好几个上海本地的小团队。包括我们的无锡太湖的一个知识产权基地，这都是我们这几年的扩张。所以我们从收入的营业额水平来说，具体数字可能不方便透露，但是可以估算一下，可能比起2013年、2014年应该说是翻了两到三倍吧。

近几年来，北京律所在全国各地开设分所，规模越来越大，影响越来越广。上海市规模最大的五家律所，有四家都是北京律所的分所。一些公司制律所的合伙人认为，在全国各地开设分所有如下好处：

> 好处呢，我觉得还是显而易见吧。首先，方便我们的客户。我们有一些当地的客户，本来可能要跑很远到北京、上海找我们。现在我们开了分所，可以在当地来处理。我们当时设分所也都是选择一些经济相对发达的、规模比较大一些的城市。另外我们整个分所的布局是全国性的，就是东南沿海，然后西部也会有，然后中部我们现在也慢慢在做，大概围绕珠三角、长三角，都有一整个的分所，成为一个体系，这是第一。第二的话我觉得是在我们自己的工作的过程中也会有一些帮助。比如说我的一个客户是在上海的或是苏州的，那我就可能跟我苏州的同事或是跟我苏州的合伙人去沟通，有些工作我就未必需要把我的同事从这派到苏州去。因为有些事情是共通的，有些事情是大家都可以做的，那他就可以去帮我做，互相资源共享，这是一个很重要的方面。
>
> 只要不是需要面对面处理的问题，就是一般的合同审查或者咨询，全部是可以远程处理的。但是有很多的业务，就是传统的律师业务，客户还是希望和你面对面，那么在这种情况下，有分所和没有分所客户的感觉是不太一样的。没有分所便利性上不是特别强。所以，经常会遇到这些情况，客户就是在某一个地方有业务，第一个问题就

是要问在当地有没有分所。所以在业务的合作上我们自己也感觉到是非常便利的。

随着少数公司制律所成为全国性律所，这些律所也分化出"全国总部"和"北京分所"。一位大型律所的合伙人介绍说：

我们本身就是从北京开始的一家律师事务所，注册也是在北京。所以我们北京办公室是在所有的分所和安排里面规模最大的，北京办公室和总部的职能划分不明显，原来总部就是北京，北京就是总部。现在因为分所越来越多，所以我们觉得很有必要把这个职能再做一些划分，所以我们在北京成立了北京办公室，然后有北京的执委，北京的执委就是类似于总部的管理委员会这样的一个工作。它的更多的管理职能跟总部的行政管理职能会比较接近，但并不突破原来关于业务线的这样一个划分和管理。像上海、苏州、杭州都有类似这样的设置。我们所的大概的结构就是这样。

六　北京律所管理形态的调整和选择

律所管理形态的调整和选择，主要受到执业地域、法律业务、管理人员等的影响。首先，执业地域对于律所管理的影响不可小觑。我国律师业最发达的是北京和沿海发达城市，而中西部小城市的律所，无论如何也做不大，地域因素的影响显然应该处于第一位，毕竟中小城市没有那么复杂的法律业务需求。北京拥有6个主城区和10个郊区，常住人口2170.5万人，[①] 各种管理形态的律所都有容身之地和客户需求。因此，北京律所的管理形态，长期而言仍处于一个多元共存的状态。

[①] 2015年底的数据，参见《北京统计年鉴（2016）》。

其次，法律业务可以大致分为诉讼业务和非诉讼业务，不同业务对于律师事务所管理体制的调整和选择，影响极大①。最早出现的业务是诉讼业务，律师首先是诉讼律师。诉讼律师需要外出调查证据，需要会见证人、要参加审判等，所以诉讼律师不需要坐班，不需要固定时间上下班，对诉讼律师的管理应当给予充分的自由空间。此外，诉讼律师办理具体案件，也不需要很多人的协助，往往一个人单枪匹马，就能全部办理一切。目前大多数诉讼律师都是单独办案，特殊情况下可以带着一两个助手或同事。因此，诉讼律师适合个体制的管理模式。另外，对于某一起具体案件而言，选择不同的诉讼律师，会产生不同的判决结果。有的诉讼律师可以打输一起胜券在握的案件，也有的诉讼律师能够"力挽狂澜、起死回生"。所以，诉讼律师的个人品牌，远远高于其所在律所的集体品牌。正是基于这一点，客户委托诉讼律师，往往是看中了这个人，而不是其所在机构。有些著名的诉讼律师，人到了哪个律所，该律所客户和案子就随之接踵而至。

非诉业务则是另一回事。这类业务包括公司上市、企业融资、房地产业务、涉外投资、非诉催收等。诉讼业务主要是与当事人、法院、检察院、公安乃至其他各种外部机构打交道，工作地点很少在律所办公室。非诉业务虽然有时也要去现场调查，但更多的则是在办公室起草准备各种文件、参与商业谈判、撰写招股说明书、出具法律意见书等，主要是和电脑、文字打交道。所以，非诉律师可以有固定的坐班时间，事实上很多非诉律师还经常加班。非诉业务一般比较复杂，经常涉及公司业务、证券业务、投资业务等比法律知识更为复杂的经济金融知识，需要密切的团队合作才能完成，所以非诉业务的质量取决于团队合作，而非依赖于个人。客户委托非诉业务时，看中的也是专业团队，这时律所的品牌就远远高于律师的个人品牌了。有些主攻非诉业务的律所，每年都有很高的律师流动率，但是丝毫不影响其业务的开展，这就是律所的品牌效应。总之，非诉业务适合公司制管理，并且，公司制管理能够使得非诉团队的运营更为高效，服务质量也更高。

---

① 石宇辰：《律师事务所管理也可"一所两制"》，《法人》2011年第4期。

再次，律所的管理人员素质也深刻影响着律所的管理形态。管理艺术高超的律所主任或创始人，更倾向于把律所做大做强、把律所做成一种团队共同事业，这时合伙制管理和公司制管理往往更受其青睐。管理不熟练、不喜欢管理或没时间管理的律所主任或创始人，则主要选择个体制管理模式。不过，律师事务所应该培养一种专门的管理人才。目前，有些律所聘请了非律师人士担任行政主管，这些主管往往是职业经理人，拥有丰富的管理知识或经验，但是缺少律师执业的相关经验，对律师行业的了解比较有限，"外行领导内行"容易引发不少问题。如果有一些执业经验丰富的律师，愿意学习管理、从事经营，担任专职的律所管理人，那么这种管理者的管理效果可能会大大好于非律师出身的行政主管。如今北京市的律师人数已经超过2万，并且每年还在增长，但是既懂律师业务又会经营管理的律所管理人才极为稀缺。未来北京律师界应该着力培养一批这类人才。

最后，在国内各省级地区中，北京的律师行业相对较为发达，不管是律所的数量还是律师的数量都具有一定的领先优势，这个时候需要的是提高质量，创建品牌，特别是国际知名的品牌，积极参与全球法律服务市场的分工。目前，北京市有些律所已经在市场上树立了牢固的品牌效应，这为它们吸引了源源不断的客户，也带来了更多的收入：品牌化的律师事务所与其他不具品牌的竞争者相比，同样的业务可以收获更多的律师费。但是，目前不少律所还是注重宣传律师个人，而不是突出律所的整体品牌。此外，我国早已有大批企业走出国门对外投资，国际的人员来往极为频繁，国际法律服务需求极为旺盛，北京应该打造一批国际知名的品牌律所，能够与那些举世闻名的美欧大所逐鹿全球，律所的管理体制也应该全面完善，与此相应的公司制管理模式应该得到更为彻底的展开，以适应国际化的发展大潮。

B.5
北京律师行业税制改革实施情况

冉井富

摘　要： 自2012年以来，北京律师行业的一个重要变化，是进行了一定范围的税制改革，改革的内容可以概括为两个方面，即"营改增"和个人所得税的查账征收。从三年多的实施情况看，新税制降低了平均税负，增大了税收筹划空间，总体上有利于律师行业长远发展。但是，新的税制在实施中也出现一些问题，主要包括部分纳税人的税负没有如期降低、不同纳税主体之间的税负差异不够合理、缺乏律师行业专业会计核算办法、律师行业税收筹划意识和能力有待加强等问题。关注和克服这些问题，律师行业的税收制度将更加完善，国家的财税政策在促进行业发展、调节社会分配方面，将发挥更积极的作用。

关键词： 律师行业　税制改革　"营改增"　查账征收

自2012年以来，北京律师行业的一个重要变化，是进行了一定范围的税制改革，改革的内容可以概括为两个方面，即"营改增"和查账征收。这些改革不是北京市自行开展的，也不限于律师行业，而是缘于更大的政策形势，即一方面，国家要扩大增值税的征收范围，相应调减营业税等税收，以在更大程度上避免重复征税，减轻企业的税负；另一方面，国家要落实和加强查账征收，以加大对高收入者的税收调节力度，扩大中等收入者比重，提高低收入者的收入，促进机会公平。在这样的背景下，北京律师行业的税制改革只是全国范围的涉及多个行业的税制改革的一部分，是对中央税制改革政策的具体贯彻和落实。① 与此同时，尽管从属于国家税制改革的战略部署，北京律师行业的税改也具有一些特殊内容，包括特殊的起点、特殊的进程和特殊行业状况构成等，因而面临的问题、解决的对策等方面也有一定的特殊性。

本报告结合国家税制改革的战略部署，考察北京律师行业的税制改革，具体内容包括四个方面：第一，说明税改前北京律师行业的税收制度，这是改革的起点；第二，分别说明税制改革的两项措施，即"营改增"和查账征收的实施过程与具体内容；第三，考察两项税改措施具体实施所产生的影响；第四，分析两项税改措施在具体实施中所存在的问题，提出对策建议。

因为税改不是北京律师行业独自实施的，所以，本报告虽然立足于北京律师行业，但是对全国税改的制度和政策、其他省市的税改实践等，也会在一定程度上进行考察和说明。

在我国当前，律师事务所的组织形式具有四种类型，即国资所、合作所、合伙所和个人所。② 在这四种类型中，各自缴纳的税种和税率存在一定的差异，本报告所考察的税制改革的范围，除非特别提及，仅限于合伙所和个人所。这是因为：一方面，在数量上，无论是北京还是全国，合伙所和个人所占绝大多数；另一方面，近几年的税改主要是针对合伙所和个人所的，国资所和合作所基本没有涉及。

还有一点需说明的是，为了行文简洁和便利，报告中不单独考察除个人所和个人所的出资人律师。但是，非特别说明，税改有关的政策，所有针对合伙所的，同样的也针对个人所；所有关于合伙所的结论，也都适用于个人所。同样，税改有关的政策，所有针对合伙人律师的，同样也针对个人所的出资人律师；所有关于合伙人律师的结论，也都适用于个人所的出资人律师。

---

① 参见《国民经济和社会发展第十二个五年规划纲要》第三十二章、第十七章，以及温家宝2012年《政府工作报告》的相关论述。
② 根据《律师法》和《律师事务所管理办法》的规定，中国律所包括国资所、个人所、合伙所三种类型，但是在实际中，历史上的合作所至今仍有少量存在。

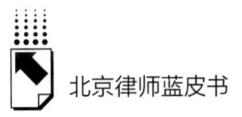

一 改革前的税制

为了和税制改革后的情况进行对照,需要先说明一下改革前的税制。北京律师行业税改的两项措施中,"营改增"最先实施,实施的时间是2012年9月。以这个时间为界线,北京律师行业的税制划分为改革前和改革后。

在税制改革前,律师行业需要缴纳4种税,分别是营业税、城市维护建设税、教育费附加和个人所得税。其中,城市维护建设税和教育费附加是以营业税为基础计算缴纳的税种;个人所得税又分为律所出资人的个人所得税和律所聘用律师的个人所得税。下文分别予以说明。

(一) 营业税及其附加

1. 营业税

在税制改革前,根据《营业税暂行条例》和《营业税暂行条例实施细则》的有关规定,律师服务行为属于税目征收范围的应税劳务,律所不论何种组织形式,都应当缴纳营业税。

在税制改革前,律师行业缴纳营业税的主体是律师事务所,而不是律师个人。营业税应纳税额计算公式:应纳税额=营业额×税率。而根据《条例》附件《营业税税目税率表》,服务业的税率是5%。将税率套进公式,律师行业营业税应纳税额的计算公式:应纳税额=营业额×5%。

2. 城市维护建设税

在税制改革前,根据《城市维护建设税暂行条例》的规定,律师事务所需要以营业税为计税依据,缴纳城市维护建设税,应纳税额的计算公式是城市维护建设税应纳税额=纳税人实际缴纳的营业税税额×税率。

《城市维护建设税暂行条例》规定,纳税主体所在的地区不同,适用不同城市维护建设税税率。其中,纳税人所在地为市区的,税率为7%;纳税人所在地为县城、镇的,税率为5%;纳税人所在地不在市区、县城或镇的,税率为1%。具体到律师行业,则以律所办公场所注册地为依据,确定适用税率。

3. 教育费附加

在税制改革前,根据国务院《征收教育费附加的暂行规定》(2011年修订),律师事务所需要以营业税为计税依据,缴纳教育费附加,附加率为3%。具体计算公式:教育费附加=纳税人实际缴纳的营业税税额×3%。

(二)合伙人律师的个人所得税

在律师行业中,根据律师个人和律师事务所的关系,可以将律师划分为两种类型:作为律所投资人的律师和律所的聘用律师。其中,作为律所投资人的律师又分为合伙所的合伙人律师和个人所的投资人。这里以合伙人律师为例,考察作为律所投资人的律师的个人所得税。税制改革前,合伙人律师的个人所得税需要将一般规定和北京地区的征收方式两个方面结合起来理解。

1. 合伙人律师个人所得税的一般规定

根据国家税务总局《关于律师事务所从业人员取得收入征收个人所得税有关业务问题的通知》(国税发〔2000〕149号)(以下简称149号《通知》)的规定,自2000年1月1日起,合伙人律师事务所停止征收企业所得税,合伙所的利润作为合伙人律师的个人经营所得,按照有关规定,比照个体工商户的生产、经营所得应税项目征收个人所得税。[①]

根据国家税务总局《个体工商户个人所得税计税办法》,合伙人律师的个人所得税计算公式为应纳个人所得税额=应纳税所得额×适用税率,其中的应纳税所得额的计算公式是应纳税所得额=收入总额-成本、费用及损失。[②] 实践中具体计算应纳税额,大致分为三步。

[①] 《关于律师事务所从业人员取得收入征收个人所得税有关业务问题的通知》(国税发〔2000〕149号)。

[②] 《国家税务总局关于印发〈个体工商户个人所得税计税办法(试行)〉的通知》,国税发〔1997〕43号)。

第一步，计算合伙人律师的收入总额。国税总局149号《通知》规定了"先分后税"的原则，合伙所的所有经营所得先在合伙人之间按照出资比例或合伙协议约定的比例进行分配，计算每个合伙人的收入总额。由于在现行律师制度下合伙人既是律所的出资人，又是律所业务的办理者，所以，律所的经营所得中，既有律所在企业层面核算的利润，也有律师本人的业务收入，这种复杂的收入构成如何分配，通常需要合伙人之间通过合伙协议作出明确的安排。举例来说，假定律所有三个合伙人A、B、C，律所收入分配方式约定为律所的公共收入按照3∶1∶1进行，各合伙人的业务收入70%归本人，又假定律所的公共收入是200万元，三个合伙人各自的业务收入依次是100万元、50万元、20万元，则三个合伙人律师的收入总额分别为：合伙人A的收入总额=200×60%+100×70%=190万元，合伙人B的收入总额=200×20%+50×70%=75万元，合伙人C的收入总额=200×20%+20×70%=54万元。

合伙人律师收入总额扣除各种费用，得出应纳税所得额。哪些费用能够扣除，直接影响律师的税负，所以非常关键。从制度层面看，自2000年以来，这方面进行过多次调整，这里以2011年为准说明可以扣除的费用。可以扣除的费用具体包括以下几个方面。

（1）办公费用支出。主要包括开办费支出和日常运营费用支出两个方面。其中，开办费为律所筹建期间发生的费用，日常运营费用主要包括律所的房租、水电、交通、折旧、财产保险、律师业务培训费用、行政性收费、协会会费等日常开支。

（2）从业人员工资。根据149号《通知》的规定，律所实际支付给从业人员的、合理的工资薪金支出准予扣除，但是合伙人律师的工资薪金支出不得在税前扣除。

（3）从业人员保险金。根据149号《通知》的规定，下列保险费用可以在税前据实扣除：①律所按照国务院有关主管部门或者省级人民政府规定的范围和标准为其业主和从业人员缴纳的基本养老保险费、基本医疗保险费、失业保险费、生育保险费、工伤保险费和住房公积金；②律所为从业人员缴纳的补充养老保险费、补充医疗保险费，分别在不超过从业人员工资总额5%标准内的部分；③个体工商户业主本人缴纳的补充养老保险费、补充医疗保险费，以当地（地级市）上年度社会平均工资的3倍为计算基数，分别在不超过该计算基数5%标准内的部分。

（4）合伙人律师本人的费用。根据财政部、国家税务总局2011年发布的《关于调整个体工商户业主、个人独资企业和合伙企业自然人投资者个人所得税费用扣除标准的通知》，虽然合伙人律师的工资不能税前扣除，但是合伙人律师本人的费用按照42000元/年的标准扣除，折算下来等于3500元/月。①

（5）三项经费人。根据149号《通知》的规定，律所向当地工会组织拨缴的工会经费、实际发生的职工福利费支出、职工教育经费支出分别在工资薪金总额的2%、14%、2.5%的标准内据实扣除。

（6）借款费用。根据149号《通知》的规定，律所发生的利息支出，包括向金融企业借款的利息支出，以及向非金融企业和个人借款的利息支出，不超过按照金融企业同期同类贷款利率计算的数额的部分，可以据实扣除。

（7）业务招待费。根据149号《通知》的规定，律所发生的业务招待费，按照实际发生额的60%扣除，但最高不得超过当年业务收入的5‰。律所自申请营业执照之日起至开始提供法律服务之日止所发生的业务招待费，按照实际发生额的60%计入个体工商户的开办费。

（8）广告费和业务宣传费支出。根据149号《通知》的规定，个体工商户每一纳税年度发生的与其生产经营活动直接相关的广告费和业务宣传费不超过当年销售（营业）收入15%的部分，可以据实扣除，超过部分，准予在以后纳税年度结转扣除。

（9）公益捐赠。根据149号《通知》的规定，律所通过公益性社会团

---

① 《关于调整个体工商户业主、个人独资企业和合伙企业自然人投资者个人所得税费用扣除标准的通知》，财政部、国家税务总局2011年发布。

体或者县级以上人民政府及其部门,用于《中华人民共和国公益事业捐赠法》规定的公益事业的捐赠,捐赠额不超过其应纳税所得额30%的部分可以据实扣除。

(10)税金。律所缴纳的各种税金及其附加,除了个人所得税和允许抵扣的增值税以外,允许据实扣除。

第三,适用税率,计算应纳税所得额。计算出合伙人律师的应纳税所得额后,适用个体工商户个人所得税税率,即可算出合伙人律师的应纳税额。根据2011年修订的个人所得税法的规定,个体工商户的生产、经营所得和对企事业单位的承包经营、承租经营所得,适用5%~35%的超额累进税率,具体见表5-1。

表5-1 个体工商户的生产、经营所得适用个人所得税税率

级数	全年应纳税所得额	税率(%)
1	不超过15000元的	5
2	超过15000元至30000元的部分	10
3	超过30000元至60000元的部分	20
4	超过60000元至100000元的部分	30
5	超过100000元的部分	35

2. 北京地区合伙人律师个人所得税的征收方式

税制改革前,合伙人律师个人所得税的征收方式可以从两个方面来考察:一是政策和制度要求的层面,二是实践层面。所谓征收方式,又主要涉及在多大范围和程度上实行核定征收和查账征收这一问题。

在政策和制度层面,国务院1997年发布的《关于加强个体私营经济税收征管强化查账征收工作的意见》提出:改进个体、私营经济税收征管方式,逐步在有固定经营场所的个体、私营经济业户中全面实行查账征收,实现税收征管的法制化、规范化;对于实行定期定额征收的各类业户,要根据其经营情况调整定额,对少数还需继续实行定期定额征收的业户要加强定额

管理。

对于哪些情形可以实行核定征收,财政部、国家税务总局2000年发布的《关于个人独资企业和合伙企业投资者征收个人所得税的规定》设定了具体条件:(1)企业依照国家有关规定应当设置但未设置账簿的;(2)企业虽设置账簿,但账目混乱或者成本资料、收入凭证、费用凭证残缺不全,难以查账的;(3)纳税人发生纳税义务,未按照规定的期限办理纳税申报,经税务机关责令限期申报,逾期仍不申报的。存在上述情形之一的,主管税务机关应采取核定征收方式征收个人所得税。[①]

国家税务总局2002年又发布了《关于强化律师事务所等中介机构投资者个人所得税查账征收的通知》(简称《通知》),进一步明确政策和制度层面的立场:一是任何地区均不得对律师事务所实行全行业核定征税办法,对具备查账征收条件的律师事务所,实行查账征收个人所得税;二是实行核定征收的,应税所得率不得低于25%;三是对实行核定征税的律师事务所,应督促其建账建制,符合查账征税条件后,应尽快转为查账征税。

从实践层面来看,全国各地的律师行业最早普遍都是实行核定征收,但是在中央政策的督促下,一些地方先后扩大了查账征收的范围。就北京来说,在2012年税制改革前,律师行业主要采取核定征收的方式。而北京市核定征收的具体做法,又可以划分为2005年模式和2010年模式。

(1) 2005年模式

北京市地方税务局2005年2月发布《关于调整律师事务所投资者个人所得税征收方式的通知》(京地税个〔2005〕69号),根据律师事务所全年经营收入确定了三档超额累进征收率,每季度按律师事务所累计经营收入确定适用征收率:不超过100万元的部分,征收率为5%;100万元到300万元的部分为6%;超过300万元的部分为7%(见表5-2)。《通知》要求,每季度按律师事务所累计经营收入确定适用征收率,计算应纳税款后,再按

---

① 《财政部、国家税务总局关于印发〈关于个人独资企业和合伙企业投资者征收个人所得税的规定〉的通知》(财税〔2000〕91号)。

各投资者约定分配比例分摊税款,合伙协议没有约定分配比例的,按合伙人数量平均分摊税款,分别申报纳税。①

表5-2 北京市2005年文件确定的律师个人所得税核定征收税率

档次	律所季度营业收入	适用税率(%)
1	不超过100万元的部分	5
2	100万元到300万元的部分	6
3	超过300万元的部分	7

(2) 2010年模式

为了和国家关于核定征收的政策保持一致,北京市2010年调整了合伙律所个人所得税核定征收的计算方式,成为北京市核定征收的2010年模式,该模实行至2012年底。

对于2010年模式的具体内容,北京市财政局、北京市地方税务局于2010年1月联合发布的《关于个人独资企业和合伙企业投资者核定征收个人所得税有关政策问题的通知》(京财税〔2010〕18号)对此作出了具体规定。根据该文件,2010年模式核定的是应纳税所得额,即通过确定应纳税,计算应纳税所得额,再适用个人所得税法所规定的个体工商户所得税税率计算应纳税额。在该模式中,合伙律所营业收入的应税所得率是25%,具体如表5-3所示。

表5-3 北京市2010年文件确定的律师个人所得税核定征收税率

行 业	应税所得率(%)
工业、交通运输业、商业、建筑业、房地产开发业、饮食业、服务业	7
娱乐业	20
律师、会计师、税务师、审计师以及其他中介机构	25
其他行业	10

---

① 《北京市地方税务局关于调整律师事务所投资者个人所得税征收方式的通知》(京地税个〔2005〕69号)。

3. 个人所投资人的个人所得税及其征收方式

根据国税总局 2000 年 149 号《通知》的规定，个人所的年度经营所得自 2000 年 1 月 1 日起，停止征收企业所得税，作为出资律师的个人经营所得，按照有关规定，比照个体工商户的生产、经营所得应税项目征收个人所得税。这种个人所得税和合伙所合伙人律师的个人所得税相比，除了一点之外，其余完全相同：合伙所经营所得的个人所得税按照出资比例或者合伙协议在合伙人律师之间分配，个人所则由出资律师一人承担。由于其余方面和合伙所完全相同，所以这里不再介绍。

（三）律所聘用律师的个人所得税

在律所中，投资人以外的律师为聘用律师，他们和律所的关系是聘用关系。聘用律师又分为提成律师、薪金律师和兼职律师三种类型。从总体上看，三种律师都按照薪金所得计算和缴纳个人所得税，但是三种律师的收入方式存在一些差异，所以制度上对三种律师的个人所得税分别作出了特别规定。

1. 薪金律师

各类律所都可能聘用薪金律师。薪金律师的特点在于两个方面：一是薪金律师和律所是聘用关系；二是薪金律师的收入来自律所发放的工资和奖金。国税总局 2000 年 149 号《通知》规定："律师事务所支付给雇员（包括律师及行政辅助人员，但不包括律师事务所的投资者，下同）的所得，按'工资、薪金所得'应税项目征收个人所得税。"而根据 2011 年修订的个人所得税法的规定，工资、薪金所得在每月扣除 3500 元的费用后，适用超额累进税率，税率为 3% ~45%，具体如表 5 – 4。

表 5 – 4　工资、薪金所得适用个人所得税税率

级数	全年应纳税所得额	税率(%)	速算扣除数
1	不超过 1500 元的	3	0
2	超过 1500 元至 4500 元的部分	10	105
3	超过 4500 元至 9000 元的部分	20	555

续表

级数	全年应纳税所得额	税率(%)	速算扣除数
4	超过9000元至35000元的部分	25	1005
5	超过35000元至55000元的部分	30	2755
6	超过55000元至80000元的部分	35	5505
7	超过80000元的部分	45	13505

根据上述规定，薪金律师按月缴纳个人所得税，个人所得税的计算公式：应纳税额＝（薪金－3500）×税率－速算扣除数。举例说明，假定某律师的月工资加奖金为15000元，则个人所得税的计算为：（15000－3500）×25%－1005＝1870元。

2. 提成律师

提成律师具有两个特点：一是在劳动关系上，提成律师是律所的雇用人员；二是提成律师收入和成本相对独立，即律师和律所对律师的业务收入分成（通常的比例是律师提取60%～80%），并从自己的分成所得中支付自己的办案成本。对于提成律师，国税总局2000年发布的149号《通知》规定："作为律师事务所雇员的律师与律师事务所按规定的比例对收入分成，律师事务所不负担律师办理案件支出的费用（如交通费、资料费、通讯费及聘请人员等费用），律师当月的分成收入按本条第二款的规定扣除办理案件支出的费用后，余额与律师事务所发给的工资合并，按'工资、薪金所得'应税项目计征个人所得税。""律师从其分成收入中扣除办理案件支出费用的标准，由各省级地方税务局根据当地律师办理案件费用支出的一般情况、律师与律师事务所之间的收入分成比例及其他相关参考因素，在律师当月分成收入的30%比例内确定。"

根据上述规定，提成律师个人所得税的计算步骤是：第一步按照约定的比例进行收入分成；第二步在分成收入按照30%的比例扣除办理案件支出的费用，余下的视为律师的薪金所得；第三步，按照工资、薪金所得适用税率。

举例说明。假定提成律师 9 月份的业务总收入为 4 万元，提成比例是 75%，该律师的个人所得税的计算如下：个人所得税 =［40000×75%×（1-30%）-3500］×25% -速算扣除数 = 17500×25% -1005 = 3370 元。

3. 兼职律师

由于合伙人必须是专职律师，所以兼职律师和律所之间只能是聘用关系。根据国税总局 2000 年发布的 149 号《通知》规定："兼职律师从律师事务所取得工资、薪金性质的所得，律师事务所在代扣代缴其个人所得税时，不再减除个人所得税法规定的费用扣除标准，以收入全额（取得分成收入的为扣除办理案件支出费用后的余额）直接确定适用税率，计算扣缴个人所得税。兼职律师应于次月 7 日内自行向主管税务机关申报两处或两处以上取得的工资、薪金所得，合并计算缴纳个人所得税。"根据上述规定，就律所代扣代缴来说，兼职律师的个人所得税分两种情况：如果兼职律师同时也是提成律师，则从分成收入中扣除 30% 的办案费用，然后每月不再扣除 3500 元的费用，直接适用税率计算个人所得税；如果兼职律师同时也是薪金律师，则其月工资、薪金收入不再扣除 3500 元的费用，直接适用税率计算个人所得税。

二 税改措施："营改增"

（一）"营改增"的基本过程

北京律师行业税改最先实施的措施是"营改增"，即律所停止征收营业税，改征增值税。

"营改增"是我国近年来财税体制改革的一项重要内容。早在 2011 年，中央有关文件和报告即对改革任务作出了部署。首先是《中华人民共和国国民经济和社会发展第十二个五年规划纲要》明确了税制改革总的任务和目标，即"按照优化税制结构、公平税收负担、规范分配关系、完善税权配置的原则，健全税制体系，加强税收法制建设"。而完成这些目标的一个具体措施,是"扩大增值税征收范围,相应调减营业税等税收"。① 其次,温家宝总理在 2011 年的《政府报告》中讲到 2011 年的工作时,提出要"在一些生产性服务业领域推行增值税改革试点,推进资源税改革"。

为了落实中央文件和报告关于"扩围的试点,财政部国家税务总局于 2011 年 11 月发布《营业税改征增值税试点方案》(简称《方案》)。《方案》进一步明确了"营改增"的指导思想和基本原则,并对改革试点的地区、行业和时间作出了具体安排。2012 年 1 月 1 日起,营业税改征增值税试点工作在上海拉开帷幕,试点行业是交通运输业和部分现代服务业,律师事务所作为提供鉴证咨询服务的中介机构已被纳入其中。

2012 年 7 月 25 日,国务院总理温家宝主持召开国务院常务会议,决定扩大营业税改征增值税试点范围。会议决定,自 2012 年 8 月 1 日起至年底,将交通运输业和部分现代服务业营业税改征增值税试点范围,由上海市分批扩大至北京、天津、江苏、浙江、安徽、福建、湖北、广东和厦门、深圳 10 个省(直辖市、计划单列市)。

温家宝主持召开的国务院常务会议决定,自 2012 年 8 月 1 日起,先后将"营改增"试点地区扩大至北京、天津、江苏、浙江等 10 个省市。2012 年 8 月 2 日,国家财政部官网挂出《关于在北京等 8 省市开展交通运输业和部分现代服务业营业税改征增值税试点的通知》。2012 年 7 月 31 日,财政部、国家税务总局联合发布《关于营业税改征增值税试点中文化事业建设费征收有关问题的通知》,对"营改增"试点工作作出进一步的部署,要求:试点地区应自 2012 年 8 月 1 日开始面向社会组织实施试点工作,开展试点纳税人认定和培训、征管设备和系统调试、发票税控系统发行和安装,以及发票发售等准备工作,确保试点顺利推进,按期实现新旧税制转换。

---

① 《国民经济和社会发展第十二个五年规划纲要》第四十七章第三节:"按照优化税制结构、公平税收负担、规范分配关系、完善税权配置的原则,健全税制体系,加强税收法制建设。扩大增值税征收范围,相应调减营业税等税收。合理调整消费税征收范围、税率结构和征税环节。逐步建立健全综合与分类相结合的个人所得税制度,完善个人所得税征管机制。继续推进费改税,全面推进资源税和耕地占用税改革。研究推进房地产税改革。逐步健全地方税体系,赋予省级政府适当税政管理权限。"

《关于营业税改征增值税试点中文化事业建设费征收有关问题的通知》还列出了改革进程时间表：北京市应当于2012年9月1日完成新旧税制转换；江苏省、安徽省应当于2012年10月1日完成新旧税制转换；福建省、广东省应当于2012年11月1日完成新旧税制转换；天津市、浙江省、湖北省应当于2012年12月1日完成新旧税制转换。

响应中央的税改战略，北京如期开展了"营改增"的试点工作。2012年1月至7月，北京相关部门先后召开一系列的会议，对"营改增"的相关问题进行了调查、研讨和培训。①

8月9日，北京市召开营业税改征增值税试点改革启动大会，对"营改增"工作进行动员部署。市委副书记、代市长王安顺、财政部副部长王军、国家税务总局副局长丘小雄出席会议并讲话，市委常委、常务副市长李士祥主持会议。

8月21~22日北京市地方税务局组织召开北京市地方税务系统2012年领导干部会议。局长王晓明、党组书记刘江平分别做工作报告。会议同时传达国家税务总局上半年工作会精神，对稳步推进税收征管改革、"营改增"试点工作和加强组织收入工作进行重点部署。

8月30日，北京市国家税务局、北京市地方税务局联合发布《北京市国家税务局、北京市地方税务局关于营业税改征增值税试点税收征收管理若干事项的公告》（北京市国家税务局公告2012年第7号），对北京市试行"营改增"的行业范围、开始时间、税务登记、纳税申报、税款缴纳、税控机具使用、发票衔接等问题，作出了明确规定和说明。

2012年9月1日，北京在交通运输业和部分现代服务业正式实施营业税改征增值税的试点改革。但是对于北京的律师行业来说，2012年9月1日则是一个标志性的日子：从这一天开始，北京市律师行业正式步入增值税取代营业税的新时期。

---

① 《北京市地方税务局大事记（2012年）》，《北京地税年鉴（2013）》，中国税务出版社，2013，第293~308页。

（二）"营改增"的具体内容

北京地区律师自 2012 年 9 月 1 日起启动了"营改增"之后，律所停止缴纳营业税，改为缴纳增值税。从营业税到增值税，主要有以下几个方面的变化。

第一，计税基础变化。以前的营业税是以在我国境内提供应税劳务、转让无形资产或销售不动产的单位或个人，就其所取得的营业额征收的一种税，计税基础是营业额。增值税是以商品或应税劳务在流转过程中产生的增值额作为计税依据而征收的一种税，属于流转税。

第二，应纳税所得额计算公式变化。营业税是价内税，由销售方或服务提供方缴纳税款，所以营业额即应纳税所得额。增值税是价外税，销售或服务的收入中包含税款，所以计算增值税时应当先将含税收入换算成不含税收入，然后再乘以税率。具体说，增值税应纳税所得额的计算公式：应纳税所得额 = 不含税收入 =［收入/（1 + 税率）］× 税率。

第三，区分不同的纳税人。营业税对纳税不做区分，但是增值税区分一般纳税人和小规模纳税人，分别适用不同的税率和增值税抵扣政策。一般纳税人和小规模纳税人的划分标准是应税服务年销售额，不超过 500 万元的为小规模纳税人，超过 500 万元的为一般纳税人。应税服务年销售额的计算公式：应税服务年销售额 = 连续不超过 12 个月应税服务营业额合计 ÷（1 + 3%）。

一般纳税人和小规模纳税人适用不同的税收政策，具体不同之处在于三个方面。(1) 适用税率不同。小规模纳税人适用税率是 3%，一般纳税人适用税率是 6%。(2) 进项税抵扣权利不同。一般纳税人可以抵扣进项税，小规模纳税人不可以抵扣。(3) 开具发票的能力不同。一般纳税人可以开具增值税专用发票和增值税普通发票，前者可以供服务购买单位用于增值税抵扣，小规模纳税人则只能开具增值税普通发票，如果需要开具增值税专用发票的，只能向税务机关申请代开发票。

第四，税率变化。对于律师事务所来说，营业税的税率是 5%，增值税则区分不同的纳税人适用不同的税率,其中小规模纳税人适用3%的税率,一般纳税人适用6%的税率。

三 税改措施之二:查账征收

(一)改革的过程

北京律师行业税制改革的另一个措施,是在国家财税体制改革和社会收入分配调整的宏观政策指导下,对合伙人律师的个人所得税全面落实查账征收。

国家之所以要推进这项工作,是因为一方面,国家关于合伙人律师个人所得税各项规定,只有通过查账征收才能够真正得以实现,所以,从这个意义上说,查账征收是税制的应有之义。另一方面,近年来我国社会中收入差距较大,分配不公现象比较突出,国家希望通过查账征收,发挥税收在调节社会收入分配方面的积极作用。为此,《中华人民共和国国民经济和社会发展第十二个五年规划纲要》第三十二章提出,要"提高劳动报酬在初次分配中的比重,尽快扭转收入差距扩大趋势",要"加快完善再分配调节机制","加大对高收入者的税收调节力度"。[①] 温家宝总理在2012年的《政府工作报告》中也提出,要进行"深化收入分配制度改革",改革的内容包括"加大对高收入者的税收调节力度,严格规范国有企业、金融机构高管人员薪酬管理,扩大中等收入者比重,提高低收入者的收入,促进机会公平"。

基于这些形势要求,中央财税主管部门在2012年前后密集发布了一系列的政策文件,以扩大个人所得税查账征收的范围,加强对高收入这个人所得税的监管。在这些文件中,国家税务总局2010年5月发布的《关于进一

[①] 参见《中华人民共和国国民经济和社会发展第十二个五年规划纲要》第三十二章"合理调整收入分配关系"。

步加强高收入者个人所得税征收管理的通知》要求"加强规模较大的个人独资企业、合伙企业和个体工商户的生产、经营所得征收管理",并明确规定"税务师、会计师、律师、资产评估和房地产估价等鉴证类中介机构不得实行核定征收个人所得税"。[①] 国家税务总局2012年12月发布的《关于律师事务所从业人员有关个人所得税问题的公告》则专门针对律师行业查账征收的一些具体问题作出了规定和说明。

基于加强查账征收的政策要求,一些地区率先作为试点开展查账征收工作。其中,广州市自2010年1月起对合伙人律师的个人所得税采取查账征收方式;[②] 自2011年1月1日起,江苏、浙江两地税务部门均已把所管辖的律师事务所合伙人个人所得税征收方式统一调整为查账征收。[③]

在加强税收征管的新形势下,认真落实国家税务总局要求,北京市2013年步入试点地区行列,依法对全市律师事务所进行查账征收。在执行查账征收之前,税务部门及时梳理生产经营所得个人所得查账征收政策,会同司法局、律协等部门,对全市1800多家律师事务所开展培训辅导。加强对律师事务所查账征收政策执行统计分析,积极学习借鉴上海、重庆等地经验,研究政策执行潜力,依法明确政策执行标准。2013年1月1日,北京市地方税务局开始对全市1757家律师事务所和8380名合伙人个人所得税实行查账征收。在新政实施过程中,市司法局、市律协和市人大代表对律师事务所查账征收提出了意见和建议,地税部门及时研究处理这些意见,并向市政府的汇报,积极争取上级部门支持。根据地税部门的统计,2013年全市律师事务所合伙人缴纳税款与2012年同期基本持平,其中3/4经营规模较小的律师事务所税负下降,个人所得税调节收入分配作用得到进一步强化。[④]

[①] 国家税务总局《关于进一步加强高收入者个人所得税征收管理的通知》(国税发〔2010〕54号)。
[②] 张富强:《广东律师薪酬、税收与职业发展分析》,《学术研究》2013年第8期。
[③] 栾森淼、陈历杰:《律师行业税改对律师行业的影响分析》,《中国司法》2014年第2期。
[④] 参见夏宏伟《综述:律师事务所查账征》,《北京地税年鉴(2014)》,第49~51页;《北京市地方税务局大事记(2013)》,《北京地税年鉴(2014)》,第259~283页。

（二）查账征收的具体政策

查账征收原本只需照章办事即可，不需要另有规定。这里的"章"，就是国家的个人所得税法和国务院的《个人所得税法实施条例》。然而，一方面鉴于我国许多中小企业财务管理不够健全、财务收支不够规范；另一方面，鉴于律师服务运营方式的独特性与复杂性，国家税务总局于2012年12月又发布了《关于律师事务所从业人员有关个人所得税问题的公告》（国家税务总局公告2012年第53号）（以下简称53号《公告》），形成了律师行业查账征收的具体政策。这些政策的具体内容如下。

第一，提成律师办案费用扣除标准增加至35%。根据国家税务总局2000年149号《通知》的规定，作为律师事务所雇员的提成律师从其分成收入中扣除办理案件支出费用的标准，在律师当月分成收入的30%内确定，现在适用的2012年的53号《公告》调整为35%内确定。53号《公告》作出调整的同时明确要求"实行上述收入分成办法的律师办案费用不得在律师事务所重复列支"。

第二，法律顾问费以及其他酬金纳入律师业务收入。按照国家税务总局2000年149号《通知》的规定，律师从接受法律事务服务的当事人处取得的法律顾问费或其他酬金，均按劳务报酬所得应税项目征收个人所得税。根据个人所得税法的规定，劳务报酬所得适用20%比例税率。现在2012年的53号《公告》做了变更，将此类经费归入律师业务收入，分情形缴纳合伙人律师的个人所得税或者提成律所的薪金所得税。

第三，允许无票扣除部分费用。国税总局2012年53号《公告》规定，对于实行查账征收的律所，合伙人律师在计算应纳税所得额时，应凭合法有效凭据按照个人所得税法和有关规定扣除费用，这是一般原则，但是对确实不能提供合法有效凭据而实际发生与业务有关的费用，经当事人签名确认后，可以扣除部分费用。扣除的具体标准是：个人年营业收入不超过50万元的部分，按8%扣除；个人年营业收入超过50万元至100万元的部分，按6%扣除；个人年营业收入超过100万元的部分，按5%扣除。53号《公告》同时规定，这种扣除只是过渡性的规定，自 2013 年 1 月 1 日至 2015 年 12 月 31 日执行。

第四，特定的培训费用可以扣除。律师行业是知识和技术密集型的行业，律师为了提高业务能力，需要不断地学习和更新业务知识。律师参加培训不仅是一项权利，而且是一项业务。比如，北京市律师协会《关于加强律师培训管理工作的通知》就规定："专职律师在每一个考核年度必须完成 40 课时（每次培训为 4 课时）的培训。其中要求必须至少完成 16 课时现场培训，即 4 次现场培训。其余 24 课时，可由律师自行选择参加现场培训或网上培训。"国税总局 2012 年 53 号《公告》将这种培训费用也视为营业成本允许扣除，但是有一定的限制，即只有"律师个人承担的按照律师协会规定参加的业务培训费用，可据实扣除"。也就是说，律师自行参加其他培训的有关费用不能扣除。

四 新税制的运行效果

（一）税负变化

新税制实施最直接的影响就是律师行业的税收负担，即税负。这种影响并不是简单地增加或者减少，而是不同的措施有不同的影响，不同的主体受到不同的影响。

1. "营改增"对律所税负的影响

由于增值税区分小规模纳税人和一般纳税人，并分别适用不同的税率和抵扣政策，所以，"营改增"之后的税负变化要分别而论。

第一，"营改增"之后，小规模纳税人的税负明显减少。营业税改增值税之后，一般纳税人和小规模纳税人具有不同的税负变化。其中，就小规模纳税人来说，营业税改增值税明显降低了税负。这种降低首先在理论上是成立的。因为以前缴纳营业税时，税率是 5%，现在缴纳增值税时，税率是 3%，由于小规模纳税人不允许进行进项税抵扣，实际是以营业收入为应该纳税所得额，增值税和营业税的应纳税所得额基本一致，但增值税的适用税率更低，所以降低了税负。由于城市维护建设税、教育费附加分别是以营业税和增值税为基础计征的，所以相应地，这两项费用的缴纳也是"营改增"之后更低。

这种理论上的税负变化可以通过一个实例来说明。假定一个小规模纳税人一年的业务收入是100万元，则"营改增"之前该所应该缴纳的营业税及其附加的计算过程和结果如下：营业税应纳税所得额＝100万×5%＝5万元；城市维护建设税＝营业税应纳税额×7%＝5万×7%＝3500元；教育费附加＝营业税应纳税额×3%＝5万×3%＝1500元，三项税费合计为50000＋3500＋1500＝55000元。

"营改增"之后，作为小规模纳税人，该律所的应该缴纳的增值税及其附加的计算过程和结果如下。增值税应纳税额＝100万/1.03%×3%＝29126元；城市维护建设税＝增值税应纳税额×7%＝29126×7%＝2039元；教育费附加＝增值税应纳税额×3%＝29126×3%＝874元，三项税费合计：29126＋2039＋874＝32039元。"营改增"前后，相差22961元，税负降低了41.7%。

第二，"营改增"之后，一般纳税人的税负略有变化。由于一般纳税人允许进项税抵扣，但抵扣多少各家律所又有所不同，即使同一家律所不同时期的抵扣比例也有变化，所以，"营改增"之后一般纳税人的税负到底如何变化，理论上没有统一的结果。我们假定在零抵扣的情况下，计算一下"营改增"带来的税负变化。在"营改增"之前，营业税的应纳税所得额是业务总收入，税率是5%，"营改增"之后，税率变成了6%，应纳税所得额变成了业务收入除以1.06%，计算的结果是增值税应纳税额＝业务收入/1.06%×6%＝业务收入×5.66%。这个结果的含义是，如果律所当期进项税零抵扣，则相当于税率从5%增加为5.66%，增值税比营业税的税负增加了13.2个百分点。

实际上，一般纳税人的税负变化如何呢？上海是较早实施"营改增"的试点地区，这里的律师们反映，特别是部分律所反映，律师服务业实质上属于非生产性企业,其直接面对客户且无上游环节,难以通过生产经营环节进行抵扣以降低税负,而且在本次试点中,可抵扣的主要是企业购买的设备、办公用品等有形资产,主要开支(包括人力资源成本、办公场所租金、办案差旅费、交通费支出等),都无法纳入抵扣范围,因此可扣除进项税额很少。虽然有部分律所试图与下游客户协商,通过给其开具增值税发票,由客户承担律所增加的税负再进行抵扣,但许多客户拒绝这样做。由此造成的结果是,年营收500万元以上的律所税负均有所增加。①

在北京地区,我们也对大型律所"营改增"产生的税负影响进行了实地调查。我们调查的律所中,包括大成、金杜、中伦、德恒、观韬、高文、道可特等一般纳税人。这些律所的负责人在谈到"营改增"时,部分受访者回答不太了解税负变化,部分则认为增值税的负担略微超过以前的营业税。

第三,平均税负的变化略有降低。通过实地调研,我们从有关方面搜集了近年来北京律师行业营业税和增值税的实际缴纳金额,但是无法在律师业务收费总额中区分一般纳税人和小规模纳税人,所以只能计算实际发生的、不同律所的平均税负。2011年之前,律所缴纳的是营业税,2013年后,缴纳的是增值税,2012年同时缴纳了两种税,因为统计数据不全,暂时不纳入比较。如图5-1所示,总的税负是下降了,具体言之,在2011年以前,营业税的平均税负大约是5.5%,2013年增值税税负是5.49%,略有下降,2014年、2015年则明显下降,增值税税负分别是4.72%和4.53%。当然,这是平均税负,实际情况是小规模纳税人享受到更多的实惠。

2. 查账征收对律师税负的影响

只从计算公式上比较,无法确定核定征收和查账征收之间哪种模式的税负重,因为在查账征收中,一个律师到底能够有多少成本扣除,影响因素很多,每个律师的情形都不一样,而且不能事先确定。但是,对于税负变化的

---

① 参见栾森淼、陈历杰《律师行业税改对律师行业的影响分析》,《中国司法》2014年第2期。

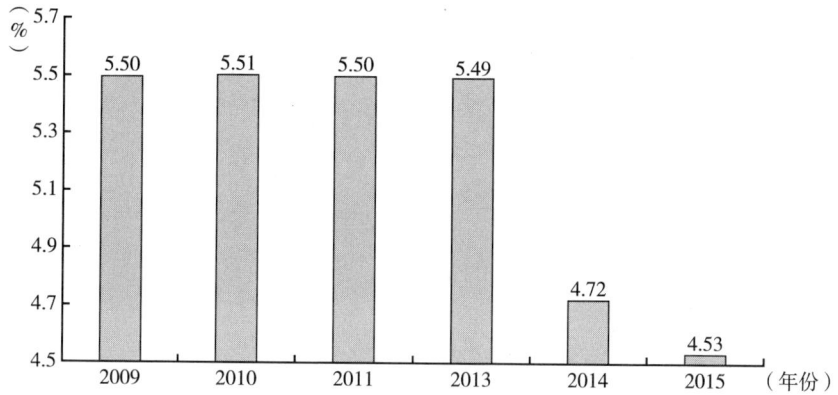

图 5-1　北京律师 2009~2015 年部分年份营业税/增值税税负变化

资料来源：图中的税负分别由当年律师行业缴纳的营业税总额和增值税总额除以当年律师行业的业务收费总额得出，纳税总额和收费总额来源于北京市司法局。

一些总体特点，可以根据有关的信息进行一定的推算。

根据《北京地税年鉴（2014）》提供的信息，在 2013 年，也就是北京对合伙人律师个人所得税实行查账征收的第一年，全市律师事务所合伙人缴纳税款与去年同期基本持平，其中 3/4 的经营规模较小的律师事务所税负下降。[①] 这个信息同时也间接地表明，因为前后两年的税负总体持平，在总和一定的情况下，有的律所下降就会有其他律所增加，所以余下的那 1/4 规模较大的律所税负增加了。

这种情形和我们实地调查获得的资料大体一致。在我们实地走访的 15 家律所中，有 10 家律所的规模超过 100 人。从各律所负责人的回答来看，大型律所普遍反映税负比过去有所增加，而中小型律所只是反映在票据方面的管理成本增加，但是税负并无增长。大型律所税负之所以增加，是这类律所的业务中，高端的非诉讼法律事务比例较大，这类业务特点之一是收费较高，而扣除的成本的比例相对较低，换言之，这类业务的利润率较高，所以造成应税所得率较高，从而提高了税负。反过来，对于小型律所来说，通常

---

① 参见夏宏伟《综述·律师事务所查账征》，《北京地税年鉴（2014）》，第 49~51 页。

是律师个人作业，业务也主要集中于小型的、低端的业务，这类案件收费较低，很容易获得较高比例的扣除，所以应税所得率比较低，税负下降。相对来说，在2010年的核定征收模式中，律师行业统一适用25%的应税所得率，相当于不论什么律所的业务，利润率都以25%的标准计算，客观上消除了不同律所利润率的实际差异。现在的查账征收则将这种差异相对真实地体现出来，在税收总额相对持平的情况下，出现了有的律所税负增加，有的律所税负减少的情形。

3. 律师行业平均总税负的变化

律师或律所需要缴纳多种税，对于律师来说，最关注的是包括所有税种的总税负的变化。税改对总税负的影响如何呢？我们根据图5-2来分析一下。如图5-2所示，在税改前，平均税负也有一定幅度的波动，在实施个人所得税2010模式的两年中，2010年的行业平均税负是14.36%，2011年是15.33%。在实际访谈中，律师们回忆税改前的情形时，都回答说，那时的总税负14.5%。一方面说明了那时总的税负水平，另一方面也说明，那时的税负在律师之间和律所之间都比较均衡，差异不大，因为大家的回忆都是14.5%。统计数据计算出来结果虽然不是14.5%，但是也很接近。"营改增"和查账征收实行以后，2013年的税负大幅增加了，达到16.94%，但

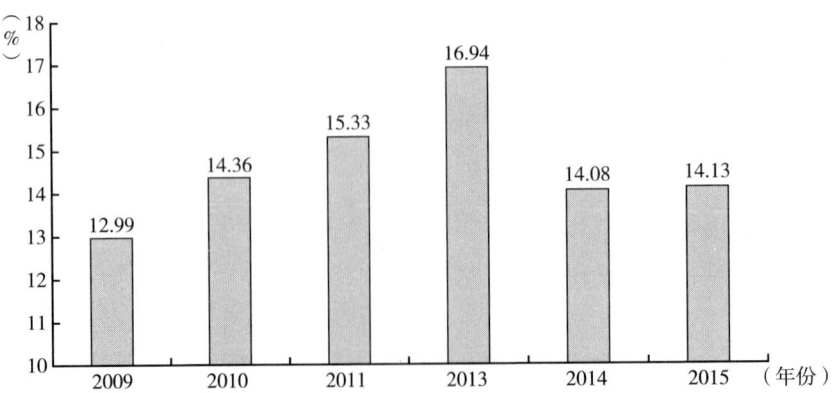

图5-2 2009~2015年部分年份北京律师行业平均税负变化

资料来源：图中的平均税负由当年律师行业缴纳总额除以当年律师行业业务收费总额得出，纳税总额和收费总额来源于北京市司法局。

是，稍后的 2014 年、2015 年税负显著下降了，分别是 14.08% 和 14.13%，甚至低于税改前的水平。虽然如此，也不能简单地理解为税负下降，因为税改前各律师和律所之间税负比较均衡，税改后不同律师之间、不同律所之间的税负差异较大，下降的仅仅是平均税负。

4. 税务管理成本的变化

关于税负，通常的理解是应纳税额占总收入的多少，但是，当我们向一位律师了解税改之后的税负变化时，他回答说："负担，两个负担，两个含义上的负担，比方说我原来交 100 万元，现在可能交 70 万元。但是工作负担增加了……对票的管理。在国外，我所有的消费理论上都是可以的，我吃个饭，我买个西装、买个手机、买个什么玩意儿，都是可以的，但是这边给你提供了限制，比方说餐费不能超过多少，8‰吧，还有什么不能报，还有什么要附合同，还有什么要附会议通知，你都按这个来搞会累死你，有些东西根本就不存在，你不按它的搞，你就达不到这个标准，所以现状是大家在挣扎，然后财务人员的工作量就会显著增加，一大堆的票。"这位律师的意思是，就他所在的律所而言，税负从金额上来说减轻了，但是票据方面的管理成本显著增加了。

（二）税收筹划空间变化

"税收筹划"又称"合理避税"，它来源于 1935 年英国的"税务局长诉温斯特大公案"。当时参与此案的英国上议院议员汤姆林爵士对税收筹划作了这样的表述："任何一个人都有权安排自己的事业。如果依据法律所做的某些安排可以少缴税，那就不能强迫他多缴税收。"这一观点得到了法律界的认同。经过半个多世纪的发展，税收筹划的规范化定义得以逐步形成，即"在法律规定许可的范围内，通过对经营、投资、理财活动的事先筹划和安排，尽可能取得节税（Tax Savings）的经济利益"。

税制改革之前，营业税不存在扣除的问题，个人所得税的 2010 年模式中，个人所得税应纳税额也是平均适用的 25% 的比例，这样的制度和政策使得税收筹划的余地非常小。税制之后，无论是增值税的缴纳，还是合伙人律师个人所得税的查账征收，应纳税额的计算都变得十分复杂，从而使得税收筹划的空间陡然变大。

1. 增值税缴纳的筹划空间

增值税第一个筹划方案是一般纳税人和小规模纳税人的选择。无论是从理论上看，还是从实地调查获得的反映来看，小规模纳税人的税负明显低于一般纳税人，所以，如果可以在二者之间选择而没有其他方面的代价，就可以创造条件选择小规模纳税人。按照国家"营改增"的实施方案，小规模纳税人的认定标准是应税服务年销售额不超过500万元，计算公式为：应税服务年销售额＝连续不超过12个月应税服务营业额合计÷（1＋3%）。基于这种规定，对于规模较大的律所来说，如果要选择小规模纳税人，就需要适当缩小律所的规模。

实践中，对于那些规模较大的律所来说，是否需要通过缩小规模来实施这一方案，取决于维持律所较大规模的意义，这种意义对于不同的律所来说，应该各不相同，所以，这种方案可能只是对为数不多的律所具有参考作用。从实践中来看，上海也有律所选择了"拆一为二"，目的是享受小规模纳税人的税收优惠。在北京地区，我们直接的调研没有遇到这样的案例，但是统计数据表明，有不少律所选择这样的方法。如图5-3所示，北京市2013年31人以上的律所有229个，但是2014年减少为137个，2015年进一步减少132个。而2013~2015年，北京律师人均业务收费在41.1万~53.9万元，所以可以合理推算，31人以上的律所，基本上营收都在500万元以上，现在这种规模的律所的数量持续下降，很可能是增值税的纳税筹划发挥了一定的作用。

如果是一般纳税人，因为允许抵扣销项税，所以律所有了较大空间进行税收筹划。需要详细考察筹划方案的地方，主要有以下这样两点。一是律师购买办公桌椅、书柜、书架、文具、纸笔等办公用品，购买电脑、打印机、复印机、电话机、电话机、碎纸机等办公设备，购买花草、树木、盆栽等绿化物品，租赁办公设备，购买手机，货物运输，购买劳务等，需要仔细了解这些项目是否属于可抵扣进项税的项目，如果是，则在平衡价格和税收的利

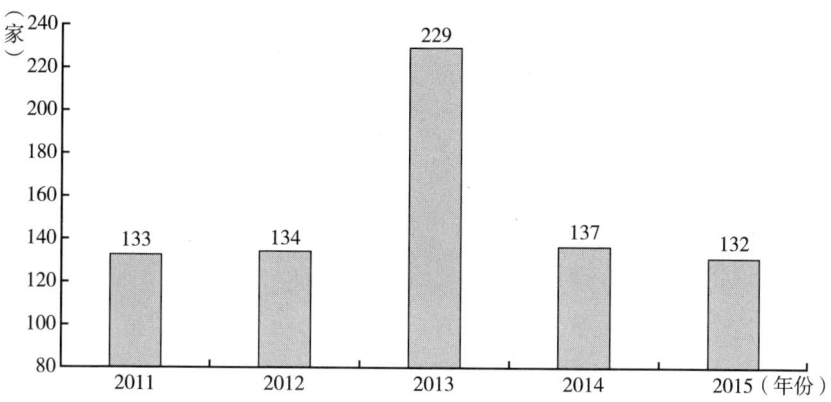

图 5-3 北京 2011~2015 年 31 名以上律师的律所的数量变化

弊之后，决定是否在能够开具增值税专用发票的商家购买或租赁。二是在接受的服务项目中，可以将本律所不擅长的部分转包给作为一般纳税人的第三方，从而将本所力量集中于有优势专业领域。

也有一些事项需要一般纳税人和小规模纳税人共同斟酌税收筹划方案。比如，国家有关的法规或政策文件规定了一些增值税免费项目，对于这些项目，需要详加了解，根据需要进行选择；对于提成律师，提成比例确定为多少最为划算，也值得律师和律所根据实际情况精确测算，等等。

2. 查账征收后合伙人律师个人所得税的筹划空间

合伙人律所个人所得税在计算应税所得额时，允许对成本进行扣除，税制中的这一内容一方面给律师在票据留存与管理方面增加了成本和负担，这也是许多律师和律所感到穷于应付的问题。但是另一方面也表明，这里必然存在着学问和技巧，存在着税收筹划方案不断优化的可能性。从税收筹划的角度说，这里值得分析和总结的问题主要包括：哪些支出可以税前扣除；各自的比例限额是什么；各种支出在证明真实性凭证方面有什么要求；如何获得真实性凭证；如何设计律所的薪酬体系有利于节省税收支出等。如果对这些节点进行分析和总结，得出规律性知识，用于指导律所的制度设计，指导律所的财务管理，指导律师的业务推广、业务选择和办理，必然有利于优化律师和律所的纳税方案，并且能够最大限度地避免出现财税方面的违规行

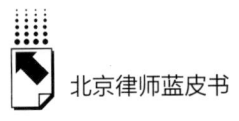

为。

对于税改之后律师行业面临的税收筹划问题,我们可以从一位律师的回答中进行体会:"税制改革的时候,这个事情弄的整个北京律师事务所都很紧张,所以我们单位专门请了税务顾问来做这些问题。在这之前我就先问过财务了,因为那时开始所得税自行申报,我就问我们财务是否需要自行申报,财务说,合伙人在律所是全部已经交过税的,已经是税后收入了。我当时是问过这个,税制改革之后再怎样,我们确实不是特别清楚。"律师的回答表明:一方面,税制改革带来了复杂的、全新的税收流程,律师和律所如何处理才能优化税收支出、保证不违规,确实值得分析和研究;另一方面,一些律师和律所已经重视这一问题了,并积极采取措施来适应新的税收体制。

五 新税制存在的问题及其对策

北京律师行业的税制改革是国家当前历史时期深化财税体改改革的构成部分,毫无疑问,改革的基本精神和方向是正确的、科学的,新税制的实施,对于北京律师行业的平稳健康发展,会发挥长远的、积极的意义。然而,从近三年的实施情况来看,北京律师行业的税制改革在具体措施上,还有进一步总结和完善的余地。这是因为一方面,这毕竟是一项改革,既然是改革,就有探索和试点的性质;另一方面,无论是北京市作为一个特定的地区,还是律师作为一个特定的行业,都有一些特殊的情形,需要经过一定的时间,才能反映到国家总的财税政策之中。

(一)税负增减问题

上文的分析表明,对于作为一般纳税人的律所而言,增值税税负略有增加。虽然增加的幅度并不显著,但是这种效果未能充分实现国家"营改增"扩大范围的目的。国家在《中华人民共和国国民经济和社会发展第十三个五年规划纲要》中提出,要"全面完成营业税改增值税改革"。而之所以要推行这样的政策,是因为增值税是流转税,可以在很大程度上避免重复征税,减轻企业的税负。出于对政策上的这一考虑,财政部、国家税务总局在2011年发布的《关于印发〈营业税改征增值税试点方案〉的通知》(财税〔2011〕110号)中明确作出了说明,即"营改增"的一项基本原则是"规范税制、合理负担。在保证增值税规范运行的前提下,根据财政承受能力和不同行业发展特点,合理设置税制要素,改革试点行业总体税负不增加或略有下降,基本消除重复征税"。而现在这样的结果,使得这一原则未能充分实现,律师行业中部分纳税人不能享受到税制调整带来的改革红利。

之所以出现这一结果,在于国家有关方面对律师行业运营方式的独特性缺乏足够的了解,导致"营改增"的实施方案中对律师行业的规定不够周全。律师行业的独特性在于,律师主要依靠个人的知识和技术提供服务,可以用于增值税抵扣的进项非常有限,导致应纳税所得额几乎覆盖律师营收的全部。从这意义上,这一问题出在制度设计本身,因此,解决的措施也需要从政策方面入手。

最简答的解决方案,就是降低律师行业一般纳税人的税率,基于增值税改革的目的,税率不应超过原来营业税的税率,即5%。这样的调整在制度上并不困难。这是因为,一方面,"营改增"目前仍处于试点阶段,试点存在的问题需要总结和分析,从而在下一阶段的政策措施中予以克服。另一方面,无论是国务院发布的《增值税暂行条例》,还是国务院财税主管部门发布的文件,都是针对不同的行业规定不同的增值税税率,既然律师行业也有其特殊的运营方式,当然也可以就律师行业单独规定的一个税率。

另一个在政策上调整幅度较小的解决对策是,针对律师行业运营方式的特点,在增值税抵扣范围上作出调整,增加可抵扣的项目,从而在实际上适当降低律师行业一般纳税人的税负。

(二)税负平衡问题

新税制的实施,从"营改增"到查账征收,产生了税负平衡问题,进而又衍生其他行业发展问题。

第一个问题是"营改增"之后，小规模纳税人和一般纳税人之间存在显著的税负差异。这种差异的存在，导致近年来北京律所规模的反向发展。① 在一定程度上，这种反向发展对律所规模化、品牌化发展有着反向激励，总体上不利于律师行业向高端产业发展。

第二个问题是实施查账征收后，合伙人律师个人所得税和聘用律师薪金收入个人所得税之间存在显著的税负差异。我们先来对比一下两类人员的适用税率。由于合伙人律师的应纳税所得额是按年计算的，所以需要适当换算之后才能比较。换算之后的结果如表5-5所示。

表5-5 合伙人律师个人所得税速算和薪金律师个人所得税速算对比

级数	薪金律师个人所得税率（扣除每月3500元或每年4.2万元）以后			合伙人律师个人所得税率（扣除每年4.2万元以后）	
级数	全月应纳税所得额	全年应纳税所得额	税率(%)	全年应纳税所得额	税率(%)
1	不超过1500元	不超过1.8万元部分	3	不超过15000元的	5
2	超过1500元至4500元的部分	超过1.8万元至5.4万元的部分	10	超过1.5万元至3万元的部分	10
3	超过4500元至9000元的部分	超过5.4万元至10.8万元的部分	20	超过3万元至6万元的部分	20
4	超过9000元至35000元的部分	超过10.8万元至42万元的部分	25	超过6万元至10万元的部分	30
5	超过35000元至55000元的部分	超过42万元至66万元的部分	30	超过10万元的部分	35
6	超过55000元至80000元的部分	超过66万元至96万元的部分	35		
7	超过80000元的部分	超过96万元的部分	45		

资料来源：根据有关法律文件规定汇总整理。

我们先通过一个例子来说明这种差异的程度。

（1）假定一个合伙人律师扣除各种成本之后，月收入为1.5万元，这在

---

① 关于这个问题的分析，参见本书总报告相关章节。对于上海地区这类问题的介绍，参见栾森森、陈历杰《律师行业税改对律师行业的影响分析》，《中国司法》2014年第2期。

北京这样的城市，应该算不上是什么高收入。该律师当年应当缴纳的个人所得税：应纳税额（年）=应纳税所得额×税率-速算扣除数=（15000×12-42000）×税率-速算扣除数=138000×35%-14750=33550元。

（2）假定一个作为律所雇员的提成律师，每个月扣除律所的提成以及35%的费用以后，收入也是15000元，该律师每月的个人所得税是：应纳税额（月）=应纳税所得额×税率-速算扣除数=（15000-3500）×税率-速算扣除数=11500×25%-1005=1870元，应纳税额（年）=1870×12=22440元。

（3）假定一个作为律所雇员的薪金律师，或者任何其他行业领取薪水的员工，每个月工资是15000元，则其每月的个人所得税是：应纳税额（月）=应纳税所得额×税率-速算扣除数=（15000-3500）×税率-速算扣除数=11500×25%-1005=1870元，应纳税额（年）=1870×12=22440元。

对比上述计算结果发现：同样的15000元月收入（税前），合伙人律师需要缴纳个人所得税33550元，比薪金律所或者任何其他行业领取工资的员工多缴49.5%的税。

对于这种差异，本报告经过分析然后提出来，希望可以引起有关方面的注意，并在财税政策层面研判其合理性。笔者的初步分析显示，这种差异既不能体现不同律师群体的社会贡献差异，也未能实现国家加强对高收入人群的收入监管的目的。北京市律师行业主管领导在报告中提到一种现象：北京市税务机关对律师事务所合伙人个人所得税征收方式由核定征收改为查账征收后，大型律所税负增加，一些大所合伙人因为税负原因，提出退伙，改做普通聘用律师。[①]这不是"人往高处走，水往低处流"，而是"人往低处走，水往低处流"。可见新税制的实施，产生了某些不利于律师行业发展的激励作用。其实，对于律师行业来说，合伙人本人不仅办理业务，发挥一个律师

---

① 李公田：《北京市司法局副局长李公田在全市区县律师工作例会上的讲话提纲》，《北京司法行政年鉴（2015）》，第82~85页。

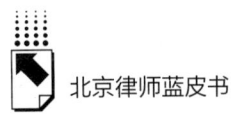

的专业服务作用，而且合伙人律师还投资建立律所，参与律所经营管理，维护律所的正常运转，他们的社会作用应该更大，在税收方面即使不是要去鼓励，至少也不能在收入相同的情况产生重得多的税负。

第三个税负差异发生在地区之间的。在税制改革前，大多数地区的律师行业都实行核定征收，但是核定征收的具体规定有所差别，导致律师的实际税负存在差异。① 近年来全国各地相继步入税改行业，但是改革程度和进程各不相同，使得改革之前就已存在的税负地区差异进一步扩大。在税改措施中，率先实施"营改增"的地区，比如北京、上海等地，一般纳税人的税负就要高于那些尚未实施"营改增"的地区。而查账征收的结果，一方面使得律所增加管理成本，增加违规风险，另一方面对于那些规模较大的律所来说，个人所得税的税负也会增加。

在很大意义上，受到这种差异的不利影响的，不是律所或律师，而是税负相对较重地区的财税收入和律师行业发展。这是因为，地区之间的税负差异可能导致一些律所的总部或分所为了减轻税负而从一个地区迁往另一个地区，从而影响地区之间的有序竞争。值得注意的是，这个结果不只是一种理论上的可能性，实际已经发生。例如，上海地区存在许多品牌律所的分所，它们的总部在外地，上海市率先实行"营改增"之后，这些品牌分所作为一般纳税人需要按照6%的税率缴纳增值税，税负略高于总部或其他分所所在地的营业税。在这种情况下，存在着激励这些分所机构将业务收入转移至总所或外地其他分所以求合理避税的因素，从而导致上海市律师服务业税收流失。"据徐汇区司法局估算，以该区君合、隆安、竞天公诚等4家外地分所为例，去年营收共2.5亿元，如将其业务全部划归总所结算，将流失税收1500万元左右。浦东新区司法局估算，以该区中伦、大成2家律所分所为例，2011年营收共4.2亿元，如其将全部收入划归总部结算，将流失超过2500万元的税收。"税收流失只是一个方面，律师行业的发展也可能受到负面影响。浦东新区司法局的负责人反映，"全国各地都在制定优惠的财政、税收政策，以吸引

---

① 参见杨小强《律师业的课税问题：法规与现实》，《人大法律评论》2009卷。

包括法律服务业在内的现代服务业企业加入,在这种趋势下,上海市的'营改增'试点工作反而加重了规模律所的税负,这对吸引外地优秀律师事务所来沪发展、提升上海市法律服务业发展等级十分不利"。①

分析起来,导致这种税负差异的原因在于两个方面。一是制度上给予各地一定的自主空间,各地又充分利用这种空间来调整税收实践,将税负差异作为促进地区经济发展的一种竞争手段。二是税制改革在时间上不同步,率先实施税改措施地区律师行业需要承担更大的负担。

面对由此产生的不利影响,一些地区采取了某种措施来矫正。比如,实施"营改增"试点之后,面对财税流失的风险和其他不利于本地律师行业发展的影响,上海市委办公厅在其内参文件上表示对上海市律所因为"营改增"而增加的税收负担由上海市财政承担,从而稳定了上海大中型律师所的发展信心,阻止律师业倒流,出现往"小规模所"发展及大所"一拆为二"的现象。②这种措施虽然能够应急,但是也存在一些弊端:一是这种措施削弱了税收制度的刚性,二是这种措施仍然属于各自为政,任由各地采取类似措施,可能会产生新的、更大的税负平衡问题。

那么,如何克服这一问题呢?这首先需要中央主管部门具有合理的统筹安排,尽可能保证全国税制的统一性。对于一些地区的先行试点,也要预先考虑到税制的地区差异可能产生不利影响而准备应对预案。

(三)专业会计核算办法问题

税制改革之后,无论是增值税的抵扣,还是个人所得税的查账征收,都需要相应的会计核算办法对票据的效力、形式、使用方法等作出规定。然而,当前虽然存在会计核算办法,但是这些办法具有两大缺陷。一是因为过于原则和笼统,缺乏可操作性。例如,个人所得税查账征收方面,《关于个

---

① 参见栾森森、陈历杰《律师行业税改对律师行业的影响分析》,《中国司法》2014年第2期。
② 参见栾森森、陈历杰《律师行业税改对律师行业的影响分析》,《中国司法》2014年第2期。

人独资企业和合伙企业投资者征收个人所得税的规定》（财税〔2000〕91号）对票据纳入成本有一定的规定，但是规定很不具体，缺少操作办法。北京税务部门也没有明确哪些票据是完全可以纳入成本的，尤其是针对律师行业特点的很多开支都不明确，缺乏明确统一的会计核算办法，实践中导致目前北京律所在财务管理方面无所适从。

二是目前的办法在内容上不适应律师行业的运营特点，缺乏合理性。比如说，现行办法中，律师的培训费可以扣除，但是仅限于律师协会举办的培训，许多律所和律师都反映这很不合理，既不符合律师大量参加各类学习和培训的实际，也不利于律师队伍素质的提高。又比如，车辆的购置和使用费用对于律师工作来说，完全是工作的需要，但是目前的办法中，这些费用很难在增值税中抵扣，也很难在个人所得税中扣除。再比如，根据国家税务总局 2014 年 12 月发布的《个体工商户个人所得税计税办法》（国家税务总局令第 35 号）规定，个体工商户发生的与生产经营活动有关的业务招待费，按照实际发生额的 60% 扣除，但最高不得超过当年销售（营业）收入的 5‰。调研中许多律师都反映这一规定非常不合理，因为一方面，律师行业的业务招待比较频繁；另一方面，律师作为服务性行业和工农业生产性企业不同，收入中基本不包括有形产品的价值，所以收入的基数比较低，尤其是中小型律所，律师服务实践中，业务招待费远远超过 5‰。这里仅举三例，但是类情形非常普遍。

对于这个问题，可行的对策是中央以及地方财税主管部门尽快制定适应律师行业特点的会计核算办法。制定该办法时，行业主管部门除了掌握国家的税收政策和会计核算知识外，还需要了解律师行业的特点和我国社会发展的阶段。具体地说，需要详细了解三个方面：一是要充分了解律师行业的运营特点，了解该行业的性质和运营模式，了解律师队伍在职业准入、知识获取、技能培训等方面的特殊性；二是要充分了解我国律师行业所处的阶段，了解国家对于律师行业发展的目标和规划；三是要特别了解律师行业发展在我国依法治国战略中的特殊意义。主管部门要深入这些方面，就要加强调研，就需要倾听广大执业律师和法学专家的意见。这个了解过程中，各级司法行政机关作为律师行业的主管部门,应该和财税主管部门建立交流和会商机制,及时提出有利于律师行业健康发展的意见。广大的执业律师也要积极行动起来,将当前税制运行中的问题进行归纳和总结,将律师行业运营方式的特点进行归纳和总结,及时通过各种渠道向有关部门反映。

(四)律师税收筹划的意识和能力问题

税制改革之后,律师行业税收筹划的空间变大,如果律所的财务人员和执业律师提升税务筹划意识,加大财务管理的投入,那么将在很大程度上减轻本人或本所的税负,并减少违规行为。从实际情况来看,律师行业的税收筹划意识在逐步增强。从图5-4来看,在实施税改后的2013～2015年,无论是增值税还是个人所得税,2013年的税负都是最高的,但是后两年中都有所下降。其中,增值税税负持续下降,从2013年的5.49%下降至2015年的4.53%;个人所得税在2014年有较大幅度的下降,税负从10.61%下降至8.73%,但是2015年略有回升,增至8.98%。2014年后税负之所以有所下降,一个重要的原因是新政出台后,律师行业对此有了一个逐步了解、熟悉和适应的过程,有了一些相应的对策,这其中就有税收筹划的因素。

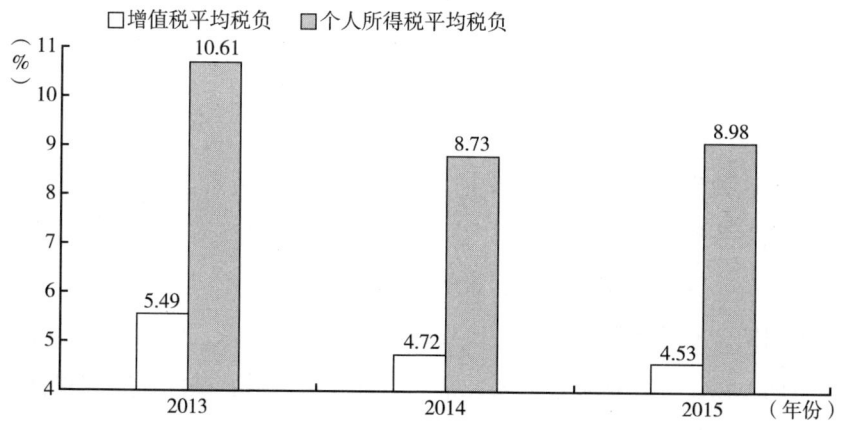

图5-4　2013～2015年北京律师行业平均税负

247

需要说明的是,北京律师行业目前这方面的意识和能力都还有待加强。在 2013 年的一项问卷调查中发现,仅有 25% 的被调查对象具有较强的费用票据管理意识。① 本书课题组最近就这一问题也进行了一定范围的调查,结果发现:在访谈的 20 个律师中,有 11 个律师不知道营业税和增值税的区别;有 8 个律师不知道合伙人律师个人所得税和薪金律师个人所得税区分;有 5 个律师说,他们不管税的事情,那是财务的事儿。能够完整知道当前税制的内容、知悉报销流程律师也就 2 位律师。

在访谈中,一些律师对具体问题回答也能反映出执业律师们对当前税制内容缺乏必要的了解。例如,当问到发票的使用时,一位大型律所的律师回答说:"这个问题比较复杂,其实我也不是很了解它到底是怎么抵的。""应该是抵增值税这一块,这个里面可能也有所得税,这个我也不是很清楚。"一位执业 10 年左右的律师感慨道:"税这个事在我们这个行业里好像都没几个人搞明白,都是稀里糊涂的,都很头大。""我也不知道什么税,是开发票那个税还是加起来一堆的那个税?所以税这个问题我也搞不懂。你还不能问,你一问,他就说你不相信我啊,你是不是怕我给你算错了?所以爱怎么扣就怎么扣吧。"

相当比例的律师对当前税制内容缺乏了解,可能带来两方面的问题:一是不能制定或不能实施合理的税收筹划方案,不能最大限度地减轻本人或本所的税收负担;二是不能减少税收征管方面的违规行为,给律师和律所带来违法的风险。在谈到后一种情况时,多位律师都使用了一个相同的比喻:税收方面的违规行为,就像高悬在每个律师头上的一把利剑。

针对这种现状,我们的建议是,首先,律所的负责人应该关注财税问题,重视财务科室的建设,根据本所的人员规模和收支情况,决定财税科室的人员配备。如果是规模较大的律所,当然最好要有专门的财税科室,专门的财税团队,对于小所,虽然可以外聘会计定期来做账,但是也一定要请经验丰富的。第二,律所负责人要经常和财务人员沟通,共同研究、规划律所

---

① 栾森森、陈历杰:《律师行业税改对律师行业的影响分析》,《中国司法》2014 年第 2 期。

的财务管理，制定符合律所特点的筹划方案。第三，律所的财务人员要定期为律师进行税务知识培训，提高每位律师的财税意识和技能。第四，全体律师和律所都要正视税收征收中违规的风险问题。在律所层面，既要做到律所本身不违规，又要加强对律师的培训、提醒和约束，客观上减少律师的违规行为；在律师层面，违规行为既给本人带来风险，也会危及所在律所的正常运营，所以需要加强税务知识的学习，养成良好的税务习惯，实现本人和本所合理合法的税收筹划。

B.6
互联网法律服务发展报告

朱乾乾　冉井富*

摘　要： 近年来，随着互联网技术的发展、互联网终端的普及和国家对"互联网+"经济的鼓励，出现了一大批互联网法律服务企业。和传统的律师事务所相比，互联网法律服务企业的主要特点是运用互联网和大数据技术建立网上交易平台，促进律师和客户之间、律师和同行之间双方缔结协议和完成交易。组建互联网法律服务企业的力量和资源，既来自律师界，也来自互联网、IT行业。从运营方式上看，存在平台服务与自营服务、线上服务与线下服务、上游市场与下游市场的区分，不同的企业以不同的组合形成自己的特色。从经营策略看，不同的企业主要在如何增强客户黏性、构建律师库、提高接入的便利性等方面开拓创新。从发展水平上看，当前的互联网服务作为一种新生事物尚处于初级阶段，经营方式上还有待探索创新，绝大多数企业尚未实现盈利。尽管如此，现有的互联网法律服务对法律服务市场已经产生了多方面的影响，并且这些影响多数是正面的、积极的。相信在未来的法律服务市场中，互联网法律服务会进一步发展，并最终产生改变和重塑市场格局的效果。

关键词： "互联网+"　互联网法律服务　法律服务　大数据信息化

---

* 朱乾乾，中国政法大学博士研究生；冉井富，中国社会科学院法学研究所副研究员。

近年来，随着互联网技术的发展、互联网终端的普及和国家对"互联网+"经济的鼓励，出现了一大批互联网法律服务企业。互联网法律服务是一种新生事物，人们对它普遍缺乏了解。本报告将借助各类资料，力求对互联网法律服务的特点、组建、运营方式、经营策略、发展水平、发展趋势等问题，作出深入系统的考察。

一　互联网法律服务的界定

互联网法律服务是相对于传统法律服务而言的，我们可以通过二者的对比，准确了解互联网法律服务的内涵和外延。

第一，企业的类型。传统的法律服务提供者是律师事务所，律师事务所是依据律师法在司法行政部门登记成立的，接受司法行政部门的监管。与此不同，互联网法律服务机构是科技企业，在工商行政管理部门登记注册，由工商行政管理部门负责监管。

第二，服务内容。由于律师服务是特许经营，必须由律师提供，律师必须任职于律师事务所。因此，互联网法律服务并不能以律师的名义提供法律服务。从实际情况来看，互联网法律服务所提供的服务，主要内容包括两个方面：一是为律师法律服务提供服务。二是提供一些不是必须由律师提供的服务，比如合同审查、法律咨询等。然而，哪些法律服务不是必须由律师提供的，本身有一定的模糊空间。对于后一种服务，范围比较窄，加上互联网法律服务企业本身的法律服务技术力量并不强，所以，现实中绝大多数互联网法律服务企业的核心业务集中于前者，即为法律服务提供服务，或者说是为律师服务提供服务。

第三，服务方式。相比传统形式中律师和律师事务所提供的法律服务，互联网法律服务提供的法律服务具有如下特点。

（1）中介性质。由于实际中绝大多数互联网法律服务企业的核心业务是为法律服务提供服务，所以，这种服务具有中介性质，就是居中促成律师为客户服务或促成律师和律师之间的合作。

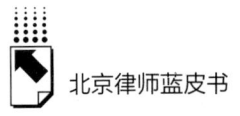

(2）互联网方式。互联网方式是一个笼统的概念，大致的含义是提供一个方便接入的互联网界面，供律师和客户接入，律师和客户之间、律师同行之间、律师和互联网企业之间、客户和互联网企业之间的联系、交流、协商甚至交付和支付，最大限度地在互联网界面内完成。

由互联网方式又衍生出一系列的特点，比如接入和联系的便利性，APP接入方式，大数据技术的利用，人工智能技术的利用等。当然，这些技术的使用，并不是必然的，而是取决于互联网企业的选择。

（3）平台性质。中介性质加上互联网方式，再加一点大数据技术，就可以建成一个交易的平台，通过平台促进律师和客户之间、律师之间完成业务委托。平台的意思，就是互联网法律服务企业在自己的互联网系统中，建立一个封闭的市场，并为了市场的顺利交易提供各类市场要素，包括信息检索、支付担保、履约保证等。随着平台的建立，中介性的服务升级为平台性的服务。

综上，本报告所考察的互联网法律服务，是互联网企业提供的以互联网接入为特点的法律服务，这种服务在现实中绝大多数表现为平台服务，即运用互联网技术和大数据技术建立网上交易平台，促进律师和客户之间、律师之间完成业务委托的服务。

二 互联网法律服务平台基本情况

为了全面了解互联网法律服务发展的现状，我们通过资料、网络搜索等方式，搜集整理了2008～2016年新设立的互联网法律服务企业，并对这些企业的成立时间、注册地、服务平台进行了分析。

（一）基本数据统计

在数据筛选上，需要说明以下几点：第一，受客观条件所限，我们不能保证完整地搜集所有的产品及企业信息，所以这种统计可能存在遗漏的可能；第二，本次数据搜集只限定于2008～2016年出现的互联网法律服务产品，互联网发展早期也兴起了一些互联网法律服务企业，以法律咨询门户网站为主，与现在的互联网法律服务仍然有很大的区别，且由于时间久远，只能搜集到一些仍然存在的网站，大量已经停止服务的网站无法查询；第三，本次统计数据除了正常运营的产品之外，同时还搜集到了一些已经停止服务的产品；第四，本次统计只包括在工商部门注册的企业或者律师事务所研发的产品，个人利用计算机技术开发的APP、网页、微信公众号等创业平台并不包含在内；第五，如果一家企业开发了多个产品，则只列为一项。按照上述原则，我们统计的互联网法律服务企业及产品如表6-1所示。

表6-1 互联网法律服务品牌（2008~2016年）基本情况汇总统计

序号	名称	平台	运营主体	注册省份	上线年份
1	安存/无忧存证	网站	杭州安存网络科技有限公司	浙江	2008
2	易法通	网站	厦门易法法务信息管理有限公司	福建	2008
3	汇法网	网站	北京汇法正信科技有限公司	北京	2009
4	中国法律网	网站	环球华视(北京)文化传媒有限公司	北京	2009
5	九章研究所	网站	北京经典网络科技有限公司	北京	2010
6	法内网	网站	济南中顾法商网络科技股份有限公司	山东	2011
7	联瑞网	网站	北京联瑞舜鑫国际投资咨询有限公司	北京	2011
8	信法网	网站	北京信法网络科技有限公司	北京	2011
9	法务在线	网站	北京瑞信在线系统技术有限公司	北京	2012
10	高航网	网站	广东高航知识产权运营有限公司	广东	2012
11	律师说	网站、APP	成都九益恒泰科技有限公司	四川	2012
12	绿狗网	网站	北京市律购信息技术有限责任公司	北京	2012
13	匹诺曹律师	网站、APP	杭州匹诺曹科技有限公司	浙江	2012
14	向日葵律师在线	网站	广东向日葵律师事务所	广东	2012
15	易法客	网站	广州易法客网络科技有限公司	广东	2012
16	找律师网	网站	广东深超律师事务所	广东	2012
17	易法务	网站	杭州电法网科技有限公司	浙江	2012
18	YesmyLaw/大状网	网站	上海迈律信息技术有限公司	上海	2012
19	彩虹律师	网站	上海九加信息科技有限公司	上海	2013
20	存证云	网站、APP	厦门美亚柏科信息股份有限公司	福建	2013
21	法斗士	网站	北京选能科技有限公司	北京	2013
22	法狗狗	网站	北京真泽信息科技有限公司	北京	2013

续表

序号	名称	平台	运营主体	注册省份	上线年份
23	法律管家	网站	清和源（北京）商业顾问服务有限责任公司	北京	2013
24	律云	网站	北京盈科律云科技有限公司	北京	2013
25	启法网	网站	广东敏翔律师事务所	广东	2013
26	随身法务	网站、APP	上海法和信息科技有限公司	上海	2013
27	问律·中国	网站、APP	问律（北京）网络科技有限公司	北京	2013
28	赢在线	网站	上海赢贺投资管理有限公司	上海	2013
29	壹法务	网站	上海法度网络科技有限公司	上海	2013
30	蒲公英协作网	网站	广州律合信息科技有限公司	广东	2013
31	法律盒子	网站	中顾集团	北京	2013
32	Open Law	网站	上海同道信息技术有限公司	上海	2014
33	1爱合同	网站、APP	北京爱合同信息技术有限公司	北京	2014
34	部落网	网站	北京部落清深科技有限公司	北京	2014
35	东方法信	网站、APP	深圳市东方法信信息科技有限公司	广东	2014
36	法大大	网站	深圳法大大网络科技有限公司	广东	2014
37	法海网	网站、APP	北京法海默能网络科技有限公司	北京	2014
38	法律宝	网站、APP	郑州近乎知软件科技有限公司	河南	2014
39	法律侠客在线	网站	律罗（上海）法律咨询有限公司	上海	2014
40	法象网	网站	清和源（北京）商业顾问服务有限公司	北京	2014
41	法言网（law Talks）	网站、APP	上海律海智能科技有限公司	上海	2014
42	红帽法律卫士	网站、APP	成都洪茂科技有限公司	四川	2014
43	汇桔网	网站	广州博监纵横网络科技有限公司	广东	2014
44	嘉简法	网站、APP	湖南嘉简法信息技术有限公司	湖南	2014
45	快法务	网站、APP	北京快又好信息技术有限责任公司	北京	2014
46	猎律网	网站、APP	中律科技股份有限公司	北京	2014
47	律伴	网站	深圳法天科技有限公司	广东	2014
48	律果	网站、APP	北京大凡创软技术有限公司	北京	2014
49	律金刚	网站	成都律金刚网络科技有限公司	四川	2014
50	律疏网 lawbook	网站、APP	杭州如益科技有限公司	浙江	2014
51	律信律师	网站、APP	成都华律网络服务有限公司	四川	2014
52	绿狮网	网站	广州绿狮网信息科技有限公司	广东	2014
53	绿石开门	网站、APP	绿石（北京）网络科技有限公司	北京	2014
54	上上签	网站、APP	上海梧樾信息科技有限公司	江苏	2014

续表

序号	名称	平台	运营主体	注册省份	上线年份
55	无讼	网站、APP	无讼网络科技（北京）有限公司	北京	2014
56	一签通	网站	北京安证通信息科技股份有限公司	北京	2014
57	亿律	网站、APP	北京亿律网络科技有限公司	北京	2014
58	赢了网	网站	上海法和信息科技有限公司	上海	2014
59	找大状	网站	东莞市找大状互联网科技有限公司	广东	2014
60	知果果	网站、APP	北京知果科技有限公司	北京	2014
61	中国快律	网站、APP	快律在线（北京）信息技术有限公司	北京	2014
62	法门网	网站	深圳市正大光明商务咨询有限公司	广东	2014
63	法律问问	网站	上海褚创信息技术有限公司	上海	2015
64	阿里法律	网站、APP	湖南阿里法律服务有限公司	湖南	2015
65	110法律咨询网	网站	北京达特康姆网络科技有限公司	北京	2015
66	1号律师	网站、APP	上海律搜信息技术有限公司	上海	2015
67	icourt	网站	北京新橙科技有限公司	北京	2015
68	安盾网	网站、APP	深圳市安盾知识产权服务有限公司	广东	2015
69	大律帮	网站、APP	北京律邦科技有限公司	北京	2015
70	点击律	网站	点击律（上海）网络科技有限公司	上海	2015
71	丁丁律师	网站、APP	爱法（北京）信息技术有限公司	北京	2015
72	法帮帮	网站、APP	北京法平网络科技有限公司	北京	2015
73	法加加	网站、APP	深圳大大网络科技有限公司	广东	2015
74	法驴	APP	晓法网络科技（上海）有限公司	上海	2015
75	法律猴	网站	广州法洋信息科技有限公司	广东	2015
76	法率	APP	上海法率信息科技有限公司	上海	2015
77	华债网	网站	武汉华债网信息有限公司	湖北	2015
78	简法帮	网站	北京种子轮信息咨询有限公司	北京	2015
79	看法	网站	常州法智信息科技有限公司	江苏	2015
80	口袋律师	网站、APP	上海百事通信息技术股份有限公司	上海	2015
81	库法网	网站	上海百事通信息技术股份有限公司	上海	2015
82	快速问律师	APP	北京梦搜移动通信技术有限公司	北京	2015
83	理脉Legal Miner	网站、APP	北京公富信息技术有限公司	北京	2015
84	律博园	网站	深圳云和信息管理有限公司	广东	2015
85	律超人	网站	温州律人网络科技有限公司	浙江	2015
86	律大大	网站、APP	深圳市优汇信息技术有限公司	广东	2015
87	律兜	网站、APP	无锡中铠信息服务咨询有限公司	江苏	2015
88	律脉（老到）	网站、APP	北京律和同盟科技有限公司	北京	2015

续表

序号	名称	平台	运营主体	注册省份	上线年份
89	律品	网站、APP	律品汇科技（北京）有限公司	北京	2015
90	律桥	网站	广州律桥信息科技有限公司	广东	2015
91	律事通	网站、APP	杭州云法商务信息咨询有限公司	浙江	2015
92	律新社	网站	上海律新文化传媒有限公司	上海	2015
93	绿茶网	网站	律查网络科技（北京）有限公司	北京	2015
94	米律	网站	米律（厦门）法务信息管理有限公司	福建	2015
95	牛法网	网站	深圳市牛法信息科技有限公司	广东	2015
96	人人法	网站	北京人人法科技有限公司	北京	2015
97	商法通	网站	南京商法通法律咨询服务有限公司	江苏	2015
98	诉讼保全	APP	上海京联法律咨询有限公司	上海	2015
99	贴心律管家	网站、APP	上海软众信息科技有限公司	上海	2015
100	推之	APP	成都斯沃茨科技有限公司	四川	2015
101	为安法律金融	网站	上海为安联网金融信息服务有限公司	上海	2015
102	未来法律联盟	网站	联众律商（北京）科技有限公司	北京	2015
103	小微律政	网站	小微律政（北京）管理咨询有限公司	北京	2015
104	御用律师平台	网站	深圳前海律板法律咨询有限公司	广东	2015
105	债全网	网站	北京中安德信资产管理有限公司	北京	2015
106	知呱呱	网站	北京创遇科技服务有限公司	北京	2015
107	八戒知识产权（原猪标局）	网站、APP	重庆猪八戒网络有限公司	重庆	2015
108	罗爷法律咨询	网站、APP	成都河马推动网络科技有限公司	四川	2015
109	询法	APP	上海法智信息技术有限公司	上海	2015
110	百度律师	网站、APP	北京百度网讯科技有限公司	北京	2016
111	多问律师	网站、APP	广州法度信息科技有限公司	广东	2016
112	法大师（law Master）	网站	北京洛马斯特网络科技有限公司	北京	2016
113	合同家	网站	北京律正信息技术有限公司	北京	2016
114	靠谱律师	网站、APP	晟晰咨询（北京）有限公司	北京	2016
115	快签	网站	北京快签科技有限公司	北京	2016
116	律登网	网站	成都立格科技有限公司	四川	2016
117	律携	App	北京君时天下互动科技有限公司	北京	2016
118	律英	网站、APP	律英（杭州）科技有限公司	浙江	2016
119	绿箭侠	网站	上海筹商投资管理有限公司	上海	2016
120	契约锁	网站、APP	上海豆岩网络科技有限公司	上海	2016

续表

序号	名称	平台	运营主体	注册省份	上线年份
121	权大师	网站、APP	北京梦知网科技有限公司	北京	2016
122	人民律师	网站、APP	人民视讯文化有限公司	北京	2016
123	天穗律师网	网站	广州天穗法律咨询有限公司	广东	2016
124	小顶网	网站	北京顶呱呱企业管理有限公司	北京	2016
125	分钟律师	APP	亚豆网络科技（深圳）有限公司	广东	2016
126	联合信任时间戳	网站、APP	北京联合信任技术服务有限公司	北京	2016
127	法律谷	网站	广州爱拼信息科技有限公司	广东	2016
128	麒麟律服	网站、APP	北京中律联网络科技有限公司	北京	2016
129	聚法案例	网站	聚法科技（长春）有限公司	吉林	2016
130	俺的律师	网站、APP	北京光明网信息管理技术有限公司	北京	2016

资料来源：根据网站资料、手机 App 进行汇总整理。

（二）成立时间分布

从成立时间上看，互联网法律服务企业是近年来的新生事物。如图 6-1 所示，互联网法律服务自 2012 年开始迅速发展，在 2014 年和 2015 年达到高潮，这和我国"互联网+"概念的提出相一致。2012 年"互联网+"的概念首次提出；2014 年 11 月，李克强总理在出席首届世界互联网大会时指出，互联网是大众创业、万众创新的新工具，要把互联网作为中国经济提质增效的"新引擎"。2014

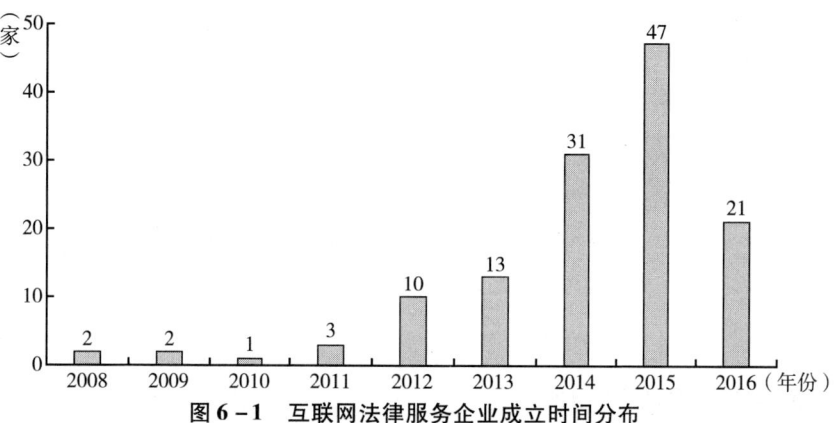

图 6-1　互联网法律服务企业成立时间分布

资料来源：对表 6-1 中的资料汇总整理得出。

年和2015年,我国新设立的互联网法律服务企业分别为31家和47家,远远超过了往年的增长数。2016年,新设的互联网法律服务企业较前两年明显减少,这说明这一领域的行业格局已经基本形成。

(三)注册地分布

通过分析互联网法律服务企业的注册地点,可以看出北京、上海、广东仍然是"互联网+"法律服务的主要创业省市。如图6-2所示,在全国各省级地区中,北京的互联网法律服务企业54家,占41.5%;广东有25家,占19.2%;上海有23家,占17.7%;四川和浙江分别有7家,分别占5.4%;江苏有4家,占3.1%;福建有3家,占2.3%;余下的地区合计有7家,占5.4%。

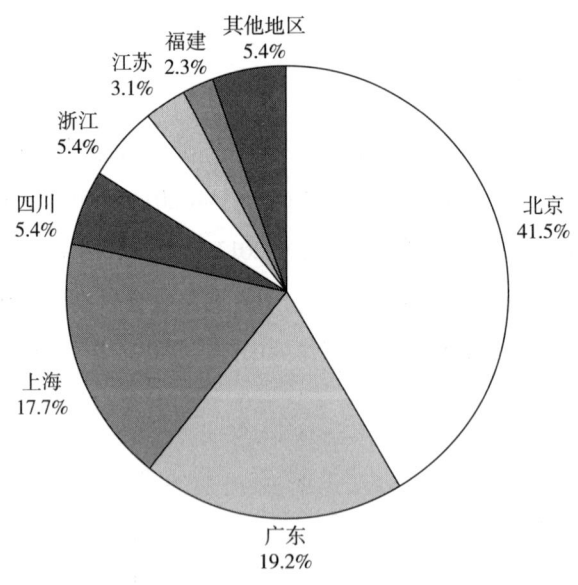

图6-2 互联网法律服务企业注册地分布

资料来源:对表6-1中的资料汇总整理得出。

(四)平台类型分布

当前阶段,互联网法律服务企业主要通过网站的网页和APP两种形式发布服务信息。如图6-3所示,在这两种形式中,提供网站界面的,共有122家,占93.8%;提供APP界面的,共有58家,占44.6%;仅提供网站界面的,共有72家,占55.4%;仅提供APP界面的,共有8家,占6.2%;同时提供网站和APP界面的,共有50家,占38.5%。上述比例分布说明,网站仍然是现在互联网法律服务的主要平台。不过其中有近一半的产品推出了APP,且有8家企业没有网站只推出APP,这表明移动互联网在法律服务领域已有较为广泛的应用。

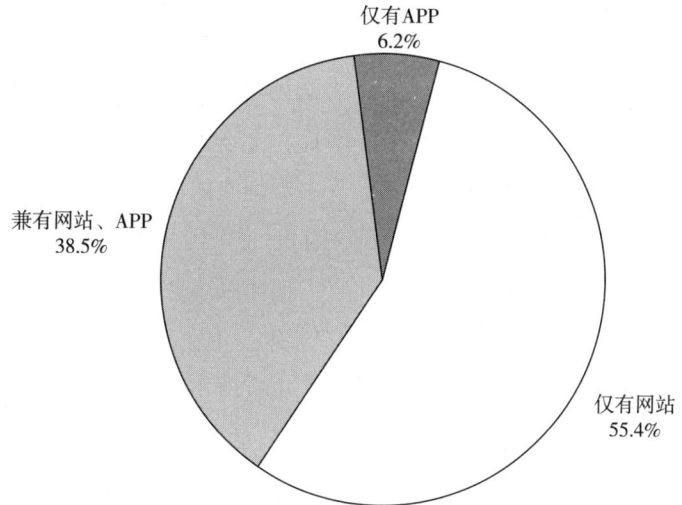

图6-3 互联网法律服务企业信息发布平台类型分布

资料来源:对表6-1中的资料汇总整理得出。

三 互联网法律服务企业的组成情况

(一)创始人特点

企业的创始人一般是企业的领导者,也多是企业的决策者与掌舵者,对企业的发展战略和企业文化有着重要的影响。互联网法律服务企业是互联网与法律服务相互结合的产物,既有法律专业性的一面,又有互联网技术性的

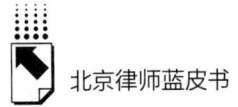

一面,因而互联网法律服务企业的创始人在专业背景上也呈现不同的特点。概括地说,可以将互联网法律服务的创业者分为三类,第一类是传统法律服务行业的创业者,第二类是互联网行业的创业者,第三者则是互联网行业的技术人员与法律服务行业的律师联合创业。

1. 传统法律服务行业的创业者

我们在调研中发现,互联网法律服务创业者大多数还是来自法律服务行业的律师。例如无讼科技创始人蒋勇先生为天同律师事务所首席合伙人;律携的创始人肖微先生是君合律师事务所主任;法斗士创始人许开辰先生在创业之前,曾是欧华事务所的合伙人;牛法网创始人兼CEO郭世栈先生,曾任华为知识产权部部长、信息安全部部长、全球法律部部长,及汉坤律师事务所合伙人;法海网创始人陈一凡先生及主要创业伙伴均为来自金杜律师事务所的合伙人;丁丁律师创始人林小建先生是北京国舜律师事务所主任律师;律和同盟的创始人李华光女士曾是北京大地律师事务所的主任;知果果网创始人刘思思女士,创业之前长期在一家传统公司做知识产权服务。

律师参与互联网法律服务创业的方式也有所不同,有的创始人属于传统法律服务和互联网法律服务创业"双肩挑"的类型,如蒋勇律师既是天同律师事务所的首席合伙人,又是无讼科技的创始人;有的则彻底离开传统法律服务行业,完全投入到互联网法律服务领域的创业之中,如律和同盟总裁李华光女士。

2. 互联网行业创业者

虽然互联网法律服务企业大多数以律师为主导,但仍有一些没有法学教育背景的互联网人。比如快法务创始人兼CEO夏文奇先生就是一个地地道道的互联网人,在创立快法务之前,一直在互联网公司做市场运营的工作,包括搜狐、易到用车和盛大无线。他在之前的工作经历中,发现在公司运营过程中,法务、财务问题给初创公司造成了太多障碍,让很多创业者不得不分散精力去做大量自己不擅长而又烦琐的工作,还有可能耽误自己的核心业务。正是看到这个契机,夏文奇先生决心要做一个成本更低、效率更高、专业性更强的平台,来解决这些让人烦恼的问题。他认为,广泛的法务诸如工商注册、财税、知识产权等问题是创业者最为困扰的,因此,他选择从法务切入,他的最终愿景是打造一个保质量高效率的企业服务百事通平台。①

3. 律师与互联网技术人员联合创业

因为互联网法律服务是两个行业的结合,所以除了一人主导的创业模式之外,还有一些企业采用不同行业的创业者联合创业的模式。比如赢了网由四位创始人联合创立,这四位创始人分别在法律专业领域、律师管理领域、大数据挖掘和系统开发领域有丰富经验:创始人兼CEO李磊先生有10多年法律行业经验;法律社区发展总监王刚先生曾任职法官、律师和500强公司法务经理;总裁张亮先生曾参与多个国外互联网平台系统的设计与开发;CTO王俊杰先生则分别在复旦大学和新加坡国立大学获得计算机学士和博士学位,精通数值算法以及数据挖掘。这种专业领域的互补可以让企业的战略目标和业务模式更加清晰。

(二)人员构成

互联网法律服务企业的人员构成主要为人员的规模及各类人员的比例。不同的创业者因产品定位、发展愿景的不同,对此有不同的认识,因而各家互联网创业公司的人员构成也不尽相同。

我们在无讼网络科技有限公司的调研中得知该公司人员规模从曾经的天同互联网事业部的十数人,到2014年底的20余人,继而到目前的近百人,团队规模扩张迅速。在"无讼"的人员构成中,80后和90后各占一半,法律背景和计算机背景是两大主流,大约各占总人数的一半。

还有一些企业的人员构成更侧重于计算机技术人员。比如律和同盟,最开始人员构成是以律师为主,律师完成了前期法律服务产品的市场调研之后,为了实现设想的计划,从2013年开始,该公司的主体结构就变为以IT技术开发人员为主了。君合律师事务所的肖微律师对企业人员的看法比较特

---

① 参见《快法务创始人夏文奇:帮助企业用互联网解决法律问题》,《证券时报》2016年4月28日。

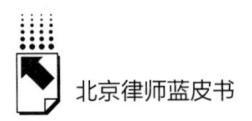

别,他认为"律携"的团队没有必要特别大,团队成员有三四个计算机方面的人员就可以了,在平台运营过程中,只需找技术人员对系统本身进行定期优化,平台的内容则完全开放,由注册的用户自发生成。

(三)是否有律所背景

在互联网法律服务创业中,一些律所也以不同的形式参与其中。律所参与互联网法律服务的形式有多种。第一种是律所以风险投资的形式参与互联网法律服务企业。比如法海网的创始人均来自金杜律师事务所,已获得乐视资本领投、金杜律所400万元人民币天使投资。第二种是律师事务所将互联网法律服务纳入自己的发展规划,直接创立互联网法律服务平台,如"律云",是由盈科律师事务所发起,并联合著名国际投资机构共同注资创立的标准化法律服务功能性平台。又如"理脉"是由金杜律师所投资的法律大数据平台。

虽然从起源上看,互联网法律服务平台和律师事务所具有紧密的联系,实际运行中可能互相提供技术支持,但是,随着业务的进一步开展,互联网平台多数都会独立于关联律所。对此,多年从事互联网法律服务平台技术开发的朱海东先生分析道:

> 因为法律电商公司一般而言都不是只跟律师、某个律所有特别好的一个合作,它基本上是一个很包容的东西。它希望,或者说它恨不得全中国的律所都跟它合作。比如说像天同的"无讼阅读",虽然它最早也是依赖于天同所,但实际上,它里边大量的律师,80%都是全国其他所的律师。

天同所和"无讼"平台的关系在这方面具有典型性:二者都由蒋勇律师创立,尽管二者关系密切,但是各自独立。对于无讼平台和天同所的关系,蒋勇律师谈道:

> "无讼"不是为天同服务的,"无讼"也不是为天同的案源服务。

"无讼"的目的是为全中国的律师服务,为所有的律师服务,所以它不只是为天同。其实从这两个部门成立的第一天起,就没打算只是为了天同,我们之所以会单独拆除来成立事业部,它本身就不是为天同而诞生的。它从诞生的第一天起就是为整个律师行业诞生的,包括我们那个新媒体事业部做的公号叫"天同诉讼圈"。但是实际上内容全都是给全国的律师的。当然开始阶段可能是想的是为天同,但是其实从一开始尤其是合并以后,成立了"无讼"之后,其实这个目的就都是为了所有的律师。

你可以这么理解,"无讼"是从天同中孵化出来的,"无讼"这个平台远远大过天同本身,然后在这个平台上有全国各地的律师和律所,天同只是其中的一个,跟大家一样。

律和同盟公司的总裁李华光女士曾是大地律师事务所的主任,当我们提出为什么要成立独立的公司时,她解释说:

为什么成立公司呢,我们研究完了之后忽然发现我们律所的律师不足够承载这么多的业务量。第一,专业分工太细了,我们律所不可能所有专业特别优秀的律师都有。第二,如果针对一个个体提供法律服务的话,我觉得个体也是有用的,要是跨区域的一些需求解决的时候,一个律所不足以承载这么一个平台,所以那时候就想,把公司注册下来,我们尝试是不是可以团结全国各地的律师事务所,去招一些这样的人,有这种爱好的人,共同对这个课题进行更深一步的研究。

业务发展了我们就觉得必须公司化,因为公司化只有打破律所的这种人员单一,规模、跨区域不足的这种瓶颈,才能形成真正的所谓的专业力量集合。

(四)融资情况

在互联网法律服务创业中,风险投资者以融资的方式进军互联网法律服务领域,在这一领域掀起了一股融资热。虽然互联网法律服务领域的风险投资与其他行业相比规模不算很大,但这些资本的注入对互联网法律服务的发展具有重要的意义。目前,已经有多家互联网法律服务企业经历了数轮融资,如表6-2所示。

表6-2 互联网法律服务企业融资情况

序号	产品	企业	成立年份	融资情况
1	安存	杭州安存网络科技有限公司	2008	华睿等著名风投机构A轮1亿元融资
2	易法通	厦门易法法务信息管理有限公司	2008	2015年12月,在新三板上市
3	法内商外	济南中顾法商网络科技股份有限公司	2011	易一天使、维度资本和天使汇的500万元天使投资
4	绿狗网	北京市律购信息技术有限责任公司	2012	2013年8月,晨兴资本、真格基金及戴志康三方共计1150万元的A轮投资。2015年9月,牛投网投资300万元
5	易法客	广州易法客网络科技有限公司	2012	2015年7月,众筹150万元融资
6	彩虹律师	上海九加信息科技有限公司	2013	2016年4月,崔栋主投种子轮融资
7	法斗士	北京选能科技有限公司	2013	2013年,获得100万美元的天使投资
8	法大大	深圳法大大网络科技有限公司	2014	2015年,信天创投领投、复活投资跟投的1500万元A轮投资
9	法海网	北京法海默能网络科技有限公司	2014	2014年,乐视资本领投、金杜律所400万元人民币天使投资
10	红帽法律卫士	成都洪茂科技有限公司	2014	2015年,天阔资本1000万元"天使+"轮融资
11	快法务	北京快又好信息技术有限责任公司	2014	A轮策源创投,顺为资本B轮投资千万美金,策源创投继续跟投
12	上上签	上海梧樾信息科技有限公司	2014	经纬中国700万元Pre-A轮投资;DCM、经纬中国2930万元A轮融资
13	一签通	北京安证通信息科技股份有限公司	2014	2015年,获得启赋资本A轮1500万元融资
14	亿律	北京亿律网络科技有限公司	2014	2016年,力行中天4000万元A轮融资
15	赢了网	上海法和信息科技有限公司	2014	由腾讯领投、德同资本和复励投资跟投A轮;淳信投资数千万元人民币B轮融资,腾讯以资源继续合作

续表

序号	产品	企业	成立年份	融资情况
16	找大状	东莞市找大状互联网科技有限公司	2014	天使轮融资1000万元
17	知果果	北京知果科技有限公司	2014	经纬中国、联想之星370万美元A轮融资
18	1号律师	上海律搜信息技术有限公司	2015	麦腾创投教百万元种子轮投资
19	米律	米律（厦门）法务信息管理有限公司	2015	洪泰基金300万元天使投资
20	牛法网	深圳市牛法信息科技有限公司	2015	1000万元天使轮融资
21	为安法律金融	上海为安联网金融信息服务有限公司	2015	中路股份及玖创资本1000余万元天使轮投资
22	小微律政	小微律政（北京）管理咨询有限公司	2015	蓝驰创投和58到家CEO陈小华的百万美元的联合投资
23	多问律师	广州法度信息科技有限公司	2016	易一天使、维度资本和天使汇的500万元天使投资
24	快签	北京快签科技有限公司	2016	六禾创投数百万元天使轮创投

四　互联网法律服务的运营方式

（一）平台与自营

互联网法律服务企业的运营模式主要有两种，可以通俗地理解为电商行业的天猫模式和京东模式：前者其实是平台模式，聚集律师，赚取广告费或者按比例提取律师的收费；后者则是自营模式，自己雇用法律技术人员，或者以智能化的软件提供法律服务，以企业名义收取费用。平台模式的优势是可以快速地聚集大量的律师，体量可以做得很大，但劣势是很难控制服务的质量，容易产生负面口碑。自营模式虽然能够对产品有足够的掌控力，但是发展成本过高，很难拓展规模。另外，互联网企业内的法律技术人员本身并不是律师，虽然可以一定方式提供一些法律服务，但是不能以律师的名义进行。制度上的这种限制也会制约自营模式的互联网企业

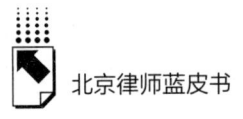

的发展。

目前,互联网法律服务企业中,大多数的发展目标仍然是平台服务,例如无讼阅读、律和同盟、绿狗网、快法务等,无不如此。平台服务的企业通过互联网技术整合律师、会计、代理人等服务者,降低供需双方的匹配成本,从中获得利润。但公司本身没有自己的律师和会计,律师及其他服务提供者都是以在平台注册的方式加入公司,平台只是通过服务质量控制体系来保证服务质量。

虽然平台服务是当前互联网法律服务企业的主流,但是也有一些自营的例子,其中比较典型的是知果果。知果果没有选择大热的平台式服务模式而是选择了自营,建立自己线下的专业服务团队。关于为什么会选择自营这种模式,创始人刘思思认为团队的基因决定选择的模式,她和她的团队都是传统服务行业出身更看重服务的专业性,此外她认为做平台很难把控服务质量,这样就会违背她们的创业初心。①

不过平台模式与自营模式只是一个宏观和简单的分类,孰优孰劣目前并没有定型,哪种模式在未来能实现持续盈利和稳步发展,仍有待于市场的发展和观察。快法务创始人夏文奇先生称,未来快法务有些业务可以考虑自营,比如说个性化强的、单价高的服务,至于其他业务在什么阶段自营,会根据不同客户需求及毛利等因素综合考量。刘思思也认为在能完全把控服务质量的时候,知果果也将向平台模式转型。

(二)线上与线下

根据互联网法律服务产品的类型,可以分为线上服务和线下服务。线上服务主要指利用互联网等虚拟媒介而直接提供服务的方式。线下则是在互联网之外,需要通过见面提供服务的方式。从目前的发展来看,法律服务中非诉法律文书业务,大部分可以直接在线上完成。而诉讼业务一般只是在互联网平台上完成律师与客户的匹配,具体的服务仍然需要在线下进行。根据这

---

① http://news.163.com/16/0825/14/BVAQRGRI00014AEE.html.

两种不同的法律服务需求，法律服务企业也大致分成了律师垂直搜索类法律服务企业和非诉法律文书生产企业。前者如赢了网、法斗士、牛法网等，后者如 Legal Zoom、绿狗网、快法务、知果果等。

线上提供法律服务的绿狗网和快法务等企业主要以标准化法律产品为导向，通过签约的方式与律师合作，从而在后台集结了大量的律师资源，借助这些资源推出相关的法律服务产品，将个人化的法律服务标准化，并通过网络销售这些服务。这类网站服务范围广泛，其服务涵盖工商注册、代理记账、商标注册、税务咨询人事代理以及企业法律顾问等。

提供律师垂直检索的法律服务企业如法斗士、赢了网，这类企业借助先进的互联网技术，并结合法律服务的特点，帮助有法律需求的用户快捷地找到合适的律师，同时也可以帮助律师找到案源，具体的委托事项双方可以在之后进行协商。比如，在法斗士网上，用户提出自己法律服务需求（如劳动争议），系统将根据用户设定的条件自动搜索到可以提供该项服务的律师及服务价格，网站还有每位律师的执业资质、个人介绍，并利用大数据统计律师曾经代理的案件数量及胜诉率。用户可以在搜索结果中比较选择，然后联系符合自己要求的律师进一步确认委托事项。

（三）上游市场与下游市场

法律服务的上游市场主要为解决律师从业中的困难和促进同行之间的合作，下游市场则是指为当事人提供法律服务。在调研中我们发现，目前绝大多数互联网法律服务企业主要是为当事人提供法律服务，从这个意义上说，下游市场是所有互联网法律服务企业的重点目标。但是与此同时，上游市场，即律师之间的合作需求也客观存在，对此，一些互联网企业也合计建立相应的平台，促进律师同行之间的沟通与合作，例如"无讼合作""律脉""律携"等。

"无讼合作"是无讼网络科技（北京）有限公司推出的一款帮助律师寻找案源的服务平台。实际上，无讼科技推出了一系列产品，如无讼案例、无讼名片等，这些产品相互助力，借助互联网大数据，深入挖掘了每位律师的执业信息,打破律师之间、律师与客户之间信息不对称的藩篱,并建立精确的信息匹配。在"无讼合作"平台上,通过案件信息的解构,可以实现案件与律师信息的快速匹配,高效解决案件合作中的地域限制、专业限制与资源限制,从而找到合适的合作律师。

北京律和同盟科技有限公司推出的"律脉",则尝试搭建一个开放、互联、共赢的互联网法律服务体系,为律师随时随地高效互动、业务协作、效率工具、案件办理等提供在线轻办公移动应用。其中"云办案"系统,突破空间限制,通过案件管理、客户管理、任务管理、云文件管理等功能,一方面实现跨区域跨专业的合作共享共赢,提升律师执业效能。另一方面,让法律服务流程可视化,让电子数据成为个人执业的档案,最终实现服务流程的标准化。

君合律师事务所推出"律携"项目的目的是连接 30 万律师,为律师提供一个可以交流的平台。"律携"创始人肖微律师在推广中谈到,要将"律携"打造成"律师、法律人的信息平台、网络平台、互助平台、交流平台、活动平台、培训平台"。目前,"律携"还处于初期阶段,注册的律师人数有限,设想的很多功能还没有实现。

五 互联网法律服务的经营策略

(一)如何增强客户黏性

互联网法律服务企业的一个重要功能是将律师与客户连接起来,连接的前提是两端分别有足够数量的客户和律师。在吸引客户这方面,互联网法律服务企业采纳了各种各样的办法。其中,最普遍的做法就是为客户提供免费咨询或者免费服务,比如绿狗网为了吸引客户,注册了微信平台,据媒体报道称,绿狗的法律咨询账号,在数月的运营中,获得了 6000 多用户,每天有 500 多条咨询申请。知果果平台提出了商标免费代理的创业模式,用户在知果果网站注册后,可以获得很多免费服务。首先,会得到一名法律顾问,以及顾问的联系方式。其次，用户可以向顾问咨询以下问题：商标注册、专利获取、版权维护、产权评估等。最后，知果果会为用户提供一对一的服务。知果果的盈利点是在后期的知识产权维护等专业事务的服务上，商标免费代理只是一个切入口。

此外，还有一些比较独特的推广策略。比如，法斗士通过帮助网购用户"集体维权"的活动扩展知名度。亚马逊公司以后台价格系统故障为理由，取消了许多客户的订单，法斗士在和消费者沟通之后将亚马逊起诉至北京朝阳区法院，最后获得了胜诉，维护了消费者的合法权益。这场官司虽然对法斗士网站本身并未产生"立竿见影"的影响，用户增长、商业价值上的增长自然没有，但至少很多人"知道了法斗士到底是谁"。

（二）如何构建律师库

互联网法律服务平台最核心的竞争力仍然是律师，一方面互联网法律服务平台需要不断扩大平台的律师数量，另一方面，要保证平台律师的质量，并借助大数据技术平台分析律师的业务能力、擅长领域等信息。

在增加律师人数方面，常用的方法包括补贴律师、品牌推广等。无讼科技最开始通过微信公众号"天同诉讼圈"的优质内容聚集了大量的法律人，这为无讼科技之后的产品推广提供了良好的平台。赢了网在投入初期，通过补贴的方式，吸引律师从业者上线注册入驻，吸纳了一部分优秀律师。然而，由于传统律师行业中的行业特征，优秀的律师一般通过几个核心客户完成全年律所的营收，又或者是通过自己的关系接案件，特别是层次水平稍微高一些的律师是不缺案源的。通过补贴上来的律师，虽然有一定的数量，但是无法沉淀下来，最终留下来的都是那些入行3年以下的年轻律师。

在律师业务能力方面，一种策略是通过人工审查的方式评定，另一种则是通过大数据分析。前者如"快法务"，想成为"快法务"平台上的专业服务提供者，需要有3~5年的从业经历，在公司法务、投融资、股权等方面有经验。上传的职业资格证书、提交的简历、曾经服务的律所、服务过的客户案例都需要通过网站首先审核，之后，"快法务"会统一面试。目前在"快法务"平台上的专业服务提供者，"快法务"都进行过严格的面试与审核。还有一种方式，是基于已公布的裁判文书，通过大数据，对律师的执业能力、擅长领域等进行分析，"无讼名片"就采用了这种方法。

（三）如何提高接入的便利性

目前，大多数互联网法律服务平台均是以网站或者 APP 的形式存在。APP 是目前最流行的互联网创业手段，不过互联网法律服务的创业者对此看法不一：大多数创业者肯定了 APP 的前景和价值，但是也有一些人对此持观望的态度。比如绿狗网创始人张馨心认为企业法律服务的需求，借助 APP 去做目前还不是时候，与法律有关的 APP 下载量相比其他行业还是很低的，这说明大家对"互联网＋法律服务"的需求还没那么大，但这种情况未来几年会得到改善。此外，张馨心也认为法律类 APP 的功能性太强，作用也太单一，用户可能在需要的时候就下载一个，不用的时候就直接卸载掉。它不像微信、微博那样已经是人们的生活方式了，所以她认为高端的法律服务业务还是很难和互联网结合起来。[①] 无讼科技的蒋勇也谈道："我之前到一些地方讲课，发现很多律师都不会下载 APP，平常也很少使用网络。对这样的人群，我们很难让他愿意到互联网平台上提供法律服务。"[②]

此外，除了直接开发网站建立互联网法律服务平台之外，还有一些法律服务平台依托国内支付宝、微信等平台设立。在支付宝 APP 上，点击支付宝内城市服务中的"法律服务"选项，用户就可以一键呼叫律师直接电话咨询，也可以选择在线咨询，输入案件情况和需要律师解答的问题并留下手机号即可。

---

① http：//mt.sohu.com/20160306/n439557113.shtml.
② http：//www.acla.org.cn/html/zhiyeganwu/20150806/22216.html.

（四）如何匹配客户和律师

互联网法律服务平台的重要工作是完成律师与客户的匹配。匹配的目标主要是三个方面：一是效率，如何做到快速匹配；二是合理，即能够把最合适的律师匹配给当事人；三是公平，如果一个业务多个律师都符合条件，如何选择律师。对于匹配的意义，蒋勇律师谈了自己的理解：

> 这个平台我们理解，它首先应该是先行撮合，因为法律服务也跟其他的服务交易一样也存在着这种信息不匹配不对等，尤其是法律服务本身，服务提供者的专业技能属于一个不容易被普通人理解的这样一个状态，也就意味着法律服务的这种提供者和需求者之间存在着信息上的鸿沟。所以如何跨越这个信息上的鸿沟使信息对称、信息匹配高效，这是法律服务互联网化首要要解决的问题。

对于匹配的具体方法和模式，各家公司各有特点。无讼公司强调的是两点：一是大数据，即通过大量的法律文书生成数据，了解每个律师的特点；二是算法，就是如何处理这些数据。蒋勇律师谈了自己看法：

> 一个互联网公司，尤其是做这种匹配的公司，最核心的竞争力，或者说用户体验改善最重要的关键点就是算法，不断地调整优化这个算法，因为这个算法会决定着这个用户的体验，这个用户既包括平台的服务提供者的体验，也包括平台的服务接受者的体验，所以算法稍微调整一下就可能大幅度影响业绩。

"律脉"的方式是提供一个双方互相了解的平台，让双方有一定的了解之后，自行匹配。这个平台就是名为"老到"的在线法律咨询。"老到"的特色是咨询采用语音的方式，一方问，另一方解答，"问"是文字，"答"是语音，"问""答"都保存在网上，其他人可以分享。分享有两种类型：

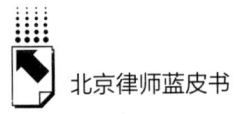

一种是免费的，属于公益类；一种要付费，不过很便宜，就一块钱，所收费用由提问人和解答人均分，以此激励人们踊跃提问和激励专家积极回答。通过这种咨询和分享，一个潜在委托人获得了对某个专家的初步印象，潜在委托人可以凭这个初步印象决定聘用哪位律师，也可以进一步互动加强了解后再做决定。总之，"老到"的咨询和分享模式可以一方面积聚人气，建立社区；另一方面也促进潜在委托人对专家的了解以完成自行匹配。对于这种模式，李华光女士介绍说：

> 这个谁都可以答，客户觉得这个答得好，就跟这个进行沟通，我觉得你答得不好就不进行业务委托。
>
> 公益这块是免费的，实际上主要给年轻律师做，因为年轻的律师没有名气。公众一上来就找这些收费律师的话他不知道该律师有没有名气，于是可以先免费看谁答得好，答得好的话我再付费去进一步，比如说深层的沟通，使其有一个过程。

在"快法务"平台上，匹配的过程是用户下单之后，必须要有一个详细的需求表单，详细填写具体情况、具体需求，以及具体背景，比如公司是做什么的等。提交后，律师接单，并匹配、界定清楚客户的需求。之后律师会根据用户的需求列出具体服务内容，用户也可以先去跟律师咨询清楚，再去下单。

清华大学产业与资本研究中心副秘书长、北京市富润律师事务所合伙人黄锦深律师是绿狗网的注册律师之一，他说："当客户有法律服务需求时，针对适合自己的产品直接下订单，绿狗网注册律师可以通过律师工作室的'接案台'直接接单或抢单。律师接单成功后，可以按照客户要求的内容和服务时间完成法律服务。要是文书类的法律服务，可以直接把完成的文书上传到绿狗网，绿狗网会向客户发短信告知客户对律师完成的服务予以确认，客户确认后，该项法律服务就结束了；要是诉讼类的法律服务，律师接单的程序与文书类法律服务的程序是一样的，律师接单成功后与客户直接联系，经客户认可后,签署委托代理协议,然后就可以按照正常打官司的途径进行,待官司结束后,该项法律服务就结束了。"①

(五)平台服务中的权利义务分配

在传统法律服务行业,律师的法律服务对应相应的责任,由于律师的过错给当事人造成了重大损失,当事人可以向律师事务所索赔,律师事务所赔偿后,再向有过失的律师索赔。互联网法律服务平台上的客户如果面对这样的问题,该如何处理,目前还没有相关的案例。

以绿狗网为例,目前该网站仅在二级链接中公示了免责声明,"我们仅作为律师事务所的推广代理机构,因法律服务所产生的责任亦由律师事务所承担"。但这种声明没有在显著位置提醒消费者(当事人)。

此外,还有一个问题是如果当事人直接把费用交给网站,网站再把费用的一部分给律师,这又涉及律师私自收费的问题,与现行的律师法规定也不相符。

对于这种三方关系中的权利、义务与责任,蒋勇律师认为,目前还没有相关的案例,以当前互联网法律服务发展的水平来说,这个问题还没有引起关注。但是他也谈了自己的理解:

> 然后接着就提到你说的这个平台究竟承担什么责任,我想首先信息撮合的话,他只是一个信息提供方,最后你成交与否是你们俩的事。这是没什么其他责任的,这是信息匹配的责任。至于说服务过程监管,我想这个责任问题,应该说现在还没有发生过。现在还没有人去研究过这个事,但是我认为,这个平台责任是可以参照避风港原则来考虑。也就是说在互联网上对于平台的责任不能更高,他不能跟服务提供者负同等的责任或者连带的责任。因为如果是那样的话,就会限制平台本身的发

---

① 《民主与法制时报》,http://news.hexun.com/2013-10-21/158914304.html,2013年10月21日。

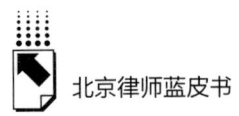

展，这个在互联网上的平台责任设定的过程，具有革命性的意义。为什么在互联网发展过程当中，不管是美国的法院还是后来中国的法院，最后对于互联网上的平台责任都采取了避风港原则呢，从某种程度上来说，这个意义本身不亚于公司的股东有限责任。

六　互联网法律服务发展的经营状态

（一）业务开展情况

对于提供平台服务的互联网企业来说，核心的业务就是在律师和客户之间，或者律师和律师之间，进行匹配和撮合，当然也包括蒋勇律师所讲的法律服务进行中的第三方监管。为了这样的核心业务，一个基础工作就是"搭台"，就是律师和客户都来自己的网站注册和访问，用行业内的话来说就是建立律师库和客户库。从这个角度说，互联网法律服务企业的开展情况，包括两个方面：律师库和客户库的建立情况，匹配和撮合的业务量。

具体从这两个方面来看，互联网法律服务企业先后成立，业务开展情况各不相同。其中一些企业发展迅速，各项法律服务业务开展顺利。据报道，赢了网目前平台已经有超过2万名来自全国各地的优质律师、300多名法学专家，服务用户20多万人，业务覆盖全国300多个城市。自入驻腾讯开放平台以来，赢了网已为1000多家企业和个人提供法律服务。① "快法务"的累计注册用户有12万人，付费用户接近5万人。② 知果果成立不过两年就已经拥有了超过10万人的用户数，其中不乏美拍等我们耳熟能详的大品牌。③

对于我们所访问的三家互联网法律服务企业，负责人分别介绍了各自的业务开展情况。对于"无讼"的业务开展情况，蒋勇律师介绍说：

---

① http://news.163.com/16/0910/02/C0IM6J7F00014AED.html.
② http://news.163.com/16/0927/10/C1VBFLS400014SEH.html.
③ http://china.huanqiu.com/hot/2016-08/9357873.html.

先把卖家也就是服务的提供者这一端做好。这两年时间其实我们干的都可以理解为这么一件事情，"无讼"就是把法律服务这个供给侧按照互联网的逻辑连接起来，按照大数据的方式把每个人的能力结构，用数据给他打标签。

对"律脉"的业务开展情况，李华光女士介绍了这样几个关键信息：访谈时已经建立了五六千人的专家库；"律脉"APP累计下载用户已有2万多人，"老到"的咨询、分享、偷听模式已经运行了一段时间。对于专家库中的专家数量，李总特别强调说：

因为我们对自己的平台要求比较严，我们强调专业，缺哪方面的律师，我们就希望哪个专业的律师能够更快的填补起来。你像现在其他平台采取的是什么方式呢，就是把律师都抓过来，显得很多，但是我们的逻辑是，律师进来，未来一定要成为真正的会员，不是以量取胜。

按照肖微律师的介绍，"律携"主要任务就是"搭台"，建立法律人社区。根据iphone的App介绍，"律携"的ios版本是今年1月份上线的，距访谈时只有8个月时间。截至访谈时，肖律师介绍说，注册律师也已有一千多人。对于律师库的增长速度，肖律师非常满意。从目前来看，"律携"还是法律人的一个互动社区，"律携"作为平台并没有开始着力去撮合业务和从中盈利。

上述企业的业务开展情况分属不同的情形。总体来看，多数互联网法律服务企业的主要精力都还在如何"搭台"上，因为律师库和客户库的建设，关系平台的竞争力，关系平台的长远发展。而台子搭建得如何，各企业之间又参差不齐。

当然，核心业务的开展和平台建设可以同时进行，大多数企业也正是这样做的。只是对于多数企业来说，由于平台建设不够规模，核心业务也不能大规模开展。在这方面，无讼科技的策略是，第一阶段索性只做平台，不考虑平台业务。而律和同盟则不同，虽然专家库只有五六千人，但是"老到"项目已经运营了一年多。

（二）盈利情况

在访谈中，多数互联网法律服务企业的负责人都坦白地对我们说，目前还未实现盈利，还处在"烧钱"的阶段。但是也有一些企业从不同角度透露说，企业开始盈利了。

2016年5月4日，作为首个将知识产权服务与"互联网+"相结合的企业，知果果创始人兼CEO刘思思女士对外宣布，知果果在今年3月份首次实现了盈利，同时还宣布继商标注册免费服务后，将启动专利免费服务。①

2016年5月25日，牛法网创始人兼CEO郭世栈先生对媒体透露说，牛法网创办半年已实现盈利，在他看来，创业也许就是人生资源总和的爆发，因其从事法律行业20年，在大企业法务、牛律师和创业公司创始人群体中拥有较为丰富的人脉。他非常感谢朋友们的支持，帮其渡过创业中最艰难、"死亡率"最高的早期阶段。②

在2016年9月底的一次互联网法律服务会议上，绿狗CEO张馨心女士透露说，绿狗网已于上个月实现单月盈利。她介绍说：

> 现在这个领域多数人都是投入的，都是有成本的，哪有那么快盈利啊，但是呢，快要盈利了。
>
> 绿狗网在上个月做到了单月盈利，我们今年的亏损也很小，不像我们刚拿到风投的时候，疯狂烧钱，可能会亏损个一两千万，但是到今天为止，我们今年上半年只亏损200万，到8月份已经做到了

---

① http://news.newhua.com/2016/0505/307909.shtml.
② http://mt.sohu.com/20160525/n451385546.shtml.

单月收支平衡。今年的目标是随着天时的变化、外界的变化，要求你盈利的时候，你要有盈利能力的。我认为到2018年，又会是一个新高潮，引发新一轮的烧钱，那时候可能会放弃盈利，可能也会再次烧钱去做更大的成本去支出，但是在这个阶段来临之前，还是希望更多的人才一起来创业，一起抱团，不同的人才进来，一起组建团队。

尽管这些企业宣称实现了盈利，但是总的来说，互联网法律服务企业普遍处于初创阶段，思考运营模式、烧钱、寻找盈利点等，还是绝大多数企业主要任务。所不同的是，一些企业资金充裕，还有充裕地思考运营模式的时间；一些企业并不急着挣钱，它们可能是投资人其他主流业务的补充，投资人抱着"养着看看"的心态；还有一些企业则是资金不充裕，又不盈利，处境艰难。

七　互联网法律服务运营方式中存在的问题

当前，互联网法律服务正处于快速发展的时期，一方面，互联网法律服务已经取得了喜人的成就，但是另一方面也暴露了发展中的一些问题。正如半杯水的故事一样，因为视角的不同，每个人得出的结论也不一致。不过观察互联网法律服务发展的问题，可以更好地促进这一行业健康的发展。

（一）同质化竞争严重

所谓的同质化竞争，是指某类不同品牌的产品，在产品外观、使用功能、服务方式、营销手段上相互模仿，最后导致产品的技术含量、使用价值逐渐趋同的现象。当前的互联网法律服务产品，不管是法律工具类的服务产品、垂直搜索类产品，还是法律电商，这种同质化竞争都比较明显。在本报告对互联网法律服务产品的统计中，法律服务垂直搜索和法律电商占了绝大部分。其中，法律服务垂直搜索主要对应的是诉讼业务，法律电商的服务对象主要是非诉业务,下边分别介绍这两类服务产品同质化竞争的表现。

法律垂直搜索类的产品中的基本模式是在服务平台上建立律师库并提供咨询服务,当客户搜索的时候,平台根据一定的规则推荐律师及其相关信息供客户选择。推荐的方式、规则和模式则基本相同,大都是基于已经公开的裁判文书评价律师,推荐专业一致的律师给客户。法律电商则主要以非诉产品标准化为主要业务。目前,国内的大多数法律电商提供的产品均为在线合同起草、合同审核、工商注册、在线咨询等。在业务办理上,也是在后台以人工办理为主。浏览这类法律电商的网页,会发现所有页面几乎是千篇一律。由于商家众多且服务产品相似,为了抢夺市场份额,多数企业以低价为促销手段。这种低价竞争不但会影响产品服务的质量,甚至会破坏整个行业发展的生态。

(二)业务价格低对律师的吸引力不足

互联网法律服务与传统法律相比,最大的优势是价格便宜。比如绿狗网的"代写文书"服务,标价480元,相比北京市一般律师事务所的文书收费千元以上,至少便宜一半。产品介绍也强调"价格只有传统代写价格的10%~30%"。又如,原来向律师咨询问题,每个小时收费可能达数百元甚至上千元,在互联网法律平台只需要几十元钱甚至完全免费。很多互联网法律服务企业也以价格战为主要的竞争方式。由于收费价格太低,一些经验丰富、知名度高的律师并没有参与互联网法律服务的兴趣,一般在互联网法律服务平台注册的律师都是刚刚执业的青年律师。

在互联网法律服务行业,标准化程度越高的产品价格越低,且竞争会更加激烈。当前造成服务价格低的主要原因在于互联网法律服务平台提供的仍是普通的标准化产品,在个性化产品服务上的创新不足。

(三)对高端客户吸引力不足

法律服务的客户类型可以分为高端客户和低端客户,高端客户主要是大企业，而低端客户则一般是指小微企业及普通个人。互联网法律服务主要面向低端市场的开发，更趋向于一种类型化、简单化、标准化的法律服务，适应了低端法律服务市场的要求，而高端、复杂的法律服务仍然需要找好的律师、好的律所来做。目前，大多数互联网法律服务企业定位是为中小微企业及个人提供在线法律服务。

当然，也有一些互联网法律服务企业尝试服务高端客户，但是这类特色鲜明的企业仍然很少。比如牛法网不提供普通个人法律服务，而是定位为细分、高端的法律服务，主要面向企业尤其是大中型企业会员、已经拿到融资的企业以及企业高管会员提供高端法律服务。牛法网的宗旨为聚合5%牛律师，服务5%牛企业。因牛法网的入驻律师要求在业界有突出成就，所以在牛法网上每小时咨询费率可达数千元，这在互联网法律服务平台中是很少见的。据牛法网创始人郭世栈透露，该网站创业半年已经实现了盈利。

（四）如何匹配律师与客户，保证真实、合理和公正

在早期的法律垂直搜索平台上，大多采取竞价排名的方式，在平台缴费多者会优先推荐，这种模式饱受诟病，已经被逐渐淘汰。目前的法律垂直搜索平台，不仅要为客户推荐律师，而且要推荐性价比最高的律师。所以，如何全面、客观、准确地评价律师的业务能力和服务态度，并与客户的实际需要对应，成了最核心的问题。目前，大多数法律垂直搜索平台在律师自己填写资料的基础上，通过大数据分析已经公开的裁判文书，根据分析得出的数据来评价律师，比如代理案件数、胜诉率等。这种看似科学的评估方法，实际上存在很多值得讨论的地方：第一，案件代理数、胜诉率这些指标的科学性存在争议；第二，公开的裁判文书并不能代表律师所有的经历，有些案件可能因调解、保密等原因不会公布。第三，律师做的非诉业务很难体现在评价体系里。然而，这种评估方法在法律垂直搜索类服务平台中被广泛采用，鲜有突破。

此外，在平台推荐律师的"算法"应该由谁来确定，依据什么标准来确定，目前也没有明确。

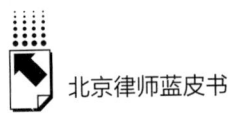

（五）平台服务面临复杂的、模糊的法律关系

互联网法律服务平台是一个新生的事物，目前国家还没有出台相关的法律规定，一些行为甚至与现行法律不符。如律师与互联网法律服务平台对收入进行分配，这与律师法规定的律师不得私下接受当事人委托的规定相冲突。如果平台提供的法律服务损害当事人的利益，责任如何分担，这些问题都没有明确的规定。不过，当前因为还处在互联网法律服务发展的初期阶段，这些问题还没有凸显。随着互联网法律服务的发展，各种潜在的问题都将会随之出现，需要提前思考应对的策略。

八　对法律服务行业产生的影响

互联网在国内发展二十余年，对人们的生活渗透程度已经开始接近于我们身边的最普通的生活资料。从整体上来说，互联网对传统行业的影响体现在：第一，打破了传统行业信息的不对称的格局，逐渐让一切信息公开化、透明化；第二，通过整合和利用互联网上产生的大数据，可以使资源利用最大化；第三，互联网的"群蜂"意志，拥有自我调解的机制。具体到法律服务领域，互联网技术的影响主要包括以下几个方面。

（一）进一步拓展了法律服务市场

长期以来，法律服务行业信息不对称问题比较突出，个人及中小企业要寻求法律服务比较困难。互联网改变了传统法律服务模式，法律电商可以及时、便捷地满足个人及企业的法律服务需求，开发了法律服务市场大量的潜在需求。

在非诉业务方面，据国家工商总局2016年10月17日发布的数据显示，2016年前三季度，全国新登记企业401万家，同比增长27%。平均每天新登记企业1.46万家。同期，全国新登记市场主体1211.9万家，同比增长13.7%，平均每天新登记超过4万家。当前，很多法律电商的主要业务是为中小企业提供工商登记、商标注册、股权激励方案、商业计划书代写等服务，这些业务均存在巨大的开发空间。在诉讼业务中，据 Open Law 发布的《2014 年中国判例数据研究报告》显示，2014 年我国平均诉讼代理率仅为 36.6%。其中民事诉讼案件中有 55.96% 是无代理的，行政案件 74.8% 无代理，刑事案件更是高达 84.44% 无代理。此外，我国大约 80% 的律师（特别是青年律师）缺少案源，收入微薄。互联网可以有效地将律师和客户连接起来，在解决个人及中小企业法律服务需求的同时，拓展法律服务市场。

（二）大大降低了法律服务的成本，提高了法律服务的效率

从总体来看，互联网让行业成本更低、服务更高效是一个大的趋势，法律服务行业也不例外。首先，互联网降低了法律服务的交易成本。在传统的线下模式上，法律服务供求信息不对称造成了已有的法律服务资源无法被充分利用，从而直接提高了法律服务的市场交易成本。而专业线上产品的出现，无疑打破了横在供需双方之间的那堵"墙"，可以最大限度地实现法律资源的优化配置，降低交易成本。其次，互联网降低了法律服务的劳务成本。目前，法律服务大量前期、基础性的工作，如案例检索、信息查询、资料整理等工作，均可以借助互联网技术快速完成，可以节省大量的时间。此外，通过互联网可以实现律师之间相互的协作，异地调档、取证等方面大大缩减劳务成本。随着人工智能的开发和利用，互联网将取代律师大部分枯燥乏味的重复性工作，进一步提高律师的工作效率。

（三）改变了律师的业务推广模式

传统的律师行业的推广主要是在线下进行的，大多是经过人们的相互推荐，一般也都是主观的评价。在互联网法律服务的推动下，律师的业务推广将从线下走向线上，对律师的评价也将从主观评价走向主观与客观相结合的模式。

在线上的执业推广大致有两种方式，一种是互联网法律服务平台的推

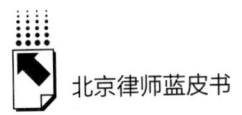

荐，比如无讼科技基于大数据技术形成的"无讼名片"。还有一种是通过法律咨询在线上和潜在委托人互动。

（四）挑战了传统的行业管理格局

我国的律师管理体制是在司法行政部门的指导和监督下的行业自律制度，《中华人民共和国律师法》及相关法律法规对律师的执业活动做了严格的规定。比如，律师法规定律师要申请执业必须要有律师事务所出具的同意接收申请人的证明，且只能在一个律师事务所执业，不能私自接受当事人委托。在传统的法律服务行业，律师的法律服务均以律师事务所为平台，司法部门和律师协会通过律师事务所来监督和管理律师的执业活动。而在互联网法律服务平台，律师与律师事务所的关系相对淡化，更多的是与平台之间的契约关系。目前，互联网法律服务平台的性质还有待进一步明确。今后，律师行业可能有相当一部分人员将主要依托网上法律服务平台从事法律工作，如何对这部分律师管理是一个值得关注的问题。

九 互联网法律服务的未来

我国法律服务业的"互联网＋"时代虽然处于起步阶段，但是近几年来各类互联网法律服务机构层出不穷，创业热情高涨。从长远来看，一方面互联网法律服务领域的竞争将日趋激烈，大部分法律服务平台将会被淘汰。另一方面随着人工智能、大数据的进一步发展，互联网法律服务有巨大的市场前景。通过对目前互联网法律服务发展情况的观察和分析，我们认为未来的互联网法律服务的发展将呈现以下几个趋势。

（一）行业竞争更加激烈

当前，在"互联网＋"的大潮下，各行各业都掀起了创业热潮，法律服务行业自然也参与其中。根据本报告的统计，在短短三四年时间里，国内兴起了一百多家互联网法律服务企业，但是这些企业推出的产品同质化程度颇高，这必然造成行业之间的激烈竞争。目前，已经有壹法务、信法网、易法务、Yesmylaw、法门网等近十家法律电商停止服务，还有相当大的一部分产品也面临生存困难。以APP平台为例，统计的130家互联网法律服务企业中，有57家企业推出了自己的APP平台，由于大部分APP功能和体验相同，可以预见，经过一段时间的竞争，互联网法律服务平台会因为大量的兼并重组而减少，最终可能只会有几家甚至一两家APP被大众普遍认可。

另外，因为互联网法律服务存在巨大的市场潜力，大家都想从中获利，所以都以各种形式参与。虽然当前正处于资本寒冬，但是最近已经有多家互联网法律服务企业获得数额不菲的融资，未来仍会有源源不断的资本投入，这将进一步加大互联网法律服务行业的竞争。目前国内还没有形成互联网法律服务的领军团队，在将来争夺市场主动地位的过程中，也有可能会出现其他行业竞争中出现的"烧钱"现象。

（二）服务产品更加注重差异化

上文已经分析了我国的互联网法律服务产品同质化竞争严重，这也是制约整个行业发展的瓶颈。在互联网时代，人们对产品的需求是多元化、个性化的。互联网法律服务企业要寻找出路，必然要在产品类型和服务模式上下功夫。互联网思维主要包括追求极致，注重客户体验等特征。这种思维用在法律服务领域，就是在细分的领域做到极致，比如安存科技和知果果，前者专门致力于电子数据的存管，市场估值已经达到10亿元人民币，A轮融资达到1亿元人民币；后者专门从事知识产权保护，估值也已经超过1亿元人民币。今后的互联网法律平台如果想要脱颖而出，最好的机会就是找到恰当的领域，并用追求极致的互联思维打造用户体验良好的产品。

差异化还表现在产品的服务对象上。互联网主要的功能仍然是媒介功能，即将相关的主体联系在一起。很多互联网法律服务产品的功能就是把客户与律师连接起来，平台在这一过程中获得利益。在连接之前，很重要的一个任务是确定服务的对象，比如牛法网的定位就是聚合5%牛律师，服务5%牛企业，其因定位明确，在很短的时间就取得了迅速的发展。又如绿狗网经过多次整合，最后将主要服务对象确定为中小型创业企业。这两个企业的创业经历为后来的互联网创业者提供了很好的案例，具有重要的参考价值。

（三）技术含量不断增加

从根本上说，互联网法律服务的发展程度取决于大数据、人工智能等技术的发展程度。随着互联网技术的不断进步，这些新技术也将渐渐在法律领域应用。以机器人ROSS为例，它是将IBM Watson人工智能超级电脑提供的机器学习技术应用到了法律领域，其工作原理是在识别自然语言提出的问题后，从海量的法律和案例数据库中进行搜索，找到可能的答案，然后对所有答案进行评估，最终提供一个最优解决方案。ROSS的智能还在于，它会根据用户的反馈进行自我学习，算法也不断调整优化。在计算机技术飞速发展的今天，可以设想今后推出的互联网法律产品，将融入更多的高科技元素。互联网法律服务可能将由法律人主导逐渐转向技术人员主导。

（四）市场规模不断扩大

据统计，2012年我国律师业务的收入总额为421亿元，① 法律服务行业的市场规模每年还在不断地增加。但是这与中国法律服务行业潜在的市场规模相比，仍然是一个非常小的数额。根据上文的分析，我国目前大量的诉讼案件没有律师代理，且每年都有许多新成立的公司没有接受法律服务。互联网法律服务的便捷和实惠，可能激发出大量的法律服务需求。无讼科技的创始人蒋勇律师甚至乐观地认为："在互联网的作用下，困扰整个法律服务市场已久的恶性循环有可能被打破。曾经被抑制的冰山下的法律服务需求将越来越多地浮出水面，法律服务市场的规模将呈连环式扩大。十年之后，中国法律服务市场的规模增长十倍，达到5000亿元，也并非痴人说梦。"

---

① 王隽、冉井富主编《北京律师蓝皮书（2013）》，社会科学文献出版社，2013，第164页。

（五）公众的法律服务消费习惯将逐步加强

我国的文化传统一直抑制诉讼，人们的法治意识也普遍较低，目前整个社会还没有形成法律服务消费的习惯。随着互联网法律服务的推广和发展，寻求法律服务将越来越便捷，法律质量也会越来越高，企业和人们运用法律服务习惯也会得到加强。反过来，公众的法律服务消费习惯的加强又将促进互联网法律服务的需求，进一步扩大市场。

（六）行业监管更加完善

目前，我国的互联网法律服务还处于野蛮生长的状态，司法部门及律师协会等行业自律组织很少介入对互联网法律服务平台的管理之中。当前，很多互联网法律服务平台的经营活动，与现行的法律法规存在一些冲突或者不一致的地方。另外，随着互联网法律服务行业规模的逐渐扩大，参与的律师越来越多，有必要制定这一行业的行为规范和行业标准，规范平台和从业者的经营行为，相信这些政策和措施很快都会制定并且落实。

B.7
北京律师行业国际化发展报告

冉井富

摘　要： 自二十世纪90年代初期以来，我国律师行业发展的一个重要特征是日益加强的国际化趋势。这体现在三个方面：一是随着国家政治、经济、文化的日益发展和改革开放的日益深入，涉外法律服务需求日益增长；二是随着我国"入世"承诺的逐步落实，法律服务市场的对外开放逐步扩大；三是在各国法律服务贸易制度以及各类国际法的规范下，涉外法律业务的办理和竞争日益国际化。在这一大背景下，北京律师行业国际化经过多年发展，也达到了相当的水平，主要体现在五个方面：一是近年来，北京的大型律所的规模持续增长，大型所的数量和规模在中国乃至亚洲地区保持着显著的优势；二是在北京总执业人数规模排名前八的律所中，涉外业务人才比例达到34.7%，高端涉外业务人才比例达到12.3%；三是在北京的大型律所中，专业领域划分普遍较为齐全，所内合作机制普遍存在，律师之间在一定程度上实现了专业分工和团队合作；四是北京的大型律所纷纷采取措施"走出去"，通过设立办事机构、代表处、特别联盟律师事务所等灵活形式在境外实现"商业存在"，将法律服务活动扩展到海外；五是北京律所通过瑞士联盟结构、成立合作律所、协议合作、律师联盟等形式，和境内外律所开展了广泛的合作。北京律师行业的国际化发展虽然成绩斐然，但是相比国际知名大所来说，差距和不足仍然存在。但是可以预见，未来涉外法律服务需求会进一步增长，北京行业的国际化水平也会稳步提升。

关键词： 律师行业　大型律所　国际化　涉外业务　服务贸易

一　律师行业国际化的含义

自20世纪90年代初期以来，我国律师行业发展的一个重要特征，是日益增强的国际化趋势。这种趋势不仅我国存在，而且也是律师行业在世界范围内的一种显著潮流。对于这种趋势的内涵，需要从三个维度结合起来理解。

第一个维度是涉外法律服务需求日益现增长，这是律师行业国际化的社会基础。自20世纪90年代初开始，我国逐渐打开国门，大量外资涌入，知名国际公司纷纷开始到中国这个具有巨大潜力的市场投资，我国对外贸易迅速增长，与国外的经济交流与合作越来越频繁。国际投资、贸易、技术转让等经济活动的大量开展，刺激了我国涉外法律服务的需求。自2001年加入WTO以来，我国更高程度、更大规模地参与世界经济，全面融入经济全球化进程。在这一进程中，国际的贸易、投资市场进一步扩大，知识经济、新兴产业的比重日益增长。与此同时，国际政治、文化、科技、教育等领域的交流活动也快速增长，和全球经济一体化趋势相结合，以前所未有的广度和深度推动着我国改革开放的进程。在该进程中，境外企业来中国投资和贸易，非营利的机构和人员来中国从事各种活动，都需要了解中国法律，都需要处理涉及中国的法律事务。中国的企业纷纷走出去，在世界各地从事投资、贸易等商事活动，中国的非营利机构和人员从事大量的国际交往，也需要了解境外法律环境，需要处理由此产生的法律事务。这两个方面的法律服务需求大大拓宽了律师服务的业务范围，扩大了国内法律服务市场的容量，改变了法律服务需求的构成，迫切需要在法律服务制度层面进行调整和规范。

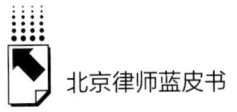

第二个维度是法律服务市场的对外开放。这种开放既包括中国的法律服务市场对境外律师的开放，也包括境外法律服务市场对中国律师的开放。就中国来说，法律服务市场的开放明显地分为两个阶段。第一个阶段是1991～2001年，中国根据自身社会经济发展的需要，自主地对确定法律服务市场的开放方式及其程度。第二阶段是自2001年加入WTO之后，法律服务市场的对外开放被纳入GATS的服务贸易框架体系之中，中国为兑现"入世"承诺，逐步扩大法律服务市场的开放范围。自2001年来，中国法律服务市场的对外开放在落实"入世"承诺之后，又在两个方面有所丰富和发展。一个方面是2003年6月29日，内地与香港签署了《内地与香港关于建立更紧密经贸关系的安排》，同年10月7日，内地与澳门签署了《内地与澳门关于建立更紧密经贸关系的安排》，这两个安排在内地与香港、澳门之间建立了更加全面、更加紧密的经贸合作关系，内地的法律服务市场对港澳地区也随之提升了开放水平。另一方面是随着2013年上海自贸区的成立，在自贸区范围内，建立了更加开放的法律服务市场。总之，由于制度和政策上的规定，法律服务市场越来越开放，越来越国际化。

第三个维度是在法律服务贸易制度的规范下，涉外法律业务的办理和竞争日益国际化。这个维度的国际化又体现在三个方面：一是律师业务中，涉外业务的比重越来越大，律所在人才构成、运营方式等方面随之呈现新的特征。二是涉外业务的竞争日益国际化，换言之，律师业务的竞争不仅只发生在国内律所之间，而且也大量发生在国内律所和境外律所之间。这种竞争既存在于国内的法律服务市场，这是境外律所进入中国后发生的竞争；也存在于其他国家和国际领域，这是中国律所走出去之后发生在境外的竞争。需要特别说明的是，各个国家虽然都在一定程度上开放法律服务和市场，但是开放又是不完全的、不彻底的，都有程度不同的制度限制存在，所以，不同国家的律所之间的竞争又是不完全的、不充分的竞争。三是和竞争相伴随，中国律所和境外律所之间还有各种形式的合作，当然，这种合作也需要遵守中国和境外相应国家或地区的贸易法律制度。

上述三个方面是相互关联的，是律师行业国际化进程在不同社会层面的反映,三个方面结合起来,方能完整、准确理解律师行业国际化现象。在这三个维度中,第一个维度反映的是律师行业国际化的社会经济背景,是律师行业国际化的社会基础和根本动力。第二维度是律师行业国际化的制度基础,一个国家或地区的服务贸易制度对于律师行业国际竞争发挥着杠杆作用。第三个维度是律师行业本身在国际案源竞争、涉外业务办理等方面体现出来的国际化特征。相对来说,第一、第二个维度发挥着基础作用,第三个维度则是律师行业国际化的核心内容。

二 律师行业国际化的评价标准

律师行业国际化是一种不断增强的趋势,对于这种趋势实际所处的水平,可以通过一系列指标予以考察和衡量。总体来看,通过不同的指标,可以从两个层面进行评价:一是直接评价,二是间接评价。

(一)直接评价

律师行业国际化的最终目标,是获得涉外案源和办理涉外业务,所以,律师行业国际化水平最直接的评价指标是涉外业务。

1. 涉外业务的概念

要根据这一指标进行衡量,首先需要界定关键概念"涉外业务"。所谓涉外业务,概括地说,就是包含涉外因素的律师业务。而所谓涉外因素,主要包括三个方面:(1)委托人(客户)是境外的机构或个人;(2)适用的法律全部或部分是港、澳、台的法律、外国法律或国际法;(3)业务办理的地点,包括谈判、调查、案件管辖等方面,全部或部分在境外。一项业务中只要包含一项涉外因素,即可归为涉外业务。

常见的涉外业务类型包括:国际投资业务;国际金融、保险业务;海事海商;国际贸易、买卖、运输、信用证结算;国际知识产权保护;涉外经济案诉讼和仲裁代理;公民涉外财产、婚姻、财产继承案件代理;其他涉外法律事务。

2. 涉外业务的计量单位

涉外业务的计量单位主要分为两种类型，一种是业务件数，另一种是业务收费。业务件数是一种自然单位，可以在一定程度上反映律师行业国际化的发展水平。然而，这种计量单位的不足也是显而易见的，即业务之间的类型差异和个体差异在统计数据中完全消失。所谓类型差异，就是不同的业务类型之间的差异，比如国际投资业务和涉外离婚业务之间的差异，海事海商业务和国际金融业务之间的差异，等等。所谓个体差异，是指即便是同一种业务类型，比如同样是国际金融业务，案件之间的复杂程度、涉案金额等方面也可能存在不可忽略的差异。

作为一种计量方式，业务收费总额在很大程度上克服了业务件数的不足。这是因为：一方面，务实一点地说，律师行业作为一个产业，最终关注的是业务收入；另一方面，业务之间的各种差异中，真正有意义的差异，基本上都能通过业务收费体现出来，比如案件越复杂，收费越高，涉案金额越大，收费越高，等等。所以涉外业务收费可以作为衡量律师行业国际化的主要指标，涉外业务件数可以作为辅助指标或参考指标。

3. 绝对指标和相对指标

涉外业务收费实际发生的水平体现在两个方面：一是涉外业务收费的总金额，这是一项绝对指标；二是涉外业务收费占各类业务收费总额的比例，这是一项相对指标。对于律师行业国际化发展水平来说，两项指标都有重要意义。

在横向对比时，相对来说，涉外业务收费总额体现的是国际化发展水平，涉外业务收费总额越高，国际化水平越高；反之，律师业务收费总额越低，国际化水平越低。而涉外业务收费所占比例所衡量的，主要是特色。具体言之，如果一家律所涉外业务收费的比例越高，那么该所国际化特色越明显；反之，虽然一家律所涉外业务收费总额不低，但是所占比例不高，说明这家律所国际化特色并不突出，虽然综合实力强大。

4. 衡量的范围

运用业务收费指标可以衡量不同主体的国际化水平。第一，可以用来衡量律师个人，考察律师个人的国际化水平；第二，可以用来衡量律所，考察某家律所的国际化水平；第三，可以用来考察特定地区的律师行业，比如考察北京地区律师行业的国际化水平；第四，可以用来考察全国律师行业的国际化发展水平；第五，只要统计数据能够获得，业务收费也可以在全球范围内衡量当今世界律师行业的国际化水平。具体在哪个层面进行考察，取决于数据获得的能力和研究的需要。

（二）间接评价

在律所的组成和运营方式中，有许多因素对律所获得和办理涉外业务发挥影响，考察这些因素，可以实现对律师行业国际化水平的间接评价。虽然通过业务收费能够对律师行业国际化发展水平直接评价，但是在很多时候，我们还需要进行间接评价。这是因为，一方面，涉外业务收费的统计数据不容易获得。即使能够获得某个律所或某个地区的数据，但是因为指标意义需要通过对比来解释，如果更大范围的统计数据不能获得，直接评价也不能完全实现。另一方面，涉外业务收费只是一种结果，而那些影响这一结果的因素，可以显示律师行业国际化的潜力和条件，对于这些因素进行考察，可以更加全面和更加深入地考察律师行业国际化的状态，并在研究的意义上，总结和发现律师行业国际化的经验与不足。

影响律所涉外业务办理的因素非常广泛，其中最为重要的，主要有五个方面，即律所规模，涉外业务人才，专业分工与团队协作，国际分所设置，合作模式。

1. 律所规模

在各种文献中，律所规模是指律所中执业律师的人数，这里也取这一含义。律所规模并不直接对应涉外业务竞争能力或涉外业务办理能力，但是可以为增强这些能力提供条件。具体来说有以下几个方面。一是随着律所规模的增长，律所才能储备各种专业人才。相比国内业务而言，涉外业务一般涉及的因素更多、案情更为复杂，专业人才的需求更为迫切，所以需要较大的人员基数来保证充足的人才储备。二是随着专业人才种类和数量的增加，才能组建各种专业团队,应对各种复杂疑难案件。涉外业务往往牵涉的因素更多,涉及领域更广,需要许多相应的专业律师组成团队共同处理。三是只有规模大的律所,才能组建各种职能部门,比如市场开发、业务接待、人力资源管理等部门,有了这些部门,多数律师可以从营销、应酬等事务中解脱出来,专心于业务研究、开展服务工作。四是规模大的律所才有可能在境外设置分所,增强境外业务竞争能力。五是只有规模大的律所,才能具备充裕的资金进行品牌维护和推广。品牌的维护和推广包括许多方面,如地理位置优越、装修高档的办公条件,境内外分支机构的设置,业务办理质量的把控,客户关系的维护等,这些方面都需要资金支持,而规模较大的律所在这方面具有明显的优势。六是律所规模越大,越有可能和其他律所建立各种合作关系,比如协议合作、联营、瑞士联盟结构等。七是在大型律所中,可以在案源优势和业务办理能力优势之间进行资源整合,有利于缺乏案源的青年律师的成长,帮助他们克服执业初期的竞争劣势。

2. 涉外业务人才

对于涉外业务的竞争,人才是非常关键的因素。根据涉外业务的特点,涉外业务人才需要多方面的特质,主要包括以下几个方面。一是优良的外语水平。对于一件涉外业务,有可能客户是外籍人士,有可能有大量的外文材料,有可能需要在境外调查和交涉,甚至在境外开庭,要完成这些工作,没有优良的外语水平是无法顺利进行的。二是境外的留学经历。留学经历一方面可以保证更好的外语水平;另一方面可以更加深入地了解和体会境外的经济、政治、文化和法律制度,熟悉境外的生活方式、地理和交通状况,甚至留学经历还可以建立一定的人脉关系。三是具有特定国家或地区的执业资格。执业资格最重要的作用是保证律师在特定国家或地区开展涉外业务的资质,此外,执业资格的授予往往需要严格的条件,所以,资格获得从侧面说明该律师对所在国家语言、文化、法律的了解与熟悉。四是具有境外从事法律实务工作的经历。有这种经历的律师熟悉所在国家或地区的法律制度,具有办理涉外法律事务的技能和经验,而对所在国家的语言的掌握、社会和文化的了解自然也不在话下。

涉外业务人才还可以从专业角度划分,比如国际贸易专家,国际投资专家，WTO 争端解决专家，涉外婚姻业务专家，等等。对于一个大型律所来说，既需要特别专的人才，还需要有合理的人才结构，保证有能力组建各种团队为客户解决各类疑难、复杂的涉外案件。

3. 专业分工与团队协作

专业分工和团队协作是两个相互联系的概念：专业分工越明确、越精细，律师在特定的业务上越能够积累知识和技能，从而具有更强的业务能力，但是越是复杂的案件，涉及领域越广泛，越是需要多方面的知识，因此越是需要团队合作。

分工与协作可以发生在三个层面。第一个层面是行政辅助部门和业务部门之间的分工，前者大致包括办公条件维护、市场开发、人力资源管理等方面；后者则是具体办理各类业务的部门。对于国际化水平高的现代大所来说，行政辅助部门和业务部门设置健全、分工明确，相互之间实现了高效的配合。第二个层面是针对不同的业务类型，组建不同的专业部门，比如企业并购、环境保护、知识产权、房地产、税务、公司投融资、反垄断反倾销等，已经是当前涉外大所常见的业务部门。一般来说，律所国际化水平越高，专业部门划分越齐全。例如：美国世达律师所的专业部门达 40 个之多；北京的金杜律师则划分为 9 个大的部门、67 个项目组；北京的大成所则有 20 个业务部门划分。第三个层面是具体业务办理时，能够实现团队合作，团队成员分工明确、高效合作。

4. 国际分所设置

对于律所的国际化发展来说，国际分所的设置也是一个非常重要的方面。国际分所的意义在于，一是有利于品牌推广，可以说，一个分所的设置，本身就是一个实物广告。二是便于境外客户的咨询，便于业务受理。三是便于跨境业务的办理。涉外业务的一个特点是常常牵涉许多国家和地区，比如发生在中国的一项涉外业务，可能需要在美国取证，在法国谈判，在中国开庭，等等，这种跨境事项在有分所设置的情况下，可以提高便利性，可以增强效率。四是有些分所同时也是当地的一家具有完全执业资格的律所，这种分所可以直接开展当地业务的竞争和办理。

国际分所设置初步的考察指标是分所的数量；进一步的指标是分所的分布状况，即分布是否全面、是否合理、是否覆盖涉外业务案源丰富的地区；再进一步的考察指标是分所的运作效果，即分所是否开始运行、是否达到预期目标、是否迅速成长等方面。

5. 律所之间的合作及合作模式

因为法律具有很强的地方性，加上市场壁垒的存在，所以在国际上，不同国家的律所之间必然存在不同的相对优势。比如，一家欧美大所在处理涉及中国法律的业务时，不仅在人才方面不及中国的大所，而且执业资格上也受到限制，同样，当客户来自中国时，尽管欧美大所具有良好的品牌和声誉，但是在交流沟通和相互信赖方面，通常不及中国的大所。反过来亦如此，尽管我们的大型律所发展迅速，但是无论如何发展，在业务能力、执业资格、品牌影响方面，仍不及境外东道国的律所。由于语言、法系等因素的影响，在英美法系国家，英美大所的优势始终是难以赶超的。在这种情况下，律所之间基于各自拥有的优势资源进行合作，是律所国际化的必然结果。

具体考察时，有没有国际合作，是区分律所国际化水平的第一个标准：有国际合作的律所国际化水平通常高于没有国际合作的律所。在都有国际合作的律所中，合作的对象是区分律所国际化水平的第二个标准。律所之间的合作通常都是"门当户对"的，合作对象的水平通常也能反映律所自身的水平。第三是对于同一类对象的合作中，合作的条件也是反映律所国际化水平的一个重要方面。合作的条件当然首先是看是否对等，其次是看合作中是否居于主导地位。有些时候，通过一些细节可以说明合作的主导性。比如在金杜所和万盛所的联盟合作中，联盟的英文名称是 King & Wood Mallesons，据说这个名称不太符合语法，因为是 King & Wood 和 Mallesons 的联盟，现在"&"的位置却在"Wood"之前。金杜的负责人在接受访谈时说，结盟时金杜一方坚持这样的名称，万盛一方作了让步，这算是国内所在结盟中的主导性的一个体现。

（三）综合评价

如上文所讨论，律师行业国际化水平可以通过涉外业务收费直接衡量，也可以通过规模化、涉外业务人才、专业分工与团队协作、国际分所设置和律所之间的合作五个方面进行间接考察。实际中如何评价，取决于评价的条件和目的。通常来说，如果能够收集涉外业务收费的数据，直接评价总是需要的。如果需要更全面地了解律师行业国际化的发展状态，分析其中的问题和不足，则间接评价的五个方面，也需要进行考察。

在当前，北京律师行业每年办理了多少金额、多少比例的涉外业务，有关部门没有发布相应的统计数据，鉴于这种情形，本报告对北京律师行业国际化的研究，将以间接考察为主，即通过对北京律师行业在律所规模、涉外业务人才构成、专业化和团队合作、境外商业存在和国际合作等方面考察，大致地了解和说明北京律师行业的国际化发展状况。

三 法律服务市场的开放情况

（一）法律服务贸易的含义与规则

法律服务贸易是服务贸易中商业服务项下的专业服务，其市场开放问题属于GATS（服务贸易总协定）的调整范围。

GATS从服务提供方式上对服务贸易进行了定义。根据该定义，服务贸易主要包括以下四种类型。第一，境外消费（consumption abroad），是指一成员国的服务消费者到另一成员国接受服务。第二，跨境交付（cross-border supply），是指在一成员国境内对另一成员国的消费者提供服务。第三，商业存在（commercial presence），是指一成员国的服务提供者在另一成员国境内通过设立经济实体提供服务。第四，自然人流动（movement of natural persons），是指一成员国的服务提供者个人移动至另一成员国境内提供服务。将该定义适用于法律服务时，则可直接描述为四种方式。一是本国人到境外接受所在国律师提供的法律服务，即境外消费，如中国律师为来自德国的当事人提供有关中国法律的意见。基于主权和司法管辖权上的相互尊重，世界各国对此基本不设限制条件。二是从一国境内向另一成员国客户提供法律服务，即跨境交付，实践中主要限于递交相关法律文书事宜。三是允许境外律师事务所在本国境内设立办事机构、代表处或分支机构，在该成员境内提供法律服务，即商业存在。四是允许境外律师个人到境内，在没有设立服务机构的情况下，从事一定范围内的法律业务，即自然人流动。

法律服务贸易规则包括三部分内容。第一部分是WTO法律服务贸易的一般规则，包括法律服务贸易的最惠国待遇、市场准入、国民待遇、透明度、国内管理等。这部分规则一般应一体适用于所有WTO成员。第二部分是各成员对法律服务的具体承诺，适用于在法律服务市场准入和国民待遇方面作出了承诺的WTO成员。第三部分是最惠国待遇例外清单，适用于将法律服务列入了最惠国待遇例外清单的WTO成员。

从各类国际贸易协定来看，法律服务贸易制度主要涉及商业存在、自然人流动和跨境交付。WTO成员对法律服务作出的具体承诺，记载在具体承诺表中。在具体承诺表中，成员的承诺分为两个组成部分：一是水平承诺，二是部门具体承诺。WTO成立后，法律服务贸易制度遵循服务贸易总协定的有关规定，但由于各成员方的国情不一样，加之对GATS的规定的例外保留，使得成员方法律服务贸易制度有所差别。

（二）中国①法律服务市场的开放情况

1. 法律服务贸易制度的基本内容

在20世纪90年代，我国开始适度开放法律服务市场，允许外国律所在中国设立代表机构。调整和规范该领域的规范性法律文件有1992年2月司法部发布的《司法部关于律师事务所与外国律师事务所建立业务协作关系有关问题的通知》、同年5月司法部、国家工商行政管理局联合发布的《关于外国律师事务所在中国境内设立办事处的暂行规定》、同年5月司法部颁

---

① "中国"包括中国大陆、台湾、香港和澳门地区，但因为台湾、香港和澳门属于独立的司法管辖区，为表述方便，除非特别注明涵盖其他三个司法管辖区，"中国"仅指中国大陆，而"涉外""对外""境外"等词语，在描述相应的法律制度中，有可能将上述司法管辖区域包括在内。这并不表明这些地区不属于中国。

布的《外国律师事务所办事处审批、管理工作操作规程》、同年 8 月司法部发布的《司法部关于我国律师事务所在境外设立办事机构有关事宜的通知》、1995 年 2 月发布的《律师事务所在外国设立分支机构暂行管理办法》。

加入 WTO 后，2001 年 12 月国务院发布了《外国律师事务所驻华代表机构管理条例》，2002 年 7 月司法部发布了《司法部关于执行〈外国律师事务所驻华代表机构管理条例的规定〉》，两个法律文件落实了"入世"承诺，进一步扩大了法律服务市场的对外开放。在当前阶段，我国法律服务贸易制度的主要内容如下。

（1）执业组织。外国律师事务所可以设立驻华代表机构，从事法律服务活动。外国律师个人不得在中国设立律师事务所，外国律师事务所、外国其他组织或者个人不得以咨询公司或者其他名义在中国境内从事法律服务活动。

（2）业务范围。代表机构及其代表，只能从事不包括中国法律事务的下列活动：①向当事人提供该外国律师事务所律师已获准从事律师执业业务的国家法律的咨询，以及有关国际条约、国际惯例的咨询；②接受当事人或者中国律师事务所的委托，办理在该外国律师事务所律师已获准从事律师执业业务的国家的法律事务；③代表外国当事人，委托中国律师事务所办理中国法律事务；④通过订立合同与中国律师事务所保持长期的委托关系办理法律事务；⑤提供有关中国法律环境影响的信息。

代表机构不能从事的"中国法律事务"，具体范围：①以律师身份在中国境内参与诉讼活动；②就合同、协议、章程或其他书面文件中适用中国法律的具体问题提供意见或证明；③就适用中国法律的行为或事件提供意见和证明；④在仲裁活动中，以代理人身份对中国法律的适用发表代理意见；⑤代表委托人向中国政府机关或其他法律法规授权的具有行政管理职能的组织办理登记、变更、申请、备案手续以及其他手续。若涉及上述五类事务，须委托中国律师事务所为之，且受委托的中国律师事务所应为具有相应资质的中国律师事务所。

（3）执业规则。代表机构及其代表在中国的活动应遵守下列规定：①应当遵守中国的法律、法规和规章，恪守中国律师职业道德和执业纪律，不得损害中国国家安全和社会公共利益。②代表机构的代表每年在中国境内居留的时间不得少于6个月。③代表机构不得聘用中国执业律师；聘用的辅助人员不得为当事人提供法律服务。

2. 内地对港、澳地区的法律服务贸易制度

2003年6月29日，内地与香港签署了《内地与香港关于建立更紧密经贸关系的安排》（以下简称《香港安排》），同年10月7日，内地与澳门签署了《内地与澳门关于建立更紧密经贸关系的安排》（以下简称《澳门安排》），这两个安排在内地与香港、澳门之间建立起了全面的经贸合作关系。这两个安排都包括服务贸易自由化的措施，也即服务贸易的具体承诺内容，其中也包含了法律服务市场开放的具体承诺。

根据《香港安排》，内地法律服务市场向香港开放的主要内容包括以下几个方面。①（1）允许在内地设立代表机构的香港律师事务所（行）与内地律师事务所联营。联营组织不得以合伙形式运作，联营组织的香港律师不得办理内地法律事务。（2）允许内地律师事务所聘用香港法律执业者，被内地律师事务所聘用的香港法律执业者不得办理内地法律事务。（3）允许已获得内地律师资格的15名香港律师在内地实习并执业，从事非诉讼法律事务。（4）允许香港永久性居民中的中国公民按照《国家司法考试实施办法》参加内地统一司法考试，取得内地法律职业资格。（5）允许第4条所列人员取得内地法律职业资格后，按照《中华人民共和国律师法》，在内地律师事务所从事非诉讼法律事务。（6）对香港律师事务所（行）在深圳、广州设立的代表处的代表无最少居留时间要求。香港律师事务所（行）在除深圳、广州以外的内地代表处的代表每年在内地的最少居留时间为2个月。

根据《澳门安排》，内地向澳门地区开放法律服务贸易的内容除了《香港安排》附件4的6点内容外，还增加了第7、第8点。第7点为："对经培训合格的澳门律师，授予内地认可的公证人资格。"第8点为："允许澳

---

① 参见《内地与香港关于建立更紧密经贸关系的安排》附件4中表1《内地向香港开放服务贸易的具体承诺》法律服务部分。

门律师中的澳门永久性居民在内地依照内地有关法律、法规、规章规定的方式，办理澳门法律事务和该律师已获准从事律师执业业务的其他国家或地区的法律事务。"① 由于第7点，内地已经在2002年2月发布的司法部第69号令《中国委托公证人（香港）管理办法》中，对香港律师给予了相应的待遇，第8点内地在GATS具体承诺表中已经作出了安排，因此，内地给予香港和澳门地区法律服务贸易的待遇，并没有多少区别。

3. 大陆对台湾的法律服务贸易制度

大陆法律服务市场对台湾地区的开放因受制于两岸关系的进展，一直滞后于香港和澳门特别行政区，但相较于其他WTO和FTA协议国和地区，大陆法律服务市场对台开放政策及开放范围仍然较为宽松。

根据国家的有关政策，福建省司法厅于2010年9月发布了《关于印发台湾地区律师事务所在福州厦门设立代表机构试点工作实施办法的通知》。根据该办法，符合一定的条件，台湾地区律师事务所可以申请在福州、厦门设立代表处、派驻代表。代表处及其代表，可以从事不包括大陆法律事务的下列法律服务活动：①向当事人提供台湾地区法律咨询，已获准从事律师执业业务的其他国家、地区的法律咨询，有关商事性条约及惯例的咨询；②接受当事人或者大陆律师事务所的委托，办理台湾地区法律事务；③代表台湾地区当事人，委托大陆律师事务所办理大陆法律事务；④通过订立合同与大陆律师事务所保持长期的委托关系办理法律事务。

在获取大陆法律职业资格并在大陆从事律师执业问题上，台湾地区居民与港澳特别行政区居民所享受的待遇基本相同。根据2009年1月1日实施的《取得国家法律职业资格的台湾居民在大陆从事律师职业管理办法》，② 参加国家司法考试合格，取得《中华人民共和国法律职业资格证书》的台湾居民，在符合《律师法》规定的其他条件的情况下，可以依法

---

① 参见《内地与澳门关于建立更紧密经贸关系的安排》附件4中表1《内地向澳门开放服务贸易的具体承诺》法律服务部分。
② 参见《取得国家法律职业资格的台湾居民在大陆从事律师职业管理办法》，2008年12月12日司法部令第115号颁布，自2009年1月1日起施行。

在大陆申请律师执照,具体可以担任法律顾问、代理、咨询、代书等方式从事大陆非诉讼法律事务,也可以担任诉讼代理人的方式从事涉台婚姻、继承的诉讼法律事务。除此之外,在申请程序、律师实习、执业规范和相关管理制度上与前述港澳政策基本相同。

4. 上海自贸区内的特殊开放政策

2013年国务院批准设立了上海自由贸易区,并在上海自贸区范围内,进一步扩大开放法律服务市场,致力于"探索密切中国律师事务所与外国(港澳台地区)律师事务所业务合作的方式和机制"。① 2014年1月27日,司法部正式批复同意了《上海市司法局关于在中国(上海)自由贸易试验区探索密切中外律师事务所业务合作方式和机制试点工作方案》。上海市司法局随后制定了《中国(上海)自由贸易试验区中外律师事务所互派律师担任法律顾问的实施办法》《中国(上海)自由贸易试验区中外律师事务所联营的实施办法》,落实《试点工作方案》的内容。

根据司法部的批复和上海市司法局的实施办法,中国(上海)自由贸易试验区内试行两项律师业开放措施。一是允许在上海自贸区设立代表处的外国律师事务所与中国律师事务所以协议方式,相互派驻律师担任法律顾问。即由中国律师事务所向外国律师事务所代表处派驻中国执业律师担任中国法律顾问,由外国律师事务所向中国律师事务所派驻外国律师担任外国法律顾问,在各自执业范围、权限内以分工协作方式开展业务合作。二是允许外国律师事务所与中国律师事务所在上海自贸区内实行联营。即由已在中国设立代表处的外国律师事务所与中国律师事务所,按照协议约定的权利和义务,在上海自贸区内实行联营,以分工协作方式,向中外客户分别提供涉及外国和中国法律适用的法律服务。联营期间,双方的法律地位、名称和财务保持独立,各自独立承担民事责任。②

---

① 参见《司法部关于同意在中国(上海)自由贸易试验区探索密切中外律师事务所业务合作方式和机制试点工作方案的批复》司复〔2014〕3号文。
② 参见《司法部关于同意在中国(上海)自由贸易试验区探索密切中外律师事务所业务合作方式和机制试点工作方案的批复》司复〔2014〕3号文,2014年6月23日颁布。

（三）WTO 成员法律服务市场开放承诺情况

在乌拉圭回合谈判中，各成员方（国家或地区）对法律服务贸易问题进行讨论，最后共有 45 个成员方（其中欧共体 12 个国家作为一个成员）对法律服务作出了程度不同的承诺。如表 7-1 所示，在 45 个成员方中，22 个成员方作出外国律师可从事对东道主国家法律咨询的承诺，19 个成员方的承诺包括代理业务，40 个成员方作出外国律师可从事对本国法律咨询的承诺，其中有 20 个成员方的承诺包括代理业务，4 个成员方作出外国律师可从事对第三国法律咨询的承诺，6 个成员方作出外国律师可从事其他法律服务的承诺，包括法律文件证据的提供和证明服务，以及提供其他咨询和信息服务。①

表 7-1 WTO 成员方法律服务提供方式谈判承诺情况

单位：%

提供方式	市场准入			国民待遇		
	全部	部分	未承诺	全部	部分	未承诺
国境供给	22	62	16	22	60	18
境外消费	31	60	9	31	58	11
商业存在	13	78	9	16	76	9
自然人流动	2	91	7	2	91	7

资料来源：参见 WTO 文件，S/C/W/43，6 July 1998，p. 27。

（四）世界上主要国家和地区法律服务市场开放情况

基于对 WTO 服务贸易的不同承诺，各国/地区的法律服务市场开放情况各有特点。对于世界上主要国家和地区法律服务市场情况，表 7-2 进行了整理和汇总。具体言之，世界上主要国家和地区法律服务市场的开放情况总体特点如下：

---

① 参见 WTO 文件，S/C/W/43，6 July 1998，p. 17。

表7-2 世界上主要国家和地区法律服务市场开放情况

国家/地区	外国/地居民考任本国/地律师	外国/地律师执业	外国律师执业核准程序	外所商业存在	外所和本国/地所联营	外所聘用本国/地律师	本国/地所聘用外国/地律师
美国/美国多数州	允许	允许	需要	允许	允许	允许	允许
英国	允许	允许	不需要	允许	允许	允许	允许
法国对非欧盟国家	不允许	允许	需要	允许			
德国对非欧盟国家	不允许	允许	需要	允许			
日本	不允许	允许	需要	允许			
新加坡	不允许	允许	需要	允许			
韩国	不允许	允许	需要	允许	不允许	不允许	不允许
中国香港	允许	允许	需要	允许			
中国一般规定	不允许	不允许		允许	不允许	不允许	不允许
中国内地对港澳	允许	允许	需要	允许	允许	允许	允许
中国内地对台湾	允许	不允许		允许	不允许	不允许	不允许
中国上海自贸区	不允许	允许	需要	允许	允许	允许	允许

资料来源：根据各国/各地区法律法规规定汇总整理。

第一，外国/地居民考任本国/地律师。在表7-2所列国家和地区中，只有英国、美国、中国香港允许非本国/地居民可以通过培训和考试成为本国/地律师。但是，对于非本国/地居民担任的律师，在业务范围上一般都存在一定的限制。

第二，外国/地律师执业。一般来说，表7-2所列地区一般来说都允许外国律师在本国/地执业，但是具体情形差别较大。就中国来说，外国律师只能以外国律所驻华代表机构的代表的身份开展某些业务；在法国、德国和新加坡，则要求外国律师参加一定的培训和考试，才能获得执业资格。

表7-2所列国家和地区虽然普遍允许外国律师执业，但执业范围一般都有严格限制，即一般仅允许外国律师提供其职执业资格授予地的法律和国际法律的相关服务。

第三，外所商业存在。表7-2所列国家和地区虽然普遍允许外国律师机构到本国设立分支机构，但是有些国家，比如中国和韩国，不允许外国所和本国所联营,不允许外国所聘用本国律师,也不允许本国所聘用外国律师。

总体上看,大陆法系国家多实行有限度地开放,英美法系国家则多实行完全的开放。与这种开放程度不同相对应的是,大陆法系国家的律师事务所规模普遍较小,并多从事传统的民事和刑事诉讼业务,在办理金融、投资、证券和融资等国际法律业务上无法与英美法系国家的律所抗衡。而在英美法系国家或地区,如英国、美国、澳大利亚、加拿大、新加坡、印度、中国香港等地,大型律所数量多,律师行业发达,擅长各类非诉讼法律事务。

(五)国际领域的法律服务市场

在当今世界上,存在一些不属于特定主权国家的法律事务市场,在这些市场上,各国律师都有资格提供法律服务。在某种意义上,如果不考虑语言、地理位置等因素,这些市场是对各国(地区)律师同等开放的、完全竞争的国际法律服务市场。

1. WTO 争端解决中的律师服务

在 WTO 发展历史上,争端解决机制是否允许当事方委托代理律师有一个变迁的过程。在 WTO 著名的"欧共体香蕉案"中,专家小组裁定,只有政府成员或欧盟委员会成员才能作为政府代理人,从而否认了小的发展中国家自由派遣私人律师作为代表的权利。但在随后的程序中,上诉机构否定了专家组的这一裁定,认为各 WTO 成员方均有权决定争端解决代表团成员的组成,政府以外的法律人员可以代表一方参与争端解决案件的审理。上诉机构最后裁定:有关由谁来参加政府代表团来代表其参加上诉机构的听证的问题由 WTO 成员方自行决定。

上诉机构的这一裁定意义重大,为日后同类案件的处理提供了参考。因此在随后的"印尼汽车案"和"韩国酒类税案"中,专家小组和上诉机构均基于相同的原因作出了肯定律师可以作为成员代表参与争端解决程序的相似裁决。根据 GATT 和 WTO 争端解决的传统,先前争端解决报告中对有关问题的认定对于继后的案件相同问题的认定有着相当大的影响力,起着近乎先例的作用。因而可以说,允许律师全程参加的权利将会成为 WTO 中新的实践惯例。①

2. 国际商事仲裁中的律师服务

在科技和经济迅猛发展、国际商事交往日趋频繁的今天,国际商人越来越多地选择国际商事仲裁作为解决纠纷的方式。目前,仲裁已成为处理国际商事纠纷的一种通行制度,作用越来越突出。当前,全世界有大部分国家是《承认及执行外国仲裁裁决纽约公约》成员国,当事人考虑到仲裁裁决在全球范围内的可执行性,越来越多地选择使用国际仲裁的方式解决商事纠纷。与此同时,具有国际因素的国际商事仲裁相比国内仲裁而言,专业性强、涉及多方面因素,往往需要综合素质极强的专业律师应对复杂的案情和瞬息万变的案件发展情势。因此,在国际上,形成了一个较大的、非常高端的国际商事仲裁法律服务市场。

国际商事仲裁法律服务市场的一个重要特点是,不受仲裁机构所在地主权国家关于法律服务贸易开放条件的限制,只要是当事人聘请,外国的律师也有资格提供法律服务。因此,国际商事仲裁形成了一个对所有国家开放、完全竞争的国际法律服务市场。

四 北京大型律所的规模状况

近两年来,北京律所的规模发展同时存在两个特点。一方面个人开业所数量增长较快,中等规模律所的数量有所减少,律所平均规模持续下降。截至 2015 年,北京律师平均规模降至 12.1 人/所,和全国的平均水平一致。② 另一方面是北京的大型律所的规模仍在持续增长,大型所的数量和规模在中国乃至亚洲地区保持显著的优势。

---

① 纪文华、王伟:《律师参与 WTO 争端解决进程问题研究——产生、发展和规制》,《上海对外贸易学院学报》2000 年第 7 期,第 14 页。
② 详情参见本书总报告相关部分的讨论。

（一）总部律师人数前十名律所的规模增长情况

对于北京大型律所规模的变化，可以从两个角度考察：一是考察北京总部的律师人数，因为只有总部的律师才属于在北京注册的律师；二是考察律所的全部执业人数，包括总部和全国乃至全球的分支机构的执业人数。

对于第一角度，表7-3分别整理了2012年北京总部律师人数前十名的律所和2015年北京总部律师人数前十名的律所，并进行多个角度的对比。律师人数的统计依据是两个年度北京市司法局、北京市律师协会发布的律师年鉴。对比发现，三年来，北京总部人数前十名的律所规模有较为明显的增长。具体变化可以总结为如下两点。

表7-3 2012年、2015年北京律师年检公告中注册律师人数前十名的律所及律师人数

排名	2012年律师年检公告		2015年律师年检公告	
	律所名称	律师人数（人）	律所名称	律师人数（人）
1	大成所	459	大成所	545
2	盈科所	376	盈科所	448
3	中银所	290	中银所	342
4	金杜所	229	德恒所	267
5	德恒所	210	金杜所	253
6	中闻所	189	中伦所	230
7	康达所	186	康达所	207
8	炜衡所	176	炜衡所	192
9	浩东所	172	君合所	185
10	君合所	171	浩东所	169
合计		2458		2838
平均		245.8		283.8
增幅(%)				15.5

第一，对比2012年和2015年两个年度各自的前十名律所平均规模，三年来有明显的增长。其中，2012年前十名律所共有律师2458人，平均每家律所245.8人；2015年前十名律所共有律师2838人，平均每家律所283.8人，三年的增幅为15.5%。三年间所达到的这个增幅，平均年增长率只有

4.92%，虽表明了显著的增长，但是也说不上多快。

第二，对比前十名律所名单发现，多数律所的人数都有所增长。如表7-3所示，在2012年前十名律所中，只有一家律所，即中闻所在2015年退出了前十名。也就是说，2012年和2015年各自的前十名律所中，有9家是相同的。而在这9家律所中，只有一家律所的人数有所下降，即浩东所从2012年的172人降为2015年的169人。概括地说，在2012年的前十名律所中，有8家律所北京总部的律师人数程度不同地有所增长，只有两家律所律师人数有所下降，其中一家律所在2015年不在前十名单中。

（二）总执业人数前十名律所的规模增长情况

考察总执业人数，即律所总部和分支机构的全部执业人数，北京大型律所规模也在持续增长，而且增速更快。

表7-4分别整理了2012年北京总执业人数前十名的律所和2015年前十名的律所的执业人数，并进行多个角度的对比。表中的执业人数是亚洲法律杂志（ALB）整理完成的，是相关律所所有计时收费人员的总和，其中包括受雇律师、合伙人、律师、外籍律师（包括来自合作律所借调的律师）和顾问，受训人员和实习生不计入其内。对比发现，三年来，北京执业人数前十名律所的规模有显著的增长。具体变化可以总结为如下两点。

第一，对于2012年和2015年两个年度各自的前十名律所平均规模，三年来增长显著。其中，2012年前十名律所共有执业人员10752人，平均每家律所1075.2人；2015年前十名律所共有执业人员14294人，平均每家律所1429.4人，三年来的增幅为32.9%，平均年增长率为9.94%，增长较快。

第二，对比前十名律所名单发现，一半的律所执业人数有所增长。如表7-4所示，在2012年的前十名律所中，有3家律所，即君合所、中伦文德所和竞天公诚所在2015年退出了前十名。也就是说，2012年和2015年各

表7-4 2012年、2015年总部位于北京且总执业人数前十名律所及执业人数

规模排名	2012年执业人数前十		2015年执业人数前十	
	律师名称	执业人数(人)	律师名称	执业人数(人)
1	大成所	2647	大成所	4311
2	盈科所	1820	盈科所	3220
3	金杜所	1181	中银所	1221
4	国浩所	1112	德恒所	1182
5	德恒所	1106	国浩所	1000
6	中银所	960	中伦所	1000
7	中伦所	747	金杜所	696
8	君合所	482	隆安所	615
9	中伦文德所	418	天元所	578
10	竞天公诚所	279	德和衡所	471
合计		10752		14294
平均		1075.2		1429.4
增幅(%)				32.9

自的前十名律所中，有7家是相同的。而在这7家律所中，有两家律所的人数有所下降，即金杜所从2012年的1181人降为2015年的696人，国浩所从2012年的1112人降为2015年的1000人。概括地说，在2012年的前十名律所中，有5家律所的总执业人数有不同程度的增长，有5家律所的总执业人数有所下降，其中有3家律所在2015年退出前十名单。

第三，总执业人数的增长速度快于总部律师人数的增长速度。如图7-1所示，总部律师人数前十名的律所平均规模三年增长15.5%，总执业人数前十名的律所平均规模增长32.9%，后者显著地高于前者。这种差距表明，超大型律所规模的增长，主要在于分支机构及其执业人员的增长。如图7-2所示，自2009年来，北京律所在外地设置分所的数量持续增长，从2009年的237家，增长到2015年的665家，六年时间增长了180.6%。这种变化也从另外一个角度说明，超大型律所扩张首先体现在分支机构及其执业人数的增长上，其次才是北京总部律师人数的增长。

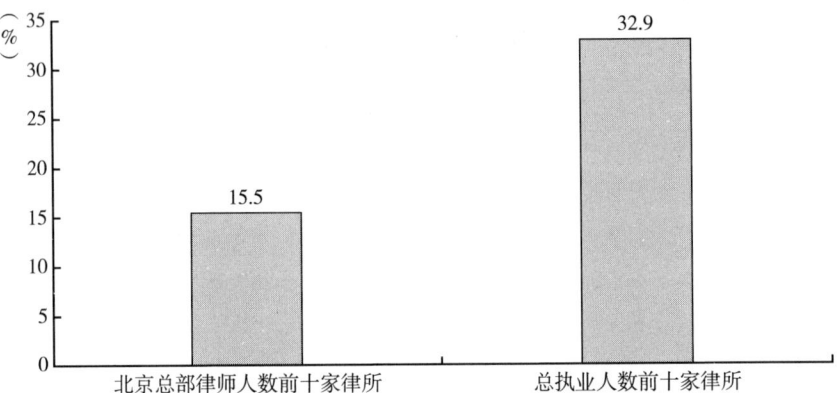

图7-1 2012~2015年北京总部律师人数、总执业人数前十的律所人数增幅

资料来源：根据表3和表4中的数据绘制。

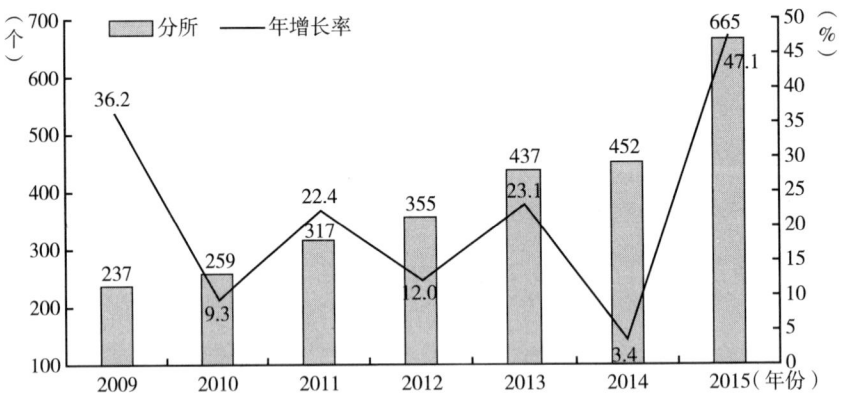

图7-2 2009~2015年北京律所境内外分所数量及年增长率变化情况

资料来源：北京律所境内外分所数量由外省市分所和境外分所相加得出，外省市分所数量和境外分所数量来源于北京市司法局实地调研。

（三）大型律所的数量和规模在全国和亚洲范围内保持领先优势

北京大型律所的数量和规模在全国和亚洲范围内持显著的领先优势，这在亚洲规模40强律所的分布中充分地展现出来。

表7-5是2015年亚洲规模40强律所地区分布情况，40强的划分标准是包括总部和分支机构的总执业人数。考察表7-5可以发现如下两点。

表7-5 2015年亚洲律所规模40强*

排名	律师名称	归属	执业人数(人)
1	大成律师事务所	北京	4311
2	盈科律师事务所	北京	3220
3	中银律师事务所	北京	1221
4	Kim & Chang	韩国	1200
5	德恒律师事务所	北京	1182
6	锦天城律师事务所	上海	1084
7	国浩律师事务所	北京	1000
8	中伦律师事务所	北京	1000
9	金杜律师事务所	北京	696
10	广和律师事务所	广东	645
11	隆安律师事务所	北京	615
12	Cyril Amarchand Mangaldas	印度	605
13	天元律师事务所	北京	578
14	西村·朝日法律事务所	日本	522
15	Lee & Ko	韩国	510
16	德和衡律师事务所	北京	471
17	泰和泰律师事务所	四川	468
18	众成清泰律师事务所	山东	466
19	理律法律事务所	台湾	444
20	立杰律师事务所	新加坡	430
21	Bae, Kim & Lee *	韩国	424
22	明炬律师事务所	四川	421
23	Khaitan & Co	印度	415
24	观韬律师事务所	北京	414
25	中伦文德律师事务所	北京	403
26	Shin & Kim	韩国	391
27	安德森·毛利·友常法律事务所	日本	380
28	Yulchon	韩国	378
29	Shardul Amarchand Mangaldas & Co	印度	370
30	艾伦格禧律师行	新加坡	367
31	森·滨田松本法律事务所	日本	363
32	方达律师事务所	上海	357
33	君合律师事务所	北京	353
34	TMI Associates *	日本	353

续表

排名	律师名称	归属	执业人数（人）
35	长岛·大野·常松法律事务所	日本	343
36	金诚同达律师事务所	北京	339
37	AZB & Partners *	印度	320
38	Yoon & Yang *	韩国	315
39	新加坡王律师事务所	新加坡	309
40	J Sagar Associates	印度	306

注：* 2012年和2015年的数据分别刊载于ALB杂志2012年第12期和2015年第11期，总执业人数为相关律所所有计时收费人员的总和，其中包括受雇律师、合伙人、律师、外籍律师（包括自合作律所借调的律师）和顾问，受训人员和实习生不计入其内；

数据整理时之所以将50强调整为40强，是因为2012年的数据中包括9家英国和美国律所，2015年的数据中不含英美律所，为了统一口径，调整为两个年度的数据都不包括英美律所，调整之后，2012年余下的律所只有41家，为便于计算，取前40强。

第一，从40强律所的数量分布上看，北京地区具有显著优势。在亚洲规模40强律所中，中国有20家，占50%；其中有14家律所的总部在北京，占35%。北京的数量超过任何一个内地的省级地区，也超过中国之外的任何一个亚洲国家。

第二，从排名上看，北京也有显著优势。在前十名中律所中，北京独占8家，而且前三名分别由北京的大成所、盈科所和中银所占据。由此可知，北京律所在规模排名上，领先国内其他省级地区，也在亚洲地区保持领先。

五 北京律师行业涉外业务人才状况

对于涉外业务人才，律师行业管理方面没有进行严格的界定，发布的统计数据也较为简单。尽管如此，对于北京律师中的涉外业务人才状况，我们还是可以通过一些数据和项目活动进行大致的了解和说明。

（一）具有相当外语水平律师人数及其比例

在律师行业管理部门每年的统计报表中，有一项"具有相当外语水平"

的律师人数。北京地区 2008~2015 年具有相当外语水平的律师人数及其占全部律师的比例整理得出图 7-3。

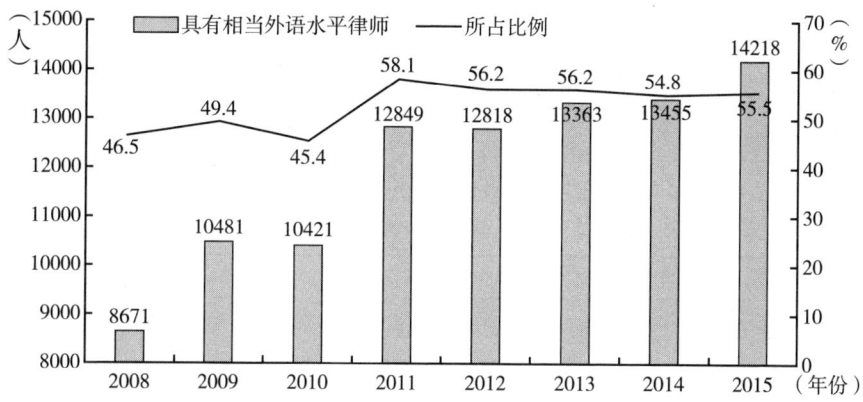

图 7-3 2008~2015 年北京具有相当外语水平律师人数及比例

资料来源：具有相当外语水平的律师人数来源于北京市司法局实地调研。

从绝对数量上看，如图 7-3 所示，北京地区具有相当外语水平的律师人数每年都有所增长，但是自 2012 年以来，增长较为缓慢。2015 年具有相当外语水平的律师人数达到 14218 人，为历史最高。

从比例上看，2011 年有一个较大幅度的增长，具有相当外语水平的律师所占比例从 2010 年的 45.4% 增至 2011 年的 58.1%。但是自 2012 年以来，直到 2015 年，这个比例总体上没有增长，处于一个相对稳定的状态。

（二）北京总执业人数规模前八的律所涉外业务人才状况

为了更深入地了解北京律师行业涉外业务人才状况，本报告选取北京总执业人数规模前八的律所进行了调查。如表 7-5 所示，这八家律所分别是大成律师事务所、盈科律师事务所、中银律师事务所、德恒律师事务所、国浩律师事务所、中伦律师事务所、金杜律师事务所和隆安律师事务所。课题组在 2016 年 10 月访问了各家律所的官网，根据官网的介绍，整理和汇总这

8家律所所有中国籍合伙人律师的资料。整理时主要区分如下情况：（1）是否除中文外，掌握一门外语作为工作语言；（2）是否办理涉外业务；（3）是否有境外（含香港）留学经历；（4）是否有境外国家/地区律师执业资格；（5）是否有境外法律实务工作经历作；（6）当前正在境外执业或律所的相关工作。统计结果整理得出表7-6。

表7-6 北京总执业人数规模前八的律所涉外业务人才统计

单位：人，%

项 目	人数	所占比例
至少掌握一门外语	1692	54.8
办理涉外业务	1197	38.8
有境外（含香港）留学经历	426	13.8
有境外国家/地区执业资格	150	4.9
有境外法律实务工作经历	158	5.1
当前正在境外执业或工作	42	1.4
涉外业务人才	1070	34.7
高端涉外业务人才	381	12.3

从表7-6看，八家大型律所中，共有中国籍合伙人律师3087人，其中，有1692人称掌握至少一门外语作为工作语言，占54.8%；有1197人称办理涉外业务，占38.8%；有426人称有境外（含香港）留学经历，占13.8%；有150人称有境外国家/地区执业资格，占4.9%；有158人称有境外法律实务工作经历作，占5.1%；有42人称当前的工作地点是境外某地区，占1.4%。

对上述人员进一步分类。第一个分类标准是满足下列条件的为涉外业务人才，即：①掌握至少一门外语作为工作语言；②办理涉外业务。

满足下列条件的为高端涉外业务人才，即：①掌握至少一门外语作为工作语言；②办理涉外业务；③有境外（含香港）留学经历、有境外国家/地区执业资格、有境外法律实务工作经历、当前正在境外执业或工作四项中，至少有一项符合条件。

按照上述分类的标准进行整理,得出如下结果(见表7-6):在3087个中国籍合伙人中,共有涉外业务人才1070人,占34.7%;共有高端涉外人才381人,占12.3%。这两组数据表明,就这八家律所来说,一方面,涉外业务人才和高端涉外业务人才已经有了一定数量的储备,可以在一定范围内开展涉外业务的合作和竞争;另一方面,涉外业务人才和高端涉外业务人才的比例还不高,尤其后者,仅有12.3%,至少就人才构成来说,大型律所的国际化发展还有较大的提升空间。

(三)涉外人才培训

为了推进律师行业的国际化发展,提升律师行业涉外业务的竞争能力和办理能力,从全国律协到北京市律协,都开展了一些涉外业务人才的培训工作。

1. 全国律协涉外高素质律师领军人才培养规划

第八届全国律协于2012年初制定了《第八届全国律协涉外高素质律师领军人才培养规划》,建立了全国涉外律师人才库,准备用4年时间培养300名具有国际眼光、精通涉外法律业务的高素质律师人才,为促进中外法律交流奠定涉外律师人才基础。该计划重点培养的业务领域分三部分:服务国有大中型企业实施"走出去"战略,培养120名左右精通对外投资、跨国企业并购、国际金融证券等业务领域的律师人才;服务我国对外贸易发展,提高我国企业公司在国际贸易中的竞争力,培养150名左右精通WTO规则、了解WTO争端解决机制、反倾销、反补贴、知识产权保护等业务领域的律师人才;服务我国总体国家利益和整体发展战略,培养30名左右精通能源资源、海洋和空间权益等业务领域的律师人才。培训计划将通过组织境内外集中培训、参观考察,举办高端论坛,建立涉外高素质律师领军人才库等形式实施。全国律协将同时建立人才的推荐机制,积极推荐人才库内的专家律师参与国际组织合作项目或到国际组织、区域组织担任职务,提升我国律师从事国际法律服务的能力和水平。

2. 北京市律师协会全方位、多角度加强涉外律师人才培养

在过去几年中，北京市律协采取多种措施，全方位、多角度加强涉外律师人才培养工作。具体而言：一是针对不同成长阶段和业务水平的律师，分别举办了国际法律业务高级研修班、法律英语与涉外法务职业技能提升培训班、涉外法律实务和技能培训班，初步形成了高、中、低多层次涉外法律业务培训体系；二是深入推进与美、英、澳、日等多个国家和地区的法学院校、专业培训机构，共同开展中、短期非学历培训与进修项目，为北京律师出国深造提供了更多机会和便利；三是在积极推动北京律师"走出去"的同时，坚持"引进来"，通过举办涉外讲座，邀请境外专家学者和资深律师以及国际大集团的法律顾问为北京律师介绍国际法律服务前沿理论及实务。

北京市律协一直注重加强涉外法律服务人才梯队建设。2014年，北京市律协开展的涉外业务培训活动主要包括：（1）针对北京律师行业涉外法律服务人才储备不足的现状，协会与中国政法大学联合推出"法律英语与涉外法务职业技能提升"培训班，与对外经济贸易大学合作举办"涉外法律实务和技能"培训班，侧重培养律师法律英语基本功和涉外法律服务基础技能；（2）继续举办"国际法律业务高级研修班"，进一步强化北京律师从事涉外高端法律业务、参与国际法律服务市场竞争的能力；（3）积极推荐律师参加全国律协组织的涉外律师"领军人才"第二期培训，组织律师参加英国大律师公会、美国芝加哥肯特法学院、美国华盛顿大学法学院等机构针对中国律师开展的短期培训项目，推动北京律师"走出去"进行交流与学习，逐步形成高、中、低全方位涉外法律业务培训体系，着力加强涉外法律服务人才梯队建设。

2015年，北京市律师协会启动了北京律师涉外培训及实习项目调研，扩大涉外培训受惠面。依托北京律师学院举办了国际商事仲裁及中国企业"走出去"法律风险防控专题培训班，160余名从事涉外业务的律师参加了培训。针对北京律师行业涉外法律服务人才储备不足的现状，组织37名律师参加美国辛辛那提法学院、美国芝加哥肯特法学院、美国华盛顿大学法学院等机构针对中国律师开展的短期培训项目，推荐3名律师参加全国律协组

织的涉外律师"领军人才"培训,推动北京律师"走出去"进行交流与学习,逐步形成高、中、低全方位涉外法律业务培训体系。与此同时,邀请境外专家学者和资深律师介绍国际法律服务前沿理论及实务,共有230余名北京律师参加。

3. 北京律师参加涉外业务培训情况

对于北京律师参加涉外业务培训的情况,行业主管部门进行了统计。统计结果整理为表7-7。

表7-7 北京律师参加涉外业务培训人数情况

单位:人,%

年份	参加各种培训合计人数	赴国外、境外培训		外语培训	
		人数	所占比例	人数	所占比例
2008	22552	175	0.78	1781	7.9
2009	32753	188	0.57	1786	5.5
2010	30268	221	0.73	2229	7.4
2011	35886	278	0.77	2201	6.1
2012	33718	240	0.71	1751	5.2
2013	36818	282	0.77	2552	6.9
2014	18385	272	1.48	1087	5.9
2015	20093	258	1.28	1272	6.3

如表7-7所示,自2010年以来,北京市每年都有200多名律师赴国外或境外参加培训,每年都有上千人参加外语培训。显然,参加这些培训对于律师行业国际化水平的提升具有积极意义。

从比例上看,在各种类型的培训中,涉外业务培训的比例相对较低。其中,在各种培训中,赴国外、境外培训的人数最多的年份是2014年,但是也只有1.48%;外语培训人数要多一些,近三年来也只有6%左右。

六 专业分工和业务协作

截至2015年底,北京共有律所2100家,30人(指执业律师,下同)

以下的律所有 1968 个，31~100 人的律所有 104 个，101 人以上的律所有 28 个。① 在 1968 个小型律所中，主要以提成制为主，律师之间的专业分工和团队协作很不发达。然而，在大型律所中，律所的结构形式有很大的不同，律师之间在一定程度上实现了专业分工和团队合作。

（一）大型律所的专业领域划分普遍较为齐全

从各家的官网介绍来看，大型律所的专业划分普遍较为精细。以北京规模前十名律所为例：大成所将业务划分为 20 个部门；盈科所将业务划分为 9 个大的门类、46 个小的门类；中银所将业务划分为 11 个门类；德恒所将业务划分为 14 个门类；国浩所将业务划分为 12 个门类；中伦所将业务划分为 21 个门类；金杜所将业务划分为 9 个大的部门、67 个项目组；隆安所将业务划分为 6 个大的门类、78 个小的门类；天元所将业务领域划分为 18 个门类；德和衡律所将业务划分为 8 个门类。

在大型所的这些门类划分中，普遍设有专门的国际业务板块。例如，中伦所专门设有 WTO/国际贸易、海外投资两个涉外业务部门；盈科所专门设有国际法律事务部门；德恒所专门设有外商投资、国际贸易、国际工程与项目融资等三个涉外业务部门；隆安所专门设有国际业务部门，等等。

（二）在一定程度上实现了以合伙人为首的团队合作

北京大型律所较为普遍的工作机制是合伙人为提成制，非合伙人律师为薪金制，合伙人律师和一定的数量的薪金律师组成一个相对稳定的团队，通过一定的分工和协作完成律师业务的竞争与办理。

在不同的律所中，这种团队合作的规模有所不同。在那些公司化管理程度较高的律所，团队化的程度要高一些，比如金杜所、中伦所、君合所等。而在有些大型律所中，只有少数业务数量较多的律师才能组建稳定的律师团队，多数合伙人律师还是以单兵作战为主。

---

① 参见本书总报告中相应部分的论述。

（三）所内合作机制日渐健全

北京大型律所通过不同的机制，在合伙人之间、不同合伙人带领的薪金律师之间也实行了一定程度的资源整合和团队合作。在金杜所这样公司管理程度较高的律所中，如果需要不同合伙人之间的合作，或者需要跨部门的合作，则可以通过行政指令的方式组建项目组，实现专业分工和团队合作。

大成所通行的则是另一种形式，即通过所内的合约机制进行资源组合。大成律所的一个特点，是将薪金律所划分九级，每一级对应不同的计时收费标准，律师之间可以通过这个标准，进行自主的协商组合。通常的做法是，当某项业务的主办律师——只能是合伙人律师，需要其他律师的合作时，他们可以在所内的协商平台上，按照专业特长要求和计时收费的级别，找到合作律师组建团队。而在薪金律师中，有的是自由人，这种律师可以自主地决定和其他律师合作；有的薪金律师划属特定的合伙人律师团队，这种律师一般需要征求其合伙人律师的同意，才能和其他律师进行合作。合作不只是发生在合伙人律师和薪金律师之间，也可以发生在合伙人和合伙人之间，但是对于后者，结算标准不是计时收费，而是双方的协议。

七　北京律所境外商业存在

近年来，北京的大型律所纷纷采取措施"走出去"，在境外实现"商业存在"，将法律服务活动扩张到海外。商业存在是GATS规定的服务贸易的一种形式，在法律服务领域，具体是指一个国家/地区的律所在另一个国家/地区设立办事机构、代表处或分支机构，在该国家/地区境内提供法律服务。站在中国律所的角度来说，境外分所的设置是最为正式的商业存在形式。除此之外，还有联合办事处、联合事务所、特别联盟律师事务所等灵活形式。

（一）境外分所的数量

律师行业主管部门汇总了每年律所境外分所的数量。对于北京律所2010年以来境外分所的数量变化，汇总整理得图7-4。如该图所示，北京律所境外分所在2010年有18家，此后逐年增长，2013年增至40家。但是2013年以来，境外分所数量没有变化，一直维持在40家。

北京有2000多家律所，执业人数达500人的律所有9家，40家境外分所的数量不算太多。2013年以来境外分所数量保持稳定，表明北京律所在国际扩张方面，处于战略思考和盘整阶段。

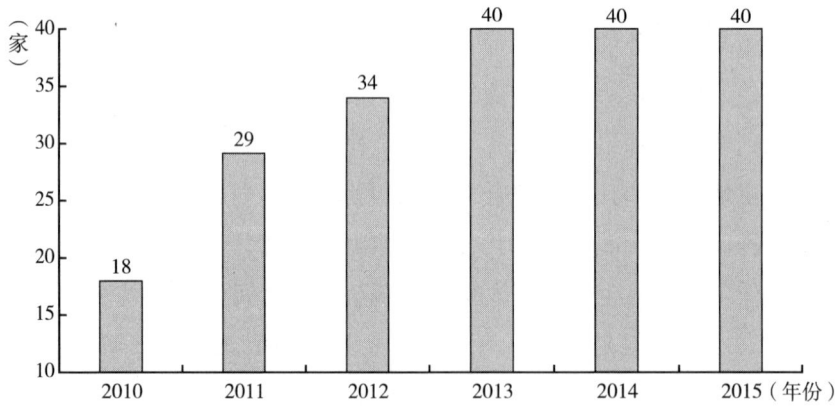

图7-4　2010~2015年北京律所境外分所数量变化

资料来源：北京律所境外分所数量来源于北京市司法局实地调研。

（二）北京大型律所的境外商业存在

这里以北京规模前十名的律所为个案，进一步考察北京律所在境外的商业存在。如表7-5所示，以2015年的数据为依据，北京规模前十名的律所包括大成律师事务所、盈科律师事务所、中银律师事务所、德恒律师事务所、国浩律师事务所、中伦律师事务所、金杜律师事务所、隆安律师事务所、天元律所事务所和德和衡律师事务所。

1. 大成律师事务所的境外商业存在

大成所和德同所（Dentons）结盟之后，借助于合作方在国际上的组织资源，快速扩展了境外的商业存在。根据大成所的官网介绍，大成所在境外的商业存在包括四种形式：办公室、联合办事处、联合事务所和特别联盟律师事务所。不同形式的商业存在分布如下。

（1）境外办公室分布

加拿大：埃德蒙顿、多伦多、卡尔加里、蒙特利尔、温哥华、渥太华。

美国：奥尔巴尼、奥兰治县、波士顿、达拉斯、丹佛、凤凰城、硅谷、华盛顿特区、旧金山/奥克兰、堪萨斯城、洛杉矶、迈阿密、纽约、萨克拉门托、圣地亚哥、圣路易斯、泰森斯角、肖特山、新奥尔良、休斯敦、亚特兰大、芝加哥。

拉丁美洲和加勒比海地区：墨西哥城、波哥大。

欧洲：巴塞罗那、柏林、法兰克福、马德里、卢森堡、巴黎、布鲁塞尔、慕尼黑、米兰、罗马。

英国：伦敦、米尔顿凯恩斯、沃特福德。

中东欧：布拉迪斯拉发、布达佩斯、布加勒斯特、布拉格、华沙、伊斯坦布尔。

俄罗斯和独联体：基辅、莫斯科、圣彼得堡。

非洲：开普敦、开罗、卡萨布兰卡、约翰内斯堡。

中东地区：阿布达比、迪拜、多哈、马斯喀特。

中亚地区：阿拉木图、阿斯塔纳、巴库、塔什干。

新加坡：新加坡。

亚太地区：首尔、莫尔兹比港、蒙古国。

澳大利亚：悉尼、珀斯。

（2）联合办事处

中东地区：安曼、利雅得。

（3）联合事务所

俄罗斯和独联体：第比利斯、克拉斯诺达尔、罗斯托夫、明斯克。

非洲：阿尔及尔、阿克拉、的黎波里、基加利、比绍、坎帕拉、拉各斯、卢萨卡、罗安达、路易港、马普托、内罗毕、努瓦克肖特、普拉亚、圣多美。

中东地区：贝鲁特。

中亚地区：阿什哈巴德。

澳大利亚：布里斯班、阿德莱德。

（4）特别联盟律师事务所

非洲：拉各斯。

2. 盈科律师事务所

根据盈科律所官网介绍，盈科律所在下列地区有商业存在：纽约、芝加哥、伦敦、布鲁塞尔、布达佩斯、维罗纳、香港、米兰、华沙、伊斯坦布尔、首尔、新加坡、特拉维夫、迪拜、圣保罗、墨西哥城、马德里、莫斯科、里斯本、瓦伦西亚、波兹南、格但斯克、里约热内卢、台北、雅典、摩纳哥、巴塞罗那等。

在上述地区中，盈科所商业存在的形式，部分是独立设置的分所，部分是和当地著名律所联合成立的律所或其他合作机构。总体上看，后一种形式占多数。

3. 中银律师事务所

根据中银律师事务所官网介绍，中银律师事务所在开曼、法国、德国、塞尔维亚、约旦、乌干达、韩国、日本、马来西亚、澳大利亚等地有商业存在。

4. 德恒律师事务所

根据德恒律师事务所官网介绍，德恒律师事务所在迪拜、布鲁塞尔、纽约、巴黎、海牙等地设立了分所。

5. 国浩律师事务所

根据国浩律师事务所官网介绍，国浩律师事务所在马德里、巴黎、硅谷等地有办事机构。

6. 中伦律师事务所

根据中伦律师事务所官网介绍，中伦律师事务所在东京、香港、伦敦、纽约、洛杉矶、旧金山等地设有办事机构，名称分别是东京办公室、香港办公室、伦敦办公室、纽约办公室、洛杉矶办公室和旧金山办公室。

7. 金杜律师事务所

根据金杜律师事务所官网介绍，金杜律师事务所在下列境外地区设有办公室机构。

（1）亚太：香港、新加坡、日本（东京）、澳大利亚（布里斯班、堪培拉、墨尔本、珀斯、悉尼）。

（2）欧洲：卢森堡、德国（法兰克福、慕尼黑）、意大利（米兰）、比利时（布鲁塞尔）、法国（巴黎）、英国（伦敦、剑桥）、西班牙（马德里）。

（3）中东：沙特阿拉伯（利雅得）、阿联酋（迪拜）。

（4）北美：美国（纽约、硅谷）。

（5）其他地区：俄罗斯、非洲（德班）。

8. 隆安律师事务所

根据隆安律师事务所官网介绍，隆安律师事务所在香港设有办事机构。

9. 天元律师事务所

根据天元律师事务所官网介绍，天元律师事务所没有境外办事机构。

10. 德和衡律师事务所

根据德和衡律师事务所官网介绍，德和衡律师事务所在美国华盛顿特区设有一家律师事务所分所和一家咨询公司，在俄罗斯设有北京德和衡律师事务所莫斯科所和中国中小企业协会俄罗斯法律服务中心。

八 律所之间的国际合作

北京律所和境外律所之间的合作主要有四种方式：一是和境外律所瑞士联盟结构合作；二是在境外合作设置律所；三是一般协议合作；四是通过律师联盟合作。

（一）和境外律所采取瑞士联盟结构（Swiss Verein Structure）合作

根据《瑞士民法典》第二章第二节"社团法人"（第60～79条）规定，瑞士法下社团的成立并不需要登记，自表示成立意思的章程生效时，社团即可取得独立的法人资格（a separate legal personality），但是如果该社团（以自身名义）从事商业营利性活动，则必须在官方的商业登记簿上登记。正是由于在瑞士民法下，成立社团法人的便捷性（即其成立采"意思主义"，而非"登记要件主义"，签署组织章程即可，无须强制性工商登记或缴纳登记费），所以世界上很多公益组织、非政府组织、体育组织及社会俱乐部均采用该组织结构。

瑞士联盟结构也是目前律师事务所全球扩张中采用的一种治理结构，在美国律师杂志全球前100名律所排名统计中把采用瑞士联盟结构进行联盟的律所作为一个整体来统计。这种联盟方式允许各参与联盟的律所作为相对独立法律实体存在，受各自法域法律的约束。这种组织结构的好处是：允许遍布全球各地的当地律师事务所（或称办公室）维持其在合并前各自原有的营收利润资金池（Profit Pool）、会计、税费缴纳及合伙人薪酬体系（概言之，即"独立核算"），而同时联盟结构下的各个成员律所对外可以宣称共同的品牌（Common Branding），对内则可以共享事务所发展战略、市场推广、IT技术，最为重要的是成员律所之间可以相互介绍客户和业务（Client and Business Referral），这当然也是各成员律所之所以结成联盟的最大原因，即希望通过共享业务网络，相互介绍客户及业务，实现各自业务营收的快速增长。

在中国的律所中，比较有影响的主要是两个案例，一个是金杜所和澳大利亚的万盛所（Mallesons Stephen Jaques）的联盟。2012年3月1日，金杜所同具有180年历史的万盛所正式结成紧密联盟，英文名称是King & Wood Mallesons，率先迈出了中国本土律师事务所国际化的实质性步伐。2013年，欧洲领先律师事务所SJ Berwin加入金杜。金杜联盟成为首家，也是当时世界上唯一一家在中国内地、中国香港、澳大利亚、英国、美国和欧洲等重要法域拥有执业能力的律师事务所。金杜联盟的成立代表着金杜在律所规模化、专业化、品牌化、国际化道路上实现了里程碑式的突破。金杜采用这个结构，主要是考虑到中国的市场特定性，中国市场无论是整体的商业、经济市场及法律服务市场与发达国家还有比较大的差异。"瑞士结构"能够为来自不同市场的律所的联合或者合并提供一个比较宽松的结构，相对比较容易融入不同地域的法律市场，达到彼此的共同预期。[①] 2013年11月1日，金杜律师事务所进一步与全球十大律所之一的英国律师事务所 SJ Berwin 结成全球法律联盟，合并成立全球法律联盟——金杜律师事务所（King & Wood Mallesons）。这样的结盟极大地提升了金杜的实力，金杜律师事务所国际联盟如今是全球排名前25位的律师事务所之一，总收入约10亿美元。

另一个案例是大成所和德同所（Dentons）之间的联盟。2015年1月27日，亚洲最大律师事务所——北京大成律师事务所与全球十大律所之一的德同所在北京正式签署合并协议，合并后的新律所依瑞士联盟结构组成联合体，依"一个律所"的原则组建联合管理团队。同时，新律所内各区域成员将保持原有的律所文化、工作环境和地域特征。大成与 Dentons 合并之后，该律所在全球50多个国家120个城市，拥有超过6600名律师，如果按照律师人数计算，合并后的"大成 Dentons"律师事务所将成为全球规模第一大律师事务所。大成与 Dentons 合并之所以能够顺利完成，有两个方面的原因：一方面外国的律所想要在中国市场获得成功，就必须跟中国本地的律所合作；另一方面大成所希望加速全球化布局，跟国际化的律所合作也是一条捷径。因此，双方很快在较短的时间内达成联盟协议。

新联盟的大成 Dentons 在亚洲市场使用大成的中文名称，在国际市场使用 Dentons 的英文名称。大成 Dentons 没有设立总部，在全球52个国家设立120家办公室。联盟后的新律所带来更多的客户资源。大成所办理涉外业务的王律师在接受访谈介绍说："两个律所合并最根本的一个目的就是在客户

---

① 吴剑霞：《金杜：中国律所的国际化》，http://zhihedongfang.com/article-20485/。

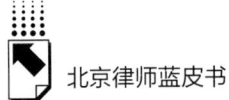

资源的共享上,就是说大成要国际化,比如说到美国、非洲等国家和地区投资,……要本地化。""我们内部有一个全球网络的系统,比如说美国芝加哥一个客户想在中国找一个律师,那边有一个流程,就可以让德同介绍给大成。这里面都有体系化,有一个专门部门来协调这个事情。"

(二)在境外合作设置律所

一些国家允许外国律所和本国律所进行联营或者联合设立律师机构,北京一些律所利用国外的这种开放政策,与这些国家和本地知名律所进行合作,设立律师服务机构。这方面,合作实践较多的有大成所和盈科所。

根据大成所官网介绍,大成所在中东地区的安曼和利雅得分别设立了联合办事处,在中东、中亚、俄罗斯、澳大利亚等地,设有23家联合事务所,在非洲的拉各斯设有1家特别联盟律师事务所。①

根据盈科所的官网介绍,盈科所在境外有26处"商业存在",其中14处是和当地的律所进行合作,组建不同形式的律师机构。例如,2011年10月,中国盈科律师事务所与韩国大型法务法人LOGOS互派法律专家成立了"盈科LOGOS中韩法律商务支援中心";2012年10月,盈科律师事务所与著名的Chacón and Rodríguez律师事务所合作,在墨西哥城开设了分所;2015年6月,盈科律师事务所在希腊首都雅典成立了盈科希腊分所,分所由盈科与希腊顶尖律所MACHAS & PARTNERS通过战略结盟的运作方式进行合作经营,等等。②

合作关系也可以是基于政府经贸安排,由司法部批准建立联营合作关系,这主要是国内涉外律所与香港律师事务所之间的联营合作。在《内地与香港关于建立更紧密经贸关系的安排》(CEPA)公布后,经中国司法部批准,国浩律师事务所与在香港享有相当声誉和规模的胡关李罗律师行在

---

① 参见大成律师事务所官网 https://www.dentons.com/zh/global-presence.aspx,访问时间:2017年1月18日。
② 参见盈科律师事务所官网 http://www.yingkelawyer.com/YKJG/YK_YKGW.aspx,访问时间:2017年1月18日。

2004年8月签署联营协议并实施联营。这是内地与香港两地的大型律师机构的首次联营。以同样的形式，经司法部批准，炜衡律师事务所与香港黄乾亨、黄英豪律师事务所也建立了联营合作关系。①

（三）和境外律所一般的协议合作

中国律所办理境外业务较为普遍的方式，是通过与国外律所直接签订协议的方式来进行合作。例如中银律师与法国、美国、加拿大、英国、德国、澳大利亚、韩国等国外律师机构建立了合作关系；中咨律师事务所（原中咨国际律师事务所）与日本、美国、俄罗斯、韩国、新加坡、泰国、中国香港、中国澳门等国家和地区的一些著名律师事务所建立了业务协作关系；安杰律师在长期为中外客户提供跨境交易法律服务的过程中，已经与美国、英国、德国、法国等欧美国家以及澳大利亚、日本、韩国、巴西、俄罗斯、南非等世界主要经济区域的一流律师事务所建立和保持了良好的信任和合作关系，同时，安杰律师在拉丁美洲、非洲、中东、东南亚等新兴市场国家有着与当地律师的广泛合作；嘉润道和与国内各大中型城市及美国、英国、德国、日本、中国香港等国家和地区的法律服务机构建立了密切的业务协作关系；金诚同达与美国、欧洲、日本、加拿大、澳大利亚、新加坡、印度等国家和港澳台地区的相关同行保持广泛而深入的业务合作关系。②

观韬所洪律师在访谈中介绍了观韬所和英国的国际律师行亚司特（Ashurst）之间建立的联盟（合作）关系："我们也会有一些合作的国际所，我们跟英国排名前十的一个律师事务所（亚司特）已经合作了差不多10年了，亚司特在全世界范围内都有分支机构，我们跟它之前是一个战略合作的关系，现在是一个紧密联盟的关系。我们之间签的这个合作协议是优先向对方推荐客户和推荐业务，是互不收取费用的。那换句话说，我们在纽约、东

---

① 参见中国律师年鉴网：http://www.yearbooklawyer.com/sites/lawyer/detail_201501161535561709_c_12.html。
② 参见中国律师年鉴网：http://www.yearbooklawyer.com/sites/lawyer/detail_201501161535561709_c_12.html。

南亚、欧洲的客户由那边提供法律咨询,我们会优先推荐给他们来做,不会收所谓的推荐费,反过来,它的客户要在中国做业务,它要优先推荐我们,如果客户不认可,那另说。如果客户没有其他要求,就要优先推荐我们。"观韬所与之合作的外国律所,"大的话就是亚司特,当然我们在每个地方也都有一些小的合作所,那就非常多了"。

(四)加入国际律所联盟

在国际上,有一些律所联盟,一些律所选择加入律所联盟,借以发展国际业务。这种联盟相当于律所之间相对松散的俱乐部,不论大所还是小所,均可成立或者加入某个律所联盟,尤其中小律所加入律所联盟的作用更为凸显。加入国际律所联盟的优势主要在于,一是相互介绍业务,二是共享联盟标识,三是相互交流提高,四是避免联盟内部竞争。

北京一些律所加入了这样的联盟。例如,中伦律师事务所加入了国际上的 World Law Group 和 Terralex 两个律所联盟。中伦所曹律师介绍说:"国际化的一个策略就是加入到国际联盟中。我们有两个国际联盟,一个叫 WLG(World Law Group),还有一个叫 Terralex,这个都不是秘密,这两个国际联盟在每个国家都有一家律师事务所,在中国是我们。形成了一个网络,一旦产生业务,要到特定的国家去,就优先考虑这个(联盟成员)。但是这种一般都不是一个排他性的安排,因为对于律师事务所来讲没法做排他性安排,原因就在于这个事情我有可能是优先考虑你,但可能你做不了,你做不了可能是因为你的能力不足,但更大的可能是因为利益冲突,万一让你代理去告的那家公司是你现有的客户呢,如果你做不了,那肯定只能交给其他业务公司。"

又如,金诚同达律师事务所加入了 ADVOC 国际联盟。ADVOC 是一个独立律师事务所国际联盟,被钱伯斯(Chambers)选为领先的律所联盟。ADVOC 拥有来自 64 个国家的 108 家成员律所,加上与 Lex Africa 的正式合作,有效地建立起了拥有超过 10500 名律师的虚拟律所,可以向各地区领先律所的客户提供全球性支持。根据金诚同达官网介绍,金诚同达是

ADVOC 的副主席单位，与全球 80 余个国家的百余家律所具有紧密的业务合作关系。

除此之外，君合律师事务所是著名国际律所联盟 Lex Mundi 及 Multilaw 中唯一的中国律所代表，德和衡律师事务所是 SCG Legal 国际联盟成员，大成律师事务所与汉坤律师事务所皆为 World Service Group（世界服务集团）成员，此外汉坤律师事务所还加入了全球最大法律公益服务平台 Trust Law Connect，等等。

九　北京律师行业国际化的成就总结与发展趋势

对于律师行业国际化，存在不同的观点。一种观点认为，律师行业国际化概念的含义不清晰，难以展开讨论和形成结论；另一种观点认为，因为法律的地方性和法律服务贸易制度壁垒的存在，不同国家的律所之间很难形成真正的竞争，律师行业国际化在很大程度是一个伪命题；还有一种观点认为，北京或中国的律所在境外设立的各类办事机构，大多不能真正开展本地业务，这种"走出去"不能称为国际化，与之相反的一种观点则认为，中国加入 WTO 后，国内律所和境外律所之间将形成全面而直接的竞争关系，律师行业将完全国际化。本报告对北京律师行业国际化相关的一些现象进行了考察，现在基于这些考察，结合上述观点，做一些初步的总结和展望。

（一）北京律师行业国际化的成就总结

从北京律师的实际发展来看，客观上确实存在一种可以称为"国际化"的现象。这种现象的含义和边界，可以从本报告开篇时所提出的三个维度进行理解。一是涉外法律服务需求的快速增长。"涉外"这个概念是立足于中国而言，若从全球的角度言之，则可以称之为"跨境"法律服务需求的快速增长。二是各国/地区法律服务市场的适度开放以及对相关法律服务主体、服务活动的规制。三是从中国律所或律师的角度说，实际办理的涉外法律业务在增长，律所/律师为了办理涉外法律业务而开展的和境外律所之间的竞争与合作广泛存在。上述三个层面的现象是客观存在的，如果将律师行业国际化界定为这三个方面，那么律师行业国际化是客观存在的结果或趋势。

在这个问题上，如果我们将国际化界定为一种趋势而非特定发展程度的结果，或许争议会减少。确实，在国际化水平的衡量上，见仁见智，每个人的看法会有所不同。这好比"半杯水"的故事所寓含的道理：同样是半杯水，有的人看到的是有了半杯水，而不是没有；有的人看到是水杯没有满，只有半杯。两种看法没有对错之分，都是客观描述，区别只在于观察的视角和观察者的心态。对于律师行业国际化而言，现在也就是那"半杯水"，积极的肯定和消极的否定都有道理。然而，如果我们只是将结论停留在"趋势"这一层面，则是无可争议的：涉外法律业务确实越来越多；境内外律所之间的合作与竞争从无到有并日益增多的趋势也是显见的。

虽然对北京律师行业国际化水平的任何结论都注定会充满争议，但是我们还是可以借助相应的评价标准和指标数据进行一定的总结。

第一，北京律师行业每年都会办理大量的涉外业务。遗憾的是，北京律师行业每年办理了多少金额、多少比例的涉外业务，现在没有精确的统计数据。尽管如此，大量的文献资料的介绍仍可以大致地反映出北京律师办理涉外业务的状况。例如，北京各大型律所的官网对资深律师的业绩的介绍中，就包含大量的涉外业务。

第二，北京律师行业在律所规模、涉外人才储备、专业化与团队协作、境外分所设置、国际合作的方面，都取得了一定的成就，有些方面在国内国外都处于领先水平，比如律所规模。当然，这些领域也都存在一定的不足。例如，律所规模扩大了，但是在如何建立有效的管理体制，如何建立质量与风险控制机制等方面，尚有许多问题需要解决，在涉外业务人才方面，高端涉外业务人才的比例不够高，在团队合作方面，一些大所中仍然有较大比例的合伙人处于单兵作战的状态，在"走出去"方面、国际合作与竞争方面，如何选择最佳策略也还需要摸索和总结。

（二）北京律师行业国际化的发展趋势

基于当前改革开放政策和律师行业发展状况，对于北京律师行业国际化的发展趋势，可以总结为以下几点。

第一，未来涉外法律服务的需求只增不减。涉外法律服务需求是律师行业国际化最为深刻的社会基础，从根本上制约着律师行业国际化的发展趋势和水平。我国自加入WTO以来，涉外法律服务需求快速增长。目前的社会经济形势表明，未来这种需求仍然是只增不减。这是因为，一方面，中国全面实行改革开放、全面融入国际社会的基本国策已经确立，短期内不会动摇；另一方面，自2010年底以来，中国超过日本成为世界第二大经济体，庞大的经济体量必然会持续带来各种涉外法律服务需求。此外，"一带一路"构想的提出与启动，亚投行的创建与运营，也会给涉外法律服务带来大量的机遇和挑战。

第二，法律服务市场的开放水平有望适度扩大。截至2015年7月1日，中国"入世"15年过渡期结束，中国已经全面落实和开放承诺，包括法律服务贸易市场的对外开放。尽管如此，从服务涉外经济活动和促进律师行业发展两方面看，现行的服务贸易政策在某些方面还有调整的必要。从上海自贸区的政策来看，一种可能的调整是允许内地律所和境外律所实行联营；另一种可能的调整是允许内地律所和境外律所互派法律顾问。这两种改革措施在上海自贸区均已经实现，建议有关方面对其实施情况进行评估，如果这两项措施对于促进经济发展和促进国内律师行业发展具有积极作用，可以考虑适度扩大其适用的地区范围。

第三，国家对律师行业国际化的发展，将有具体的鼓励措施。为了维护国家的经济安全，服务中国企业的涉外经济活动，促进国家对外开放政策的实施，国家有关方面开始关注和重视律师行业国际化问题。2016年6月13日，中共中央办公厅、国务院办公厅联合印发了《关于深化律师制度改革的意见》，该《意见》提出，要加强涉外法律服务工作，支持律师事务所设立境外分支机构，支持律师事务所承接跨国跨境业务，鼓励、支持我国律师

参与国际民商事法律组织、仲裁机构活动并担任职务,计划到2020年,建设一批规模大、实力强,具有国际竞争力和影响力的律师事务所。根据该文件的精神,我们可以合理预测,国家有关方面未来将会出台一些支持和鼓励律师行业国际化的具体措施。

第四,在国内律所和境外律所的合作中,国内律所谈判地位的提高,主要受两个因素的影响。一个因素是国内律所基础条件越来越好,提高了国际合作时的谈判地位。这些条件包括规模日益增长,涉外业务人才比例越来越大,律所内部的管理方式和合作形式越来越先进,律所品牌的知名度、美誉度越来越高,等等。另一个因素是国内律所掌握了越来越多的涉外案源,可以在对外合作中掌握主动。20世纪90年代,涉外业务主要是"外到内",即境外客户对中国法律的服务需求,境外律所在境外客户中更有品牌效应,所以这些客户更多地掌握在境外律所手中,从而形成了境外律所在合作中的谈判优势。现在情况发生了变化,中国企业大量"走出去",形成了大量的法律服务需求,由于语言、文化等方面的原因,中国律所对于这类需求的竞争更有优势。一个更常见的模式是,如果中国企业存在境外法律服务需求,一般会委托中国的律所承办,如果有必要,中国律所再找境外的律所进行合作。在这种合作中,因为案源在中国律所手中,中国律所在合作中具有了以往不可以比拟的谈判地位。

第五,北京律所将制定更为切实有效的国际化战略。过去20多年来,中国律所在国际化的进程中,单独地或者综合地尝试各种战略,比如律所规模战略、人才储备战略、专业化与团队协作战略、境外分所设置战略、国际合作战略等。在过去,这些战略的选择和实施,具有很强的摸索和实验的性质。如今有了这些年的实践经验,北京律所对这些经验进行总结和反思,可以为未来中国律所的国际化发展制定出更为切实可行的发展战略。

大事记
Key Events

B.8
2013~2015年北京律师大事记

整理人：张锦贵*

2013年

1月份（3）

1月21~25日 中国人民政治协商会议北京市第十二届委员会第一次会议在北京会议中心召开，华伦所的刘子华、大成所的鲁哈达、国联所的许涛、易行所的刘凝、金台所的皮剑龙、金平所的金莲淑、德恒所的王丽和环球所的刘劲容，共8名律师政协委员参加会议。

1月22~29日 北京市第十四届人民代表大会第一次会议在北京会议中心召开，中伦所的张学兵、康达所的高子程、金诚同达所的刘红宇、致诚

---

* 张锦贵，中国社会科学院法学研究所科研处副处长。

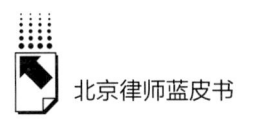

所的佟丽华、金台所的朱建岳、当代所的卫爱民、纵横所的李军和东方恒信所的苗谦共8名律师人大代表参加会议。

1月28日 由中华全国总工会、司法部、全国律师协会共同举办的第四届"全国维护职工权益杰出律师"评选表彰活动结果揭晓，全国共10名律师获得"全国维护职工权益杰出律师"称号，北京智勇律师事务所主任曹智勇荣获殊荣。

2月份（7）

2月1日 北京市律师协会召开优秀知识产权律师和优秀房地产律师表彰大会，授予马东晓等10名律师"北京市十佳知识产权律师"荣誉称号、陈旭等10名律师"北京市十佳房地产律师"荣誉称号、杨华权等10名律师"北京市优秀知识产权律师"荣誉称号和戴宏坤等10名律师"北京市优秀房地产律师"荣誉称号。

2月1日 北京市律师协会举行顾问聘任仪式。为了使往届律协会长、监事长们在行业管理及发展中发挥更大的作用，北京市律师协会决定聘请协会历任会长、副会长、监事长中在本届协会没有任职的老领导以及历任全国律协会长、副会长的北京律师共14人担任第九届北京市律师协会顾问。

2月1日 第九届北京市律师协会老律师联谊会成立大会在协会报告厅召开。中兆所的陈秀改律师当选主任，中闻所的杨卫平律师、尚权所的刘文元律师当选副主任。

2月4日 北京市律师协会与北京市工商局共同签署了《北京市律师协会、北京市工商局合作协议》，加强工商行政管理部门与市律师协会在行政执法与法律服务专业领域的沟通与合作，促进律师行业健康发展。

2月6日 北京市律师协会与北京市双高人才发展中心签署战略合作协议，解决律师事务所吸收非京籍高层次法律人才进入实习队伍的问题。

2月27日 北京市民政局和北京市社团管理办公室召开"2013年北京市市级社会团体工作会"，北京市律师协会在会上被授予首批"中国社会组织5A级"和"北京市社会组织示范基地"称号。"5A级社会组织"是目前国家民政部在社会组织管理和建设方面最高级别的等级标准,本次评估全市共产生42个5A级社会组织。

2月28日 北京市司法局、北京市律师协会联合举办首都律师先进事迹宣讲会。副市长张延昆到会并讲话,蒲凌尘、马兰、朱振武、李海珠和王芳等5名律师分别讲述了各自的感人事迹和工作体会。

3月份(3)

3月6日 北京市司法局和北京市律师协会举办2013年第一期首都律师宣誓仪式。共有100余名新执业律师参加宣誓仪式。

3月20日 北京市劳动争议调处工作领导小组办公室作出《关于表彰"优秀劳动争议调解员"和"先进劳动争议调解组织"的决定》,并在北京市职工服务中心召开表彰大会。30名优秀劳动争议调解员中有15名律师,分别是刘建邦、李璐、曹雅凤、白洪梅、于德华、刘飞、刘建平、李弘晟、周立军、王璐、段慧励、赵一凡、葛磊、郑建业、董梅。

3月24日 北京市第九届律师代表大会第三次会议召开。大会审议通过了协会2012年理事会报告、2012年监事会报告、2012年会费预算执行情况报告、2013年工作计划和2013年会费预算草案,讨论了《北京市律师执业规范》(修订草案)。第九届北京市律师协会203名律师代表参加了会议,协会秘书长、副秘书长列席会议。

4月份(4)

4月10日 香港律师协会会长叶礼德一行共21人在中央政府驻港联络办的人员陪同下访问北京市律师协会并座谈。与会人员围绕律师执业规范的制定与行业惩戒的执行情况、公众利益与会员利益的权衡与选择、特殊合伙型律师事务所的设立条件与责任划分、两地青年律师间的交流与培训等问题展开热烈而深入的讨论。

4月12日 北京市律师协会在北京市致诚律师事务所开展了"司法行政为人民——北京市律师协会开放日"活动,百余名社会群众参与了本次

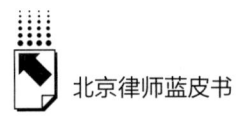

活动。活动通过展示宣传展板、发放宣传资料等方式，使群众了解北京市律师协会；通过设立法律服务咨询台、现场义务解答法律问题等方式，增强群众对北京市律师协会工作的知晓率和满意度。

4月20日上午 北京市律师协会女律师联谊会在协会大楼报告厅举办"首都女律师向日葵发展计划"启动仪式。

4月27日 北京市社会建设工作领导小组办公室主办的"北京公益行——2013北京社会组织公益行"系列活动启动仪式举行。市委常委陈刚、市委副秘书长王翔出席启动式。会议总结回顾了"2012年社会组织公益行"活动开展情况，北京市律师协会荣获2012年"北京社会组织公益行"系列活动组织奖，协会组织的"首都百家律所公益服务日"活动被评为优秀公益活动。

5月份（6）

5月8日 以监事长张卫华为团长的北京市律师协会考察团一行5人出访西班牙及瑞士。出访期间，高鹏秘书长代表北京市律师协会与马德里律协签署了《合作协议》，就建立定期互访机制、组织法律研讨会、畅通信息交流渠道等达成共识。考察团还访问了马德里司法局、西班牙乌利亚律师事务所，参观了瑞士联邦高等法院及地方法院，并与瑞士文斐律师事务所进行了座谈交流。

5月10日 "北京市律师协会专业律师宣讲团"启动仪式在北京市昌平区举行。为了不断提高律师专业化法律服务水平，满足全市律师不同的培训需求尤其是远郊区县律师需求，推动律师行业均衡发展，北京市律师协会依托57个专业委员会成立了"北京市律师协会专业律师宣讲团"，深入到各区县围绕婚姻、合同、金融、公司、土地、劳动等不同法律专业领域进行巡回授课，为广大律师及时更新法律专业知识、促进各区律师间的业务交流搭建平台。

5月16日 台湾社团法人海峡两岸法学交流协会理事长廖正豪先生一行18人访问北京市律师协会。

5月17日 北京市政府张延昆副市长到北京市律师协会调研指导工作。市司法局局长于泓源、副局长李公田，市律师协会会长张学兵及副会长、秘书长陪同调研。张延昆副市长参观了协会公益法律咨询中心、律师服务大厅和律协工作展板，听取了协会的工作汇报。

5月27日 北京市律师协会与北京市救助管理事务中心在北京未成年人救助保护中心举行救助管理法律服务共建活动启动仪式并签订共建协议。协议约定，女律师联谊会推荐20名女律师志愿者分别为全市各级救助管理机构提供"一对一"的法律咨询服务，为符合法律援助条件的受助流浪乞讨人员提供法律援助。

5月31日 北京市律师协会召开新闻媒体座谈会。法制日报、北京日报、北京晚报、香港文汇报、北京人民广播电台、中国律师网等十余家媒体应邀参加了座谈。马慧娟主任向与会媒体通报了2013年北京市律师协会的重点工作及进展情况。与会媒体嘉宾积极建言献策，对律师行业对外宣传工作提出了许多宝贵的意见和建议。

6月份（6）

6月7日 北京市律师协会通过首都律师网向全市律师行业发出《关于向陕甘新滇四省（区）国家级贫困县律师事务所捐赠业务用车的倡议书》，正式启动2013～2015年"百千千工程"。根据全国律协统一部署，北京市律师协会制订了在全市律师行业开展促进西部地区律师事业发展的"百千千工程"实施方案，除保质保量地完成全国律协规定的任务外，将"千人计划"培训西部律师人数从原有的250人增加到400人，充分发挥北京律师资源优势，使更多的西部律师受益。

6月16日 北京市律师协会2013年第一期国际法律业务高级研修班开课，50多名律师参加首期课程。当日上午，中国政法大学博士生导师、WTO专家组成员张玉卿先生作了题为"WTO的非歧视与透明度原则"的讲座。下午，商务部条法司副司长杨国华先生作了题为"WTO争端解决程序和规则"的讲座。

6月20日 北京市律师协会组织召开"新时期律师行业发展研讨会"。主讲嘉宾就如何在新形势下充分发挥律师在推进法治、促进依法行政、促进司法公正等方面的作用作了发言。与会人员还就优化律师执业环境、加强青年律师培养、推进法律服务国际化、提高律师社会地位、加强行业文化建设等问题进行了探讨。

6月25日 由市人大常委会副主任李昭玲带队的市人大常委会执法检查组一行到北京市律师协会,就《刑事诉讼法》修订案贯彻实施情况进行调研,并指导工作。

6月底 北京市未成年人保护委员会、北京市人力资源和社会保障局发布《关于表彰2011～2012年度北京市未成年人保护工作先进集体和先进个人的决定》,北京市律师协会荣获"2011～2012年度北京市未成年人保护工作先进集体"称号,北京市中恒律师事务所的王毅伟律师被评为"北京市未成年保护工作先进个人"。

6月30日 北京市律师协会以"坚持党的领导,为实现中国梦努力奋斗"为主题举办专题党课辅导,40余名党员律师和入党积极分子参加了党课学习。

7月份(6)

7月5日 北京市律师协会举办"情系百姓 法暖万家——法律服务村居行优秀公益律师"颁奖典礼。颁奖典礼对北京市律师行业"法律服务村居行活动"开展一年来的工作进行回顾总结,并对在活动中涌现出来的首批100名"优秀公益律师"进行了表彰。

7月6日 北京市律师协会未成年人法律保护专业委员会联合军事法律专业委员会举办"迷彩童心——青少年法制夏令营"活动,组织中小学生、教师、专业委员会委员、北京市丰台区人民检察院未成年人案件检察处检察官以及正在接受考察帮教的未成年人共计52人,走进武警某部参观学习。本次活动是北京市律师协会"2013北京公益行系列活动"的一部分,目的在于加强未成年人国防教育与爱国主义教育,树立正确价值观,增强责任意识，预防与矫正学生不良行为。

7月6日 北京市律师协会"青年律师阳光成长计划"第八期培训班开课，共有160余名青年律师参加。协会会长张学兵出席开班仪式并主讲第一课"青年律师应具备的素质"。本期培训班历时一个半月，培训对象为执业五年以下的青年律师。

7月15日 司法部、全国律协、中国法律援助基金会等联合主办的"1+1"中国法律援助志愿者行动2013年总结派遣培训工作会议召开，马兰、马政、张学记、刘安信、马正军、吴咏顿、唐志、张浩、霍奇和康力泽等十位北京律师荣获"1+1"中国法律援助志愿者行动2012年优秀律师称号。

7月19日 北京市高级人民法院与北京市律师协会召开座谈会，双方就建立沟通联络机制进行交流。

7月26日 北京市司法局在北京市律师培训中心举行北京律师学院、中共北京市司法局党校揭牌仪式暨部分骨干律师培训讲座，市律师培训中心正式挂牌并对外营业。

8月份（3）

8月2日 北京市律师协会传媒与新闻出版、风险投资与私募股权、担保、著作权专业委员会联合举办了"传媒投融资与法律服务高端研讨会"。各相关单位120余人参会，围绕"文化与资本""影视投融资""传媒投融资与法律服务"等开展了研讨。

8月7日 北京市律师协会与北京市人民检察院在协会召开座谈会。与会人员围绕进一步深入贯彻落实刑事诉讼法、更好地发挥律师的作用和检察机关的法律监督职能、加强市检察院与市律师协会的沟通与联系等方面，发表了意见和建议。

8月9~10日 北京市律师协会在北京律师学院举办"2013年第一期《刑事诉讼法》培训班"，这是自律师学院成立以来的首期培训班。全市近200名律师报名参加，听课律师达800余人次。

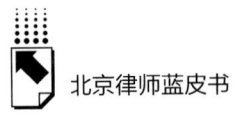

9月份（4）

9月3日 北京市律师协会与最高人民法院刑一庭召开座谈会。双方就各级法院在死刑案件审判工作中如何充分发挥律师的作用、尊重和保障律师合法权利，如何规范法官与律师的关系，进行了沟通与交流。

9月5~7日 北京市委组织部、市委社会工作委员会、北京市律师协会联合举办律师行业基层党组织负责人骨干示范培训班，全市部分律师事务所党组织负责人、区县律师协会党组织成员共50余人参加本期培训。

9月25日上午 第十二届世界华商大会在成都开幕，北京市律师协会副会长张巍代表北京市律师协会出席了大会。下午，由全国工商联主办、北京市律师协会协办的携手华商共促民企"走出去"分论坛召开，由北京市律师协会组织撰写的《中国企业"走出去"风险控制与投资指南（拉美篇）》正式发布。

9月25~26日 全国律协申请律师执业人员实习管理工作现场会在北京市律师协会召开。各省市自治区直辖市律师协会代表共计40余人观摩了北京市律师协会实习考核工作现场录像，并就各地实习考核工作进行了座谈交流。

10月份（4）

10月11日 第一届北京市门头沟区律师代表大会闭幕，门头沟区律师协会正式成立。亚太律师事务所赵建民律师当选为门头沟区律师协会会长。

10月13日 北京市律师协会举行2013年"百千千工程"西部律师培训班开班仪式。来自陕西、甘肃、云南及新疆维吾尔自治区等西部对口支援地区的80家律师事务所的骨干律师参加。本次培训是北京市律师协会落实"千人计划"的首场培训活动。

10月19日 北京市律师协会在月坛体育中心举行第一届北京律师运动会。本届运动会是北京市律师协会主办的首次综合性律师运动会，共设40个比赛项目，共有来自11个区县律协、3个区县律师联席会的422名运动员参赛。运动会既有传统竞赛项目，还有趣味比赛项目；既有充分展示体能和技艺的个人项目，也有重在团体配合的集体项目。

10月30日 北京市律师协会公益法律服务中心揭牌仪式举行。

11月份（3）

11月1日 为进一步引导律师事务所规范管理，推动律师事务所科学发展，北京市律师协会律师事务所管理指导委员会组织召开"大数据时代律师事务所管理和发展"研讨会。来自全市百余家律师事务所的律师围绕"大数据时代的信息管理""知识管理""移动互联时代的律所营销""客户关系管理"等主题进行了研讨。

11月初 以副会长张小炜为团长的北京市律师协会代表团访问美国洛杉矶、旧金山律师协会及加拿大温哥华律师协会。在美期间，代表团拜访了美国洛杉矶、旧金山律师协会，并就会员继续教育、国际律师交流、律师业务拓展、律师协会职能等方面的问题与美国洛杉矶、旧金山律师协会进行了充分的讨论和交流，还参观了洛杉矶高等法院和加利福尼亚最高法院，并走访了当地具有代表性的律师事务所。在加拿大期间，代表团访问了加拿大温哥华律师协会，就律师培训、人员交流等方面的合作事宜进行了探讨，还参观了当地具有代表性的律师事务所。

11月27日 为促进律师行业进一步学习好、领会好、贯彻好十八届三中全会精神，北京市律师协会举办学习党的十八届三中全会精神专题辅导讲座。

12月份（5）

12月12日 北京市律师协会与中国政法大学中欧法学院共同举办了题为"中欧跨国投资"的讲座，70余位律师参加。讲座由来自西班牙顾博律师事务所上海办公室、法国基德律师事务所和意大利凯明迪律师事务所的三位资深律师讲解。三位主讲人重点讲解了中国公司跨国投资的相关问题，包括西班牙新近投资法律、拉丁美洲等地投资的操作程序、欧盟国家投资操作

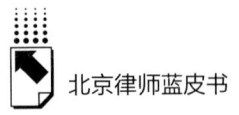

程序、重组公司操作程序、欧盟投资税务问题等。

12月14~15日 北京市律师协会在北京律师学院举办了"《合同法》《担保法》理论与实务专题培训班"。培训班开展了三场讲座,分别是中国人民大学法学院博士生导师王轶教授讲授"合同效力认定中的若干问题",北京大学法学院博士生导师尹田教授讲授"担保物权相关律师实务问题",《法学杂志》常务副主编、研究生导师苗延波教授讲授"旅游合同、消费合同若干理论与实务问题"。

12月18日 北京市律师协会召开"北京市律师事务所所刊评选及《北京律师》优秀撰稿人颁奖会"。金杜律师事务所《金杜》、金杜律师事务所《中国法律期刊》、大成律师事务所《大成生活》分别荣获综合类、专业类和人文类金奖,操乐龙等10位律师荣获《北京律师》优秀撰稿人奖,田文氢等4位律师荣获《北京律师》优秀文艺作品奖。

12月20日 北京市律师协会召开北京律师行业人大代表、政协委员座谈会。来自北京律师行业的各级人大代表、政协委员共计20余人参加了会议。市人大内司委副主任袁芳及市法院、市检察院有关同志应邀到会。与会人员就积极推动律师参政议政工作,充分发挥律师人大代表、政协委员的作用,以及推动律师执业环境的改善、推进国家民主法治进程等议题进行了讨论和交流。

12月21~22日 北京市律师协会召开2013年度专业委员会总结大会。

2014年

1月份(4)

1月8日 北京市律师协会邀请部分从事相关法律服务的律师事务所召开"北京律师参与中国企业'走出去'法律服务状况"座谈会。各律师事务所代表就为中国企业对外直接投资业务提供法律服务的项目情况、合作情况、人才引进及培养情况、遇到的困难、典型案例等问题作了发言并进行讨论。

1月13~22日 北京市律师协会会长张学兵，副会长王隽、张小炜、高子程、庞正中、张巍、周塞军，监事长张卫华分别带队赴16个区县进行走访调研，听取各区县律协、律师工作联席会对市律协工作的意见和建议，了解各区县律协、律师工作联席会2014年工作思路，并慰问部分困难律师。在座谈中，各区县律协、律师工作联席会对市律协2013年度的工作给予了充分的肯定，并为市律协进一步改进工作提出了建设性的意见和建议。

1月23日 北京市律师协会召开优秀律师表彰暨新时期律师业务拓展座谈会，授予吴颖萍等10名律师"北京市十佳劳动法专业律师"荣誉称号、王芳等10名律师"北京市十佳婚姻家庭法专业律师"荣誉称号、徐晓丹等10名律师"北京市优秀劳动法专业律师"荣誉称号、李军等10名律师"北京市优秀婚姻家庭法专业律师"荣誉称号。

1月29日 全国律协会长王俊峰、秘书长周院生一行到北京市律师协会慰问视察。他们对北京市律师协会多年来对全国律协工作的大力支持表示感谢，并代表全国律协向全市广大律师致以新春的祝福。王俊峰会长一行参观了北京市律师协会工作人员办公室，询问了各工作部门的职责并对工作人员的敬业精神给予充分肯定，还参观了北京市律师协会公益法律服务中心，并向正在值班的律师了解了相关情况。

2月份（3）

2月26日 由北京市司法局主导推动的"固化'法律服务村居行'，推进建立村居法律顾问制度"启动仪式在海淀区政府举行，正式拉开北京市固化"法律服务村居行"推进建立村居法律顾问试点工作的序幕。启动仪式由市司法局副局长李公田主持，市司法局局长于泓源同志做重要讲话。各区县司法局局长、主管律师工作的负责人，市律协正副会长、正副秘书长，村居法律顾问律师代表和海淀区村居民代表及部分媒体记者共计100余人参加了启动仪式。

2月27日 北京市律师协会召开区县律师协会和律师工作联席会座谈会，征求对《北京市律师协会关于对拨付区县律师协会和律师工作联席会经费管理的办法（讨论稿）》的意见和建议。会议就该办法进行了深入讨论与交流，与会人员提出了富有建设性的意见和建议。

2月27日 "北京市老年人法律服务团"启动仪式在西城区举行，标志着服务团正式成立。动仪式由市司法局副局长邓建生主持，市律师协会、公证协会、法律援助中心的有关代表和各区县司法局、律师协会、律师、公证员、法律援助工作者代表，部分老年人代表共计100余人参加了活动。

3月份（4）

3月1~2日 北京市律师协会在北京律师学院举办"公司法修改与公司诉讼专题培训班"。本期培训班开设四次讲座，分别是全国人大法工委经济法室副主任杨合庆讲授"公司法的制定、修改及展望"，中国人民大学法学院博士生导师叶林教授讲授"私募股权投资基金与对赌协议"，最高人民法院民二庭法官李志刚讲授"有限责任公司股权转让纠纷审判实务"，北京市高级人民法院民二庭副庭长刘春梅讲授"公司诉讼审理实务"。

3月5日 北京市律师协会召开座谈会为志愿律师送行，同时听取、了解他们开展志愿工作的准备情况。首批11名北京志愿律师于3月9日前先后抵达集合地拉萨市，短暂休整后分别前往堆龙德庆县、曲水县、乃东县、扎囊县、贡嘎县、桑日县、琼结县、洛扎县、工布江达县、索县、聂荣县11个派遣县着手开展为期一年的赴藏志愿律师服务工作。

3月10日 北京市律师协会成立马航MH370客机失联事件应急法律服务团，成员来自十余个相关专业委员会，共计64名律师。

3月29日 北京市第九届律师代表大会第四次会议举行。大会审议通过了《北京律师协会2013年理事会工作报告》《北京律师2013年监事会工作报告》《北京律师2013年会费预算执行情况报告》《北京律师2014年工作计划（草案）》《北京律师 2014 年会费预算（草案）》，以及《北京市律师协会会费管理办法（修订草案）》《北京市律师协会关于对拨付区县律师协会和律师工作联席会经费的管理办法（草案）》，并补选 4 位律师为第九届律协理事，补选 1 位律师为第九届律协监事。会上还为入选"北京市律师协会律师培训基地"的 15 家律所颁发了铜牌，为"百千千工程——百所百车"捐款的律师和律所颁发了荣誉证书。

4月份（4）

4 月 11 日 北京市律师协会在北京市易和律师事务所开展"司法行政暖民心——北京市律师协会开放日"活动，80 余名企事业单位负责人参与本次活动。活动现场通过展示宣传展板、发放宣传资料等方式，使大家了解北京市律师协会。在开放日活动的近两小时内，易和所张凤婷律师作了"劳务派遣法律事务"专题讲座，就劳务派遣中经常遇到的问题尤其是法律责任承担和用工单位应对作了详细讲解，并解答了现场提问。

4 月 18 日 北京市律师协会对李某某等人强奸案相关辩护及代理律师涉嫌违规行为的相关查处情况在首都律师网上进行通报。通报指出，此前对相关律师处分证据充分，并无不当，驳回该案中王某的辩护人周翠丽的复查申请，对其作出公开谴责的行业纪律处分。

4 月 28 日 中国证监会投资者保护局局长李量一行四人赴北京市律师协会开展调研，协会会长张学兵、副会长张小炜以及证券法律专业委员会、法律援助与公益法律事务专业委员会部分律师参加座谈。双方围绕《国务院办公厅关于进一步加强资本市场中小投资者合法权益保护工作的意见》的主要精神，就如何建立投资者与市场经营主体间的多元化纠纷解决机制、律师如何依法开展证券期货专业调解工作以及为中小投资者提供专业法律服务进行了沟通与交流。

4 月 29 日 北京市律师协会召开 2014 年新闻媒体座谈会。协会副秘书长刘军，宣传联络委员会主任马慧娟等参加会议，法制日报、北京日报、北京晚报、中国律师杂志、中央电视台、新华社等十余家媒体应邀参加座谈。

5月份（5）

5月4日 北京市律师协会在丰台区举办"我们在一起——五四青年律师歌汇"活动。来自北京市各个区的100余名青年律师齐聚一堂，共同庆祝五四青年节。近二十位青年律师在活动中演唱了歌曲。

5月10日 由北京市律师协会与中国政法大学联合举办的北京律师"法律英语与涉外法务职业技能提升培训班"的开班仪式在中国政法大学举行。北京市律师协会副会长张巍，中国政法大学继续教育学院院长刘守仁，北京外国语大学国际商学院教授John Rogers，以及参加培训的60位律师出席开班仪式。

5月10~11日 北京市律师协会在北京律师学院举办"新民诉法实施中律师实务专题培训班"。本期培训班开设四个专题，分别是北京市高级人民法院民一庭副庭长马军讲授"新民诉法实施对审判实践的影响及相关问题"，北京法源司法科学证据鉴定中心主任何颂跃讲授"民事诉讼鉴定法学实务问题"，天同律师事务所主任蒋勇讲授"民商事诉讼案件管理与创新"，华北电力大学教授王学棉、中国青年政治学院副教授姜丽萍、协会民事诉讼法专业委员会牟继源分别讲授"诉讼请求提出之要求"、"诉讼要件"和"起诉条件的证据"。

5月12日 北京市律师协会在北京律师学院举行2014年"百千千工程"培训班开班仪式。协会副会长王隽、张小炜，副秘书长刘军，以及来自陕西、甘肃、新疆和云南等西部对口支援地区的162名律师学员参加。

5月28日 北京市律师协会与北京市人民检察院第二分院在协会召开座谈会，就市检二分院贯彻落实新修订的《刑事诉讼法》和推进检务公开听取北京律师行业的建议。市检察院第二分院检察长顾军、副检察长张朝霞及相关处室负责人，市司法局副局长、市律师协会党委书记李公田，市律师协会会长张学兵，副会长张小炜、庞正中等参加了座谈会议。

6月份（4）

6月16日 以庞正中副会长为团长的北京市律师协会访问团一行6人赴韩国进行工作访问交流，拜访了首尔律师协会和釜山律师协会。出访团受到了首尔律协的热情欢迎，双方相互介绍了两地律协的发展近况，并就相关法律问题深入探讨。之后，访问团拜访了釜山律师协会，这是北京市律师协会与釜山律协的首次交流，双方就律师执业规范、会费制度、律师奖惩措施、律师与法官、检察官的转换机制等问题进行了广泛而深入的交流。

6月22日 北京市丰台区第二次律师代表大会闭幕，丰台区律师协会顺利完成换届工作。大会审议并通过了《第一届北京市丰台区律师协会理事会工作报告》《第一届北京市丰台区律师协会监事会工作报告》《第一届北京市丰台区律师协会2010到2013年度财务收入及执行情况报告》，选举产生了第二届北京市丰台区律师协会理事会和监事会。梁建光律师当选第二届北京市丰台区律师协会会长，刘勇律师、郑爱利律师、胡占全律师、李海珠律师当选第二届北京市丰台区律师协会副会长，王集金律师当选第二届北京市丰台区律师协会监事长，第二届丰台区律师协会理事会聘任李学军为秘书长。

6月28日 由北京市律师协会和全国律协环资委主办，天津市、山西省和内蒙古自治区律师协会协办的"从法律视角看大气污染防治"研讨会在京召开。来自全国人大法工委法案室，国务院发展研究中心资源与环境政策研究所，最高人民法院司法研究所、环境资源审判庭，环保部政策法规司等有关单位负责同志，部分高校专家学者、律师共150余人参会。八位专家发表了主题演讲。此外，与会人员还就"雾霾成因及防治相关法律问题""环境污染治理中的政府责任与公众义务"进行了研讨和交流。

6月30日 为庆祝建党93周年，北京市律师协会党委组织召开"深入贯彻落实十八大及习总书记系列讲话精神，充分发挥行业党组织作用，为会员做好服务工作"恳谈会。市司法局副局长、协会党委书记李公田同志出席并讲话，部分区县律协党组织及律师事务所党组织成员参加了会议。与会人员分别结合本区、本所的实际情况，就律师党组织的定位、开展工作的独立性与灵活性、推动行业文化建设、促进律所与律师业务发展等方面畅所欲言，进行了深入的交流与探讨。

7月份（5）

7月7日 美国华盛顿大学法学院副院长帕特里夏·库斯勒（Patricia Kuszler）、法学院亚洲法中心主任臧东升及法学院教授路易斯·乌尔澈（Louis E. Wolcher）访问北京市律师协会，就华盛顿访问学者项目续约并座谈。协会副会长张巍接待了客人。双方商定将盛顿访问学者项目续约四年，以便继续为北京律师更好地服务。双方还探讨了其他合作途径，希望进一步开拓领域，为北京律师创造更多学习交流的机会。

7月11日 在司法部等主办的"1+1"中国法律援助志愿者行动2014年派遣培训工作会议上，马兰、刘安信、王友贵、叶红梅、李雅琼、余涛、张晓宏、张浩、姚漪汶等9名北京律师荣获"1+1"中国法律援助志愿者行动2013年"百姓心中最满意的模范志愿律师"，邢德群、孙安等2名北京律师荣获"守护边疆促进民族团结的模范志愿律师"称号，北京市律师协会荣获"1+1"中国法律援助志愿者行动2013年度先进单位称号。

7月17日 由全国律协会长王俊峰、秘书长周院生带队的全国律协行风监督委员会一行到北京市律师协会调研。上午，调研团一行旁听了由纪处委组织召开的投诉案件听证会，并在四层会议室与北京市律师协会进行了座谈。下午，调研团一行参观了北京人富律师事务所和北京市炜衡律师事务所，并分别就律所内部规范管理及提高律所管理服务水平、打造服务品牌等与两所律师进行了座谈。

7月23日 北京市律师协会主办，北京市海淀区金融服务办公室、中关村创业投资和股权投资基金协会协办的"2014走进中关村——创业投资和股权投资法律服务高端研讨会"在京召开。主办单位代表、来自中关村国家自主创新示范区成员单位、中关村创业投资和股权投资基金会会员单位以及相关专业律师近200人参会。会议就"中关村科技金融及创业投资发展状况和特殊政策"作了介绍,并就"中关村创业投资和股权投资行业发展趋势及法律服务"开展了研讨。

7月31日 北京市司法局、北京市证监局与北京市律师协会共同举办了"2014年度第一期北京辖区证券律师业务培训会"。市证监局局长王建平、市司法局副局长李公田、市律师协会副会长张小炜及市证监局相关人员出席会议,协会证券法律专业委员会以及相关专业律师近100人参加了培训。

8月份（7）

8月2~3日 北京市律师协会在北京律师学院举办"民商事案件执行法律实务"专题培训班。本月还举办了四次专题培训班,分别是8月9~10日举办的"律师从事税务法律业务"专题培训班,8月16~17日举办的"上市公司并购重组实务和民事审判司法实践"专题培训班,8月22~23日举办的"国有资产法律实务"专题培训班,8月23~24日举办的"新公司法实务"专题培训班。

8月3日 北京市大兴区第二次律师代表大会闭幕,大兴区律师协会顺利完成换届工作。经选举,张凤成律师当选为第二届律师协会会长,王士国律师、徐晓杰律师当选为副会长,潘永生律师当选为监事长,芮玉梅同志被理事会聘为秘书长。此外,本月18~19日、22~23日,海淀区、顺义区也分别召开律师代表大会,顺利完成换届工作,选举产生了两区律师协会新一届领导班子。

8月7日 北京市律师协会与北京市新闻出版广电局、首都影视产业联盟共同召开"2014年广播影视领域法律实务研讨会"。主办单位领导和代表、首都影视产业联盟成员单位负责人以及相关专业律师150余人参会。国家新闻出版广电总局发展研究中心副主任杨明品、市高级人民法院知识产权庭副庭长张雪松、北京市律师协会传媒与新闻出版法律专业委员会委员俞蓉作为主讲嘉宾分别围绕"融合时代影视产业与版权保护应用""影视作品著作权常见纠纷案例与分析""影视剧制作发行的法律问题"进行了主题发言，并与现场参会人员进行了沟通和交流。

8月10日 第四届律师协会（全国）监事会论坛在内蒙古赤峰市举行，北京市律师协会监事会张卫华监事长与9名协会监事及朝阳区、丰台区、门头沟区律协监事长参加了会议。论坛上，张卫华监事长作了题为"北京律师行业协会监事会的职责和作用"的发言，协会三位监事参加了"监督与自律"和"律师与法治"两个分论坛的主题发言。

8月15日 北京市律师协会与北京市人民检察院召开座谈会。会议由市检察院甄贞副检察长主持，市检相关处室负责人列席，协会副会长高子程、副秘书长陈强及相关委员会主任参加会议。双方在新修订刑诉法的实施、重大贿赂案件的会见、未成年人案件的法律援助、检察院的监督职责、控辩冲突、庭前会议、检察官律师互评机制、检察院预约平台的使用等多方面进行了深入的讨论和交流。

8月25日 北京市政协社会和法制委员会主任吴玉华、副主任郭宝东一行7人就《北京市居家养老服务条例》、《北京市城镇基本住房保障条例》和《北京市控制吸烟条例》三项法规草案的立法协商工作到北京市律师协会座谈。协会会长张学兵、副会长张小炜、秘书长高鹏等参加了会议。参会人员就上述三项法规草案的立法协商工作的具体安排进行了深入的交流与探讨，提出了诸多有建设性的意见和建议。

8月30日 北京市律师协会女律师联谊会在北京律师学院举办第2季"首都女律师向日葵发展计划"培训班总结表彰大会，北京市律师协会副会长张巍、北京市律师协会女律师联谊会副会长、向日葵发展计划培训班学员120余人参加了表彰大会。

9月份（6）

9月4～5日 北京市律师协会在北京律师学院举办"劳动法律专业服务技能专题培训班"。本月，协会还举办了四场专题培训，分别是9月12～13日举办的"刑诉法实务与律师执业分享专题培训班"，9月18～19日举办的"物权法实务与律师执业精粹分享专题培训班"，9月25～26日举办的

"文化、体育与旅游法律专题业务培训班",9月27～28日举办的"私募股权法律实务培训班"。

9月10～11日 西城区第二次律师代表大会召开,会议选举产生西城区律师协会新一届领导班子。经选举,杨矿生律师当选为西城第二届律师协会会长,皮剑龙等10名律师当选为副会长,余昌明律师当选为监事长。此外,本月12～13日、19～20日、27～28日,石景山区、朝阳区、东城区也分别召开了律师代表大会,顺利完成换届工作,选举产生新一届区律协领导班子。

9月15日 北京市司法局召开全市司法行政系统表彰暨国庆、APEC会议安保动员大会。北京市尚公律师事务所等27家单位被评为"北京市司法行政系统先进集体",北京市天同律师事务所主任蒋勇等18名律师被评为"北京市司法行政系统先进个人"。

9月16日 北京市司法局组织召开全市律师事务所主任视频会议。会议总结了近年来首都律师行业发展成就及行业管理存在的主要问题,传达了司法部、全国律协相关文件精神,并对贯彻落实市司法局、市律师协会、区县司法局、区县律师协会(律师工作联席会)、司法所和律师事务所"六位一体"责任制专项检查工作作了部署。

9月17日 北京市律师协会主办的"律师在普遍建立法律顾问制度中的作用"研讨会在北京国际饭店举行。司法部、最高人民法院、北京市人民检察院有关领导出席开幕式,协会律师代表、公司公职律师、相关专业委员会委员等100余名律师参加。与会人员就"律师在建立政府法律顾问制度中的作用""律师在建立公司法律顾问制度中的作用"进行了发言和研讨。

9月18日 北京市律师协会召开"《北京律师》优秀撰稿人及律师事务所所刊评选颁奖座谈会",公布《北京律师》优秀撰稿人及律师事务所所刊评选获奖名单并颁奖,宣布启动"《北京律师》律所文化之旅"活动。金杜所《金杜》(中文版)、君合所《君合》(法律评论)、大成所《大成生活》分别荣获综合类、专业类和人文类金奖,李大中等12位律师荣获《北京律师》优秀撰稿人奖,方芳等4位律师荣获《北京律师》优秀文艺作品奖。

10月份（5）

10月1日 北京市炜衡律师事务所董梅律师作为本年度优秀首都劳模代表，出席了"中华人民共和国建国65周年"庆典活动。全国共有111名劳模参加了此次庆典，董梅是唯一的律师。董梅长期从事律师公益法律服务，2013年、2014年被评为"北京市优秀村居行公益律师"，2013年被授予"北京市优秀劳动争议调解员"。

10月5日 为期三周的"北京市律师协会华盛顿大学法学院、辛辛那提大学法学院2014秋季培训项目"结束，共有17名律师参加了此次培训。培训期间，学员们就国际商事仲裁、劳动法、反垄断法、商标法、知识产权法、投资移民法、律所管理等内容进行了学习交流，访问了哈佛大学、耶鲁大学、华盛顿大学等6家大学的法学院，参观了美国联邦最高法院，与俄亥俄州南部地区联邦法官、检察官进行了会面交流。

10月16~17日 由香港律师会主办的"两岸四地青年律师论坛"在香港举行，北京市律师协会副会长周塞军率领5人代表团参加。本次论坛的主题为"掌握全球化机遇，迈向成功未来"，旨在让相关的金融及法律专家与参会者分享在全球化背景下如何把握机遇、迈向成功。周塞军副会长参加了首席代表圆桌会议，就全球化趋势对青年律师的意义、青年律师如何迎接全球化带来的机遇和挑战以及律师协会如何配合青年律师迎接全球化趋势作好准备等议题进行了探讨。

10月24日 北京市律师协会召开会议，对公益法律咨询中心第六批入选的73家律所584名志愿律师进行了岗前培训。培训内容主要涉及律师的职业道德与执业纪律，值班律师的接访规则、接访技巧和接访礼仪，以及律所联系人工作任务及应该注意的事项等。

10月31日 北京市律师协会党委举办了律师行业十八届四中全会精神辅导报告会。

11月份（6）

11月14日 北京市律师协会青年律师工作委员会在北京市律师协会举

办"律协·律所·团队——青年律师共进之路"沙龙,由北京市司法局副局长李公田,北京市律师协会副会长张巍,部分区律协青工委主任以及来自各律师事务所的40余位律师参加。朝阳律协青工委主任廖鸿程、东城律协青工委主任孙中伟、西城律协青工委主任王阳、海淀朝阳律协青工委主任马天轶分别以《青年律师与协会共进》《如何构建青年律师与律所关系之道》《关于青年律师与律所共进》《青年律师团队发展》为主题作了演讲。

11月17~19日 应国际妇女理事会亚太地区委员会的邀请,以北京市律师协会女律师联谊会副会长王冬梅为团长的一行6人赴泰国曼谷参加"确保可持续发展目标——亚太地区女性挑战研讨会"。来自中国大陆、澳大利亚、新西兰、芬兰、孟加拉国、印度、韩国、新加坡、中国香港、中国台湾等20个国家和地区的政府代表和女律师共150余人参加此次活动。研讨会上,北京市律师协会女律师联谊会副会长任燕玲用英文做《中国反家庭暴力的法律现状》主题发言。在分组讨论中,北京市律师协会代表团成员分别参加了"女性经济授权"和"针对女性的暴力和交易"两个小组的讨论。

11月19~21日 北京市律师协会在市委党校第二分校举办"律师行业基层党组织负责人骨干示范培训班"。全市部分律师事务所党组织负责人、区县律师协会党组织成员共50余人参加本期培训,市委组织部与市委社工委相关人员全程参与指导。培训期间,中央党校教授、市律师业余党校负责人、优秀党支部负责人分别从加强依法治国、加强服务型党组织建设和党建经验介绍等方面作了主题授课。同时,培训班还组织全体学员参观了抗日战争纪念馆,实地观摩了德恒律师事务所党建工作并进行了座谈交流。

11月28日 北京市司法局、北京市律师协会在香山饭店共同举办了区县律协领导班子履职培训。来自全市12个区县律协的会长、副会长、监事长、秘书长及4家区县律师工作联席会的主任、指导员共70余人参加了培训。

11月28日 全国各省(区、市)律师会刊宣传工作会议暨律协会刊主编培训班、全国律协宣传联络委员会会议举行,全国律协会长王俊峰、秘书长刘福臣出席会议并讲话。会议揭晓第二届律师协会会刊评比结果,并为获奖单位颁奖。北京市律师协会主办的《北京律师》荣获"优秀奖"和"最佳策划奖"。

11月28日 由北京市律师协会主办,各区县律师协会、律师工作联席会协办的北京律师才艺展示大赛圆满落幕,并于当晚进行了汇报演出和展览。大赛共设歌唱、舞蹈、器乐、朗诵、曲艺、书法、绘画、摄影8个类别,参赛作品150余件。大赛评出各类才艺展示作品前三名,并组织了专场汇报演出和展览。

12月份(4)

12月3日 我国第一个宪法日前夕,北京市律师协会召开"北京律师学习贯彻十八届四中全会精神座谈会"。与会人员畅谈学习《中共中央关于全面推进依法治国若干重大问题的决定》的体会,并紧紧围绕律师行业如何学习贯彻十八届四中全会精神这一主题,分别从律师社会责任承担、律师权益保障、律师业务拓展、律师队伍建设等方面进行了交流和探讨。

12月7~14日 以高子程副会长为团长的北京市律师协会访问代表团一行十人赴英国和德国进行工作交流访问。出访期间,代表团拜访了英国英格兰及威尔士律师公会、英国大律师公会、德国汉堡律师协会和法兰克福律师协会,参观了位列欧洲第一、世界第六的英国CMS律师事务所和具有百年历史的德国丰伟律师事务所,并与英国Michelmores律师事务所和E&G律师事务所律师进行了座谈,到德国汉堡大学与法学院教授们进行了沟通研讨。

12月9~13日 北京市律师协会举办以"传承·创新——全面推进依法治国与律师业务拓展"为主题的"北京律师周"系列研讨活动,全面总结三年来行业发展经验和业务研究成果,深入探讨全面推进改革开放、全面推进依法治国为律师队伍发展带来的机遇。相关领导和近6000人次的北京律师参加了活动。研讨活动包含开幕式、主题发言、专业研讨、辩论赛、午餐会,以及民事、刑事、商事、知识产权、房地产、政府与公益6组22场主题讲座。

12月30日 第九届北京市律师协会理事会召开第十四次会议。第九届北京市律师协会40名理事出席本次会议,监事会8名监事和协会副秘书长列席会议。市司法局副局长李公田到会并讲话。会议由张学兵会长主持。会议审议通过了《北京市律师协会因公出国（境）经费管理办法（暂行）》《北京市律师协会差旅费管理办法（暂行）》《北京市律师协会公务接待费用管理办法（暂行）》《北京市律师协会会议费管理办法（暂行）》《北京市律师协会申请律师执业人员实习考核规程实施细则》等规范性文件。各位副会长通报了2014年分管工作情况。

2015年

1月份（3）

1月13日 北京市委政法委就发挥律师作用、加强律师行业自律管理等工作在北京市律师协会召开调研座谈会。市委政法委秘书长李中水、市司法局副局长李公田，市委政法委相关处室，市司法局相关处室，协会以及市高院、市检察院、市公安局相关部门负责人和部分律师代表等其20余人参加了座谈会。与会人员分别介绍了律师作为第三方参与矛盾化解、律师驻所值班等工作的现状、面临的主要问题与今后的工作思路等方面的情况和意见。

1月15日 北京市司法局与北京市律师协会共同组织召开北京律师公益法律服务工作经验交流会，对近年来北京律师行业开展公益法律服务工作情况进行了总结与回顾。会议表彰了100名长期致力公益法律服务事业的优秀律师，获奖律师代表分别就"突发事件应急处理""助推首都文化六大联盟发展""努力做好人民调解工作""积极参与法律服务村居行"等公益法律服务工作做了典型发言。会议还将市区两级律协参与公益法律服务的情况编辑成册，供大家相互学习交流，为今后更好地开展公益法律服务，探索构建公益法律服务体系奠定了基础。

1月16～17日 第九届北京市律师协会执业纪律与执业调处委员会召开工作总结暨表彰大会。纪处委主任高警兵对纪处委三年来的工作进行了总结。在总结工作的基础上，会议评选出27名优秀委员。与会人员就如何保持纪处队伍的稳定性、如何协调市区两级协会纪处委工作等问题进行了讨论,并就下一步工作的开展提出了意见和建议。

2月份(3)

2月4日 北京市律师协会举办了"携手'两公'律师 服务法治社会"研讨会。研讨会上,国务院反垄断委员会专家组组长张穹、中关村宏观经济与知识产权战略研究所所长朱少平、中国中材集团有限公司总风险管理师金乐永、协会原行政法专业委员会主任吕立秋分别以"在依法治国的道路上律师是生力军""律师可以在政府管理中发挥更大的作用""现代企业亟须优秀的全科律师服务""加大宣传推广促进政府法律顾问工作深入开展"为主题作了演讲。

2月5日 北京市律师协会律师行业发展研究委员会召开"律师行业发展指数评估模型"论证会。协会副会长兼行发委主任王隽、行发委副主任杨光、理事高警兵、行发委秘书长李学辉,以及中国社会科学院法学研究所、中国政法大学律师研究中心等单位的研究人员参加论证会。与会人员就《律师行业发展指数评估模型的构建与论证》和《律师行业发展指数评估模型实施方案》进行了讨论,从指标的设置和分值计算、指数的权重分配、问卷设计等方面提出了修改意见和建议。

2月7~8日 "第九届北京市律师协会专业委员会总结评优大会"举行。协会业务指导与继续教育委员会全体委员及57个专业委员会部分负责人近200人到会。业教委主任钱列阳向大会总结汇报了第九届业教委整体工作情况,随后57个专业委员会向大会分别汇报了本届以来委员会在团队建设、业务研讨、业务培训、立法建设、公益法律服务等多个方面取得的工作成果。经过57个专业委员会及协会相关领导投票,刑法专业委员会等10个委员会被评为"十佳专业委员会",公司法专业委员会等10个委员会被评为"优秀专业委员会",张金澎等10人被评为"十佳专业委员会主任",李洪奇等10人被评为"优秀专业委员会主任。会议还为参与2014年马航MH370事件应急法律服务工作的毕文胜等75位律师代表颁发了纪念奖牌。

3月份（2）

3月6日 北京市律师协会举办"书香律人读书会启动仪式"暨首都女律师庆"三八"活动。市司法局副局长李公田、中国法学会《民主与法制》总编辑刘桂明、协会会长张学兵、副会长高子程、张巍等和120余位北京女律师参加活动。读书会上，来自西城、东城、朝阳、海淀、丰台区的女律师分别向大家推荐了书目，刘桂明就推荐书目作了详细生动的点评。

3月19日 北京市以案释法宣讲活动暨首都律师以案释法进机关首场宣讲正式启动。市法宣办常务副主任、司法局局长于泓源出席并讲话，北京市律师协会组织以案释法律师宣讲团成员50余人参加了启动仪式。市属40余家委办局领导、行政执法人员，各区县司法局领导及法宣工作人员近400人参加听讲。

4月份（4）

4月10日 北京市律师协会在北京市东卫律师事务所举办"司法行政情牵你我——北京市律师协会开放日"活动。本次活动是"第五届司法行政系统开放日活动"律师分场，以讲座的形式举行，同时设立两处咨询台进行义务法律咨询及宣传资料发放。

4月27~29日 北京市第十次律师代表大会召开。北京市委常委、市委政法委书记杨晓超，司法部律师与公证工作指导司司长周院生，中华全国律师协会会长王俊峰，北京市司法局党委书记、局长于泓源等出席大会。大会审议通过了《第九届北京市律师协会理事会工作报告》、《第九届北京市律师协会监事会工作报告》和《第九届北京市律师协会会费收支情况报告》，对"2012~2014年度北京市优秀律师事务所和北京市优秀律师"进行了表彰，经投票选举产生了第十届北京市律师协会理事会和监事会。高子程律师当选为第十届北京市律师协会会长，张卫华律师当选第十届北京市律师协会监事长，第十届北京市律师协会理事会聘任高鹏为秘书长。

4月29日 北京市举行"庆祝五一国际劳动节暨表彰劳动模范和先进工作者大会"，674人被授予北京市劳动模范荣誉称号，5名律师获此殊荣。他们是：北京市常鸿律师事务所常卫东、北京市华伦律师事务所金晓莲、北京市诺恒律师事务所林悟江、北京市潮阳律师事务所杨晓虹、北京市致宏律师事务所左增信。市委书记郭金龙、市委副书记、市长王安顺等领导出席表彰大会，并为受表彰的劳模、先进工作者和模范集体代表佩戴奖章，颁发荣誉证书。

4月 北京市律师协会组织编写的《最新律师业务操作指引》（2015年）由法律出版社正式出版。本书由张小炜理事长、高鹏秘书长担任主编，具体内容由民事篇、商事篇、知识产权篇、刑事篇、诉讼仲裁篇五部分构成。

5月份（5）

5月5日 北京市律师协会正式发布《专门工作委员会设置及组成人员名单的通知》，标志着新一届北京市律师协会各专门工作委员会组建工作正式完成。为适应律师行业发展的需求，在承继第九届律协原有15个专门工作委员会的基础上，第十届北京市律师协会增设了业务拓展与创新、区县联络及老律师3个专门工作委员会。

5月8~10日 北京市律师协会在北京律师学院举办"合同法前沿理论与审判实务专题培训班"。本月还举办了三次专题培训班，分别是5月15~17日举办的"行政诉讼法修订后的实务研究与提高专题培训班"，5月23~24日举办的"担保与著作权法专题培训班"，5月30~31举办的"私募股权法律实务专题培训班"。

5月14日上午 中共中央政治局委员、北京市委书记郭金龙，北京市委副书记、市长王安顺，市委常委、市委政法委书记杨晓超，市委常委、市委秘书长张工等领导同志亲切接见了第十届北京市律师协会全体理事、监事，并与大家合影留念。北京市司法局党委书记、局长于泓源参加接见。郭金龙书记代表市委市政府，向当选的新一届北京市律师协会理事监事表示祝贺。郭金龙指出，多年来，北京律师行业在促进首都经济社会发展、推进民主法治建设、维护社会和谐稳定方面发挥了重要作用。对于未来的工作，郭金龙希望新一届协会领导班子团结带领全市广大律师，坚持正确的政治方向，在党的领导下坚定不移走中国特色社会主义法治道路，认真履行维护社会公平正义的职责使命，坚守法治精神，积极推进全面依法治国，锤炼专业素养，尽职尽责维护当事人的合法权益。

5月14日下午 第十届北京市律师协会召开理事监事座谈会。市司法局党委书记、局长于泓源出席会议。第十届北京市律师协会全体理事、监事，协会秘书长、副秘书长参加座谈会。第十届北京市律师协会会长高子程就如何履行好会长职责作了发言；孙晓洋律师、张洪涛律师分别代表新当选理事和监事作了发言。于泓源局长充分肯定了第九届律协取得的工作成绩，并就新一届律协如何履行好律师行业服务与管理工作提出了要求。

5月26日 以施秉慧理事长为团长的台湾高雄律师公会代表团一行12人到访北京市律师协会进行并座谈。协会会长高子程，监事长张卫华，副会长张巍、张峥等参加座谈。高子程会长介绍了北京市律师协会的发展近况，希望两会之间加强沟通、相互学习、共同提高。施秉慧理事长介绍了高雄律师行业的基本概况，表示希望借鉴北京市律师协会好的管理经验，共促两地律师行业的发展。双方分别就专门工作委员会的运行模式、律师继续教育情况、公益法律服务的开展、律师惩戒等多个问题进行了交流和探讨。

6月份（2）

6月6~7日 北京市律师协会在北京律师学院举办"劳动与社会保障法专题培训班"。本月还举办了两次专题培训，分别是6月12~14日举办的"军事法律专题培训班"，6月25~26日举办的"律师新业务拓展与交流专题培训班"。

6月28日 北京市第十届律师代表大会第二次会议举行。大会审议通过了《北京市律师协会2015年工作计划（草案）》和《北京市律师协会2015年度会费预算（草案）》。高子程会长主持大会，第十届北京市律师协会213名律师代表参加会议，协会秘书长、副秘书长列席会议。高子程会长

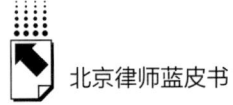

就代表们关心的网络培训、智库、行业宣传等问题，庞正忠副会长就协会2015年工作计划及会费预算草案，张卫华监事长就监事会工作、监事会2015年计划等分别进行了说明。与会代表进行了分组讨论，就协会工作与预算安提出了意见和建议。

7月份（8）

7月1日 在纪念中国共产党成立94周年之际，北京市律师协会党委召开七一表彰大会，表彰2013~2015年全市律师行业先进基层党组织和优秀共产党员。市司法局党委书记、局长于泓源，司法部律师公证司副司长、中华全国律师协会副秘书长何勇，司法部律师公证司综合处处长刘文青，市委政法委组织处副处长戴志强，北京市律师协会会长高子程，市司法局政治部副主任马燕等领导出席表彰大会。市司法局有关处室负责人，市律协党委委员，各区县律协党组织负责人以及部分律师党组织代表和律师党员代表共计200余人参加会议。会议由市司法局副局长、市律协党委书记李公田主持。协会党委副书记、会长高子程宣读了表彰决定，与会领导为获奖代表颁发了奖牌，先进党组织代表和优秀共产党员代表分别做了典型发言。

7月4~5日 北京市律师协会在北京律师学院举办"物业管理纠纷案件专题培训班"。本月还举办了四场专题培训，分别是7月11~12日举办的"律师办理婚姻家庭案件实务培训"，7月17~19日举办的"国际矿业投资与能源、环境法律实务专题培训班"，7月19~20日举办的"合同类案件实务律师执业精粹分享系列培训班"，7月24~26日举办的"律师刑事辩护实务培训班"。

7月7日 北京市律师协会召开2015年"1+1"中国法律援助志愿者北京地区志愿律师座谈会。北京地区14位志愿律师于7月12日前往各自服务地，开展为期一年的志愿服务。

7月9日 司法部在北京召开"1+1"中国法律援助志愿者行动2014年总结表彰暨2015年派遣培训工作会议。北京市律师协会被授予"'1+1'中国法律援助志愿者行动2014年度先进单位"称号，李雅琼、迟占亚、康力泽、徐建民、薛新强、王静、杨德君、马政、郑学滨、张浩、孙安、马兰、谷宝成、李建国、王冠华、刘安信 16 名北京律师获"'1+1'中国法律援助志愿者行动 2014 年度优秀法律援助律师"称号。

7月13日 为贯彻落实司法部电视电话会议精神和《司法部关于在全国律师队伍中开展全面依法治国教育的意见》，北京市司法局、北京市律师协会召开在全市律师队伍中开展全面依法治国教育动员部署大会。李公田副局长对在全市律师队伍中开展全面依法治国教育活动进行了部署。高子程会长传达了司法部 6 月 16 日电视电话会议精神，张卫华监事长通报了北京锋锐律师事务所部分律师涉嫌犯罪的情况。会上还发放了《北京市司法局在全市律师队伍中开展全面依法治国教育的实施方案》及依法治国教育培训相关系列参考材料。

7月14日 美国华盛顿大学法学院亚洲法研究中心主任、终身教职教授臧东升在北京市律师协会作了题为"分析美国法律思维与民法法系国家的区别"的讲座。近 40 位北京律师参加讲座。臧东升结合实际案例讲授了美国法律思维与民法法系国家的区别等问题，从思维方式及角度的不同、对法律理论原则和经验的不同理解及要求等方面进行分析，并解答了与会律师对相关问题的提问。

7月14日 为了对赴藏志愿律师的无私奉献精神表示感谢与敬意，向他们表达全行业的支持与关爱，北京市律师协会专门召开座谈会，为赴藏志愿律师送行。2015 年 4 月，北京市律师协会按司法部、全国律协文件精神，开展了新一轮的赴藏无律师县志愿服务招募工作，全市广大律师积极响应，踊跃报名，来自全市 11 家律师事务所的 17 名律师最终入选。

7月22日 由司法部等组织召开的"志愿律师赴无律师县工作总结派遣会议"在北京召开。司法部副部长赵大程，司法部律公司司长周院生，全国律协会长王俊峰，全国律协副秘书长何勇等出席大会。会议对朱玉福等 16 名北京律师在内的 52 名律师，钧盛所等 12 家北京律师事务所在内的 42 家律师事务所，以及包括北京市律师协会在内的 7 家律师协会在服务无律师县活动中作出的突出贡献予以嘉奖，与会领导为获奖代表颁发了证书、铜牌。刘军副秘书长代表北京市律师协会作了发言。

8月份（4）

8月6日 北京市第四中级人民法院召开以"充分保障律师权利，共同维护司法公正"为主题的新闻发布会，正式向社会公众发布《关于充分保障律师执业权利，共同维护司法公正的若干规定》，这是北京法院首次发布针对律师执业权利的相关规定。北京四中院党组书记、院长吴在存，北京市律师协会副会长庞正忠出席发布会并回答了媒体记者的提问。

8月7~9日 北京市律师协会在北京律师学院举办"新民诉法司法解释与民商事仲裁新规则专题培训班"。本月还举办了三场专题培训，分别是8月14~16日举办的"合同法前沿理论与实务操作专题培训班"，8月21~23日举办的"交通侵权案件处理实务专题培训班"，8月28~30日举办的"政府法律顾问律师实务专题培训班"。

8月14日 北京市律师协会组织召开"天津滨海事件法律分析研讨会"，与会律师就天津滨海事件相关法律问题进行了全面和深入的分析，并形成书面材料汇报给有关部门。

8月28日 北京市司法局召开传达学习全国律师工作会议精神会议。会上，协会会长高子程介绍了全国律师工作会议情况；市局律管三处负责同志和协会负责同志分别向与会同志传达了孟建柱、郭声琨、周强、曹建明、吴爱英等领导同志在大会上的讲话。

9月份（6）

9月9日 北京市律师协会青年律师工作委员会举办"读千卷书，行万里路"——青年律师读书会启动仪式。为了鼓励青年律师拓展视野、开拓思维、增进知识交流，北京市律师协会青年律师工作委员会成立了"青年律师读书会"，并向全市律师发出倡议：希望青年律师每月至少读一本好书；鼓励有条件的律师事务所设立小型图书馆；各区、县律师协会和律师工作联席会开展读书会活动，为建设书香社会贡献力量。

9月11日 第十届北京市律师协会业务拓展与创新委员会成立大会暨

"新常态 新思维 新路径 新业务"研讨会召开。

9月14日 北京市律师协会与北京大学法学院在北京大学凯原楼合作举办"刑事辩护实务"暨"北大刑辩讲堂"开课仪式。"北大刑辩讲堂"是北京市律师协会青年律师工作委员会在"青年律师阳光小班"的基础上新开设的提高班,旨在帮助青年律师了解中国的刑事辩护现状,让青年律师学习更多的刑辩技巧和经验,培养优秀的青年刑辩律师人才。

9月19日 在国庆66周年即将到来之际,由北京市律师协会主办、海淀区律师协会承办的"法治梦·律师情"——第一届北京律师诵读比赛在海淀区举行。比赛设置了个人组诵读、集体组诵读、老年组诵读三大类比赛,并评选出了一二三等奖。

9月22日 北京市律师协会与市高级人民法院召开沟通协作工作机制座谈会。本次会议是今年召开的第二次年度工作例会。会上,双方通报了沟通协作工作年度任务落实情况,并就进一步完善沟通联络机制、推进相关重点工作进行了交流。

9月26~27日 北京市律师协会副会长张峥、宣传联络与表彰专委会主任沈腾代表北京市律师协会参加了第五届海峡律师(厦门)论坛。论坛由厦门市律师协会、高雄律师公会、彰化律师公会、桃园律师公会共同主办,两岸嘉宾和律师代表共约260人参加。本届论坛得到两岸律师的热烈响应,司法部和全国律协领导出席闭幕式,张峥副会长代表北京市律师协会在论坛闭幕式上致辞。沈腾主任以《试论"两岸法律服务市场"的开发与合作——以律师行业为视角》为题在论坛上作了发言。

10月份(5)

10月15日 北京市第四中级人民法院、北京市人民检察院第四分院、北京海关缉私局、北京市公安局公共交通安全保卫总队、北京首都国际机场公安分局、北京铁路公安局、北京市律师协会的相关领导在四中院召开"侦控辩审"四方联席会议,围绕"推进以庭审为中心的刑事诉讼机制建设"主题,对以审判为中心的内涵、刑事诉讼的主要问题、当事人和律师

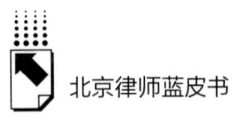

的权益保障,以及"侦控辩审"四方联席会议制度的建立等内容进行了深入研讨,并达成广泛共识,形成联席会议第一次《会议纪要》。

10月15日 北京市律师协会召开"会刊优秀撰稿人、所刊和微信号评选颁奖座谈会"。会上公布了2015年度北京市律师事务所优秀所刊、微信公众号评选结果和2014年度《北京律师》优秀撰稿人、优秀特约联络员及优秀文艺作品、特殊贡献奖获奖名单并颁奖。金杜所《金杜》、《中国法律期刊》,君合所《君合》(人文版)分别荣获所刊综合类、专业类和人文类金奖;天同所《天同诉讼圈》和金杜所《金杜说法》分别荣获微信公众号特等奖和一等奖。肖树伟等12位律师荣获《北京律师》优秀撰稿人奖,童牧童等5位律师荣获《北京律师》优秀文艺作品奖,陈立元和经德才2位律师荣获特殊贡献奖、王凌凌等2位律所工作人员荣获优秀联络员奖。

10月17~18日 第七届"京津沪渝粤琼"律师羽毛球赛在海南省海口市举行,共有来自北京、天津、上海、重庆、广东、海南六个省市的近百名律师参赛。北京律师代表队在部分主力队员缺阵的情况下,奋勇拼搏,每球必争,表现出了良好的精神风貌和顽强的拼搏精神,最终获得亚军,为北京律师争得了荣誉,广东、上海律师代表队分获冠军和季军。

10月27日 北京市律师协会与北京市人民检察院在协会召开座谈会。与会人员围绕工作意见中涉及的构建检察人员与律师的新型关系、依法保障律师执业权利、探索律检相互监督工作机制、搭建检律沟通合作平台等方面,充分发表了意见和建议。

10月31日~11月1日 第十届北京市律师协会专业委员会(研究会)主任、副主任选举工作完成,产生了57名主任和182名副主任。协会会长高子程,副会长庞正忠、张巍、殷杰、赵曾海、张峥、刘卫东、邱宝昌分别到会主持,整个选举工作受监事会全程监督。

11月份(6)

11月5日 北京市律师协会外事委员会召开《北京律师为"一带一路"项目提供法律服务的调研报告》评标会。评标会分为现场开标、律所介绍、评委提问和现场投票四个环节，11家机构及律所参加此次竞标。经过评委投票表决，京都、德恒2家律师事务所中标，将共同完成本次调研报告。

11月11日 北京市律师协会会长高子程、副会长赵曾海，律师事务所管理指导委员会主任熊智、副主任孙卫宏参加"中国法治客户端"上线仪式。"中国法治客户端"是由最高人民法院主导、人民法院报主办，依托最高人民法院强大的司法信息资源，向全社会提供全国法院司法公开信息的在线查询、业务办理的互联网法律服务平台。高子程会长代表北京市律师协会与"中国法治客户端"运营单位签署了《中国法治客户端与北京市律师协会关于结为战略合作伙伴共建法律职业共同体服务平台的协议》，将与人民法院报和"中国法治客户端"运营单位一起，共建法律职业共同体服务平台，在北京市律师事务所及广大首都律师与人民法院之间架设起一座互联网法律服务的桥梁。

11月13~14日 应广东律协邀请，北京市律师协会会长高子程、协会人大代表与政协委员联络委主任刘子华等，参加广东省律协召开的"如何发挥律师在依法治国中的作用"研讨会。会议下设律师如何在参政议政中发挥作用、律师如何在公正司法中发挥应有的监督作用、律师如何在构建法律共同体中发挥作用、律师如何做好政府法律顾问工作、律师如何做好村（社区）居法律顾问工作五个议题。刘子华主任介绍了北京律师参政议政情况，并作《律师应成为推动司法体制改革的主力军》主题发言。

11月14日 北京市律师协会举办新设律师事务所合伙人培训，来自全市140余家律师事务所的主任及合伙人参加培训。市司法局律师监管处副处长朱玉柱、协会律师事务所管理指导委员会主任熊智、协会执业纪律与执业调处委员会副主任方志远应邀担任主讲嘉宾。三位主讲嘉宾结合自身的工作经历，分别就律师事务所行政处罚工作、律所发展与风险防控、有关律师事务所及律师违规违纪的典型案例作了报告。

11月26日 北京市律师协会会刊《北京律师》特别报道栏目"抗战胜利70周年阅兵观礼律师嘉宾座谈会"召开。副会长高警兵、刘卫东等十余位参加观礼的北京律师、协会副秘书长刘军、《北京律师》特邀编委邢五一

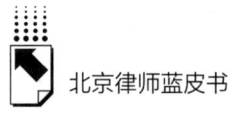

参加座谈。与会律师围绕中国人民抗日战争暨世界反法西斯战争胜利70周年活动主题"铭记历史、缅怀先烈、珍爱和平、开创未来"展开讨论，介绍参加阅兵活动的情况并畅谈感受。

11月28日 为迎接"12·4"国家宪法日的到来，丰富北京律师的文化体育生活，普及健康知识，促进身心健康，北京市律师协会在园博园举办了"走健康之路·与法治同行"2015（首届）北京律师徒步大会。本次大会由北京市律师协会会员事务委员会承办，北京市徒步运动协会协办。北京市司法局副局长李公田，协会会长高子程、副会长殷杰、副秘书长刘军，市徒步运动协会会长史绍洁等以及300余名律师参加。

12月份（4）

12月2日 北京市人大内务司法委员会副主任委员、市人大常委会内务司法办公室副主任袁芳，北京市高级人民法院副院长马强，北京人民检察院副检察长高祥阳等一行8人应邀到访北京市律师协会，与北京律师行业人大代表、政协委员座谈交流。北京市律师协会会长高子程、秘书长高鹏、监事长张卫华、副会长刘卫东、人大代表与政协委员联络委员会主任刘子华和部分在全国人大、市人大、市政协、区县政协担任代表委员的北京律师，以及各区县律协会长参加座谈。马强副院长、高祥阳副检察长分别介绍了全市法院系统和检察院系统贯彻落实十八届三中全会、十八届四中全会精神相关工作和司法体制改革有关情况。与会人员就法官和检察官员额制改革、律师执业权益保护、法律职业共同体建设等方面进行了沟通和交流。

12月4日 由全国普法办、司法部、中央电视台主办的"宪法的精神 法治的力量——CCTV2015年度法治人物颁奖礼"在京举行，北京市高通律师事务所马兰律师入选"2015年度十大法治人物。"马兰律师因其在公益法律服务中的突出贡献获得殊荣。

12月13日 北京市律师协会举办"律师好声音——首届北京律师歌唱比赛"。共有来自东城、西城、朝阳、海淀、丰台、石景山、昌平、通州、大兴、怀柔等十个区县律师协会、律师工作联席会的25名律师选手参赛。

经过紧张激烈的比赛,朝阳律协的都兴发律师获得一等奖;西城律协的高燕昌律师等三人获得二等奖;西城律协的崔淼律师等五人获得三等奖;胡继伟等16名律师获得优秀表演奖。

12月18日 北京市高级人民法院副院长朱江一行四人到北京市律师协会座谈。协会会长高子程、秘书长高鹏、副会长庞正忠、殷杰、张峥、刘卫东等11人参加了会议。会上,市高级人民法院就律师关注的在法院内部设立律师工作室等八个方面工作开展情况进行了通报;参会律师就如何加强协会与市高级人民法院间的联系沟通合作机制以及律师业内普遍关注的需要法院协调解决的问题各自提出了自己的意见和建议。

社会科学文献出版社　　**皮书系列**

❖ 皮书起源 ❖

"皮书"起源于十七、十八世纪的英国，主要指官方或社会组织正式发表的重要文件或报告，多以"白皮书"命名。在中国，"皮书"这一概念被社会广泛接受，并被成功运作、发展成为一种全新的出版形态，则源于中国社会科学院社会科学文献出版社。

❖ 皮书定义 ❖

皮书是对中国与世界发展状况和热点问题进行年度监测，以专业的角度、专家的视野和实证研究方法，针对某一领域或区域现状与发展态势展开分析和预测，具备原创性、实证性、专业性、连续性、前沿性、时效性等特点的公开出版物，由一系列权威研究报告组成。

❖ 皮书作者 ❖

皮书系列的作者以中国社会科学院、著名高校、地方社会科学院的研究人员为主，多为国内一流研究机构的权威专家学者，他们的看法和观点代表了学界对中国与世界的现实和未来最高水平的解读与分析。

❖ 皮书荣誉 ❖

皮书系列已成为社会科学文献出版社的著名图书品牌和中国社会科学院的知名学术品牌。2016年，皮书系列正式列入"十三五"国家重点出版规划项目；2012~2016年，重点皮书列入中国社会科学院承担的国家哲学社会科学创新工程项目；2017年，55种院外皮书使用"中国社会科学院创新工程学术出版项目"标识。

中国皮书网

发布皮书研创资讯，传播皮书精彩内容
引领皮书出版潮流，打造皮书服务平台

栏目设置

关于皮书：何谓皮书、皮书分类、皮书大事记、皮书荣誉、
皮书出版第一人、皮书编辑部

最新资讯：通知公告、新闻动态、媒体聚焦、网站专题、视频直播、下载专区

皮书研创：皮书规范、皮书选题、皮书出版、皮书研究、研创团队

皮书评奖评价：指标体系、皮书评价、皮书评奖

互动专区：皮书说、皮书智库、皮书微博、数据库微博

所获荣誉

2008年、2011年，中国皮书网均在全国新闻出版业网站荣誉评选中获得"最具商业价值网站"称号；

2012年，获得"出版业网站百强"称号。

网库合一

2014年，中国皮书网与皮书数据库端口合一，实现资源共享。更多详情请登录www.pishu.cn。

权威报告·热点资讯·特色资源

皮书数据库
ANNUAL REPORT(YEARBOOK) DATABASE

当代中国与世界发展高端智库平台

所获荣誉

- 2016年，入选"国家'十三五'电子出版物出版规划骨干工程"
- 2015年，荣获"搜索中国正能量 点赞2015""创新中国科技创新奖"
- 2013年，荣获"中国出版政府奖·网络出版物奖"提名奖
- 连续多年荣获中国数字出版博览会"数字出版·优秀品牌"奖

成为会员

通过网址www.pishu.com.cn或使用手机扫描二维码进入皮书数据库网站，进行手机号码验证或邮箱验证即可成为皮书数据库会员（建议通过手机号码快速验证注册）。

会员福利

- 使用手机号码首次注册会员可直接获得100元体验金，不需充值即可购买和查看数据库内容（仅限使用手机号码快速注册）。
- 已注册用户购书后可免费赠100元皮书数据库充值卡。刮开充值卡涂层获取充值密码，登录并进入"会员中心"—"在线充值"—"充值卡充值"，充值成功后即可购买和查看数据库内容。

卡号：776811978479
密码：

数据库服务热线：400-008-6695
数据库服务QQ：2475522410
数据库服务邮箱：database@ssap.cn
图书销售热线：010-59367070/7028
图书服务QQ：1265056568
图书服务邮箱：duzhe@ssap.cn

子库介绍
Sub-Database Introduction

中国经济发展数据库

涵盖宏观经济、农业经济、工业经济、产业经济、财政金融、交通旅游、商业贸易、劳动经济、企业经济、房地产经济、城市经济、区域经济等领域，为用户实时了解经济运行态势、把握经济发展规律、洞察经济形势、做出经济决策提供参考和依据。

中国社会发展数据库

全面整合国内外有关中国社会发展的统计数据、深度分析报告、专家解读和热点资讯构建而成的专业学术数据库。涉及宗教、社会、人口、政治、外交、法律、文化、教育、体育、文学艺术、医药卫生、资源环境等多个领域。

中国行业发展数据库

以中国国民经济行业分类为依据，跟踪分析国民经济各行业市场运行状况和政策导向，提供行业发展最前沿的资讯，为用户投资、从业及各种经济决策提供理论基础和实践指导。内容涵盖农业，能源与矿产业，交通运输业，制造业，金融业，房地产业，租赁和商务服务业，科学研究，环境和公共设施管理，居民服务业，教育，卫生和社会保障，文化、体育和娱乐业等100余个行业。

中国区域发展数据库

对特定区域内的经济、社会、文化、法治、资源环境等领域的现状与发展情况进行分析和预测。涵盖中部、西部、东北、西北等地区，长三角、珠三角、黄三角、京津冀、环渤海、合肥经济圈、长株潭城市群、关中—天水经济区、海峡经济区等区域经济体和城市圈，北京、上海、浙江、河南、陕西等34个省份及中国台湾地区。

中国文化传媒数据库

包括文化事业、文化产业、宗教、群众文化、图书馆事业、博物馆事业、档案事业、语言文字、文学、历史地理、新闻传播、广播电视、出版事业、艺术、电影、娱乐等多个子库。

世界经济与国际关系数据库

以皮书系列中涉及世界经济与国际关系的研究成果为基础，全面整合国内外有关世界经济与国际关系的统计数据、深度分析报告、专家解读和热点资讯构建而成的专业学术数据库。包括世界经济、国际政治、世界文化与科技、全球性问题、国际组织与国际法、区域研究等多个子库。

法律声明

"皮书系列"(含蓝皮书、绿皮书、黄皮书)之品牌由社会科学文献出版社最早使用并持续至今,现已被中国图书市场所熟知。"皮书系列"的LOGO( )与"经济蓝皮书""社会蓝皮书"均已在中华人民共和国国家工商行政管理总局商标局登记注册。"皮书系列"图书的注册商标专用权及封面设计、版式设计的著作权均为社会科学文献出版社所有。未经社会科学文献出版社书面授权许可,任何使用与"皮书系列"图书注册商标、封面设计、版式设计相同或者近似的文字、图形或其组合的行为均系侵权行为。

经作者授权,本书的专有出版权及信息网络传播权为社会科学文献出版社享有。未经社会科学文献出版社书面授权许可,任何就本书内容的复制、发行或以数字形式进行网络传播的行为均系侵权行为。

社会科学文献出版社将通过法律途径追究上述侵权行为的法律责任,维护自身合法权益。

欢迎社会各界人士对侵犯社会科学文献出版社上述权利的侵权行为进行举报。电话:010-59367121,电子邮箱:fawubu@ssap.cn。

社会科学文献出版社

皮书品牌20年
YEAR BOOKS

皮书系列

2017年

智库成果出版与传播平台

社会科学文献出版社
SOCIAL SCIENCES ACADEMIC PRESS (CHINA)

社长致辞

2017年正值皮书品牌专业化二十周年之际，世界每天都在发生着让人眼花缭乱的变化，而唯一不变的，是面向未来无数的可能性。作为个体，如何获取专业信息以备不时之需？作为行政主体或企事业主体，如何提高决策的科学性让这个世界变得更好而不是更糟？原创、实证、专业、前沿、及时、持续，这是1997年"皮书系列"品牌创立的初衷。

1997~2017，从最初一个出版社的学术产品名称到媒体和公众使用频率极高的热点词语，从专业术语到大众话语，从官方文件到独特的出版型态，作为重要的智库成果，"皮书"始终致力于成为海量信息时代的信息过滤器，成为经济社会发展的记录仪，成为政策制定、评估、调整的智力源，社会科学研究的资料集成库。"皮书"的概念不断延展，"皮书"的种类更加丰富，"皮书"的功能日渐完善。

1997~2017，皮书及皮书数据库已成为中国新型智库建设不可或缺的抓手与平台，成为政府、企业和各类社会组织决策的利器，成为人文社科研究最基本的资料库，成为世界系统完整及时认知当代中国的窗口和通道！"皮书"所具有的凝聚力正在形成一种无形的力量，吸引着社会各界关注中国的发展，参与中国的发展。

二十年的"皮书"正值青春，愿每一位皮书人付出的年华与智慧不辜负这个时代！

社会科学文献出版社社长
中国社会学会秘书长

2016年11月

社会科学文献出版社简介

社会科学文献出版社成立于1985年，是直属于中国社会科学院的人文社会科学学术出版机构。成立以来，社科文献出版社依托于中国社会科学院和国内外人文社会科学界丰厚的学术出版和专家学者资源，始终坚持"创社科经典，出传世文献"的出版理念、"权威、前沿、原创"的产品定位以及学术成果和智库成果出版的专业化、数字化、国际化、市场化的经营道路。

社科文献出版社是中国新闻出版业转型与文化体制改革的先行者。积极探索文化体制改革的先进方向和现代企业经营决策机制，社科文献出版社先后荣获"全国文化体制改革工作先进单位"、中国出版政府奖·先进出版单位奖，中国社会科学院先进集体、全国科普工作先进集体等荣誉称号。多人次荣获"第十届韬奋出版奖""全国新闻出版行业领军人才""数字出版先进人物""北京市新闻出版广电行业领军人才"等称号。

社科文献出版社是中国人文社会科学学术出版的大社名社，也是以皮书为代表的智库成果出版的专业强社。年出版图书2000余种，其中皮书350余种，出版新书字数5.5亿字，承印与发行中国社科院院属期刊72种，先后创立了皮书系列、列国志、中国史话、社科文献学术译库、社科文献学术文库、甲骨文书系等一大批既有学术影响又有市场价值的品牌，确立了在社会学、近代史、苏东问题研究等专业学科及领域出版的领先地位。图书多次荣获中国出版政府奖、"三个一百"原创图书出版工程、"五个'一'工程奖"、"大众喜爱的50种图书"等奖项，在中央国家机关"强素质·做表率"读书活动中，入选图书品种数位居各大出版社之首。

社科文献出版社是中国学术出版规范与标准的倡议者与制定者，代表全国50多家出版社发起实施学术著作出版规范的倡议，承担学术著作规范国家标准的起草工作，率先编撰完成《皮书手册》对皮书品牌进行规范化管理，并在此基础上推出中国版芝加哥手册——《SSAP学术出版手册》。

社科文献出版社是中国数字出版的引领者，拥有皮书数据库、列国志数据库、"一带一路"数据库、减贫数据库、集刊数据库等4大产品线11个数据库产品，机构用户达1300余家，海外用户百余家，荣获"数字出版转型示范单位""新闻出版标准化先进单位""专业数字内容资源知识服务模式试点企业标准化示范单位"等称号。

社科文献出版社是中国学术出版走出去的践行者。社科文献出版社海外图书出版与学术合作业务遍及全球40余个国家和地区并于2016年成立俄罗斯分社，累计输出图书500余种，涉及近20个语种，累计获得国家社科基金中华学术外译项目资助76种、"丝路书香工程"项目资助60种、中国图书对外推广计划项目资助71种以及经典中国国际出版工程资助28种，被商务部认定为"2015-2016年度国家文化出口重点企业"。

如今，社科文献出版社拥有固定资产3.6亿元，年收入近3亿元，设置了七大出版分社、六大专业部门，成立了皮书研究院和博士后科研工作站，培养了一支近400人的高素质与高效率的编辑、出版、营销和国际推广队伍，为未来成为学术出版的大社、名社、强社，成为文化体制改革与文化企业转型发展的排头兵奠定了坚实的基础。

经济类

经 济 类

经济类皮书涵盖宏观经济、城市经济、大区域经济，提供权威、前沿的分析与预测

经济蓝皮书
2017年中国经济形势分析与预测

李扬/主编　2017年1月出版　定价：89.00元

◆ 本书为总理基金项目，由著名经济学家李扬领衔，联合中国社会科学院等数十家科研机构、国家部委和高等院校的专家共同撰写，系统分析了2016年的中国经济形势并预测2017年中国经济运行情况。

中国省域竞争力蓝皮书
中国省域经济综合竞争力发展报告（2015～2016）

李建平　李闽榕　高燕京/主编　2017年5月出版　定价：198.00元

◆ 本书融多学科的理论为一体，深入追踪研究了省域经济发展与中国国家竞争力的内在关系，为提升中国省域经济综合竞争力提供有价值的决策依据。

城市蓝皮书
中国城市发展报告No.10

潘家华　单菁菁/主编　2017年9月出版　估价：89.00元

◆ 本书是由中国社会科学院城市发展与环境研究中心编著的，多角度、全方位地立体展示了中国城市的发展状况，并对中国城市的未来发展提出了许多建议。该书有强烈的时代感，对中国城市发展实践有重要的参考价值。

皮书系列 重点推荐

经济类

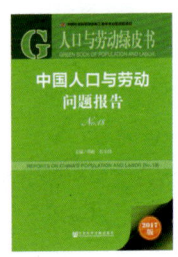

人口与劳动绿皮书
中国人口与劳动问题报告 No.18
蔡昉　张车伟/主编　2017年10月出版　估价：89.00元

◆ 本书为中国社会科学院人口与劳动经济研究所主编的年度报告，对当前中国人口与劳动形势做了比较全面和系统的深入讨论，为研究中国人口与劳动问题提供了一个专业性的视角。

世界经济黄皮书
2017年世界经济形势分析与预测
张宇燕/主编　2017年1月出版　定价：89.00元

◆ 本书由中国社会科学院世界经济与政治研究所的研究团队撰写，2016年世界经济增速进一步放缓、就业增长放慢。世界经济面临许多重大挑战同时，地缘政治风险、难民危机、大国政治周期、恐怖主义等问题也仍然在影响世界经济的稳定与发展。预计2017年按PPP计算的世界GDP增长率约为3.0%。

国际城市蓝皮书
国际城市发展报告（2017）
屠启宇/主编　2017年2月出版　定价：79.00元

◆ 本书作者以上海社会科学院从事国际城市研究的学者团队为核心，汇集同济大学、华东师范大学、复旦大学、上海交通大学、南京大学、浙江大学相关城市研究专业学者。立足动态跟踪介绍国际城市发展时间中，最新出现的重大战略、重大理念、重大项目、重大报告和最佳案例。

金融蓝皮书
中国金融发展报告（2017）
王国刚/主编　2017年2月出版　定价：79.00元

◆ 本书由中国社会科学院金融研究所组织编写，概括和分析了2016年中国金融发展和运行中的各方面情况，研讨和评论了2016年发生的主要金融事件，有利于读者了解掌握2016年中国的金融状况，把握2017年中国金融的走势。

经济类　皮书系列 重点推荐

农村绿皮书
中国农村经济形势分析与预测（2016～2017）

魏后凯　黄秉信 / 主编　2017年4月出版　定价：79.00元

◆ 本书描述了2016年中国农业农村经济发展的一些主要指标和变化，并对2017年中国农业农村经济形势的一些展望和预测，提出相应的政策建议。

西部蓝皮书
中国西部发展报告（2017）

徐璋勇 / 主编　2017年8月出版　定价：89.00元

◆ 本书由西北大学中国西部经济发展研究中心主编，汇集了源自西部本土以及国内研究西部问题的权威专家的第一手资料，对国家实施西部大开发战略进行年度动态跟踪，并对2017年西部经济、社会发展态势进行预测和展望。

经济蓝皮书·夏季号
中国经济增长报告（2016～2017）

李扬 / 主编　2017年5月出版　定价：98.00元

◆ 中国经济增长报告主要探讨2016~2017年中国经济增长问题，以专业视角解读中国经济增长，力求将其打造成一个研究中国经济增长、服务宏微观各级决策的周期性、权威性读物。

就业蓝皮书
2017年中国本科生就业报告

麦可思研究院 / 编著　2017年6月出版　定价：98.00元

◆ 本书基于大量的数据和调研，内容翔实，调查独到，分析到位，用数据说话，对中国大学生就业及学校专业设置起到了很好的建言献策作用。

皮书系列重点推荐 社会政法类

社会政法类

社会政法类皮书聚焦社会发展领域的热点、难点问题，提供权威、原创的资讯与视点

社会蓝皮书
2017年中国社会形势分析与预测
李培林　陈光金　张翼 / 主编　2016年12月出版　定价：89.00元

◆ 本书由中国社会科学院社会学研究所组织研究机构专家、高校学者和政府研究人员撰写，聚焦当下社会热点，对2016年中国社会发展的各个方面内容进行了权威解读，同时对2017年社会形势发展趋势进行了预测。

法治蓝皮书
中国法治发展报告 No.15（2017）
李林　田禾 / 主编　2017年3月出版　定价：118.00元

◆ 本年度法治蓝皮书回顾总结了2016年度中国法治发展取得的成就和存在的不足，对中国政府、司法、检务透明度进行了跟踪调研，并对2017年中国法治发展形势进行了预测和展望。

社会体制蓝皮书
中国社会体制改革报告 No.5（2017）
龚维斌 / 主编　2017年3月出版　定价：89.00元

◆ 本书由国家行政学院社会治理研究中心和北京师范大学中国社会管理研究院共同组织编写，主要对2016年社会体制改革情况进行回顾和总结，对2017年的改革走向进行分析，提出相关政策建议。

皮书系列
重点推荐

社会政法类

社会心态蓝皮书
中国社会心态研究报告（2017）

王俊秀　杨宜音 / 主编　2017 年 12 月出版　估价：89.00 元

◆ 本书是中国社会科学院社会学研究所社会心理研究中心"社会心态蓝皮书课题组"的年度研究成果，运用社会心理学、社会学、经济学、传播学等多种学科的方法进行了调查和研究，对于目前中国社会心态状况有较广泛和深入的揭示。

生态城市绿皮书
中国生态城市建设发展报告（2017）

刘举科　孙伟平　胡文臻 / 主编　2017 年 10 月出版　估价：118.00 元

◆ 报告以绿色发展、循环经济、低碳生活、民生宜居为理念，以更新民众观念、提供决策咨询、指导工程实践、引领绿色发展为宗旨，试图探索一条具有中国特色的城市生态文明建设新路。

城市生活质量蓝皮书
中国城市生活质量报告（2017）

中国经济实验研究院 / 主编　2018 年 2 月出版　估价：89.00 元

◆ 本书对全国 35 个城市居民的生活质量主观满意度进行了电话调查，同时对 35 个城市居民的客观生活质量指数进行了计算，为中国城市居民生活质量的提升，提出了针对性的政策建议。

公共服务蓝皮书
中国城市基本公共服务力评价（2017）

钟君　刘志昌　吴正杲 / 主编　2017 年 12 月出版　估价：89.00 元

◆ 中国社会科学院经济与社会建设研究室与华图政信调查组成联合课题组，从 2010 年开始对基本公共服务力进行研究，研创了基本公共服务力评价指标体系，为政府考核公共服务与社会管理工作提供了理论工具。

行业报告类

行业报告类皮书立足重点行业、新兴行业领域，提供及时、前瞻的数据与信息

企业社会责任蓝皮书
中国企业社会责任研究报告（2017）

黄群慧 钟宏武 张蒽 翟利峰／著　2017年10月出版　估价：89.00元

◆ 本书剖析了中国企业社会责任在2016～2017年度的最新发展特征，详细解读了省域国有企业在社会责任方面的阶段性特征，生动呈现了国内外优秀企业的社会责任实践。对了解中国企业社会责任履行现状、未来发展，以及推动社会责任建设有重要的参考价值。

新能源汽车蓝皮书
中国新能源汽车产业发展报告（2017）

中国汽车技术研究中心　日产（中国）投资有限公司
东风汽车有限公司／编著　2017年8月出版　定价：98.00元

◆ 本书对中国2016年新能源汽车产业发展进行了全面系统的分析，并介绍了国外的发展经验。有助于相关机构、行业和社会公众等了解中国新能源汽车产业发展的最新动态，为政府部门出台新能源汽车产业相关政策法规、企业制定相关战略规划，提供必要的借鉴和参考。

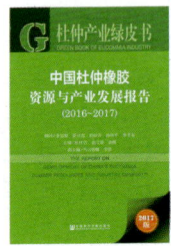

杜仲产业绿皮书
中国杜仲橡胶资源与产业发展报告（2016～2017）

杜红岩 胡文臻 俞锐／主编　2017年11月出版　估价：85.00元

◆ 本书对2016年杜仲产业的发展情况、研究团队在杜仲研究方面取得的重要成果、部分地区杜仲产业发展的具体情况、杜仲新标准的制定情况等进行了较为详细的分析与介绍，使广大关心杜仲产业发展的读者能够及时跟踪产业最新进展。

行业报告类　　皮书系列 重点推荐

企业蓝皮书
中国企业绿色发展报告 No.2（2017）

李红玉　朱光辉 / 主编　　2017年11月出版　　估价：89.00元

◆ 本书深入分析中国企业能源消费、资源利用、绿色金融、绿色产品、绿色管理、信息化、绿色发展政策及绿色文化方面的现状，并对目前存在的问题进行研究，剖析因果，谋划对策，为企业绿色发展提供借鉴，为中国生态文明建设提供支撑。

中国上市公司蓝皮书
中国上市公司发展报告（2017）

张平　王宏淼 / 主编　　2017年9月出版　　定价：98.00元

◆ 本书由中国社会科学院上市公司研究中心组织编写的，着力于全面、真实、客观反映当前中国上市公司财务状况和价值评估的综合性年度报告。本书详尽分析了2016年中国上市公司情况，特别是现实中暴露出的制度性、基础性问题，并对资本市场改革进行了探讨。

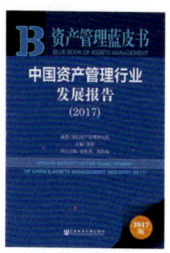

资产管理蓝皮书
中国资产管理行业发展报告（2017）

智信资产管理研究院 / 编著　　2017年7月出版　　定价：98.00元

◆ 中国资产管理行业刚刚兴起，未来将成为中国金融市场最有看点的行业。本书主要分析了2016年度资产管理行业的发展情况，同时对资产管理行业的未来发展做出科学的预测。

体育蓝皮书
中国体育产业发展报告（2017）

阮伟　钟秉枢 / 主编　　2017年12月出版　　估价：89.00元

◆ 本书运用多种研究方法，在体育竞赛业、体育用品业、体育场馆业、体育传媒业等传统产业研究的基础上，并对2016年体育领域内的各种热点事件进行研究和梳理，进一步拓宽了研究的广度、提升了研究的高度、挖掘了研究的深度。

皮书系列 重点推荐　国别与地区类

国际问题类

国际问题类皮书关注全球重点国家与地区，提供全面、独特的解读与研究

美国蓝皮书
美国研究报告（2017）

郑秉文 黄平／主编　2017年5月出版　定价：89.00元

◆ 本书是由中国社会科学院美国研究所主持完成的研究成果，它回顾了美国2016年的经济、政治形势与外交战略，对2017年以来美国内政外交发生的重大事件及重要政策进行了较为全面的回顾和梳理。

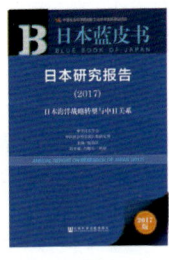

日本蓝皮书
日本研究报告（2017）

杨伯江／主编　2017年6月出版　定价：89.00元

◆ 本书对2016年日本的政治、经济、社会、外交等方面的发展情况做了系统介绍，对日本的热点及焦点问题进行了总结和分析，并在此基础上对该国2017年的发展前景做出预测。

亚太蓝皮书
亚太地区发展报告（2017）

李向阳／主编　2017年5月出版　定价：79.00元

◆ 本书是中国社会科学院亚太与全球战略研究院的集体研究成果。2017年的"亚太蓝皮书"继续关注中国周边环境的变化。该书盘点了2016年亚太地区的焦点和热点问题，为深入了解2016年及未来中国与周边环境的复杂形势提供了重要参考。

国别与地区类 — 皮书系列重点推荐

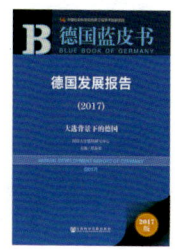

德国蓝皮书
德国发展报告（2017）

郑春荣 / 主编　2017年6月出版　定价：79.00元

◆ 本报告由同济大学德国研究所组织编撰，由该领域的专家学者对德国的政治、经济、社会文化、外交等方面的形势发展情况，进行全面的阐述与分析。

日本经济蓝皮书
日本经济与中日经贸关系研究报告（2017）

张季风 / 编著　2017年6月出版　定价：89.00元

◆ 本书系统、详细地介绍了2016年日本经济以及中日经贸关系发展情况，在进行了大量数据分析的基础上，对2017年日本经济以及中日经贸关系的大致发展趋势进行了分析与预测。

俄罗斯黄皮书
俄罗斯发展报告（2017）

李永全 / 编著　2017年6月出版　定价：89.00元

◆ 本书系统介绍了2016年俄罗斯经济政治情况，并对2016年该地区发生的焦点、热点问题进行了分析与回顾；在此基础上，对该地区2017年的发展前景进行了预测。

非洲黄皮书
非洲发展报告 No.19（2016～2017）

张宏明 / 主编　2017年7月出版　定价：89.00元

◆ 本书是由中国社会科学院西亚非洲研究所组织编撰的非洲形势年度报告，比较全面、系统地分析了2016年非洲政治形势和热点问题，探讨了非洲经济形势和市场走向，剖析了大国对非洲关系的新动向；此外，还介绍了国内非洲研究的新成果。

地方发展类

地方发展类皮书关注中国各省份、经济区域，提供科学、多元的预判与资政信息

北京蓝皮书
北京公共服务发展报告（2016~2017）

施昌奎／主编　2017年3月出版　定价：79.00元

◆ 本书是由北京市政府职能部门的领导、首都著名高校的教授、知名研究机构的专家共同完成的关于北京市公共服务发展与创新的研究成果。

河南蓝皮书
河南经济发展报告（2017）

张占仓　完世伟／主编　2017年4月出版　定价：79.00元

◆ 本书以国内外经济发展环境和走向为背景，主要分析当前河南经济形势，预测未来发展趋势，全面反映河南经济发展的最新动态、热点和问题，为地方经济发展和领导决策提供参考。

广州蓝皮书
2017年中国广州经济形势分析与预测

魏明海　谢博能　李华／主编　2017年6月出版　定价：85.00元

◆ 本书由广州大学与广州市委政策研究室、广州市统计局联合主编，汇集了广州科研团体、高等院校和政府部门诸多经济问题研究专家、学者和实际部门工作者的最新研究成果，是关于广州经济运行情况和相关专题分析、预测的重要参考资料。

 文化传媒类

皮书系列
重点推荐

文化传媒类

文化传媒类皮书透视文化领域、文化产业，探索文化大繁荣、大发展的路径

新媒体蓝皮书

中国新媒体发展报告 No.8（2017）

唐绪军/主编　2017年6月出版　定价：79.00元

◆ 本书是由中国社会科学院新闻与传播研究所组织编写的关于新媒体发展的最新年度报告，旨在全面分析中国新媒体的发展现状，解读新媒体的发展趋势，探析新媒体的深刻影响。

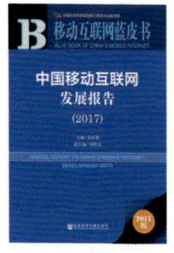

移动互联网蓝皮书

中国移动互联网发展报告（2017）

余清楚/主编　2017年6月出版　定价：98.00元

◆ 本书着眼于对2016年度中国移动互联网的发展情况做深入解析，对未来发展趋势进行预测，力求从不同视角、不同层面全面剖析中国移动互联网发展的现状、年度突破及热点趋势等。

传媒蓝皮书

中国传媒产业发展报告（2017）

崔保国/主编　2017年5月出版　定价：98.00元

◆ "传媒蓝皮书"连续十多年跟踪观察和系统研究中国传媒产业发展。本报告在对传媒产业总体以及各细分行业发展状况与趋势进行深入分析基础上，对年度发展热点进行跟踪，剖析新技术引领下的商业模式，对传媒各领域发展趋势、内体经营、传媒投资进行解析，为中国传媒产业正在发生的变革提供前瞻行参考。

经济类

"三农"互联网金融蓝皮书
中国"三农"互联网金融发展报告（2017）
著(编)者：李勇坚 王弢　　2017年8月出版 / 估价：98.00元
PSN B-2016-561-1/1

"一带一路"投资安全蓝皮书
中国"一带一路"投资与安全研究报告（2017）
著(编)者：邹统钎 梁昊光　　2017年4月出版 / 定价：89.00元
PSN B-2017-612-1/1

G20国家创新竞争力黄皮书
二十国集团（G20）国家创新竞争力发展报告（2016~2017）
著(编)者：李建平 李闽榕 赵新力 周天勇
2017年8月出版 / 定价：158.00元
PSN Y-2011-229-1/1

产业蓝皮书
中国产业竞争力报告（2017）No.7
著(编)者：张其仔　　2017年12月出版 / 估价：98.00元
PSN B-2010-175-1/1

城市创新蓝皮书
中国城市创新报告（2017）
著(编)者：周天勇 旷建伟　　2017年11月出版 / 估价：89.00元
PSN B-2013-340-1/1

城市蓝皮书
中国城市发展报告 No.10
著(编)者：潘家华 单菁菁　　2017年9月出版 / 估价：89.00元
PSN B-2007-091-1/1

城乡一体化蓝皮书
中国城乡一体化发展报告（2016~2017）
著(编)者：汝信 付崇兰　　2017年7月出版 / 定价：85.00元
PSN B-2011-226-1/2

城镇化蓝皮书
中国新型城镇化健康发展报告（2017）
著(编)者：张占斌　　2017年11月出版 / 估价：89.00元
PSN B-2014-396-1/1

创新蓝皮书
创新型国家建设报告（2016~2017）
著(编)者：詹正茂　　2017年12月出版 / 估价：89.00元
PSN B-2009-140-1/1

创业蓝皮书
中国创业发展报告（2016~2017）
著(编)者：黄群慧 赵卫星 钟宏武 等
2017年11月出版 / 估价：89.00元
PSN B-2016-578-1/1

低碳发展蓝皮书
中国低碳发展蓝皮书（2017）
著(编)者：张希良 齐晔　　2017年6月出版 / 定价：79.00元
PSN B-2011-223-1/1

低碳经济蓝皮书
中国低碳经济发展报告（2017）
著(编)者：薛进军 赵忠秀　　2017年7月出版 / 定价：85.00元
PSN B-2011-194-1/1

东北蓝皮书
中国东北地区发展报告（2017）
著(编)者：姜晓秋　　2017年2月出版 / 定价：79.00元
PSN B-2006-067-1/1

发展与改革蓝皮书
中国经济发展和体制改革报告No.8
著(编)者：邹东涛 王再文　　2017年7月出版 / 估价：98.00元
PSN B-2008-122-1/1

工业化蓝皮书
中国工业化进程报告（1999~2015）
著(编)者：黄群慧 李芳芳 等
2017年5月出版 / 定价：158.00元
PSN B-2007-095-1/1

管理蓝皮书
中国管理发展报告（2017）
著(编)者：张晓东　　2017年10月出版 / 估价：98.00元
PSN B-2014-416-1/1

国际城市蓝皮书
国际城市发展报告（2017）
著(编)者：屠启宇　　2017年2月出版 / 定价：79.00元
PSN B-2012-260-1/1

国家创新蓝皮书
中国创新发展报告（2017）
著(编)者：陈劲　　2018年3月出版 / 估价：89.00元
PSN B-2014-370-1/1

金融蓝皮书
中国金融发展报告（2017）
著(编)者：王国刚　　2017年2月出版 / 定价：79.00元
PSN B-2004-031-1/6

京津冀金融蓝皮书
京津冀金融发展报告（2017）
著(编)者：王爱俭 李向前　　2017年7月出版 / 估价：89.00元
PSN B-2016-528-1/1

京津冀蓝皮书
京津冀发展报告（2017）
著(编)者：祝合良 叶堂林 张贵祥 等
2017年4月出版 / 估价：89.00元
PSN B-2012-262-1/1

经济蓝皮书
2017年中国经济形势分析与预测
著(编)者：李扬　　2017年1月出版 / 定价：89.00元
PSN B-1996-001-1/1

经济蓝皮书·春季号
2017年中国经济前景分析
著(编)者：李扬　　2017年5月出版 / 定价：79.00元
PSN B-1999-008-1/1

经济蓝皮书·夏季号
中国经济增长报告（2016~2017）
著(编)者：李扬　　2017年9月出版 / 估价：98.00元
PSN B-2010-176-1/1

经济信息绿皮书
中国与世界经济发展报告（2017）
著(编)者：杜平　　2017年12月出版 / 估价：89.00元
PSN G-2003-023-1/1

就业蓝皮书
2017年中国本科生就业报告
著(编)者：麦可思研究院　　2017年6月出版 / 估价：98.00元
PSN B-2009-146-1/2

 经济类

皮书系列
2017全品种

就业蓝皮书
2017年中国高职高专生就业报告
著(编)者：麦可思研究院　　2017年6月出版／定价：98.00元
PSN B-2015-472-2/2

科普能力蓝皮书
中国科普能力评价报告（2017）
著(编)者：李富　强李群　　2017年8月出版／估价：89.00元
PSN B-2016-556-1/1

临空经济蓝皮书
中国临空经济发展报告（2017）
著(编)者：连玉明　　2017年9月出版／估价：89.00元
PSN B-2014-421-1/1

农村绿皮书
中国农村经济形势分析与预测（2016~2017）
著(编)者：魏后凯　黄秉信
2017年4月出版／定价：79.00元
PSN G-1998-003-1/1

农业应对气候变化蓝皮书
气候变化对中国农业影响评估报告 No.3
著(编)者：矫梅燕　　2017年8月出版／估价：98.00元
PSN B-2014-413-1/1

气候变化绿皮书
应对气候变化报告（2017）
著(编)者：王伟光　郑国光　　2017年11月出版／估价：89.00元
PSN G-2009-144-1/1

区域蓝皮书
中国区域经济发展报告（2016~2017）
著(编)者：赵弘　　2017年5月出版／定价：79.00元
PSN B-2004-034-1/1

全球环境竞争力绿皮书
全球环境竞争力报告（2017）
著(编)者：李建平　李闽榕　王金南
2017年12月出版／估价：198.00元
PSN G-2013-363-1/1

人口与劳动绿皮书
中国人口与劳动问题报告 No.18
著(编)者：蔡昉　张车伟　　2017年11月出版／估价：89.00元
PSN G-2000-012-1/1

商务中心区蓝皮书
中国商务中心区发展报告 No.3（2016）
著(编)者：李国红　单菁菁　　2017年9月出版／估价：98.00元
PSN B-2015-444-1/1

世界经济黄皮书
2017年世界经济形势分析与预测
著(编)者：张宇燕　　2017年1月出版／定价：89.00元
PSN Y-1999-006-1/1

世界旅游城市绿皮书
世界旅游城市发展报告（2017）
著(编)者：宋宇　　2017年7月出版／估价：128.00元
PSN G-2014-400-1/1

土地市场蓝皮书
中国农村土地市场发展报告（2016~2017）
著(编)者：李光荣　　2017年7月出版／估价：89.00元
PSN B-2016-527-1/1

西北蓝皮书
中国西北发展报告（2017）
著(编)者：任宗哲　白宽犁　王建康
2017年4月出版／定价：88.00元
PSN B-2012-261-1/1

西部蓝皮书
中国西部发展报告（2017）
著(编)者：徐璋勇　　2017年8月出版／估价：89.00元
PSN B-2005-039-1/1

新型城镇化蓝皮书
新型城镇化发展报告（2017）
著(编)者：李伟　宋敏　沈体雁　　2018年7月出版／估价：98.00元
PSN B-2014-431-1/1

新兴经济体蓝皮书
金砖国家发展报告（2017）
著(编)者：林跃勤　周文　　2017年12月出版／估价：89.00元
PSN B-2011-195-1/1

长三角蓝皮书
2017年创新融合发展的长三角
著(编)者：王庆五　　2018年3月出版／估价：88.00元
PSN B-2005-038-1/1

中部竞争力蓝皮书
中国中部经济社会竞争力报告（2017）
著(编)者：教育部人文社会科学重点研究基地
南昌大学中国中部经济社会发展研究中心
2017年12月出版／估价：89.00元
PSN B-2012-276-1/1

中部蓝皮书
中国中部地区发展报告（2017）
著(编)者：宋亚平　　2017年12月出版／估价：88.00元
PSN B-2007-089-1/1

中国省域竞争力蓝皮书
中国省域经济综合竞争力发展报告（2017）
著(编)者：李建平　李闽榕　高燕京
2017年2月出版／估价：198.00元
PSN B-2007-088-1/1

中三角蓝皮书
长江中游城市群发展报告（2017）
著(编)者：秦尊文　　2017年9月出版／估价：89.00元
PSN B-2014-417-1/1

中小城市绿皮书
中国中小城市发展报告（2017）
著(编)者：中国城市经济学会中小城市经济发展委员会
中国城镇化促进会中小城市发展委员会
《中国中小城市发展报告》编纂委员会
中小城市发展战略研究院
2017年11月出版／估价：128.00元
PSN G-2010-161-1/1

中原蓝皮书
中原经济区发展报告（2017）
著(编)者：李英杰　　2017年7月出版／估价：88.00元
PSN B-2011-192-1/1

自贸区蓝皮书
中国自贸区发展报告（2017）
著(编)者：王力　黄育华　　2017年6月出版／定价：89.00元
PSN B-2016-559-1/1

社会政法类

北京蓝皮书
中国社区发展报告（2017）
著（编）者：于燕燕　　2018年4月出版 / 估价：89.00元
PSN B-2007-083-5/8

殡葬绿皮书
中国殡葬事业发展报告（2017）
著（编）者：李伯森　　2017年11月出版 / 估价：158.00元
PSN G-2010-180-1/1

城市管理蓝皮书
中国城市管理报告（2016~2017）
著（编）者：刘林　刘承水　2017年7月出版 / 估价：158.00元
PSN B-2013-336-1/1

城市生活质量蓝皮书
中国城市生活质量报告（2017）
著（编）者：中国经济实验研究院
2018年2月出版 / 估价：89.00元
PSN B-2013-326-1/1

城市政府能力蓝皮书
中国城市政府公共服务能力评估报告（2017）
著（编）者：何艳玲　2017年7月出版 / 估价：89.00元
PSN B-2013-338-1/1

慈善蓝皮书
中国慈善发展报告（2017）
著（编）者：杨团　　2017年6月出版 / 定价：98.00元
PSN B-2009-142-1/1

党建蓝皮书
党的建设研究报告No.2（2017）
著（编）者：崔建民　陈东平　2017年7月出版 / 估价：89.00元
PSN B-2016-524-1/1

地方法治蓝皮书
中国地方法治发展报告No.3（2017）
著（编）者：李林　田禾　2017年7月出版 / 估价：108.00元
PSN B-2015-442-1/1

法治蓝皮书
中国法治发展报告No.15（2017）
著（编）者：李林　田禾　2017年3月出版 / 定价：118.00元
PSN B-2004-027-1/1

法治政府蓝皮书
中国法治政府发展报告（2017）
著（编）者：中国政法大学法治政府研究院
2018年4月出版 / 估价：98.00元
PSN B-2015-502-1/2

法治政府蓝皮书
中国法治政府评估报告（2017）
著（编）者：中国政法大学法治政府研究院
2017年11月出版 / 估价：98.00元
PSN B-2016-577-2/2

法治蓝皮书
中国法院信息化发展报告No.1（2017）
著（编）者：李林　田禾　2017年2月出版 / 估价：108.00元
PSN B-2017-604-3/3

反腐倡廉蓝皮书
中国反腐倡廉建设报告No.7
著（编）者：张英伟　2017年12月出版 / 估价：89.00元
PSN B-2012-259-1/1

非传统安全蓝皮书
中国非传统安全研究报告（2016~2017）
著（编）者：余潇枫　魏志江　2017年7月出版 / 估价：89.00元
PSN B-2012-273-1/1

妇女发展蓝皮书
中国妇女发展报告No.7
著（编）者：王金玲　2017年9月出版 / 估价：148.00元
PSN B-2006-069-1/1

妇女教育蓝皮书
中国妇女教育发展报告No.4
著（编）者：张李玺　2017年10月出版 / 估价：78.00元
PSN B-2008-121-1/1

妇女绿皮书
中国性别平等与妇女发展报告（2017）
著（编）者：谭琳　　2017年12月出版 / 估价：99.00元
PSN G-2006-073-1/1

公共服务蓝皮书
中国城市基本公共服务力评价（2017）
著（编）者：钟君　刘志昌　吴正杲　2017年12月出版 / 估价：89.00元
PSN B-2011-214-1/1

公民科学素质蓝皮书
中国公民科学素质报告（2016~2017）
著（编）者：李群　陈雄　马宗文
2017年7月出版 / 估价：89.00元
PSN B-2014-379-1/1

公共关系蓝皮书
中国公共关系发展报告（2017）
著（编）者：柳斌杰　2017年11月出版 / 估价：89.00元
PSN B-2016-580-1/1

公益蓝皮书
中国公益慈善发展报告（2017）
著（编）者：朱健刚　2018年4月出版 / 估价：118.00元
PSN B-2012-283-1/1

国际人才蓝皮书
中国国际移民报告（2017）
著（编）者：王辉耀　2017年7月出版 / 估价：89.00元
PSN B-2012-304-3/4

国际人才蓝皮书
中国留学发展报告（2017）No.5
著（编）者：王辉耀　苗绿　2017年10月出版 / 估价：89.00元
PSN B-2012-244-2/4

海关发展蓝皮书
中国海关发展前沿报告
著（编）者：于春晖　2017年6月出版 / 定价：89.00元
PSN B-2017-616-1/1

社会政法类 — 皮书系列 2017全品种

海洋社会蓝皮书
中国海洋社会发展报告（2017）
著（编）者：崔凤 宋宁而　2018年3月出版 / 估价：89.00元
PSN B-2015-478-1/1

行政改革蓝皮书
中国行政体制改革报告（2017）No.6
著（编）者：魏礼群　2017年7月出版 / 估价：98.00元
PSN B-2011-231-1/1

华侨华人蓝皮书
华侨华人研究报告（2017）
著（编）者：贾益民　2017年12月出版 / 估价：128.00元
PSN B-2011-204-1/1

环境竞争力绿皮书
中国省域环境竞争力发展报告（2017）
著（编）者：李建平 李闽榕 王金南
2017年11月出版 / 估价：198.00元
PSN G-2010-165-1/1

环境绿皮书
中国环境发展报告（2016~2017）
著（编）者：李波　2017年4月出版 / 定价：89.00元
PSN G-2006-048-1/1

基金会蓝皮书
中国基金会发展报告（2016~2017）
著（编）者：中国基金会发展报告课题组
2017年7月出版 / 估价：85.00元
PSN B-2013-368-1/1

基金会绿皮书
中国基金会发展独立研究报告（2017）
著（编）者：基金会中心网 中央民族大学基金会研究中心
2017年7月出版 / 估价：88.00元
PSN G-2011-213-1/1

基金会透明度蓝皮书
中国基金会透明度发展研究报告（2017）
著（编）者：基金会中心网 清华大学廉政与治理研究中心
2017年12月出版 / 估价：89.00元
PSN B-2015-509-1/1

家庭蓝皮书
中国"创建幸福家庭活动"评估报告（2017）
国务院发展研究中心"创建幸福家庭活动评估"课题组著
2017年8月出版 / 估价：89.00元
PSN B-2015-508-1/1

健康城市蓝皮书
中国健康城市建设研究报告（2017）
著（编）者：王鸿春 解树江 盛继洪
2017年9月出版 / 估价：89.00元
PSN B-2016-565-2/2

健康中国蓝皮书
社区首诊与健康中国分析报告（2017）
著（编）者：高和荣 杨叔禹 姜杰
2017年4月出版 / 定价：99.00元
PSN B-2017-611-1/1

教师蓝皮书
中国中小学教师发展报告（2017）
著（编）者：曾晓东 鱼霞　2017年7月出版 / 估价：89.00元
PSN B-2012-289-1/1

教育蓝皮书
中国教育发展报告（2017）
著（编）者：杨东平　2017年4月出版 / 定价：89.00元
PSN B-2006-047-1/1

京津冀教育蓝皮书
京津冀教育发展研究报告（2016~2017）
著（编）者：方中雄　2017年4月出版 / 估价：98.00元
PSN B-2017-608-1/1

科普蓝皮书
国家科普能力发展报告（2016~2017）
著（编）者：王康友　2017年5月出版 / 估价：128.00元
PSN B-2017-631-1/1

科普蓝皮书
中国基层科普发展报告（2016~2017）
著（编）者：赵立 新陈玲　2017年9月出版 / 估价：89.00元
PSN B-2016-569-3/3

科普蓝皮书
中国科普基础设施发展报告（2017）
著（编）者：任福君　2017年7月出版 / 估价：89.00元
PSN B-2010-174-1/3

科普蓝皮书
中国科普人才发展报告（2017）
著（编）者：郑念 任嵘嵘　2017年7月出版 / 估价：98.00元
PSN B-2015-512-2/3

科学教育蓝皮书
中国科学教育发展报告（2017）
著（编）者：罗晖 王康友　2017年10月出版 / 估价：89.00元
PSN B-2015-487-1/1

劳动保障蓝皮书
中国劳动保障发展报告（2017）
著（编）者：刘燕斌　2017年9月出版 / 估价：188.00元
PSN B-2014-415-1/1

老龄蓝皮书
中国老年宜居环境发展报告（2017）
著（编）者：党俊武 周燕珉　2017年11月出版 / 估价：89.00元
PSN B-2013-320-1/1

连片特困区蓝皮书
中国连片特困区发展报告（2016~2017）
著（编）者：游俊 冷志明 丁建军
2017年4月出版 / 定价：98.00元
PSN B-2013-321-1/1

流动儿童蓝皮书
中国流动儿童教育发展报告（2016）
著（编）者：杨东平　2017年1月出版 / 定价：79.00元
PSN B-2017-600-1/1

皮书系列 2017全品种

社会政法类

民调蓝皮书
中国民生调查报告（2017）
著（编）者：谢耘耕　2017年12月出版 / 估价：98.00元
PSN B-2014-398-1/1

民族发展蓝皮书
中国民族发展报告（2017）
著（编）者：郝时远　王延中　王希恩
2017年4月出版 / 估价：98.00元
PSN B-2006-070-1/1

女性生活蓝皮书
中国女性生活状况报告 No.11（2017）
著（编）者：韩湘景　2017年10月出版 / 估价：98.00元
PSN B-2006-071-1/1

汽车社会蓝皮书
中国汽车社会发展报告（2017）
著（编）者：王俊秀　2017年12月出版 / 估价：89.00元
PSN B-2011-224-1/1

青年蓝皮书
中国青年发展报告（2017）No.3
著（编）者：廉思　等　2017年12月出版 / 估价：89.00元
PSN B-2013-333-1/1

青少年蓝皮书
中国未成年人互联网运用报告（2017）
著（编）者：李文革　沈洁　季为民
2017年11月出版 / 估价：89.00元
PSN B-2010-165-1/1

青少年体育蓝皮书
中国青少年体育发展报告（2017）
著（编）者：郭建军　戴健　2017年9月出版 / 估价：89.00元
PSN B-2015-482-1/1

群众体育蓝皮书
中国群众体育发展报告（2017）
著（编）者：刘国永　杨桦　2017年12月出版 / 估价：89.00元
PSN B-2016-519-2/3

人权蓝皮书
中国人权事业发展报告 No.7（2017）
著（编）者：李君如　2017年9月出版 / 估价：98.00元
PSN B-2011-215-1/1

社会保障绿皮书
中国社会保障发展报告（2017）No.8
著（编）者：王延中　2017年7月出版 / 估价：98.00元
PSN G-2001-014-1/1

社会风险评估蓝皮书
风险评估与危机预警评估报告（2017）
著（编）者：唐钧　2017年11月出版 / 估价：85.00元
PSN B-2016-521-1/1

社会管理蓝皮书
中国社会管理创新报告 No.5
著（编）者：连玉明　2017年11月出版 / 估价：89.00元
PSN B-2012-300-1/1

社会蓝皮书
2017年中国社会形势分析与预测
著（编）者：李培林　陈光金　张翼
2016年12月出版 / 定价：89.00元
PSN B-1998-002-1/1

社会体制蓝皮书
中国社会体制改革报告 No.5（2017）
著（编）者：龚维斌　2017年3月出版 / 定价：89.00元
PSN B-2013-330-1/1

社会心态蓝皮书
中国社会心态研究报告（2017）
著（编）者：王俊秀　杨宜音　2017年12月出版 / 定价：89.00元
PSN B-2011-199-1/1

社会组织蓝皮书
中国社会组织发展报告（2016~2017）
著（编）者：黄晓勇　2017年1月出版 / 定价：89.00元
PSN B-2008-118-1/2

社会组织蓝皮书
中国社会组织评估发展报告（2017）
著（编）者：徐家良　廖鸿　2017年12月出版 / 定价：89.00元
PSN B-2013-366-1/1

生态城市绿皮书
中国生态城市建设发展报告（2017）
著（编）者：刘举科　孙伟平　胡文臻
2017年9月出版 / 估价：118.00元
PSN G-2012-269-1/1

生态文明绿皮书
中国省域生态文明建设评价报告（ECI 2017）
著（编）者：严耕　2017年12月出版 / 估价：98.00元
PSN G-2010-170-1/1

土地整治蓝皮书
中国土地整治发展研究报告 No.4
著（编）者：国土资源部土地整治中心
2017年7月出版 / 定价：89.00元
PSN B-2014-401-1/1

土地政策蓝皮书
中国土地政策研究报告（2017）
著（编）者：高延利　李宪文
2017年12月出版 / 定价：89.00元
PSN B-2015-506-1/1

退休生活蓝皮书
中国城市居民退休生活质量指数报告（2016）
著（编）者：杨一凡　2017年5月出版 / 定价：79.00元
PSN B-2017-618-1/1

遥感监测绿皮书
中国可持续发展遥感监测报告（2016）
著（编）者：顾行发　李闽榕　徐东华
2017年6月出版 / 定价：298.00元
PSN B-2017-629-1/1

医改蓝皮书
中国医药卫生体制改革报告（2017）
著(编)者：文学国 房志武　2017年11月出版／估价：98.00元
PSN B-2014-432-1/1

医疗卫生绿皮书
中国医疗卫生发展报告No.7（2017）
著(编)者：申宝忠 韩玉珍　2017年11月出版／估价：85.00元
PSN G-2004-033-1/1

应急管理蓝皮书
中国应急管理报告（2017）
著(编)者：宋英华　2017年9月出版／估价：98.00元
PSN B-2016-563-1/1

政治参与蓝皮书
中国政治参与报告（2017）
著(编)者：房宁　2017年8月出版／定价：118.00元
PSN B-2011-200-1/1

宗教蓝皮书
中国宗教报告（2016）
著(编)者：邱永辉　2017年8月出版／定价：79.00元
PSN B-2008-117-1/1

行业报告类

SUV蓝皮书
中国SUV市场发展报告（2016~2017）
著(编)者：新军　2017年9月出版／估价：89.00元
PSN B-2016-572-1/1

保健蓝皮书
中国保健服务产业发展报告No.2
著(编)者：中国保健协会 中共中央党校
2017年7月出版／估价：198.00元
PSN B-2012-272-3/3

保健蓝皮书
中国保健食品产业发展报告No.2
著(编)者：中国保健协会
　　　　　中国社会科学院食品药品产业发展与监管研究中心
2017年7月出版／估价：198.00元
PSN B-2012-271-2/3

保健蓝皮书
中国保健用品产业发展报告No.2
著(编)者：中国保健协会
　　　　　国务院国有资产监督管理委员会研究中心
2017年7月出版／估价：198.00元
PSN B-2012-270-1/3

保险蓝皮书
中国保险业竞争力报告（2017）
著(编)者：保监会　2017年12月出版／估价：99.00元
PSN B-2013-311-1/1

冰雪蓝皮书
中国滑雪产业发展报告（2017）
著(编)者：孙承华 伍斌 魏庆华 张鸿俊
2017年9月出版／定价：79.00元
PSN B-2016-560-1/1

彩票蓝皮书
中国彩票发展报告（2017）
著(编)者：益彩基金　2017年7月出版／估价：98.00元
PSN B-2015-462-1/1

餐饮产业蓝皮书
中国餐饮产业发展报告（2017）
著(编)者：邢颖　2017年6月出版／定价：98.00元
PSN B-2009-151-1/1

测绘地理信息蓝皮书
新常态下的测绘地理信息研究报告（2017）
著(编)者：库热西·买合苏提
2017年12月出版／估价：118.00元
PSN B-2009-145-1/1

茶业蓝皮书
中国茶产业发展报告（2017）
著(编)者：杨江帆 李闽榕　2017年10月出版／估价：88.00元
PSN B-2010-164-1/1

产权市场蓝皮书
中国产权市场发展报告（2016~2017）
著(编)者：曹和平　2017年5月出版／估价：89.00元
PSN B-2009-147-1/1

产业安全蓝皮书
中国出版传媒产业安全报告（2016~2017）
著(编)者：北京印刷学院文化产业安全研究院
2017年7月出版／估价：89.00元
PSN B-2014-384-13/14

产业安全蓝皮书
中国文化产业安全报告（2017）
著(编)者：北京印刷学院文化产业安全研究院
2017年12月出版／估价：89.00元
PSN B-2014-378-12/14

皮书系列 2017全品种

行业报告类

产业安全蓝皮书
中国新媒体产业安全报告（2017）
著(编)者：肖丽
2018年6月出版 / 估价：89.00元
PSN B-2015-500-14/14

城投蓝皮书
中国城投行业发展报告（2017）
著(编)者：王晨艳 丁伯康 2017年9月出版 / 定价：300.00元
PSN B-2016-514-1/1

电子政务蓝皮书
中国电子政务发展报告（2016~2017）
著(编)者：李季 杜平 2017年7月出版 / 估价：89.00元
PSN B-2003-022-1/1

大数据蓝皮书
中国大数据发展报告No.1
著(编)者：连玉明 2017年5月出版 / 定价：79.00元
PSN B-2017-620-1/1

杜仲产业绿皮书
中国杜仲橡胶资源与产业发展报告（2016~2017）
著(编)者：杜红岩 胡文臻 俞锐
2017年11月出版 / 估价：85.00元
PSN G-2013-350-1/1

对外投资与风险蓝皮书
中国对外直接投资与国家风险报告（2017）
著(编)者：中债资信评估有限公司
　　　　　中国社科院世界经济与政治研究所
2017年4月出版 / 定价：189.00元
PSN B-2017-606-1/1

房地产蓝皮书
中国房地产发展报告No.14（2017）
著(编)者：李春华 王业强 2017年5月出版 / 估价：89.00元
PSN B-2004-028-1/1

服务外包蓝皮书
中国服务外包产业发展报告（2017）
著(编)者：王晓红 刘德军
2017年7月出版 / 估价：89.00元
PSN B-2013-331-2/2

服务外包蓝皮书
中国服务外包竞争力报告（2017）
著(编)者：王力 刘春生 黄育华
2017年11月出版 / 估价：85.00元
PSN B-2011-216-1/2

工业和信息化蓝皮书
世界网络安全发展报告（2016~2017）
著(编)者：尹丽波 2017年6月出版 / 估价：89.00元
PSN B-2015-452-5/6

工业和信息化蓝皮书
世界信息化发展报告（2016~2017）
著(编)者：尹丽波 2017年6月出版 / 估价：89.00元
PSN B-2015-451-4/6

工业和信息化蓝皮书
世界信息技术产业发展报告（2016~2017）
著(编)者：尹丽波 2017年6月出版 / 估价：89.00元
PSN B-2015-449-2/6

工业和信息化蓝皮书
移动互联网产业发展报告（2016~2017）
著(编)者：尹丽波 2017年6月出版 / 估价：89.00元
PSN B-2015-448-1/6

工业和信息化蓝皮书
战略性新兴产业发展报告（2016~2017）
著(编)者：尹丽波 2017年6月出版 / 估价：89.00元
PSN B-2015-450-3/6

工业和信息化蓝皮书
世界智慧城市发展报告（2016~2017）
著(编)者：尹丽波 2017年6月出版 / 估价：89.00元
PSN B-2017-624-6/6

工业和信息化蓝皮书
人工智能发展报告（2016~2017）
著(编)者：尹丽波 2017年6月出版 / 估价：89.00元
PSN B-2015-448-1/6

工业设计蓝皮书
中国工业设计发展报告（2017）
著(编)者：王晓红 于炜 张立群
2017年9月出版 / 估价：138.00元
PSN B-2014-420-1/1

黄金市场蓝皮书
中国商业银行黄金业务发展报告（2016~2017）
著(编)者：平安银行 2017年7月出版 / 估价：98.00元
PSN B-2016-525-1/1

互联网金融蓝皮书
中国互联网金融发展报告（2017）
著(编)者：李东荣 2017年9月出版 / 定价：128.00元
PSN B-2014-374-1/1

互联网医疗蓝皮书
中国互联网健康医疗发展报告（2017）
著(编)者：芮晓武 2017年6月出版 / 估价：89.00元
PSN B-2016-568-1/1

会展蓝皮书
中外会展业动态评估年度报告（2017）
著(编)者：张敏 2017年7月出版 / 估价：88.00元
PSN B-2013-327-1/1

金融监管蓝皮书
中国金融监管报告（2017）
著(编)者：胡滨 2017年5月出版 / 估价：89.00元
PSN B-2012-281-1/1

金融信息服务蓝皮书
中国金融信息服务发展报告（2017）
著(编)者：李平 2017年5月出版 / 估价：79.00元
PSN B-2017-621-1/1

金融蓝皮书
中国金融中心发展报告（2017）
著(编)者：王力 黄育华 2017年11月出版 / 估价：85.00元
PSN B-2011-186-6/6

建筑装饰蓝皮书
中国建筑装饰行业发展报告（2017）
著(编)者：刘晓一 葛道顺 2017年11月出版 / 估价：198.00元
PSN B-2016-554-1/1

行业报告类

皮书系列 2017全品种

客车蓝皮书
中国客车产业发展报告（2016~2017）
著(编)者：姚蔚　2017年10月出版／估价：85.00元
PSN B-2013-361-1/1

旅游安全蓝皮书
中国旅游安全报告（2017）
著(编)者：郑向敏　谢朝武　2017年5月出版／定价：128.00元
PSN B-2012-280-1/1

旅游绿皮书
2016~2017年中国旅游发展分析与预测
著(编)者：宋瑞　2017年2月出版／定价：89.00元
PSN G-2002-018-1/1

煤炭蓝皮书
中国煤炭工业发展报告（2017）
著(编)者：岳福斌　2017年12月出版／估价：85.00元
PSN B-2008-123-1/1

民营企业社会责任蓝皮书
中国民营企业社会责任报告（2017）
著(编)者：中华全国工商业联合会
2017年12月出版／估价：89.00元
PSN B-2015-510-1/1

民营医院蓝皮书
中国民营医院发展报告（2017）
著(编)者：庄一强　2017年10月出版／估价：85.00元
PSN B-2012-299-1/1

闽商蓝皮书
闽商发展报告（2017）
著(编)者：李闽榕　王日根　林琛
2017年12月出版／估价：89.00元
PSN B-2012-298-1/1

能源蓝皮书
中国能源发展报告（2017）
著(编)者：崔民选　王军生　陈义和
2017年10月出版／估价：98.00元
PSN B-2006-049-1/1

农产品流通蓝皮书
中国农产品流通产业发展报告（2017）
著(编)者：贾敬敦　张东科　张玉玺　张鹏毅　周伟
2017年7月出版／估价：89.00元
PSN B-2012-288-1/1

企业公益蓝皮书
中国企业公益研究报告（2017）
著(编)者：钟宏武　汪杰　顾一　黄晓娟　等
2017年12月出版／估价：89.00元
PSN B-2015-501-1/1

企业国际化蓝皮书
中国企业国际化报告（2017）
著(编)者：王辉耀　2017年11月出版／估价：98.00元
PSN B-2014-427-1/1

企业蓝皮书
中国企业绿色发展报告No.2（2017）
著(编)者：李红玉　朱光辉　2017年11月出版／估价：89.00元
PSN B-2015-481-2/2

企业社会责任蓝皮书
中国企业社会责任研究报告（2017）
著(编)者：黄群慧　钟宏武　张蒽　翟利峰
2017年11月出版／估价：89.00元
PSN B-2009-149-1/1

企业社会责任蓝皮书
中资企业海外社会责任研究报告（2016~2017）
著(编)者：钟宏武　叶柳红　张蒽
2017年1月出版／估价：79.00元
PSN B-2017-603-2/2

汽车安全蓝皮书
中国汽车安全发展报告（2017）
著(编)者：中国汽车技术研究中心
2017年7月出版／估价：89.00元
PSN B-2014-385-1/1

汽车电子商务蓝皮书
中国汽车电子商务发展报告（2017）
著(编)者：中华全国工商业联合会汽车经销商商会
　　　　　北京易观智库网络科技有限公司
2017年10月出版／估价：128.00元
PSN B-2015-485-1/1

汽车工业蓝皮书
中国汽车工业发展年度报告（2017）
著(编)者：中国汽车工业协会　中国汽车技术研究中心
　　　　　丰田汽车（中国）投资有限公司
2017年5月出版／定价：128.00元
PSN B-2015-463-1/2

汽车工业蓝皮书
中国汽车零部件产业发展报告（2017）
著(编)者：中国汽车工业协会　中国汽车工程研究院
2017年月出版／估价：98.00元
PSN B-2016-515-2/2

汽车蓝皮书
中国汽车产业发展报告（2017）
著(编)者：国务院发展研究中心产业经济研究部
　　　　　中国汽车工程学会　大众汽车集团（中国）
2017年8月出版／估价：98.00元
PSN B-2008-124-1/1

人力资源蓝皮书
中国人力资源发展报告（2017）
著(编)者：余兴安　2017年11月出版／估价：89.00元
PSN B-2012-287-1/1

融资租赁蓝皮书
中国融资租赁业发展报告（2016~2017）
著(编)者：李光荣　王力　2017年11月出版／估价：89.00元
PSN B-2015-443-1/1

商会蓝皮书
中国商会发展报告No.5（2017）
著(编)者：王钦敏　2017年7月出版／估价：89.00元
PSN B-2008-125-1/1

输血服务蓝皮书
中国输血行业发展报告（2017）
著(编)者：朱永明　耿鸿武　2016年12月出版／估价：89.00元
PSN B-2016-583-1/1

21

皮书系列 2017全品种 — 行业报告类

社会责任管理蓝皮书
中国上市公司社会责任能力成熟度报告（2017）No.2
著（编）者：肖红军 王晓光 李伟阳
2017年12月出版 / 估价：98.00元
PSN B-2015-507-2/2

社会责任管理蓝皮书
中国企业公众透明度报告(2017)No.3
著（编）者：黄速建 熊梦 王晓光 肖红军
2017年4月出版 / 估价：98.00元
PSN B-2015-440-1/2

食品药品蓝皮书
食品药品安全与监管政策研究报告（2016~2017）
著（编）者：唐民皓 2017年7月出版 / 估价：89.00元
PSN B-2009-129-1/1

世界茶业蓝皮书
世界茶业发展报告（2017）
著（编）者：李闽榕 冯廷栓 2017年5月出版 / 定价：118.00元
PSN B-2017-619-1/1

世界能源蓝皮书
世界能源发展报告（2017）
著（编）者：黄晓勇 2017年6月出版 / 定价：99.00元
PSN B-2013-349-1/1

水利风景区蓝皮书
中国水利风景区发展报告（2017）
著（编）者：谢婵才 兰思仁 2017年7月出版 / 估价：89.00元
PSN B-2015-480-1/1

碳市场蓝皮书
中国碳市场报告（2017）
著（编）者：定金彪 2017年11月出版 / 估价：89.00元
PSN B-2014-430-1/1

体育蓝皮书
中国体育产业发展报告（2017）
著（编）者：阮伟 钟秉枢 2017年12月出版 / 估价：89.00元
PSN B-2010-179-1/5

体育蓝皮书
中国体育产业基地发展报告（2015~2016）
著（编）者：李颖川 2017年4月出版 / 估价：89.00元
PSN B-2017-609-5/5

网络空间安全蓝皮书
中国网络空间安全发展报告（2017）
著（编）者：惠志斌 唐涛 2017年7月出版 / 估价：89.00元
PSN B-2015-466-1/1

西部金融蓝皮书
中国西部金融发展报告（2017）
著（编）者：李忠民 2017年8月出版 / 估价：85.00元
PSN B-2010-160-1/1

协会商会蓝皮书
中国行业协会商会发展报告（2017）
著（编）者：景朝阳 李勇 2017年7月出版 / 估价：99.00元
PSN B-2015-461-1/1

新能源汽车蓝皮书
中国新能源汽车产业发展报告（2017）
著（编）者：中国汽车技术研究中心
日产（中国）投资有限公司 东风汽车有限公司
2017年7月出版 / 估价：98.00元
PSN B-2013-347-1/1

新三板蓝皮书
中国新三板市场发展报告（2017）
著（编）者：王力 2017年7月出版 / 估价：89.00元
PSN B-2016-534-1/1

信托市场蓝皮书
中国信托业市场报告（2016~2017）
著（编）者：用益信托研究院
2017年1月出版 / 定价：198.00元
PSN B-2014-371-1/1

信息化蓝皮书
中国信息化形势分析与预测（2016~2017）
著（编）者：周宏仁 2017年8月出版 / 估价：98.00元
PSN B-2010-168-1/1

信用蓝皮书
中国信用发展报告（2017）
著（编）者：章政 田侃 2017年7月出版 / 估价：99.00元
PSN B-2013-328-1/1

休闲绿皮书
2017年中国休闲发展报告
著（编）者：宋瑞 2017年10月出版 / 估价：89.00元
PSN G-2010-158-1/1

休闲体育蓝皮书
中国休闲体育发展报告（2016~2017）
著（编）者：李相如 钟炳枢 2017年10月出版 / 估价：89.00元
PSN G-2016-516-1/1

养老金融蓝皮书
中国养老金融发展报告（2017）
著（编）者：董克用 姚余栋
2017年9月出版 / 定价：89.00元
PSN B-2016-584-1/1

药品流通蓝皮书
中国药品流通行业发展报告（2017）
著（编）者：佘鲁林 温再兴 2017年8月出版 / 估价：158.00元
PSN B-2014-429-1/1

医院蓝皮书
中国医院竞争力报告（2017）
著（编）者：庄一强 曾益新 2017年3月出版 / 定价：108.00元
PSN B-2016-529-1/1

瑜伽蓝皮书
中国瑜伽业发展报告（2016~2017）
著（编）者：张永建 徐华锋 朱泰余
2017年3月出版 / 定价：108.00元
PSN B-2017-675-1/1

文化传媒类

皮书系列 2017全品种

邮轮绿皮书
中国邮轮产业发展报告（2017）
著(编)者：汪泓　2017年10月出版／估价：89.00元
PSN G-2014-419-1/1

智能养老蓝皮书
中国智能养老产业发展报告（2017）
著(编)者：朱勇　2017年10月出版／估价：89.00元
PSN B-2015-488-1/1

债券市场蓝皮书
中国债券市场发展报告（2016~2017）
著(编)者：杨农　2017年10月出版／估价：89.00元
PSN B-2016-573-1/1

中国节能汽车蓝皮书
中国节能汽车发展报告（2016~2017）
著(编)者：中国汽车工程研究院股份有限公司
2017年9月出版／估价：98.00元
PSN B-2016-566-1/1

中国上市公司蓝皮书
中国上市公司发展报告（2017）
著(编)者：张平　王宏淼
2017年9月出版／定价：98.00元
PSN B-2014-414-1/1

中国陶瓷产业蓝皮书
中国陶瓷产业发展报告（2017）
著(编)者：左和平　黄速建　2017年10月出版／估价：98.00元
PSN B-2016-574-1/1

中医药蓝皮书
中国中医药知识产权发展报告No.1
著(编)者：汪红　屠志涛　2017年4月出版／定价：158.00元
PSN B-2016-574-1/1

中国总部经济蓝皮书
中国总部经济发展报告（2016~2017）
著(编)者：赵弘　2017年9月出版／估价：89.00元
PSN B-2005-036-1/1

中医文化蓝皮书
中国中医药文化传播发展报告（2017）
著(编)者：毛嘉陵　2017年7月出版／估价：89.00元
PSN B-2015-468-1/1

装备制造业蓝皮书
中国装备制造业发展报告（2017）
著(编)者：徐东华　2017年12月出版／估价：148.00元
PSN B-2015-505-1/1

资本市场蓝皮书
中国场外交易市场发展报告（2016~2017）
著(编)者：高峦　2017年7月出版／估价：89.00元
PSN B-2009-153-1/1

资产管理蓝皮书
中国资产管理行业发展报告（2017）
著(编)者：智信资产管理研究院
2017年7月出版／定价：98.00元
PSN B-2014-407-2/2

文化传媒类

传媒竞争力蓝皮书
中国传媒国际竞争力研究报告（2017）
著(编)者：李本乾　刘强
2017年11月出版／估价：148.00元
PSN B-2013-356-1/1

传媒蓝皮书
中国传媒产业发展报告（2017）
著(编)者：崔保国　2017年5月出版／定价：98.00元
PSN B-2005-035-1/1

传媒投资蓝皮书
中国传媒投资发展报告（2017）
著(编)者：张向东　谭云明
2017年7月出版／估价：128.00元
PSN B-2015-474-1/1

动漫蓝皮书
中国动漫产业发展报告（2017）
著(编)者：卢斌　郑玉明　牛兴侦
2017年9月出版／估价：89.00元
PSN B-2011-198-1/1

非物质文化遗产蓝皮书
中国非物质文化遗产发展报告（2017）
著(编)者：陈平　2017年7月出版／估价：98.00元
PSN B-2015-469-1/1

广电蓝皮书
中国广播电影电视发展报告（2017）
著(编)者：国家新闻出版广电总局发展研究中心
2017年7月出版／估价：98.00元
PSN B-2006-072-1/1

广告主蓝皮书
中国广告主营销传播趋势报告No.9
著(编)者：黄升民　杜国清　邵华冬　等
2017年10月出版／估价：148.00元
PSN B-2005-041-1/1

国际传播蓝皮书
中国国际传播发展报告（2017）
著(编)者：胡正荣　李继东　姬德强
2017年11月出版／估价：89.00元
PSN B-2014-408-1/1

23

皮书系列 2017全品种
文化传媒类·地方发展类

国家形象蓝皮书
中国国家形象传播报告（2016）
著(编)者：张昆　　2017年3月出版 / 定价：98.00元
PSN B-2017-605-1/1

纪录片蓝皮书
中国纪录片发展报告（2017）
著(编)者：何苏六　　2017年9月出版 / 估价：89.00元
PSN B-2011-222-1/1

科学传播蓝皮书
中国科学传播报告（2017）
著(编)者：詹正茂　　2017年7月出版 / 估价：89.00元
PSN B-2008-120-1/1

两岸创意经济蓝皮书
两岸创意经济研究报告（2017）
著(编)者：罗昌智　林咏能
2017年10月出版 / 估价：98.00元
PSN B-2014-437-1/1

媒介与女性蓝皮书
中国媒介与女性发展报告(2016~2017)
著(编)者：刘利群　　2018年5月出版 / 估价：118.00元
PSN B-2013-345-1/1

媒体融合蓝皮书
中国媒体融合发展报告（2017）
著(编)者：梅宁华　宋建武　2017年7月出版 / 估价：89.00元
PSN B-2015-479-1/1

全球传媒蓝皮书
全球传媒发展报告（2016~2017）
著(编)者：胡正荣　李继东
2017年6月出版 / 定价：89.00元
PSN B-2012-237-1/1

少数民族非遗蓝皮书
中国少数民族非物质文化遗产发展报告（2017）
著(编)者：肖远平（彝）柴立（满）
2017年8月出版 / 估价：98.00元
PSN B-2015-467-1/1

视听新媒体蓝皮书
中国视听新媒体发展报告（2017）
著(编)者：国家新闻出版广电总局发展研究中心
2017年11月出版 / 估价：98.00元
PSN B-2011-184-1/1

文化创新蓝皮书
中国文化创新报告（2016）No.7
著(编)者：于平　傅才武　2017年4月出版 / 定价：89.00元
PSN B-2009-143-1/1

文化建设蓝皮书
中国文化发展报告（2017）
著(编)者：江畅　孙伟平　戴茂堂
2017年5月出版 / 定价：98.00元
PSN B-2014-392-1/1

文化金融蓝皮书
中国文化金融发展报告（2017）
著(编)者：杨涛　余巍　2017年5月出版 / 估价：98.00元
PSN B-2017-610-1/1

文化科技蓝皮书
文化科技创新发展报告（2017）
著(编)者：于平　李凤亮　2017年11月出版 / 估价：89.00元
PSN B-2013-342-1/1

文化蓝皮书
中国公共文化服务发展报告（2017）
著(编)者：刘新成　张永新　张旭
2017年12月出版 / 估价：98.00元
PSN B-2007-093-2/10

文化蓝皮书
中国公共文化投入增长测评报告（2017）
著(编)者：王亚南　2017年2月出版 / 定价：79.00元
PSN B-2014-435-10/10

文化蓝皮书
中国少数民族文化发展报告（2016~2017）
著(编)者：武翠英　张晓明　任乌晶
2017年9月出版 / 估价：89.00元
PSN B-2013-369-9/10

文化蓝皮书
中国文化产业发展报告（2016~2017）
著(编)者：张晓明　王家新　章建刚
2017年7月出版 / 估价：89.00元
PSN B-2002-019-1/10

文化蓝皮书
中国文化产业供需协调检测报告（2017）
著(编)者：王亚南　2017年2月出版 / 定价：79.00元
PSN B-2013-323-8/10

文化蓝皮书
中国文化消费需求景气评价报告（2017）
著(编)者：王亚南　2017年2月出版 / 定价：79.00元
PSN B-2011-236-4/10

文化品牌蓝皮书
中国文化品牌发展报告（2017）
著(编)者：欧阳友权　2017年7月出版 / 估价：98.00元
PSN B-2012-277-1/1

文化遗产蓝皮书
中国文化遗产事业发展报告（2017）
著(编)者：苏杨　张颖岚　王宇飞
2017年8月出版 / 估价：98.00元
PSN B-2008-119-1/1

文学蓝皮书
中国文情报告（2016~2017）
著(编)者：白烨　2017年5月出版 / 定价：69.00元
PSN B-2011-221-1/1

新媒体蓝皮书
中国新媒体发展报告No.8（2017）
著(编)者：唐绪军　2017年7月出版 / 定价：79.00元
PSN B-2010-169-1/1

新媒体社会责任蓝皮书
中国新媒体社会责任研究报告（2017）
著(编)者：钟瑛　2017年11月出版 / 估价：89.00元
PSN B-2014-423-1/1

移动互联网蓝皮书
中国移动互联网发展报告（2017）
著(编)者：余清楚　2017年6月出版 / 定价：98.00元
PSN B-2012-282-1/1

舆情蓝皮书
中国社会舆情与危机管理报告（2017）
著(编)者：谢耘耕　2017年9月出版 / 估价：128.00元
PSN B-2011-235-1/1

影视蓝皮书
中国影视产业发展报告（2017）
著(编)者：司若　2017年4月出版 / 定价：98.00元
PSN B-2016-530-1/1

地方发展类

安徽经济蓝皮书
合芜蚌国家自主创新综合示范区研究报告（2016~2017）
著(编)者：黄家海　王开玉　蔡宪
2017年7月出版 / 定价：89.00元
PSN B-2014-383-1/1

安徽蓝皮书
安徽社会发展报告（2017）
著(编)者：程桦　2017年5月出版 / 定价：89.00元
PSN B-2013-325-1/1

澳门蓝皮书
澳门经济社会发展报告（2016~2017）
著(编)者：吴志良　郝雨凡　2017年7月出版 / 定价：98.00元
PSN B-2009-138-1/1

澳门绿皮书
澳门旅游休闲发展报告（2016~2017）
著(编)者：郝雨凡　林广志　2017年5月出版 / 定价：88.00元
PSN G-2017-617-1/1

北京蓝皮书
北京公共服务发展报告（2016~2017）
著(编)者：施昌奎　2017年3月出版 / 定价：79.00元
PSN B-2008-103-7/8

北京蓝皮书
北京经济发展报告（2016~2017）
著(编)者：杨松　2017年6月出版 / 定价：89.00元
PSN B-2006-054-2/8

北京蓝皮书
北京社会发展报告（2016~2017）
著(编)者：李伟东　2017年7月出版 / 定价：79.00元
PSN B-2006-055-3/8

北京蓝皮书
北京社会治理发展报告（2016~2017）
著(编)者：殷星辰　2017年7月出版 / 定价：79.00元
PSN B-2014-391-8/8

北京蓝皮书
北京文化发展报告（2016~2017）
著(编)者：李建盛　2017年5月出版 / 定价：79.00元
PSN B-2007-082-4/8

北京律师绿皮书
北京律师发展报告No.3（2017）
著(编)者：王隽　2017年7月出版 / 估价：88.00元
PSN G-2012-301-1/1

北京旅游绿皮书
北京旅游发展报告（2017）
著(编)者：北京旅游学会　2017年7月出版 / 定价：88.00元
PSN B-2011-217-1/1

北京人才蓝皮书
北京人才发展报告（2017）
著(编)者：于淼　2017年12月出版 / 估价：128.00元
PSN B-2011-201-1/1

北京社会心态蓝皮书
北京社会心态分析报告（2016~2017）
著(编)者：北京社会心理研究所
2017年11月出版 / 估价：89.00元
PSN B-2014-422-1/1

北京社会组织管理蓝皮书
北京社会组织发展与管理（2016~2017）
著(编)者：黄江松　2017年7月出版 / 估价：88.00元
PSN B-2015-446-1/1

北京体育蓝皮书
北京体育产业发展报告（2016~2017）
著(编)者：钟秉枢　陈杰　杨铁黎
2017年9月出版 / 估价：89.00元
PSN B-2015-475-1/1

北京养老产业蓝皮书
北京养老产业发展报告（2017）
著(编)者：周明明　冯喜良　2017年11月出版 / 估价：89.00元
PSN B-2015-465-1/1

非公有制企业社会责任蓝皮书
北京非公有制企业社会责任报告（2017）
著(编)者：宗贵伦　冯培　2017年6月出版 / 定价：89.00元
PSN B-2017-613-1/1

滨海金融蓝皮书
滨海新区金融发展报告（2017）
著(编)者：王爱俭　张锐钢　2018年4月出版 / 估价：89.00元
PSN B-2014-424-1/1

皮书系列 2017全品种
地方发展类

城乡一体化蓝皮书
北京城乡一体化发展报告（2016～2017）
著（编）者：吴宝新 张宝秀 黄序
2017年5月出版 / 定价：85.00元
PSN B-2012-258-2/2

创意城市蓝皮书
北京文化创意产业发展报告（2017）
著（编）者：张京成 王国华　2017年10月出版 / 估价：89.00元
PSN B-2012-263-1/7

创意城市蓝皮书
天津文化创意产业发展报告（2016～2017）
著（编）者：谢思全　2017年11月出版 / 估价：89.00元
PSN B-2016-537-7/7

创意城市蓝皮书
武汉文化创意产业发展报告（2017）
著（编）者：黄永林 陈汉桥　2017年11月出版 / 估价：99.00元
PSN B-2013-354-4/7

创意上海蓝皮书
上海文化创意产业发展报告（2016～2017）
著（编）者：王慧敏 王兴全　2017年11月出版 / 估价：89.00元
PSN B-2016-562-1/1

福建妇女发展蓝皮书
福建省妇女发展报告（2017）
著（编）者：刘群英　2017年11月出版 / 估价：88.00元
PSN B-2011-220-1/1

福建自贸区蓝皮书
中国（福建）自由贸易实验区发展报告（2016～2017）
著（编）者：黄茂兴　2017年4月出版 / 定价：108.00元
PSN B-2017-532-1/1

甘肃蓝皮书
甘肃经济发展分析与预测（2017）
著（编）者：安文华 罗哲　2017年1月出版 / 定价：79.00元
PSN B-2013-312-1/6

甘肃蓝皮书
甘肃社会发展分析与预测（2017）
著（编）者：安文华 包晓霞 谢增虎
2017年1月出版 / 定价：79.00元
PSN B-2013-313-2/6

甘肃蓝皮书
甘肃文化发展分析与预测（2017）
著（编）者：王俊莲 周小华　2017年1月出版 / 定价：79.00元
PSN B-2013-314-3/6

甘肃蓝皮书
甘肃县域和农村发展报告（2017）
著（编）者：朱智文 包东红 王建兵
2017年1月出版 / 定价：79.00元
PSN B-2013-316-5/6

甘肃蓝皮书
甘肃舆情分析与预测（2017）
著（编）者：陈双梅 张谦元　2017年1月出版 / 定价：79.00元
PSN B-2013-315-4/6

甘肃蓝皮书
甘肃商贸流通发展报告（2017）
著（编）者：张应华 王福生 王晓芳
2017年1月出版 / 定价：79.00元
PSN B-2016-523-6/6

广东蓝皮书
广东全面深化改革发展报告（2017）
著（编）者：周林生 成林　2017年12月出版 / 估价：89.00元
PSN B-2015-504-3/3

广东蓝皮书
广东社会工作发展报告（2017）
著（编）者：罗观翠　2017年7月出版 / 估价：89.00元
PSN B-2014-402-2/3

广东外经贸蓝皮书
广东对外经济贸易发展研究报告（2016~2017）
著（编）者：陈万灵　2017年6月出版 / 定价：89.00元
PSN B-2012-286-1/1

广西北部湾经济区蓝皮书
广西北部湾经济区开放开发报告（2017）
著（编）者：广西北部湾经济区规划建设管理委员会办公室
广西社会科学院 广西北部湾发展研究院
2017年7月出版 / 估价：89.00元
PSN B-2010-181-1/1

巩义蓝皮书
巩义经济社会发展报告（2017）
著（编）者：丁同民 朱军　2017年7月出版 / 估价：58.00元
PSN B-2016-533-1/1

广州蓝皮书
2017年中国广州经济形势分析与预测
著（编）者：魏明海 谢博能 李华
2017年6月出版 / 定价：85.00元
PSN B-2011-185-9/14

广州蓝皮书
2017年中国广州社会形势分析与预测
著（编）者：张强 何镜清
2017年6月出版 / 定价：88.00元
PSN B-2008-110-5/14

广州蓝皮书
广州城市国际化发展报告（2017）
著（编）者：朱名宏　2017年8月出版 / 估价：79.00元
PSN B-2012-246-11/14

广州蓝皮书
广州创新型城市发展报告（2017）
著（编）者：尹涛　2017年6月出版 / 估价：79.00元
PSN B-2012-247-12/14

广州蓝皮书
广州经济发展报告（2017）
著（编）者：朱名宏　2017年7月出版 / 估价：79.00元
PSN B-2005-040-1/14

广州蓝皮书
广州农村发展报告（2017）
著（编）者：朱名宏　2017年8月出版 / 估价：79.00元
PSN B-2010-167-8/14

地方发展类

皮书系列 2017全品种

广州蓝皮书
广州汽车产业发展报告（2017）
著（编）者：杨再高 冯兴亚　2017年7月出版 / 估价：79.00元
PSN B-2006-066-3/14

广州蓝皮书
广州青年发展报告（2016~2017）
著（编）者：徐柳 张强　2017年9月出版 / 估价：79.00元
PSN B-2013-352-13/14

广州蓝皮书
广州商贸业发展报告（2017）
著（编）者：李江涛 肖振宇 荀振英
2017年7月出版 / 定价：79.00元
PSN B-2012-245-10/14

广州蓝皮书
广州社会保障发展报告（2017）
著（编）者：蔡国萱　2017年8月出版 / 定价：79.00元
PSN B-2014-425-14/14

广州蓝皮书
广州文化创意产业发展报告（2017）
著（编）者：徐咏虹　2017年7月出版 / 定价：79.00元
PSN B-2008-111-6/14

广州蓝皮书
中国广州城市建设与管理发展报告（2017）
著（编）者：董皞 陈小钢 李江涛
2017年11月出版 / 估价：85.00元
PSN B-2007-087-4/14

广州蓝皮书
中国广州科技创新发展报告（2017）
著（编）者：邹采荣 马正勇 陈爽
2017年8月出版 / 定价：85.00元
PSN B-2006-065-2/14

广州蓝皮书
中国广州文化发展报告（2017）
著（编）者：屈哨兵 陆志强
2017年6月出版 / 定价：79.00元
PSN B-2009-134-7/14

贵阳蓝皮书
贵阳城市创新发展报告No.2（白云篇）
著（编）者：连玉明　2017年5月出版 / 定价：98.00元
PSN B-2015-491-3/10

贵阳蓝皮书
贵阳城市创新发展报告No.2（观山湖篇）
著（编）者：连玉明　2017年5月出版 / 定价：98.00元
PSN B-2011-235-1/1

贵阳蓝皮书
贵阳城市创新发展报告No.2（花溪篇）
著（编）者：连玉明　2017年5月出版 / 定价：98.00元
PSN B-2015-490-2/10

贵阳蓝皮书
贵阳城市创新发展报告No.2（开阳篇）
著（编）者：连玉明　2017年5月出版 / 定价：98.00元
PSN B-2015-492-4/10

贵阳蓝皮书
贵阳城市创新发展报告No.2（南明篇）
著（编）者：连玉明　2017年5月出版 / 定价：98.00元
PSN B-2015-496-8/10

贵阳蓝皮书
贵阳城市创新发展报告No.2（清镇篇）
著（编）者：连玉明　2017年5月出版 / 定价：98.00元
PSN B-2015-489-1/10

贵阳蓝皮书
贵阳城市创新发展报告No.2（乌当篇）
著（编）者：连玉明　2017年5月出版 / 定价：98.00元
PSN B-2015-495-7/10

贵阳蓝皮书
贵阳城市创新发展报告No.2（息烽篇）
著（编）者：连玉明　2017年5月出版 / 定价：98.00元
PSN B-2015-493-5/10

贵阳蓝皮书
贵阳城市创新发展报告No.2（修文篇）
著（编）者：连玉明　2017年5月出版 / 定价：98.00元
PSN B-2015-494-6/10

贵阳蓝皮书
贵阳城市创新发展报告No.2（云岩篇）
著（编）者：连玉明　2017年5月出版 / 定价：98.00元
PSN B-2015-498-10/10

贵州房地产蓝皮书
贵州房地产发展报告No.4（2017）
著（编）者：武廷方　2017年7月出版 / 定价：89.00元
PSN B-2014-426-1/1

贵州蓝皮书
贵州册亨经济社会发展报告（2017）
著（编）者：黄德林　2017年11月出版 / 估价：89.00元
PSN B-2016-526-8/9

贵州蓝皮书
贵安新区发展报告（2016~2017）
著（编）者：马长青 吴大华　2017年11月出版 / 估价：89.00元
PSN B-2016-459-4/9

贵州蓝皮书
贵州法治发展报告（2017）
著（编）者：吴大华　2017年5月出版 / 定价：89.00元
PSN B-2012-254-2/9

贵州蓝皮书
贵州国有企业社会责任发展报告（2016~2017）
著（编）者：郭丽 周航 万强
2017年12月出版 / 估价：89.00元
PSN B-2015-511-6/9

贵州蓝皮书
贵州民航业发展报告（2017）
著（编）者：申振东 吴大华　2017年10月出版 / 估价：89.00元
PSN B-2015-471-5/9

贵州蓝皮书
贵州民营经济发展报告（2017）
著（编）者：杨静 吴大华　2017年11月出版 / 估价：89.00元
PSN B-2016-531-9/9

皮书系列重点推荐 — 地方发展类

贵州蓝皮书
贵州人才发展报告（2017）
著(编)者：于杰 吴大华　2017年11月出版 / 估价：89.00元
PSN B-2014-382-3/9

贵州蓝皮书
贵州社会发展报告（2017）
著(编)者：王兴骥　2017年3月出版 / 定价：98.00元
PSN B-2010-166-1/9

贵州蓝皮书
贵州国家级开放创新平台发展报告（2017）
著(编)者：申晓庆 吴大华 李泓
2017年7月出版　估价：89.00元
PSN B-2016-518-1/9

海淀蓝皮书
海淀区文化和科技融合发展报告（2017）
著(编)者：陈名杰 孟景伟　2017年11月出版 / 估价：85.00元
PSN B-2013-329-1/1

杭州都市圈蓝皮书
杭州都市圈发展报告（2017）
著(编)者：沈翔 戚建国　2017年11月出版 / 估价：128.00元
PSN B-2012-302-1/1

杭州蓝皮书
杭州妇女发展报告（2017）
著(编)者：魏颖　2017年11月出版 / 估价：89.00元
PSN B-2014-403-1/1

河北经济蓝皮书
河北省经济发展报告（2017）
著(编)者：马树强 金浩 张贵
2017年7月出版　估价：89.00元
PSN B-2014-380-1/1

河北蓝皮书
河北经济社会发展报告（2017）
著(编)者：郭金平　2017年1月出版 / 定价：79.00元
PSN B-2014-372-1/3

河北蓝皮书
河北法治发展报告（2017）
著(编)者：郭金平 李永君　2017年1月出版 / 定价：79.00元
PSN B-2014-622-3/3

河北蓝皮书
京津冀协同发展报告（2017）
著(编)者：陈路　2017年1月出版 / 定价：79.00元
PSN B-2017-601-2/3

河北食品药品安全蓝皮书
河北食品药品安全研究报告（2017）
著(编)者：丁锦霞　2017年11月出版 / 估价：89.00元
PSN B-2015-473-1/1

河南经济蓝皮书
2017年河南经济形势分析与预测
著(编)者：王世炎　2017年3月出版 / 定价：79.00元
PSN B-2007-086-1/1

河南蓝皮书
2017年河南社会形势分析与预测
著(编)者：牛苏林　2017年5月出版 / 定价：79.00元
PSN B-2005-043-1/9

河南蓝皮书
河南城市发展报告（2017）
著(编)者：张占仓 王建国　2017年5月出版 / 定价：79.00元
PSN B-2009-131-3/9

河南蓝皮书
河南法治发展报告（2017）
著(编)者：丁同民 张林海　2017年7月出版 / 定价：89.00元
PSN B-2014-376-6/9

河南蓝皮书
河南工业发展报告（2017）
著(编)者：张占仓　2017年5月出版 / 定价：89.00元
PSN B-2013-317-5/9

河南蓝皮书
河南金融发展报告（2017）
著(编)者：河南省社会科学院
2017年7月出版　估价：89.00元
PSN B-2014-390-7/9

河南蓝皮书
河南经济发展报告（2017）
著(编)者：张占仓 完世伟　2017年4月出版 / 定价：79.00元
PSN B-2010-157-4/9

河南蓝皮书
河南能源发展报告（2017）
著(编)者：魏胜民 袁凯声　2017年3月出版 / 定价：79.00元
PSN B-2017-607-9/9

河南蓝皮书
河南农业农村发展报告（2017）
著(编)者：吴海峰　2017年11月出版 / 定价：89.00元
PSN B-2015-445-8/9

河南蓝皮书
河南文化发展报告（2017）
著(编)者：卫绍生　2017年7月出版 / 定价：78.00元
PSN B-2008-106-2/9

河南商务蓝皮书
河南商务发展报告（2017）
著(编)者：焦锦淼 穆荣国　2017年5月出版 / 定价：88.00元
PSN B-2014-399-1/1

黑龙江蓝皮书
黑龙江经济发展报告（2017）
著(编)者：朱宇　2017年1月出版 / 定价：79.00元
PSN B-2011-190-2/2

黑龙江蓝皮书
黑龙江社会发展报告（2017）
著(编)者：谢宝禄　2017年1月出版 / 定价：79.00元
PSN B-2011-189-1/2

湖北文化蓝皮书
湖北文化发展报告（2017）
著(编)者：吴成国　2017年10月出版 / 估价：95.00元
PSN B-2016-567-1/1

皮书系列 重点推荐

湖南城市蓝皮书
区域城市群整合
著(编)者：童中贤 韩未名
2017年12月出版 / 估价：89.00元
PSN B-2006-064-1/1

湖南蓝皮书
2017年湖南产业发展报告
著(编)者：梁志峰　2017年7月出版 / 估价：128.00元
PSN B-2011-207-2/8

湖南蓝皮书
2017年湖南电子政务发展报告
著(编)者：梁志峰　2017年7月出版 / 估价：128.00元
PSN B-2014-394-6/8

湖南蓝皮书
2017年湖南经济发展报告
著(编)者：卞鹰　2017年5月出版 / 定价：128.00元
PSN B-2011-206-1/8

湖南蓝皮书
2017年湖南两型社会与生态文明发展报告
著(编)者：卞鹰　2017年5月出版 / 定价：128.00元
PSN B-2011-208-3/8

湖南蓝皮书
2017年湖南社会发展报告
著(编)者：卞鹰　2017年5月出版 / 定价：128.00元
PSN B-2014-393-5/8

湖南蓝皮书
2017年湖南县域经济社会发展报告
著(编)者：梁志峰　2017年7月出版 / 估价：128.00元
PSN B-2014-395-7/8

湖南蓝皮书
湖南城乡一体化发展报告（2017）
著(编)者：陈文胜 王文强 陆福兴 邝奕轩
2017年8月出版 / 定价：89.00元
PSN B-2015-477-8/8

湖南县域绿皮书
湖南县域发展报告 No.3
著(编)者：袁准 周小毛 黎仁寅
2017年3月出版 / 定价：79.00元
PSN G-2012-274-1/1

沪港蓝皮书
沪港发展报告（2017）
著(编)者：尤安山　2017年9月出版 / 估价：89.00元
PSN B-2013-362-1/1

吉林蓝皮书
2017年吉林经济社会形势分析与预测
著(编)者：邵汉明　2016年12月出版 / 定价：79.00元
PSN B-2013-319-1/1

吉林省城市竞争力蓝皮书
吉林省城市竞争力报告（2016~2017）
著(编)者：崔岳春 张磊　2016年12月出版 / 定价：79.00元
PSN B-2015-513-1/1

济源蓝皮书
济源经济社会发展报告（2017）
著(编)者：喻新安　2017年7月出版 / 估价：89.00元
PSN B-2014-387-1/1

健康城市蓝皮书
北京健康城市建设研究报告（2017）
著(编)者：王鸿春　2017年8月出版 / 估价：89.00元
PSN B-2015-460-1/2

江苏法治蓝皮书
江苏法治发展报告 No.6（2017）
著(编)者：蔡道通 龚廷泰　2017年8月出版 / 估价：98.00元
PSN B-2012-290-1/1

江西蓝皮书
江西经济社会发展报告（2017）
著(编)者：张勇 姜玮 梁勇　2017年6月出版 / 估价：128.00元
PSN B-2015-484-1/2

江西蓝皮书
江西设区市发展报告（2017）
著(编)者：姜玮 梁勇　2017年10月出版 / 估价：79.00元
PSN B-2016-517-2/2

江西文化蓝皮书
江西文化产业发展报告（2017）
著(编)者：张圣才 汪春翔
2017年10月出版 / 估价：128.00元
PSN B-2015-499-1/1

经济特区蓝皮书
中国经济特区发展报告（2017）
著(编)者：陶一桃　2017年12月出版 / 估价：98.00元
PSN B-2009-139-1/1

辽宁蓝皮书
2017年辽宁经济社会形势分析与预测
著(编)者：梁启东
2017年6月出版 / 定价：89.00元
PSN B-2006-053-1/1

洛阳蓝皮书
洛阳文化发展报告（2017）
著(编)者：刘福兴 陈启明　2017年10月出版 / 估价：89.00元
PSN B-2015-476-1/1

南京蓝皮书
南京文化发展报告（2017）
著(编)者：徐宁　2017年10月出版 / 估价：89.00元
PSN B-2014-439-1/1

南宁蓝皮书
南宁法治发展报告（2017）
著(编)者：杨维超　2017年12月出版 / 估价：79.00元
PSN B-2015-509-1/3

南宁蓝皮书
南宁经济发展报告（2017）
著(编)者：胡建华　2017年9月出版 / 估价：79.00元
PSN B-2016-570-2/3

皮书系列重点推荐　地方发展类

南宁蓝皮书
南宁社会发展报告（2017）
著(编)者：胡建华　　2017年9月出版 / 估价：79.00元
PSN B-2016-571-3/3

内蒙古蓝皮书
内蒙古反腐倡廉建设报告 No.2
著(编)者：张志华 无极　　2017年12月出版 / 估价：79.00元
PSN B-2013-365-1/1

浦东新区蓝皮书
上海浦东经济发展报告（2017）
著(编)者：沈开艳 周奇　　2017年2月出版 / 定价：79.00元
PSN B-2011-225-1/1

青海蓝皮书
2017年青海经济社会形势分析与预测
著(编)者：陈玮　　2016年12月出版 / 定价：79.00元
PSN B-2012-275-1/1

人口与健康蓝皮书
深圳人口与健康发展报告（2017）
著(编)者：陆杰华 罗乐宣 苏杨
2017年11月出版 / 定价：89.00元
PSN B-2011-228-1/1

山东蓝皮书
山东经济形势分析与预测（2017）
著(编)者：李广杰　　2017年7月出版 / 估价：89.00元
PSN B-2014-404-1/4

山东蓝皮书
山东社会形势分析与预测（2017）
著(编)者：张华 唐洲雁　　2017年7月出版 / 估价：89.00元
PSN B-2014-405-2/4

山东蓝皮书
山东文化发展报告（2017）
著(编)者：涂可国　　2017年5月出版 / 定价：98.00元
PSN B-2014-406-3/4

山西蓝皮书
山西资源型经济转型发展报告（2017）
著(编)者：李志强　　2017年7月出版 / 估价：89.00元
PSN B-2011-197-1/1

陕西蓝皮书
陕西经济发展报告（2017）
著(编)者：任宗哲 白宽犁 裴成荣
2017年1月出版 / 定价：69.00元
PSN B-2009-135-1/6

陕西蓝皮书
陕西社会发展报告（2017）
著(编)者：任宗哲 白宽犁 牛昉
2017年1月出版 / 定价：69.00元
PSN B-2009-136-2/6

陕西蓝皮书
陕西文化发展报告（2017）
著(编)者：任宗哲 白宽犁 王长寿
2017年1月出版 / 定价：69.00元
PSN B-2009-137-3/6

陕西蓝皮书
陕西精准脱贫研究报告（2017）
著(编)者：任宗哲 白宽犁 王建康
2017年6月出版 / 定价：69.00元
PSN B-2017-623-6/6

上海蓝皮书
上海传媒发展报告（2017）
著(编)者：强荧 焦雨虹　　2017年2月出版 / 定价：79.00元
PSN B-2012-295-5/7

上海蓝皮书
上海法治发展报告（2017）
著(编)者：叶青　　2017年7月出版 / 定价：89.00元
PSN B-2012-296-6/7

上海蓝皮书
上海经济发展报告（2017）
著(编)者：沈开艳　　2017年2月出版 / 定价：79.00元
PSN B-2006-057-1/7

上海蓝皮书
上海社会发展报告（2017）
著(编)者：杨雄 周海旺　　2017年2月出版 / 定价：79.00元
PSN B-2006-058-2/7

上海蓝皮书
上海文化发展报告（2017）
著(编)者：荣跃明　　2017年2月出版 / 定价：79.00元
PSN B-2006-059-3/7

上海蓝皮书
上海文学发展报告（2017）
著(编)者：陈圣来　　2017年7月出版 / 定价：89.00元
PSN B-2012-297-7/7

上海蓝皮书
上海资源环境发展报告（2017）
著(编)者：周冯琦 汤庆合
2017年2月出版 / 定价：79.00元
PSN B-2006-060-4/7

社会建设蓝皮书
2017年北京社会建设分析报告
著(编)者：宋贵伦 冯虹　　2017年10月出版 / 估价：89.00元
PSN B-2010-173-1/1

深圳蓝皮书
深圳法治发展报告（2017）
著(编)者：张骁儒　　2017年6月出版 / 定价：79.00元
PSN B-2015-470-6/7

深圳蓝皮书
深圳经济发展报告（2017）
著(编)者：张骁儒　　2017年6月出版 / 定价：79.00元
PSN B-2008-112-3/7

深圳蓝皮书
深圳劳动关系发展报告（2017）
著(编)者：汤庭芬　　2017年7月出版 / 估价：89.00元
PSN B-2007-097-2/7

皮书系列重点推荐

地方发展类·国际问题类

深圳蓝皮书
深圳社会治理与发展报告（2017）
著(编)者：张骁儒 邹丛兵　2017年6月出版 / 定价：79.00元
PSN B-2008-113-4/7

深圳蓝皮书
深圳文化发展报告(2017)
著(编)者：张骁儒　2017年5月出版 / 定价：79.00元
PSN B-2016-555-7/7

丝绸之路蓝皮书
丝绸之路经济带发展报告（2017）
著(编)者：任宗哲 白宽犁 谷孟宾
2017年1月出版 / 定价：75.00元
PSN B-2014-410-1/1

法治蓝皮书
四川依法治省年度报告 No.3（2017）
著(编)者：李林 杨天宗 田禾
2017年3月出版 / 定价：118.00元
PSN B-2015-447-1/1

四川蓝皮书
2017年四川经济形势分析与预测
著(编)者：杨钢　2017年1月出版 / 定价：98.00元
PSN B-2007-098-2/7

四川蓝皮书
四川城镇化发展报告（2017）
著(编)者：侯水平 陈炜　2017年4月出版 / 定价：75.00元
PSN B-2015-456-7/7

四川蓝皮书
四川法治发展报告（2017）
著(编)者：郑泰安　2017年7月出版 / 估价：89.00元
PSN B-2015-441-5/7

四川蓝皮书
四川企业社会责任研究报告（2016～2017）
著(编)者：侯水平 盛毅
2017年5月出版 / 定价：79.00元
PSN B-2014-386-4/7

四川蓝皮书
四川社会发展报告（2017）
著(编)者：李羚　2017年6月出版 / 定价：79.00元
PSN B-2008-127-3/7

四川蓝皮书
四川生态建设报告（2017）
著(编)者：李晟之　2017年5月出版 / 定价：75.00元
PSN B-2015-455-6/7

四川蓝皮书
四川文化产业发展报告（2017）
著(编)者：向宝云 张立伟
2017年4月出版 / 定价：79.00元
PSN B-2006-074-1/7

体育蓝皮书
上海体育产业发展报告（2016～2017）
著(编)者：张林 黄海燕
2017年10月出版 / 估价：89.00元
PSN B-2015-454-4/4

体育蓝皮书
长三角地区体育产业发展报告（2016～2017）
著(编)者：张林　2017年7月出版 / 估价：89.00元
PSN B-2015-453-3/4

天津金融蓝皮书
天津金融发展报告（2017）
著(编)者：王爱俭 孔德昌
2018年3月出版 / 估价：98.00元
PSN B-2014-418-1/1

图们江区域合作蓝皮书
图们江区域合作发展报告（2017）
著(编)者：李铁　2017年11月出版 / 估价：98.00元
PSN B-2015-464-1/1

温州蓝皮书
2017年温州经济社会形势分析与预测
著(编)者：蒋儒林 王春光 金浩
2017年4月出版 / 定价：79.00元
PSN B-2008-105-1/1

西咸新区蓝皮书
西咸新区发展报告（2016~2017）
著(编)者：李扬 王军　2017年11月出版 / 估价：89.00元
PSN B-2016-535-1/1

扬州蓝皮书
扬州经济社会发展报告（2017）
著(编)者：丁纯　2017年12月出版 / 估价：98.00元
PSN B-2015-191-1/1

云南社会治理蓝皮书
云南社会治理年度报告（2016）
著(编)者：晏雄 韩全芳
2017年5月出版 / 定价：99.00元
PSN B-2011-191-1/1

长株潭城市群蓝皮书
长株潭城市群发展报告（2017）
著(编)者：张萍　2017年12月出版 / 估价：89.00元
PSN B-2008-109-1/1

中医文化蓝皮书
北京中医文化传播发展报告（2017）
著(编)者：毛嘉陵　2017年7月出版 / 估价：79.00元
PSN B-2015-468-1/2

珠三角流通蓝皮书
珠三角商圈发展研究报告（2017）
著(编)者：王先庆 林至颖
2017年7月出版 / 估价：98.00元
PSN B-2012-292-1/1

遵义蓝皮书
遵义发展报告（2017）
著(编)者：曾征 龚永育 雍思强
2017年12月出版 / 估价：89.00元
PSN B-2014-433-1/1

皮书系列 重点推荐 国际问题类

国际问题类

"一带一路"跨境通道蓝皮书
"一带一路"跨境通道建设研究报告（2017）
著(编)者：郭业洲　2017年8月出版 / 估价：89.00元
PSN B-2016-558-1/1

"一带一路"蓝皮书
"一带一路"建设发展报告（2017）
著(编)者：李永全　2017年6月出版 / 定价：89.00元
PSN B-2016-553-1/1

阿拉伯黄皮书
阿拉伯发展报告（2016～2017）
著(编)者：罗林　2018年3月出版 / 估价：89.00元
PSN Y-2014-381-1/1

巴西黄皮书
巴西发展报告（2017）
著(编)者：刘国枝　2017年5月出版 / 定价：85.00元
PSN Y-2017-614-1/1

北部湾蓝皮书
泛北部湾合作发展报告（2017）
著(编)者：吕余生　2017年12月出版 / 估价：85.00元
PSN B-2008-114-1/1

大湄公河次区域蓝皮书
大湄公河次区域合作发展报告（2017）
著(编)者：刘稚　2017年11月出版 / 估价：89.00元
PSN B-2011-196-1/1

大洋洲蓝皮书
大洋洲发展报告（2017）
著(编)者：喻常森　2017年10月出版 / 估价：89.00元
PSN B-2013-341-1/1

德国蓝皮书
德国发展报告（2017）
著(编)者：郑春荣　2017年6月出版 / 定价：89.00元
PSN B-2012-278-1/1

东北亚区域合作蓝皮书
2016年"一带一路"倡议与东北亚区域合作
著(编)者：刘亚政　金美花
2017年5月出版 / 定价：89.00元
PSN B-2017-631-1/1

东盟黄皮书
东盟发展报告（2017）
著(编)者：杨晓强　庄国土
2017年7月出版 / 定价：89.00元
PSN Y-2012-303-1/1

东南亚蓝皮书
东南亚地区发展报告（2016～2017）
著(编)者：厦门大学东南亚研究中心　王勤
2017年12月出版 / 估价：89.00元
PSN B-2012-240-1/1

俄罗斯黄皮书
俄罗斯发展报告（2017）
著(编)者：李永全　2017年6月出版 / 定价：89.00元
PSN Y-2006-061-1/1

非洲黄皮书
非洲发展报告 No.19（2016～2017）
著(编)者：张宏明　2017年7月出版 / 定价：89.00元
PSN Y-2012-239-1/1

公共外交蓝皮书
中国公共外交发展报告（2017）
著(编)者：赵启正　雷蔚真　2017年11月出版 / 估价：89.00元
PSN B-2015-457-1/1

国际安全蓝皮书
中国国际安全研究报告(2017)
著(编)者：刘慧　2017年11月出版 / 估价：98.00元
PSN B-2016-522-1/1

国际形势黄皮书
全球政治与安全报告（2017）
著(编)者：张宇燕　2017年1月出版 / 定价：89.00元
PSN Y-2001-016-1/1

韩国蓝皮书
韩国发展报告（2017）
著(编)者：牛林杰　刘宝全　2017年11月出版 / 估价：89.00元
PSN B-2010-155-1/1

加拿大蓝皮书
加拿大发展报告（2017）
著(编)者：仲伟合　2017年11月出版 / 估价：89.00元
PSN B-2014-389-1/1

拉美黄皮书
拉丁美洲和加勒比发展报告（2016～2017）
著(编)者：吴白乙　袁东振　2017年6月出版 / 定价：89.00元
PSN Y-1999-007-1/1

美国蓝皮书
美国研究报告（2017）
著(编)者：郑秉文　黄平　2017年5月出版 / 定价：89.00元
PSN B-2010-210-1/1

缅甸蓝皮书
缅甸国情报告（2017）
著(编)者：李晨阳　2017年12月出版 / 估价：86.00元
PSN B-2013-343-1/1

欧洲蓝皮书
欧洲发展报告（2016～2017）
著(编)者：黄平　周弘　程卫东　2017年6月出版 / 定价：89.00元
PSN B-1999-009-1/1

国际问题类　皮书系列 重点推荐

葡语国家蓝皮书
葡语国家发展报告（2017）
著(编)者：王成安 张敏 刘金兰
2017年12月出版 / 估价：89.00元
PSN B-2015-503-1/2

葡语国家蓝皮书
中国与葡语国家关系发展报告·巴西（2017）
著(编)者：张曙光　2017年8月出版 / 估价：89.00元
PSN B-2016-564-2/2

日本经济蓝皮书
日本经济与中日经贸关系研究报告（2017）
著(编)者：张季风　2017年6月出版 / 定价：89.00元
PSN B-2008-102-1/1

日本蓝皮书
日本研究报告（2017）
著(编)者：杨伯江　2017年6月出版 / 定价：89.00元
PSN B-2002-020-1/1

上海合作组织黄皮书
上海合作组织发展报告（2017）
著(编)者：李进峰
2017年6月出版 / 定价：98.00元
PSN Y-2009-130-1/1

世界创新竞争力黄皮书
世界创新竞争力发展报告（2017）
著(编)者：李闽榕 李建平 赵新力
2017年11月出版 / 估价：148.00元
PSN Y-2013-318-1/1

泰国蓝皮书
泰国研究报告（2017）
著(编)者：庄国土 张禹东
2017年11月出版 / 估价：118.00元
PSN B-2016-557-1/1

土耳其蓝皮书
土耳其发展报告（2017）
著(编)者：郭长刚 刘义
2017年11月出版 / 估价：89.00元
PSN B-2014-412-1/1

亚太蓝皮书
亚太地区发展报告（2017）
著(编)者：李向阳　2017年5月出版 / 定价：79.00元
PSN B-2001-015-1/1

印度蓝皮书
印度国情报告（2017）
著(编)者：吕昭义　2018年4月出版 / 估价：89.00元
PSN B-2012-241-1/1

印度洋地区蓝皮书
印度洋地区发展报告（2017）
著(编)者：汪戎　2017年6月出版 / 定价：98.00元
PSN B-2013-334-1/1

英国蓝皮书
英国发展报告（2016~2017）
著(编)者：王展鹏　2017年11月出版 / 估价：89.00元
PSN B-2015-486-1/1

越南蓝皮书
越南国情报告（2017）
著(编)者：谢林城
2017年12月出版 / 估价：89.00元
PSN B-2006-056-1/1

以色列蓝皮书
以色列发展报告（2017）
著(编)者：张倩红　2017年8月出版 / 估价：89.00元
PSN B-2015-483-1/1

伊朗蓝皮书
伊朗发展报告（2017）
著(编)者：冀开远　2017年10月出版 / 估价：89.00元
PSN B-2016-575-1/1

渝新欧蓝皮书
渝新欧沿线国家发展报告（2017）
著(编)者：杨柏 黄森　2017年6月出版 / 定价：88.00元
PSN B-2016-575-1/1

中东黄皮书
中东发展报告 No.19（2016~2017）
著(编)者：杨光　2017年10月出版 / 估价：89.00元
PSN Y-1998-004-1/1

中亚黄皮书
中亚国家发展报告（2017）
著(编)者：孙力　2017年6月出版 / 定价：98.00元
PSN Y-2012-238-1/1

社会科学文献出版社 **皮书系列**

❖ 皮书起源 ❖

"皮书"起源于十七、十八世纪的英国,主要指官方或社会组织正式发表的重要文件或报告,多以"白皮书"命名。在中国,"皮书"这一概念被社会广泛接受,并被成功运作、发展成为一种全新的出版形态,则源于中国社会科学院社会科学文献出版社。

❖ 皮书定义 ❖

皮书是对中国与世界发展状况和热点问题进行年度监测,以专业的角度、专家的视野和实证研究方法,针对某一领域或区域现状与发展态势展开分析和预测,具备原创性、实证性、专业性、连续性、前沿性、时效性等特点的公开出版物,由一系列权威研究报告组成。

❖ 皮书作者 ❖

皮书系列的作者以中国社会科学院、著名高校、地方社会科学院的研究人员为主,多为国内一流研究机构的权威专家学者,他们的看法和观点代表了学界对中国与世界的现实和未来最高水平的解读与分析。

❖ 皮书荣誉 ❖

皮书系列已成为社会科学文献出版社的著名图书品牌和中国社会科学院的知名学术品牌。2016年,皮书系列正式列入"十三五"国家重点出版规划项目;2012~2016年,重点皮书列入中国社会科学院承担的国家哲学社会科学创新工程项目;2017年,55种院外皮书使用"中国社会科学院创新工程学术出版项目"标识。

中国皮书网

www.pishu.cn

发布皮书研创资讯，传播皮书精彩内容
引领皮书出版潮流，打造皮书服务平台

栏目设置

关于皮书：何谓皮书、皮书分类、皮书大事记、皮书荣誉、
　　　　　皮书出版第一人、皮书编辑部
最新资讯：通知公告、新闻动态、媒体聚焦、网站专题、视频直播、下载专区
皮书研创：皮书规范、皮书选题、皮书出版、皮书研究、研创团队
皮书评奖评价：指标体系、皮书评价、皮书评奖
互动专区：皮书说、皮书智库、皮书微博、数据库微博

所获荣誉

2008年、2011年，中国皮书网均在全国新闻出版业网站荣誉评选中获得"最具商业价值网站"称号；
2012年，获得"出版业网站百强"称号。

网库合一

2014年，中国皮书网与皮书数据库端口合一，实现资源共享。更多详情请登录www.pishu.cn。

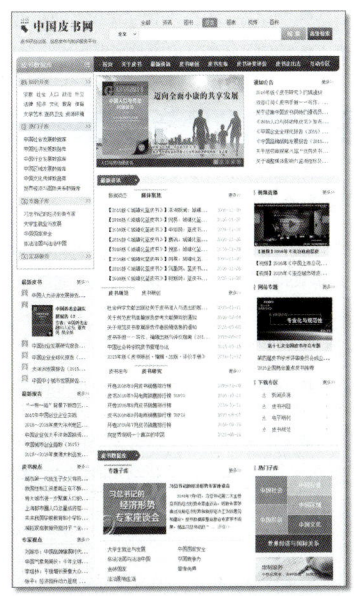

权威报告·热点资讯·特色资源

皮书数据库

ANNUAL REPORT(YEARBOOK) DATABASE

当代中国与世界发展高端智库平台

所获荣誉

- 2016年，入选"国家'十三五'电子出版物出版规划骨干工程"
- 2015年，荣获"搜索中国正能量 点赞2015""创新中国科技创新奖"
- 2013年，荣获"中国出版政府奖·网络出版物奖"提名奖
- 连续多年荣获中国数字出版博览会"数字出版·优秀品牌"奖

成为会员

通过网址www.pishu.com.cn或使用手机扫描二维码进入皮书数据库网站，进行手机号码验证或邮箱验证即可成为皮书数据库会员（建议通过手机号码快速验证注册）。

会员福利

- 使用手机号码首次注册会员可直接获得100元体验金，不需充值即可购买和查看数据库内容（仅限使用手机号码快速注册）。
- 已注册用户购书后可免费获赠100元皮书数据库充值卡。刮开充值卡涂层获取充值密码，登录并进入"会员中心"—"在线充值"—"充值卡充值"，充值成功后即可购买和查看数据库内容。

数据库服务热线：400-008-6695
数据库服务QQ：2475522410
数据库服务邮箱：database@ssap.cn

图书销售热线：010-59367070/7028
图书服务QQ：1265056568
图书服务邮箱：duzhe@ssap.cn

更多信息请登录

皮书数据库
http://www.pishu.com.cn

中国皮书网
http://www.pishu.cn

皮书微博
http://weibo.com/pishu

皮书博客
http://blog.sina.com.cn/pishu

皮书微信"皮书说"

请到当当、亚马逊、京东或各地书店购买，也可办理邮购

咨询/邮购电话：010-59367028　59367070
邮　　箱：duzhe@ssap.cn
邮购地址：北京市西城区北三环中路甲29号院3号楼
　　　　　华龙大厦13层读者服务中心
邮　　编：100029
银行户名：社会科学文献出版社
开户银行：中国工商银行北京北太平庄支行
账　　号：0200010019200365434